JN201813

改訂版

Q&A 高齢者施設・事業所の法律相談

介護現場の77問

介護事業法務研究会 編

弁護士・税理士 谷林 一憲

弁護士 西原 和彦

弁護士 三好 吉安

弁護士・税理士 橋森 正樹

弁護士 川本 真聖

弁護士 小谷 真由香

特定社会保険労務士 上村 和也

司法書士 三輪 紗季子

日本加除出版株式会社

改訂版 はしがき

　平成27年6月に初版を上梓してから，早くも4年が経過しましたが，その間，介護事業をめぐる状況は，大きく変化しました。

　これまで誰も経験したことのない急激な高齢化は，諸外国に例をみないスピードで進行しているといわれています。そのようななか，国は，重度な要介護状態となっても住み慣れた地域で自分らしい暮らしを人生の最後まで続けることができるよう，住まい・医療・介護・予防・生活支援が一体的に提供されるシステムの構築実現を目指し，介護保険法をはじめとする諸法律を改正し，新たな介護保険施設の創設や，利用者負担割合の見直しなどを行いました。

　また，平成29年11月，外国人技能実習制度の対象職種に，新たに介護が加わり，実際に介護分野での技能実習生の受入れも始まっていますし，平成31年4月から，新たな在留資格として「特定技能」が創設され，一定の技能と語学力のある外国人に日本での就労が認められるようになりました。

　このような法律や制度の変化がある一方で，日本ライフ協会の破綻に端を発したいわゆる身元保証ビジネスに対する規制の必要性が明らかとなるなど，更なる法律や制度の改革が求められる分野も残されており，今後も変化は続くと思われます。

　利用者やその家族の多様なニーズに応じ，かつ，その尊厳に最大限配慮した対応が求められていく中で，本書が，利用者及び介護事業者をめぐる法律や制度の変化に対応するための，いわば大海原の上の羅針盤のような役割を果たすことができるとすれば，当会会員一同の望外の喜びです。

　介護事業に携わる方々に，ぜひご一読いただきたい改訂版とすることができたと自負しております。

　このような改訂の機会を与えてくださった日本加除出版株式会社，並びにご担当いただきました盛田大祐氏に深くお礼を申し上げます。

　令和元年9月

介護事業法務研究会・執筆者一同

は し が き

　平成 12 年に介護保険制度がスタートし，15 年が経過しました。

　日本の高齢化率の上昇は，この間も益々進行しました。高齢者白書によれば，総人口に占める 65 歳以上の人口割合は，平成 11 年 10 月時点で 16.7％であったものが，平成 25 年 10 月時点で 25.1％に達しており，さらにこの傾向はしばらく転換する兆しを見せません。

　高齢者の生活・福祉に関するサービスへの需要は高まるばかりですが，制度自体は安定した状況にあるとはいえません。サービスを支える財源の問題もすでに現れており，短期間での制度見直しが継続的になされています。

　一方，国民の権利意識や高齢者虐待についての関心の高まりから，事業者は，これまで以上に介護事故，高齢者虐待に注意して事業運営を行うことが必要になっています。さらに，消費者保護法制の拡充により契約締結過程や契約内容にも十分な配慮を欠かせません。

　このような状況を踏まえ，我々法律家 7 名は，高齢者の生活・福祉サービスにおける法律問題について，「介護事業法務研究会」として研究を行ってきました。

　本書は，その研究を踏まえ，高齢者の生活・福祉に関するサービス全般を「高齢者福祉サービス」として，主として高齢者福祉サービス事業者と事業者に法的アドバイスを行う専門家を対象として，執筆しました。介護保険対象事業を主に対象としていますが，可能な範囲で，有料老人ホーム，サービス付き高齢者向け住宅にも触れたつもりです。

　本書の執筆にあたり，現場の声をいくつも聞かせていただき，事業者の方々のご苦労，法律と現場との不整合を実感しましたが，一方で利用者の方へのサービス提供にやりがいを持っておられる様子がひしひしと伝わってく

ることもありました。本書が，事業者と利用者をつなぐ架け橋となり，少し
でも適切な事業運営と紛争予防につながればと考える所存です。

　最後になりましたが，本書の出版をご快諾いただきました日本加除出版株
式会社，並びに編集をご担当いただきました盛田大祐氏に深くお礼申し上げ
ます。

　平成 27 年 5 月

介護事業法務研究会・執筆者一同

執 筆 者

谷 林 一 憲
（兵庫県弁護士会所属）
谷林一憲法律事務所
弁護士・税理士

西 原 和 彦
（大阪弁護士会所属）
弁護士法人本町国際綜合法律事務所
弁護士・ニューヨーク州弁護士

三 好 吉 安
（大阪弁護士会所属）
弁護士法人梅ヶ枝中央法律事務所
弁護士

橋 森 正 樹
（大阪弁護士会所属）
橋森・幡野法律会計事務所
弁護士・税理士

川 本 真 聖
（大阪弁護士会所属）
弁護士法人近畿中央法律事務所
弁護士

小 谷 真由香
（大阪弁護士会所属）
日高法律事務所
弁護士

上 村 和 也
（大阪府社会保険労務士会所属）
上村労務管理事務所
特定社会保険労務士

三 輪 紗季子
（大阪司法書士会所属）
みさき司法書士事務所
司法書士

介護事業法務研究会

ホームページ　　　http://kaigo-houmu.jp/

v

凡　　例

【法令略語】

感染症の予防及び感染症の患者に対する医療に関する法律 …… 感染症法

高齢者，障害者等の移動等の円滑化の促進に関する法律 ……… バリアフリー法

高齢者虐待の防止，高齢者の養護者に対する支援等に

　　関する法律 ………………………………………………………… 高齢者虐待防止法

高齢者の居住の安定確保に関する法律 ………………………… 高齢者住まい法

個人情報の保護に関する法律 …………………………………… 個人情報保護法

雇用の分野における男女の均等な機会

　　及び待遇の確保等に関する法律 …………………………… 男女雇用機会均等法

私的独占の禁止及び公正取引の確保に関する法律 …………… 独占禁止法

精神保健及び精神障害者福祉に関する法律 …………………… 精神保健福祉法

中小企業における経営の承継の円滑化に関する法律 ………… 経営承継円滑化法

特定商取引に関する法律 ………………………………………… 特定商取引法

任意後見契約に関する法律 ……………………………………… 任意後見契約法

不当景品類及び不当表示防止法 ………………………………… 景品表示法

特定電気通信役務提供者の損害賠償責任の制限

　　及び発信者情報の開示に関する法律 ……………………… プロバイダ責任制限法

犯罪利用預金口座等に係る資金による

　　被害回復分配金の支払等に関する法律 …………………… 振り込め詐欺救済法

労働者災害補償保険法 …………………………………………… 労災保険法

【出典略語】

最高裁判所民事判例集 …………………………………………… 民集

最高裁判所裁判集民事 …………………………………………… 裁判集民

判例タイムズ ……………………………………………………… 判タ

判例時報 …………………………………………………………… 判時

労働判例 …………………………………………………………… 労判

目　次

第3章　利用契約上のポイント

第4章　運営上のポイント

第8章　判断能力の低下と成年後見制度

第9章　利用者の死亡と死後事務

第 10 章　高齢者を取り巻く問題

第 11 章　M & A，倒産

第1章

高齢者福祉サービスの全体像

1 高齢者福祉サービスの概要

Q1 | 高齢者福祉サービスの実情

高齢者福祉サービス事業の実情について教えてください。

A 　我が国では既に超高齢社会に突入し，高齢者は増加の一途をたどっており，介護保険の財源不足も深刻化している中，高齢者福祉サービス事業の運営には厳しい面があることは否定できません。しかし，高齢者福祉サービスの需要増大は必至であり，事業参入の機会は未だ十二分にあるといえます。介護保険制度の見直しなど刻々と変化する環境に柔軟に対応し，量質ともさらなる充実が求められているといえます。

1 超高齢社会の訪れ

　世界保健機関（WHO）の定義によれば，65歳以上の人を高齢者と呼んでおり，このような65歳以上の高齢者の人口が増大した社会を高齢化社会といいます。そして，高齢化率が7％を超えた社会を高齢化社会，高齢化率が14％を超えた社会を高齢社会，高齢化率が21％を超えた社会を超高齢社会とそれぞれ分類しています。

　日本では，昭和45年に高齢化率が7％を超え高齢化社会に突入し，平成6年には高齢化率が14％を超えて高齢社会となりました。そして，平成29年には高齢化率が27.7％に達し[1]，現在，超高齢社会になっています。これほど急激に超高齢社会になるのは諸外国では珍しく，現在では4人に1人が65歳以上の高齢者という状況になっています。

1　内閣府「平成30年度版高齢社会白書」。

2　介護保険制度の制定

　　日本では，高齢社会に突入した平成7年には，国民一人一人が生涯にわたって安心して生きがいをもって過ごすことができる社会を目指して，あるべき高齢社会の姿を明らかにするとともに，高齢社会対策の基本的方向性を示すことによって，高齢社会対策を総合的に推進するため，「高齢社会対策基本法」が制定されました。

　　そして，この法律では，国が講ずべき施策として，国民が自らの健康の保持増進に努めることができるよう総合的な施策を講ずるとともに，地域における保健及び医療並びに福祉の相互の有機的な連携を図りつつ適正な医療保険サービス及び福祉サービスを総合的に提供する体制の整備を図り，適切な介護のサービスを受けることができる基盤の整備を推進することが定められました。

　　そして，いわゆる措置制度（Q2参照）の時代を経て，平成12年4月に介護保険法がスタートしました。

3　高齢者福祉サービスと介護保険制度の現状

　　このような高齢社会に対しては，措置時代から民間事業者による高齢者サービスの提供がなされていましたが，介護保険制度が始まって以降は，より民間事業者が介護事業に参入するようになりました。

　　もっとも，介護保険制度は，前述のような急激な高齢化のため，介護保険制度創設当時の試算よりも要介護者及び要支援者の数が予想以上に増加しており，介護財源不足が加速していることは周知のとおりです。そのため，介護報酬の低減下や制度自体の見通しの困難さから，高齢者サービス事業の経営は容易なものではないと思われます。

　　また，労働者人口は減少の一途をたどっており，介護業界においても例外ではなく介護従事者の人材不足が深刻な状態であるところ，賃金や労働環境の改善など人材確保に向けた対策は不可欠であり，また，外国人の活用も今後一層本格化すると思われ，介護従事者への対策も避けられません。

4　需要の増大に応える必要性

　このように介護保険制度の見通しの困難さや人材不足など，高齢者福祉サービス事業の経営には少なからず難しい面はあるものの，既に超高齢社会に突入しており，今後もますます高齢者の人口が増加することは必至である以上（2065年には約2.6人に1人が65歳以上，約3.9人に1人が75歳以上になるといわれています[2]。），高齢者福祉サービスの需要がますます増大することは間違いなく，事業者に求められる高齢者福祉サービスは，量はもちろんのこと，その質においてもますますの充実が期待されているといえます。

5　介護保険制度の見直しなど

　前述のとおり，介護保険制度については，その財源がかなり深刻な問題となっていることのほか，特別養護老人ホーム（特養）の整備が計画通りに進まないことを踏まえ（この点，特養待機者は36万6000人に及んでいる[3]。），平成29年6月，「地域包括ケアシステムの強化のための介護保険法等の一部を改正する法律」が成立しました。これは，高齢者がそれまでに住み慣れた地域で生活し続けることを可能とするために，医療，介護，予防，住まい，生活支援サービスが包括的に確保される地域包括ケアシステムを中心に置くものとし，主に以下の4つの取組みが盛り込まれています。

① 全市町村が保険者機能を発揮し，自立支援・重度化防止等に向けて取り組む仕組みの制度化

② 医療・介護の連携を推進するための市町村の取組に対する都道府県による支援

③ 地域共生社会の実現に向けた市町村の取組の推進

④ 介護保険制度の持続可能性の確保等

また，介護報酬制度についても，平成27年度改正において一定の利用

2　前掲「平成30年度高齢社会白書」。
3　平成30年7月5日付日本経済新聞朝刊

者については負担割合が1割から2割に引き上げられましたが，平成30年度改正により，特に所得の高い利用者については3割へと引き上げられ，介護納付金への総報酬割の導入も始まっています。

　一方，介護業界での人材不足問題は深刻さを増しており，その対策として介護職員の賃上げが最優先課題とされていました。この点，いわゆる成果報酬を導入することも検討されていたところ，平成29年改正により，自立支援・重度化防止のための介護サービスの内容（質）に対する評価（いわゆるアウトカム評価）が新設されました。また，同時に，介護ロボットの活用も盛り込まれており，例えば，特別養護老人ホーム等の夜勤について，業務の効率化等を図る観点から，介護ロボットの一つである見守り機器（センサー）の導入により効果的に介護が提供できる場合に夜勤職員配置加算において評価することなどとされています。

6　社会保障制度改革推進会議のスタート

　平成26年7月，「持続可能な社会保障制度の確立を図るための改革の推進に関する法律」に基づき，年金，医療，介護などの社会保障制度の改革議論が始まっています。いわゆる団塊の世代の高齢化で社会保障負担の増加が見込まれているところ，この改革議論は日本の行く末を左右するものと言っても過言ではなく，高齢者福祉サービス事業にも大きく影響するものといえます。

　令和元年5月29日には第9回目の会議が開催されており，地域医療構想や国民健康保険改革の進捗などについて報告・議論がなされています。

7　これからの事業者に求められること

　このように介護保険制度及びそれを取り巻く諸制度の見直しは，複雑かつ多岐にわたっていますが，高齢者福祉サービス事業を営むにあたっては，このような制度への精通はもちろんのこと，高齢者福祉サービスの利用者との契約関係，従業員との関係，そのほか事業者どうしの連携や場合

によっては経営統合などにも常にアンテナをはっておく必要性は高いといえます。

Q2 | 高齢者福祉サービスの種類

　高齢者福祉サービスと一口に言っても，どのような種類のサービスがあるのでしょうか。

A　「措置から契約へ」とのスローガンで導入された介護保険法上のサービスが中心となります。また，有料老人ホームなど，これらのサービスを提供する施設も様々なものがあります。そのほか，成年後見制度や日常生活自立支援事業など，介護保険法上のサービス以外の制度も高齢者サービスとして挙げられます。

1　高齢者福祉サービスの歴史～措置から契約へ

　過去に遡りますと，介護サービスは公共性の高いものとされ，昭和38年に制定された老人福祉法によれば，養護老人ホームや特別養護老人ホームが措置施設として設けられ，経済状況や家族状況に問題のある高齢者を対象として措置という行政処分によって入所が認められるようになっていました。要するに，国や地方自治体が主体となりその責任で実施されるサービスという位置付けでした。

　ただ，このような措置制度の下では，手続の煩雑さのほか，介護サービスの種類も乏しく，また，内容にも限界があったため，積極的に利用する者は少ない状況でした。そのようなこともあり，治療のために一旦入院した後，たとえ治療の必要がなくなってもそのまま病院での入院を継続し，病院で最期を迎えるというケースも少なくありませんでした。

　しかし，その後の急激な少子高齢化のため，このような措置制度の限界や医療費の増大が顕著となるとともに，女性の社会進出などに伴い家族による介護の困難さが浮き彫りとなりました。

　そこで，政府における長年にわたる議論の末に，今後増加する高齢者の介護は社会全体で取り組むべきこと，また，介護が必要になっても能力に

　応じ自立した生活を営むことを基本とし，より幅のある充実した介護サービスを利用者との契約という形で提供することを目的として，平成12年4月に介護保険制度がスタートしました。

　この介護保険制度によって，被保険者が支払う介護保険料を財源とする公費をもって介護サービスの対価に充てることができるようになったため，民間事業者や非営利法人などでも介護事業に参入しやすい環境が整い，また，それにより介護サービスの種類や内容の充実が期待されたのでした。

2　高齢者サービスの種類

(1)　介護保険法上のサービス（介護保険法8条）

　平成12年4月に介護保険制度がスタートしましたが，まず，この介護保険法によって要介護者または要支援者と認定された方を利用者とする事業（サービス）としては，次のようなサービスがあります。ただし，要支援者については，地域密着型サービスの一部と施設サービスを除きます。これらのサービスの詳細についてはQ3をご参照ください。

①　居宅サービス

　介護保険法上，「居宅サービス」と定義される事業（サービス）であり，訪問介護，訪問入浴介護，訪問看護，訪問リハビリテーション，居宅療養管理指導，通所介護，通所リハビリテーション，短期入所生活介護，短期入所療養介護，特定施設入居者生活介護，福祉用具貸与，特定福祉用具販売をいいます。

②　地域密着型サービス

　「地域密着型サービス」と定義される事業（サービス）であり，定期巡回・随時対応型訪問介護看護，夜間対応型訪問介護，地域密着型通所介護，認知症対応型通所介護，小規模多機能型居宅介護，認知症対応型共同生活介護（グループホーム），地域密着型特定施設入居者生活介護，地域密着型介護老人福祉施設入所者生活介護，看護小規模多機能型居宅介

護をいいます。

③　施設サービス

最後に，「施設サービス」と定義される事業（サービス）であり，介護老人福祉施設（いわゆる特別養護老人ホーム），介護老人保健施設，介護医療院及び介護療養型医療施設に入所している要介護者に対するサービスをいいます。

④　その他

居宅介護住宅改修費，居宅介護支援

(2)　地域支援事業（介護保険法 115 条の 45，115 条の 46）

地域支援事業とは，高齢者が要介護または要支援状態になることを予防するとともに，要介護または要支援状態になった場合においても，可能な限り地域において自立した日常生活を営むことができるようにするため市町村において実施する事業をいい，介護予防事業，包括的支援事業，任意事業により構成されています。

そして，市町村は，地域包括支援センターを設置し，同センターにおいて上記の地域支援事業を実施し，地域住民の心身の健康の保持及び生活の安定のために必要な援助を行うことにより，その保健医療の向上及び福祉の増進を図っています。

(3)　サービスを提供する施設の種類

介護保険法上の施設（グループホーム，特別養護老人ホーム，介護老人保険施設等）以外の施設としては，次のようなものがあります。

①　有料老人ホーム（老人福祉法 29 条）

主に民間事業者が運営し，入浴，排せつ，食事の介護などの日常生活に必要なサービスが提供される施設で，介護付き有料老人ホーム，住宅型有料老人ホーム，健康型有料老人ホームの 3 種類の施設があります（厚生労働省「有料老人ホーム設置運営標準指導指針」参照）。

②　サービス付き高齢者向け住宅（高齢者住まい法）

平成 23 年に高齢者が安心して生活できる住まいを提供することを目

的に創設された高齢者向けの賃貸住宅です。このサービス付高齢者向け住宅が導入される前には，高齢者円滑入居賃貸住宅，高齢者専用賃貸住宅，高齢者向け優良賃貸住宅の3種類の住宅制度がありましたが，それらがいわば統廃合されたものであり，事業者には，国が定めた基準を満たす義務が課せられています。

③　軽費老人ホーム（老人福祉法20条の6）

主に自立した生活が不安な高齢者を対象に，無料または低額な料金で入所させ，食事の提供その他日常生活上必要な便宜を供与することを目的とされた施設であり，A型，B型，ケアハウスの3種類の施設があります。

④　養護老人ホーム（同法20条の4）

虐待や障害，経済的理由などから家庭での養護が困難な者を対象とし，その者が自立した日常生活を営み社会的活動に参加するために必要な指導や訓練を行う施設です。この養護老人ホームは，現在も措置により入所が認められる施設であり，介護保険の適用はありません。

(4)　その他の高齢者福祉サービス

①　成年後見制度

高齢者福祉サービスは，以上の介護を中心としたサービスのみではありません。

すなわち，高齢者の増加に伴い，認知症に罹患する老人も増加しています。このような高齢者には正常な判断能力が欠如または著しく減退しているため，自らの財産を適正に管理することは期待できず，ともすると，その後の生活に支障が生ずることも少なくありません。そのような場合に備えて，成年後見制度が用意されています（Q61）。

成年後見制度には，法定後見のみならず，保佐や補助，また，予め後見人を指定することのできる任意後見などが含まれます（Q62）。そして，成年後見人には，本人の家族が就任する場合のほか，弁護士や司法書士，社会福祉士などの専門家が就任する場合もあります（Q64参照）。

11

② 第三者による財産管理

　また，正常な判断能力はあるものの，自ら行う財産管理に不安を覚える場合には，専門家との間で財産管理契約を締結するなどして，信頼できる第三者に財産管理を委任する方法もあります（Q60，62参照）。

③ 日常生活自立支援事業（旧地域福祉権利擁護事業）

　そのほか，成年後見制度などを利用するまでに至らないような状態においても，日常生活に必要な預金の払い戻しや預け入れ，公共料金等の支払いなどや，重要な書類を預けられるなどのサービスを提供するものとして，各地の社会福祉協議会が運営する日常生活自立支援事業といった制度もあり，これらも高齢者福祉サービスの一つということができます（Q60参照）。また，各地の社会福祉協議会では，独り暮らしや家に閉じこもりがちな高齢者などを対象に，地域の方が気軽に集まれるふれあいサロンといった交流の場を設けているところも少なくありません。

④ 配食サービスなど

　独り暮らしの高齢者を対象にした配食サービスや，そのサービスに伴い安否確認なども実施するといったサービスも，高齢者福祉サービスの一つとして挙げられるでしょう。

3　まとめ

　このように高齢者福祉サービスと一口に言っても，介護保険法上のサービスのみならず，多岐にわたる数々のサービスや高齢者施設，制度ないしシステムが存在します。

　また，お泊まりデイサービス（Q8参照）のような介護保険法上のサービスの隙間を埋めるようなサービスが登場したり，身元保証サービス（Q71参照）といった新たな契約類型も登場したりしており，それに対する法規制などが喫緊の課題とされているなど，高齢者福祉サービス業界は目まぐるしい状況にあるといえます。

Q3 介護サービスの種類と事業主体

介護保険制度における介護保険サービスの種類について教えてください。また，民間事業者では提供できないサービスはあるのでしょうか。

A 　介護保険法上，大別して，居宅サービス，地域密着型サービス，施設サービスがあり，それぞれにつきサービスの内容が詳細に規定されています。そして，これらのサービスを提供するためには，介護保険法上の指定を受けなければならず基本的には法人である必要があるほか，特に施設サービスなどでは社会福祉法人であることが必要であり，民間事業者では提供できないサービスもあります。

1 介護保険サービスの種類

　介護保険制度では，主に，要介護者に対する一定のサービスにつき介護給付が，要支援者に対する一定のサービスにつき予防給付がそれぞれ支給されますが，介護保険法上，大別して，居宅サービス，地域密着型サービス及び施設サービスがあり（次頁参照），それぞれについてさらに具体的なサービスが規定されています。

2 介護サービス

(1) 居宅サービス（介護保険法8条1項）

　居宅サービスには，大別して，介護福祉士などが居宅を訪問する訪問サービス，要介護者が介護施設に通所する通所サービス，要介護者が介護施設に短期間入所するサービス，その他福祉用具の貸与や購入のサービスなどがあります。

（平成29年12月20日現在）

			介護給付	予防給付
居宅サービス	訪問サービス		訪問介護	
			訪問入浴介護	介護予防訪問入浴介護
			訪問看護	介護予防訪問看護
			訪問リハビリテーション	介護予防訪問リハビリテーション
			居宅療養管理指導	介護予防居宅療養管理指導
	通所サービス		通所介護	
			通所リハビリテーション	介護予防通所リハビリテーション
	短期入所サービス		短期入所生活介護	介護予防短期入所生活介護
			短期入所療養介護	介護予防短期入所療養介護
	その他		特定施設入居者生活介護	介護予防特定施設入居者生活介護
			福祉用具貸与	介護予防福祉用具貸与
			特定福祉用具販売	特定介護予防福祉用具販売
その他の分類			居宅介護住宅改修費	介護予防住宅改修費
			居宅介護支援	介護予防支援
地域密着型サービス			定期巡回・随時対応型訪問介護看護	介護予防認知症対応型通所介護
			夜間対応型訪問介護	介護予防小規模多機能型居宅介護
			地域密着型通所介護（H28.4創設）	
			認知症対応型通所介護	介護予防認知症対応型共同生活介護
			小規模多機能型居宅介護	
			認知症対応型共同生活介護	
			地域密着型特定施設入居者生活介護	
			地域密着型介護老人福祉施設入所者生活介護	
			複合型サービス（看護小規模多機能型居宅介護）	
施設サービス			介護老人福祉施設	
			介護老人保健施設	
			介護療養型医療施設	

ア　訪問サービス

①　訪問介護（介護保険法8条2項）

　　介護福祉士や訪問介護員（ホームヘルパー）が居宅（自宅のみならず，有料老人ホームなども含みます。）を訪問し，入浴や排せつ，食事等の介護その他の日常生活上の世話などを行うサービス

②　訪問入浴介護（同条3項）

　　入浴車等により居宅を訪問し，浴槽を提供して入浴の介護を行うサービス

③　訪問看護（同条4項）

　　看護師等が訪問して療養上の世話や必要な診療の補助を行うサービス

④　訪問リハビリテーション（同条5項）

　　居宅で心身の機能の維持回復を図り，日常生活の自立を助けるために，理学療法士または作業療法士などが居宅を訪問して，必要なリハビリテーションを行うサービス

⑤　居宅療養管理指導（同条6項）

　　医師，歯科医師，薬剤師等が，通院が困難な要介護者について，居宅を訪問して，療養上の管理及び指導を行うサービス

イ　通所サービス

①　通所介護（デイサービス）（同条7項）

　　特別養護老人ホームまたは老人デイサービスセンター等において，入浴，排せつ，食事等の介護その他日常生活上の世話及び機能訓練を行うサービス

②　通所リハビリテーション（デイケア）（同条8項）

　　介護老人保健施設や病院，診療所において，心身の機能の維持回復を図り，日常生活の自立を助けるために，理学療法，作業療法その他必要なリハビリテーションを行うサービス

ウ　短期入所サービス

①　短期入所生活介護（ショートステイ）（同条9項）

　　特別養護老人ホームなどに短期間入所し，入浴，排せつ，食事等の介護その他の日常生活上の世話及び機能訓練を行うサービス

②　短期入所療養介護（同条10項）

　　介護老人保健施設や介護療養型医療施設等に入所し，看護，医学的管理の下における介護及び機能訓練その他必要な医療並びに日常生活上の世話を行うサービス

エ　その他
①　特定施設入居者生活介護（同条11項）

有料老人ホーム，養護老人ホーム及びケアハウスに入居している要介護者に施設が介護予防を目的として，計画に基づき提供する入浴，排せつ，食事等の介護その他の日常生活上の世話，機能訓練及び療養上の世話を行うサービス

②　福祉用具貸与（同条12項）

居宅要介護者に対し，車いす，特殊寝台など厚生労働大臣が定める福祉用具の貸与を行うサービス

③　特定福祉用具販売（同条13項）

居宅要介護者に対し，入浴または排せつに供する入浴補助用具，腰掛便座など厚生労働大臣が定める福祉用具の販売を行うサービス

(2)　地域密着型サービス（同条14項）

地域密着型サービスは，要介護者が居住する市区町村内で提供されるサービスであり，次の9種類が規定されています。

①　定期巡回・随時対応型訪問介護看護（同条15項）

居宅要介護者に対し，定期的な巡回または随時通報により，介護福祉士などが訪問介護を行うとともに，看護師などが訪問看護を行うサービス。なお，介護福祉士などが訪問介護を行う事業所と連携しつつ，訪問介護を行うサービスもあります。

②　夜間対応型訪問介護（同条16項）

居宅要介護者に，夜間，定期的な巡回訪問または随時通報により，訪問介護を行うサービス

③　地域密着型通所介護（H28.4創設，同条17項）

居宅要介護者について，特別養護老人ホーム等又は老人デイサービスセンターに通わせ，当該施設において入浴，排せつ，食事等の介護その他の日常生活上の世話，機能訓練を行うサービス

④ 認知症対応型通所介護（同条18項）

　　認知症の居宅要介護者に特別養護老人ホームまたは老人デイサービスセンターにおいて，入浴，排せつ，食事等の介護その他の日常生活上の世話及び機能訓練を行うサービス

⑤ 小規模多機能型居宅介護（同条19項）

　　居宅要介護者に，居宅または厚生労働省令で定めるサービスの拠点へ通所し，若しくは短期間宿泊し，入浴，排せつ，食事等の介護その他の日常生活上の世話及び機能訓練を行うサービス

⑥ 認知症対応型共同生活介護（グループホーム）（同条20項）

　　認知症の要介護者に，共同生活を営む住居で，入浴，排せつ，食事等の介護その他の日常生活上の世話及び機能訓練を行うサービス

⑦ 地域密着型特定施設入居者生活介護（同条21項）

　　定員29人以下の有料老人ホームやケアハウスなどに入居している要介護者に，その施設が計画に基づき提供する入浴，排せつ，食事等の介護その他の日常生活上の世話，機能訓練及び療養上の世話を行うサービス

⑧ 地域密着型介護老人福祉施設入所者生活介護（同条22項）

　　定員29人以下の特別養護老人ホームに入所する要介護者に，地域密着型施設サービス計画に基づいて行われる入浴，排せつ，食事等の介護その他の日常生活上の世話及び機能訓練を行うサービス

⑨ 複合型サービス（看護小規模多機能型居宅介護，同条23項）

　　居宅の要介護者につき一体的に提供されることが特に効果的かつ効率的なサービスの組合せとして，訪問看護と小規模多機能型居宅介護の組合せによるサービス。

(3) 施設サービス（同条25項，26項）

　　施設サービスは，施設における介護サービスであり，次の3種類が規定されています。

① 介護老人福祉施設（特別養護老人ホーム）（同条27項）

　　定員30人以上の特別養護老人ホームで，入所する要介護者に対し，

施設サービス計画に基づき，入浴，排せつ，食事等の介護その他の日常生活上の世話，機能訓練，健康管理及び療養上の世話を行うサービス

② 介護老人保健施設（老人保健施設）（同条28項）

病状が安定期にあり必要な医療等を要する要介護者に対し，施設サービス計画に基づいて，看護，医学的管理の下における介護及び機能訓練その他必要な医療並びに日常生活上の世話を行うサービス

③ 介護医療院（H30.4施行，同条29項）

要介護者であって，主として長期にわたり療養が必要である者に対し，施設サービス計画に基づいて，療養上の管理，看護，医学的管理の下における介護及び機能訓練その他必要な医療並びに日常生活上の世話を行うサービス

今後，増加が見込まれる慢性期の医療・介護ニーズへの対応のため，「日常的な医学管理が必要な重介護者の受入れ」や「看取り・ターミナル」等の機能と，「生活施設」としての機能を兼ね備えた介護保険施設を創設します。

④ 介護療養型医療施設（旧法同条第26項）[1]

病院または診療所で，入院する要介護者に対し，施設サービス計画に基づき，療養上の管理，看護，医学的管理の下における介護その他の世話及び機能訓練その他必要な医療を行うサービス

この施設は平成30年3月末までに老人保健施設等に転換され，廃止されることが予定されていましたが，医療ニーズを伴う要介護高齢者の増加等から令和6年3月末までその効力を有することとされています。

3 介護予防サービス（介護保険法8条の2）

介護予防サービスは，居宅要支援者の介護予防を目的に提供されるものです。要介護者に対する介護サービスに対応する形でサービスが規定され

---

1 平成24年4月1日から条文の規定から削除されました。

ていますが，地域密着型サービスの一部と施設サービスに対応するサービスは規定されていません。

　この介護予防サービスにおいて，介護予防通所介護と介護予防訪問介護が中心でしたが，深刻な財源問題の下，施設から在宅へという方向で議論された平成27年度の介護保険制度の改正により，これら2つのサービスは，介護予防・日常生活支援総合事業（以下，「総合事業」といいます。）に移行されました。従来の2サービスは，平成30年3月末日をもって廃止され，平成30年4月以降は，総合事業の訪問型サービス（第一号訪問事業）及び通所型サービス（第一号通所事業）のみとなります。サービスを提供する事業主体となるためには，新たに総合事業の指定事業者の指定を受ける必要があります。

4　民間事業者が提供できないサービス

　介護保険法は，介護保険料などの財源をもって介護サービスの対価に充てる仕組みであり，その意味では民間事業者などが介護業界に参入することが予定されていたといえます。

　しかしながら，施設で実施される介護サービスには民間事業者が提供できないものがあります。

　まず，介護老人福祉施設は特別養護老人ホームである必要がありますが（介護保険法86条），特別養護老人ホームを設置できるのは，都道府県，市町村，地方独立行政法人及び社会福祉法人に限られています（老人福祉法15条）。また，介護老人保健施設及び介護医療院の設置も，地方公共団体，医療法人，社会福祉法人その他厚生労働大臣が定める者に限られています（介護保険法94条，同法107条）。

　そのため，これらの施設サービスはもちろんのこと，特別養護老人ホームや介護老人保健施設で実施される短期入所サービスや地域密着型サービスも，株式会社などの民間事業者は施設でのサービスを提供できないということとなります。

Q4 | 介護従事者の種類

介護サービスに従事する専門職にはどのような種類の資格があるのでしょうか。

A 　大別して，現場で実際に介護するための資格，介護者や高齢者をサポートするための資格，専門的知識や技術で支援するための資格があります。現場系の資格については，複雑な体系が整理され，介護福祉士の試験制度も見直されました。また，平成27年度の介護保険制度改正により，介護支援専門員（ケアマネジャー）の役割も大きなものとなっています。

1　はじめに

(1)　資格の種類

　介護サービスに従事する専門職には多岐にわたり様々な種類の資格がありますが，大きく分けて3つのグループに分けることができます。

　一つ目は，介護現場において実際に高齢者の介護を実施することを主な職務とする資格であり，初任者研修課程修了者（旧ホームヘルパー2級相当，旧基礎研修修了者相当），介護福祉士などがこれに当たります。

　二つ目は，介護現場で働く人たちや介護サービスを受ける高齢者を色々な面でいわばサポートすることを主な職務とする資格であり，介護支援専門員（ケアマネジャー），社会福祉士などがこれに当たります。

　最後に，介護サービスを専門的な知識や技術をもって支援することを主な職務とする資格であり，福祉用具専門相談員，福祉住環境コーディネーター，精神保健福祉士，認知症ケア専門士などがこれに当たります。

(2)　介護現場系資格の養成体系の一元化

　ところで，介護保険制度が創設されて以降，介護サービスに携わる介護職員は大幅に増加していますが，高齢化の進展が急激なため，令和7年に

は212万人から255万人の介護職員が必要であると予想されています。

　そのような中，平成23年1月の「今後の介護人材養成の在り方に関する検討会」報告書[1]では，これまで介護職員，特に介護現場系資格の養成体系が複雑であったことを受け，「今後の介護人材のキャリアパスを簡素でわかりやすいものにするとともに，生涯働き続けることができるという展望を持てるようにする必要がある」と提言がなされたことなどを踏まえ，それまでの「訪問介護員養成研修（旧ホームヘルパー2級相当）」及び「介護職員基礎研修」が「介護職員初任者研修」に一元化されました。

　また，介護福祉士資格取得者がさらにステップアップできるように，新たに「認定介護福祉士」という資格が創設されることが予定され，例えば，介護チームのリーダーに対する教育指導，サービスのマネジメントを行い，介護チームのサービスの質を向上させる役割を担っています。そして，養成体系を「初任者研修修了者」⇒「介護福祉士」⇒「認定介護福祉士」を基本とすることとされています。

　また，介護福祉士の資格取得のルートとしては，主として，これまで養成校卒業のルートと実務経験を通じてのルートがありましたが，前者については国家試験が不要との問題点が，後者については体系的な学習が不十分との問題点が指摘されていました。そのような中，上記のような養成体系の見直しにより，養成施設ルートには国家試験が課せられ，実務経験ルートには450時間の実務者研修が課せられることになりました（平成28年4月1日から。養成施設ルートの令和4年度以降の養成施設卒業者については，国家試験に合格することが資格取得の要件とされ，平成29年度から令和3年度末までの養成施設卒業者に対しては，卒業から5年間暫定的に介護福祉士資格を有するものとし，卒業後5年間連続して実務に従事することによっても介護福祉士資格を取得することができます。）。

1　http://www.mhlw.go.jp/stf/shingi/2r98520000010pzq.html

(3)　介護支援専門員（ケアマネジャー）の役割について

　　平成 27 年度介護保険制度の改正により，介護支援専門員が業務を行う居宅介護支援事業所について，その事業所指定の権限が都道府県から市町村へ委譲されました（平成 30 年度から施行）。

　　この指定権限の委譲により，介護支援専門員のケアマネジメントに対して最も身近な市町村によるチェックが強化されることが予想され，これにより介護支援専門員の資質向上が進むといわれています。また，地域包括ケアシステムの推進により，「施設から在宅へ」という考え方が推し進められ，介護支援専門員の役割はますます大きなものとなることが予想されます。

2　各資格の紹介

　　各資格の主な職務の内容と資格取得方法については，以下の一覧表のとおりです。

	資格名	主な職務内容	資格取得方法
主に介護現場中心	初任者研修修了者（旧ホームヘルパー2級相当，旧基礎研修修了者相当）	高齢者や身体障害者がいる家庭を訪問し，掃除，洗濯，買い物などの家事援助のほか，食事，排せつ，着替え，入浴などの身体介護などを行う。	介護職員初任者研修課程（国が定めた講義及び講習合計 130 時間）を修了し，全過程修了後の修了試験に合格すること。
	介護福祉士	身体・精神的な障害により日常生活行動に支障のある者に対して介護し，自立した人間としての尊厳をもった生活を送れるようにするために支援を行う。	以下の 4 ルートがある。①養成施設（専門学校，短大，大学など）を経て受験するルート，②実務経験 3 年以上を経て受験するルート，③福祉系高校において福祉に関する所定の教科目及び単位数を修めて卒業し受験するルート，④経済連携協定により来日し，3 年以上介護等の業務に従事し受験するルート。
主に介護支援中心	介護支援専門員（ケアマネジャー）	要支援・要介護者に対し，必要な支援を検討し，ケアプランを作成し，サービス提供事業者と調整し，介護保険の給付管理を行う。	保健医療福祉分野での実務経験（医師，看護師，社会福祉士，介護福祉士等）が 5 年以上である者などが，介護支援専門員実務研修受講試験に合格し，同研修課程を修了し，介護支援専門員証の交付を受けること。
	社会福祉士	高齢者や障害者，及びその家族に対して相談に応じたり，助言などを行う。	福祉系大学若しくは福祉系短大，または一般大学若しくは一般短期大学の単位履修者または卒業者で，学習状況に応じた相談援助実務経験と短期養成施設・一般養成施設卒業の後，国家試験に合格すること。

主に専門的支援中心	福祉用具専門相談員	福祉用具に関する専門知識を有し，利用者に適合した福祉用具の選定や相談などを行う。	福祉用具専門相談員指定講習において，福祉用具と福祉用具専門相談員の役割（2時間），介護保険制度に関する基礎知識（4時間），高齢者と介護・医療に関する基礎知識（16時間），個別の福祉用具に関する知識・技術（16時間），福祉用具に係るサービスの仕組みと利用の支援に関する知識（7時間），福祉用具の利用の支援に関する総合演習（5時間）を受講すること。
主に専門的支援中心	福祉住環境コーディネーター（1級～3級）	住宅のバリアフリーのほか，福祉用具，介護用品，家具などの商品開発や販売などに関する相談などを行う。	福祉住環境コーディネーター検定試験（東京商工会議所）が実施する試験に合格すること。
	精神保健福祉士	精神障害の医療を受け，または社会復帰促進施設を利用している精神障害者の相談に応じるなど，諸援助を行う。	大学・短期大学（要実務要件）・精神保健福祉士養成施設を卒業し，国家試験に合格すること。
	認知症ケア専門士	認知症に関する専門的知識や技能をもって認知症を患う者の支援などを行う。	認知症ケアに関連する施設・団体・機関などにおいて試験実施年の3月31日より過去10年間で3年以上の認知症ケアの実務経験を有し，認知症ケア専門士認定試験に合格すること。

3　指定介護サービス事業における人員基準

　　介護保険法上の介護サービス事業を行うにはサービスごとに都道府県または市町村の指定を受ける必要がありますが，介護従事者の配置が重要であることはいうまでもありません。

　　これらの人員基準については，厚生労働省令[2]のほか，都道府県や市町村の条例などにより定められることとなっています。例えば，居宅介護支援等の事業については，事業所ごとに常勤の介護支援専門員を利用者35名に対して少なくとも1名以上を置く必要があります。また，介護老人福祉施設（特別養護老人ホーム）については，医師（入所者に対し健康管理及び療養上の指導を行うために必要な数），生活相談員（入所者100名に対して常勤で1名以上），介護職員又は看護職員（看護師・准看護師）（常勤換算で入所者3名に対して1名以上。そのうち，看護職員については，常勤換算で入所者30名以下の場合には1名以上，入所者31名以上50名以下の場合には2名以上，入所者51名以上130名以下の場合には3名以上，入所者131名以上の場合には入所者が50名増すごとに1名以上），栄養士（1名以上），機能訓練指導員（1名以上），介護支援専門員（入所者が100名に対して1名以上）とされています（なお，入所者は前年度の平均値，

新規指定の場合は推定数によります。）。

　なお，これらの人員基準を満たしていない場合には，指定が取り消されることもありますので，注意が必要です。

2　「指定居宅サービス等の事業の人員，設備及び運営に関する基準」（平成 11 年 3 月 31 日厚生省令第 37 号），「指定居宅介護支援等の事業の人員及び運営に関する基準」（平成 11 年 3 月 31 日厚生省令第 38 号），「指定地域密着型サービスの事業の人員，設備及び運営に関する基準」（平成 18 年 3 月 14 日厚生労働省令第 34 号），「指定介護老人福祉施設の人員，設備及び運営に関する基準」（平成 11 年 3 月 31 日厚生省令第 39 号），「介護老人保健施設の人員，施設及び設備並びに運営に関する基準」（平成 11 年 3 月 31 日厚生省令第 40 号），「指定介護療養型医療施設の人員，設備及び運営に関する基準」（平成 11 年 3 月 31 日厚生省令第 41 号），「指定介護予防サービス等の事業の人員，設備及び運営並びに指定介護予防サービス等に係る介護予防のための効果的な支援の方法に関する基準」（平成 18 年 3 月 14 日厚生労働省令第 35 号），「地域密着型介護予防サービスの事業等の人員，設備及び運営並びに指定地域密着型介護予防サービスに係る介護予防のための効果的な支援の方法に関する基準」（平成 18 年 3 月 14 日厚生労働省令第 36 号），「指定介護予防支援等の事業の人員及び運営並びに指定介護予防支援等に係る介護予防のための効果的な支援の方法に関する基準」（平成 18 年 3 月 14 日厚生労働省令第 37 号）。

Q5 | 高齢者福祉サービス事業にまつわる法律

高齢者福祉サービスやその事業運営にあたって注意すべき法律としては，どのような種類の法律があるのでしょうか。

A　介護や医療に関する介護保険法や健康保険法はもちろんのこと，高齢者の所得，特に年金に関する法律，高齢者施設に関する法律は欠かせません。また，高齢者との利用契約は契約書によりますが，疑義がある場合には民法や消費者契約法などが問題となります。そのほか，施設運営にあたっては，労働基準法などの労働法，会社法，商法なども重要です。

1　介護保険法，健康保険法

高齢者福祉サービスに直接に関係する法律の代表格は，介護保険法です。

介護保険法は，高齢者サービスの利用者が被保険者として給付を受けるための要件のみならず，介護保険適用事業者の指定を受けるための要件などが規定されており，介護事業を運営するにあたって当然に精通すべき法律といえます。

また，介護保険制度はかなり複雑であることもあり，介護保険法のみならず，その施行規則のほか，厚生労働省や地方公共団体が制定する各種の通達などにも注意を払う必要があります。

そのほか，利用者が医療機関による医療行為を受けた場合など，健康保険（後期高齢者医療保険）が適用される場合もあります。そのような場合の介護保険との関係などについては，健康保険法（後期高齢者医療保険）の適用を確認する場合も想定されます。

2　高齢者の所得に関する法律

介護保険制度により所定の介護サービスについては，費用の9割（ただ

し，利用者によっては8割または7割の場合があります。）が介護保険から給付されることとなりますが，逆にいえば，1割（2割または3割）は利用している利用者から徴収することとなります。また，通所介護や施設介護における食費や施設費などは原則として介護保険の給付対象でありませんので，これらの費用も利用者から徴収することとなります。

　そうである以上，高齢者の所得に関する法律にも注意が必要となります。例えば，年金については，国民年金法や厚生年金保険法などにより定められています。また，自営業者であったり，また，そもそも年金に加入していなかった利用者などでは年金収入が乏しい場合が少なくありません。そのような場合には，必要に応じて生活保護を受給することも考えられますので，生活保護法も関心の高い法律といえます。

　そのほか，居住用不動産などに担保権を設定し，一定金額を定期的に借り入れ介護費用に充て，本人死亡時に不動産を処分して返済するといういわゆるリバースモーゲージ制度（Q75参照）も今後活用の場は増加されると思われます。

3　高齢者福祉施設に関する法律

　高齢者福祉施設については，例えば，介護保険法上の介護老人福祉施設は特別養護老人ホームであることが条件とされていますが，その特別養護老人ホームの設置基準などについては老人福祉法で規定されています。

　また，介護保険法上の介護施設ではない養護老人ホームや軽費老人ホーム，有料老人ホームなどの設置基準についても老人福祉法で規定されています。そのほか，いわゆるサービス付き高齢者向け住宅については，高齢者住まい法で規定されていますが，それに伴う各種優遇措置については，厚生労働省の「高齢者・障害者・子育て世帯居住安定化推進事業」のほか，地方税法や租税特別措置法で規定されています。

4　高齢者福祉施設運営面における法律

(1)　施設の物的側面に関する法律

　　施設の種類はともかく，土地ないし建物について，借地や借家とする場合には借地借家法の適用が問題となります。また，建物の建築にあたっては，建築基準法の適用が問題となりますし，スプリンクラーの設置などは消防法に規定されています。そのほか，施設の施工業者との請負契約のほか，近隣住民との関係で，音楽や騒音，臭気などのクレームがあった場合には，民法が問題となる場合があります。

(2)　施設の人的側面に関する法律

　①　利用者との関係

　　まず，利用者との利用契約については契約書を交わすのが通常であるため，その契約に従うこととなりますが，契約条項の解釈に争いがある場合やそもそも契約条項にない場面に遭遇した場合などには民法により解決されることとなりますし，また，利用者にとって不利な内容の条項が問題となる場合には消費者契約法により解決されることになります。

　　また，利用者の個人情報の取得，保有，開示などに関しては，利用契約の規定のほか，個人情報保護法の適用が問題となります。

　　そのほか，利用者に事故があった場合には，賠償責任にまで及ぶことも少なくなく，民法上の不法行為（民法709条），使用者責任（同法715条），工作物責任（同法717条）などの適用が問題となります（第5章参照）。また，認知症を患っている場合には，責任無能力者の監督義務者等の責任（同法714条）が問題となる場合があるでしょう。さらに，高齢者虐待が問題となるケースも少なくなく，高齢者虐待防止法も欠かせない法律です。

　②　従業員との関係

　　従業員との関係については，労働基準法や労働契約法が問題となることはいうまでもありません。残業代の未払いや有休取得に関する時季変更問題，懲戒や解雇などの労働問題はもちろんのこと，団体交渉などに

ついては労働組合法などの適用が問題となります。これらの各種労働法は，労働者保護の観点から規定されているため，使用者側からすれば，思わぬ金銭的負担が生ずる場合も少なくないため，細心の注意を要するところです。

そのほか，従業員との関係では，雇用保険や労災保険などの諸手続が不可欠であり，雇用保険法や労働者災害補償保険法などの適用も問題となります。

(3)　その他

介護事業を株式会社などの会社組織で運営するにあたっては，会社法や商法が欠かせません。特に，取締役としての善管注意義務などに関しては，近時コンプライアンスの強化が求められていることはいうまでもありません。

そのほか，利用者の財産の管理については，法定後見制度や任意後見制度が問題となる場合も少なくなく，このような制度への理解も必要といえます（Q60 以下参照）。

Q6 ｜ 高齢者福祉サービス事業の特色

　高齢者福祉サービスは，一般的な営利事業と比較して，どのような特色があるのでしょうか。

A

　高齢者福祉サービスは，基本的に，事業者と高齢者との契約により提供されます。

　しかし，高齢者福祉サービスは，高齢者の生活の質に直結し，サービスの提供を受ける高齢者も交渉力等に劣る存在であることから，当事者を完全に対等ととらえるのでなく，利用者である高齢者を保護する視点が必要となります。一方，高齢者福祉サービスには，介護保険制度を中心とする公的な利用者の負担軽減のための制度や，サービス提供事業者向けの補助金・助成金制度が存在します。これらの点から，高齢者福祉サービスは，一般事業に比して，高度に法律の遵守が求められる制度になっています。

　我が国の高齢化率は，既に世界に類を見ない高さにありますが，高齢者人口は，2042年まで増加し続けるという見込みが示されています。一方で，膨らむ社会保障費と，関与する人材の不足という問題も生じており，高齢者福祉サービスに関する法制度は，頻繁な見直しが繰り返されています。高齢者福祉サービスに関与する事業者としては，これらの情勢の変化を捉えた事業運営が必要です。

　しかし，高齢者福祉サービスが，利用者の人生の質に直結する，非常に重要なものであることは間違いありません。単なる事業・仕事ととらえず，高い倫理的意識を持ち，やりがいを感じながら取り組むことが望まれます。

1　契約によるサービスの提供

　　現在，高齢者福祉サービスは，原則として，当事者間の契約によって提供されるものになっています。

　　介護保険制度の開始前には，高齢者に対する福祉サービスは，行政による措置[1] として行われてきました。しかし，高齢者の自己決定権を尊重するという理念から，平成 12 年に介護保険制度がスタートし，高齢者福祉サービスは，利用者が選択し，契約によって提供されるものとなりました。

2　遵法経営の要求

　　高齢者福祉サービスについては，いくつかの観点から，特に法を遵守して，サービス提供を行うことが求められます。

(1)　サービス提供相手とサービス内容

　　高齢者福祉サービスにおいて，役務を提供する相手（利用者）は，高齢者です。契約内容を判断する能力が低下していることもあり，事業者のサービスが十分でない場合でも，苦情を言う力が十分ないこともあります。一方，提供されるサービスは，高齢者の生活の質に直結するものばかりです。

　　このような観点から，「役務（サービス）の提供は契約による」といっても，事業の運営について法律や条例で細かな決まりが置かれていたり，自治体が一定の指針を定めていたりすることがあります。例えば介護保険対象事業において，介護保険法や自治体条例の要求する基準に反する場合には，行政から運営の改善を求められたり，最悪の場合には指定の取り消しを受けたりすることがあります。

　　また，高齢者福祉サービスの提供においては，特に法律や契約書に定めがなくとも，事業者には，利用者の安全に配慮する義務（安全配慮義務）が

1　自治体等において，サービスの必要性を判断し，提供するサービスの内容を決定する方式。

課されます。事業者側の落ち度によって，事故が生じた場合には，利用者から損害賠償請求を受ける可能性があります[2]。さらに，より根本的な問題として，高齢者虐待問題があります。介護スタッフの不知から，虐待が生じたという例も少なくなく，介護事業者としては，最低限の決まりを守るだけでなく，より適切な運営をすることが求められます。

(2)　公的な資金

　　高齢者福祉サービスは，事業の開設や運営の場面で公的な財政援助を受けられることがあります。また，介護保険は，社会保険によって，介護サービスの利用料を賄おうとするものです。高齢者福祉サービスには，この様な観点からサービスの内容や対価に一定の決まりが設けられていることがあります。

　　この点，平成18年から平成19年にかけて，当時，業界トップクラスの顧客数を抱えていた訪問介護等の事業者であった株式会社コムスンに介護報酬不正請求が発覚し，同社は最終的に事業を分割して他社に譲渡することになりました。同問題は，より遵法体制を図る方向へ介護保険制度が改正されることにもつながりました。

3　高齢社会と制度の見直し

　　介護保険制度をはじめとした高齢者福祉サービスに関する制度は，完成されたものではありません。我が国では，既に超高齢社会に到達し，他に例を見ないような速度で高齢化が進んでおり，制度の在り方にしても，財源の問題にしても，日々見直しがなされながら，対応を図ろうとしているのが実情です。

　　「措置から契約へ」という転換自体，少子高齢化の進展に伴い，老人福祉法や老人保健法に基づいた行政中心の高齢者福祉の在り方に限界が生じたことに起因する側面がありましたし，高齢者福祉サービスの根幹をなす

2　安全配慮義務，介護事故については，第5章参照。

　介護保険制度は，施行以来，短いスパンで見直し・改正が繰り返されています。

　高齢者福祉サービス事業の実施にあたっては，制度改正の動向を注視し，柔軟に対応する経営が求められます。

4　やりがい

　高齢者福祉サービスは，何と言っても，高齢者の生活に直結し，利用者である高齢者から直接的な感謝を受けられる事業でもあります。

　社会の高齢化は，どこかマイナスの要素と捉えられがちですが，社会全体で考える必要のある，避けては通れない問題です。単なるサービスの提供と捉えるのでなく，さらに高齢化の進む社会を支える重要な役割であると認識し，社会の在り方を事業所から発信するような取り組みが理想と考えられます。

　サービス提供の在り方によっては，高齢者のみならず，高齢者を取り巻く家族，地域にすら，生活の喜びを与えられるものと思われます。大変な事業であるとは思われますが，高い倫理的意識をもち，やりがいを感じるような取り組みができればと思われます。

2　高齢者福祉サービスの内容

Q7│訪問介護サービス事業

訪問介護サービスにはどのような特徴があるのでしょうか。

また，介護保険法上，このサービスを提供するにあたって注意すべき点を教えてください。

A　訪問介護とは，介護者が居宅を訪問し日常生活上の世話を行うことをいいます。この訪問介護は居宅内で実施されるサービスであるため，保険給付の対象となる介護サービスの範囲が問題となります。特に生活援助については，その線引きが困難な場合も少なくないため，現場の介護従事者においても正確な知識が必要なサービスといえます。

1　訪問介護

訪問介護とは，介護福祉士や訪問介護員（ホームヘルパー）が居宅（自宅のみならず，有料老人ホームなども含みます。）を訪問し，入浴や排せつ，食事等の介護その他の日常生活上の世話などをするサービスをいいますが（介護保険法8条2項），さらに具体的なサービスの内容は次のとおりです。

①　身体介護

　　入浴，排せつ，食事，衣服の脱着，起床・就寝，通院の介助など利用者の身体に直接触れて行うサービス等

②　生活援助

　　清掃，洗濯，調理など，身体介護以外で利用者が日常生活を営むことを支援するサービス

③　通院等乗降介助

通院等のための乗車又は降車の介助（乗車前・降車後の移動介助等の一連のサービス行為を含む）

2　訪問介護事業者の指定基準

介護保険法上，訪問介護サービスを提供するためには，都道府県から介護保険の指定事業者として指定を受ける必要があります（同法41条，70条）。

そして，指定を受けるには，以下のとおり，「人員」・「設備」・「運営」に関する基準を満たす必要があります（同法施行規則114条，指定居宅サービス等の事業の人員，設備及び運営に関する基準（平成11年3月31日厚生省令第37号）参照。なお，具体的にはこれらの基準に基づき制定された各自治体の条例が定める基準によることとなります。）。

(1)　人員に関する基準（H27.4・一部改正）

・介護福祉士又は養成研修修了のいずれかの資格を持った訪問介護員を常勤換算で2.5名以上配置すること

・常勤の訪問介護員等のうち，介護福祉士その他厚生労働大臣が定める者であって，専ら指定訪問介護に従事する者をサービス責任者として40名又はその端数を増すごとに1名以上を配置すること

・事業所管理者が常勤であること

など

(2)　設備に関する基準（H27.4・一部改正）

・事業運営に必要な広さの専用区画

・サービス提供に必要な設備・備品

など

(3)　運営に関する基準

・適切な訪問介護計画が作成されていること

・利用者管理台帳が準備されていること

・利用者の病状急変時などにおける主治医への連絡などの緊急体制が整備

されていること
・利用申込者の同意を得た上でサービスの提供を行うこと
・サービス提供困難時における居宅介護支援事業所への連絡等必要な措置
　を速やかに講じること
など

3　訪問介護の特徴

(1)　訪問介護の範囲

　訪問介護は，居宅で提供されるサービスであり，要介護者の身の回りの
世話が中心であるという特徴を有しています。

　そのため，介護保険法上，保険給付の対象となる介護サービスはどこま
でなのかという点が問題となります。保険給付の対象外のサービスをした
としても，介護保険は給付されないためです。そして，この訪問介護は居
宅内で実施されるという特徴を有するサービスであるため，介護保険給付
の申請も実施したサービスの自己申告に基づくため，さらに問題を深いも
のとしています。

(2)　生活援助とは

　特に生活援助について問題となりやすいところですが，生活援助とは，
「身体介護以外の訪問介護であって，掃除，洗濯，調理などの日常生活の
援助（そのために必要な一連の行為を含む。）であり，利用者が単身，家族が障
害・疾病などのため，本人や家族が家事を行うことが困難な場合に行われ
るものをいう。」とされており，「生活援助は，本人の代行的なサービスと
して位置づけることができ，仮に，介護等を要する状態が解消されたとし
たならば，本人が自身で行うことが基本となる行為であるということがで
きる。」と解説されています[1]。

1　「訪問介護におけるサービス行為ごとの区分等について」平成 12 年 3 月 17 日老計第
　10 号，「『訪問介護におけるサービス行為ごとの区分等について』の一部改正につい
　て」平成 30 年 3 月 30 日老振発 0330 第 2 号

　したがって，商品の販売・農作物等生業の援助的な行為や，直接本人の日常生活の援助に属さないと判断される行為は，生活援助の内容に含まれないとされています。具体的には，次のような事例が考えられます[2]。

① 「直接本人の援助」に該当しない行為

　　主として家族の利便に供する行為又は家族が行うことが適当であると判断される行為

・利用者以外のものに係る洗濯，調理，買い物，布団干し

・主として利用者が使用する居室等以外の掃除

・来客の応接（お茶，食事の手配等）

・自家用車の洗車・清掃

など

② 「日常生活の援助」に該当しない行為

　　訪問介護員が行わなくても日常生活を営むのに支障が生じないと判断される行為

・草むしり

・花木の水やり

・犬の散歩等ペットの世話

　　日常的に行われる家事の範囲を超える行為

・家具・電気器具等の移動，修繕，模様替え

・大掃除，窓のガラス磨き，床のワックスがけ

・室内外家屋の修理，ペンキ塗り

・植木の剪定等の園芸

・正月，節句等のために特別な手間をかけて行う調理

など

2　「指定訪問介護事業所の事業運営の取扱等について」平成12年11月16日老振第76号。

4　訪問介護サービス提供時の注意点[3]

　このように具体的なサービス行為が，介護保険上の訪問介護に含まれるか否かは極めて重要な問題です。特に，生活援助を中心とした訪問介護を求められた場合には，注意が必要となります。

　まず，訪問介護を実施する介護福祉士や養成研修修了者（ホームヘルパーなど）において，訪問介護の範囲につき正確な知識を持つことが重要であることはいうまでもありません。

　また，仮に，利用者やその家族等から，訪問介護の範囲に含まれないサービスの提供を求められた場合には，求められた内容が介護保険の給付対象となるサービスとしては適当ではない旨説明することとなります。それに対し，介護福祉士などからの説明では利用者の理解を得られない場合には，サービスの提供責任者が直接対応することが望ましいです。なお，利用者から求められているサービスが保険給付の対象となるかどうかの判断に迷う場合には，市町村の担当部門に確認することが必要です。

　利用者が保険給付の対象外のサービスであることを理解しながら，なおそのサービスの提供を希望する場合には，介護福祉士などは，居宅介護支援事業者や市町村に連絡をし，希望内容に応じて，市町村が実施する軽度生活援助事業，配食サービス等の生活支援サービス，特定非営利活動法人などの住民参加型福祉サービス，ボランティアなどを活用するように助言することが必要です。

　上記のような段階を踏んでも，なお利用者が当該サービスの提供を求めた場合には，当該サービスを拒絶するか，介護保険給付の対象外のサービスであることを十分説明の上（場合により，後々のトラブル回避のため，説明の上了解した旨の書面に署名捺印を求めることも必要です。），保険外のサービスとして提供することも可能です。この場合，保険給付対象サービスと明確に区

3　「指定訪問介護事業所の事業運営の取扱等について」平成 12 年 11 月 16 日老振第 76
　号，一部改正／平成 15 年 3 月 19 日老計発第 0319001 号・老振発第 0319001 号。

分しておくことも必要となります。なお，このような場合に当該サービスを拒絶したとしても，指定居宅サービス等の事業の人員，設備及び運営に関する基準（平成 11 年 3 月 31 日厚生省令第 37 号）第 9 条（指定訪問介護事業者は，正当な理由なく指定訪問介護の提供を拒んではならない。）には抵触しないものとされています。

Q 8 | 通所介護サービス事業

通所介護サービスにはどのような特徴があるのでしょうか。

また，介護保険法上，このサービスを提供するにあたって注意すべき点を教えてください。

A 通所介護（デイサービス）と通所リハビリテーション（デイケア）があり，いずれも居宅要介護者に通所させるサービスです。介護サービスの中でも最も利益率が高いとされているサービスであり，新規事業者の参入が多いといわれています。また，以前より，「お泊まりデイ」というサービスも急増していますが，介護保険法のらち外であるため，これらの規制ないし監督が課題となっています。

1 通所介護（デイサービス）と通所リハビリテーション（デイケア）

通所介護（デイサービス）とは，居宅要介護者に，特別養護老人ホームや老人デイサービスセンター等に通わせ，入浴，排せつ，食事等の介護，生活等に関する相談・助言，健康状態の確認その他必要な日常生活上の世話及び機能訓練を行うサービスです（介護保険法8条7項）。

これに対し，通所リハビリテーション（デイケア）は，居宅要介護者に，介護老人保健施設や病院，診療所に通わせ，心身の機能の維持回復を図り，日常生活の自立を助けるための理学療法，作業療法等の必要なリハビリテーションを行うサービスをいいます（同条8項）。

これらのサービスは，特別養護老人ホームや老人保健施設，病院などに併設して提供されていることが多いです。また，どちらも居宅要介護者に通わせるという点では共通しますが，デイサービスは，主に社会福祉法人，地方自治体，民間企業，NPO が提供しているのに対し，デイケアは，主に医療法人が提供しています。

　もっとも，最近では，通所介護でもリハビリテーションを提供するところも多くなっており，両者のサービスの違いは曖昧になってきているといわれています。

　なお，平成27年度の介護保険法改正により，通所介護の一部が地域密着型サービスへ移行することについては，Q3をご参照ください。

2　通所介護事業者の指定基準

　介護保険法上，通所サービスを提供するためには，都道府県から介護保険の指定事業者として指定を受ける必要があります（同法41条，70条）。

　そして，指定を受けるには，以下のとおり，「人員」・「設備」・「運営」に関する基準を満たす必要があります（同法施行規則119条，120条，指定居宅サービス等の事業の人員，設備及び運営に関する基準（平成11年3月31日厚生省令第37号）参照。なお，具体的にはこれらの基準に基づき制定された各自治体の条例が定める基準によることとなります。）。

(1)　人員に関する基準

・専従の生活相談員（社会福祉主事，社会福祉士またはこれらと同等の能力を有する者）を1名以上配置すること

・専従の看護職員を1名以上配置すること

・介護福祉士・初任者研修修了のいずれかの資格を持った介護職員を，利用者の数が15名までは1名以上，それ以上1〜5名増えるごとに1名追加配置すること

・機能訓練指導員を1名以上配置すること

・管理者が常勤であること

　など

(2)　設備に関する基準

・食堂，機能訓練室，静養室，相談室，事務室を有すること

・食堂と機能訓練室の合計面積が，利用者1名当たり3㎡以上あること

・遮へい物の設置等により相談の内容が漏えいしないよう配慮された相談

　室があること

　など

(3) 運営に関する基準

　・通所介護計画が作成されていること

　・従業員の勤務体制が明確に定められていること

　・利用定員を超えるサービス提供を行わないこと

　・利用者の同意を得た上でサービスを提供すること

　・料金表などに定めがあること

　など

3　通所サービスの特徴

(1) 利用者からのニーズが高い

　　通所サービス，殊に，通所介護サービス（デイサービス）には，居宅の要介護者の心身機能を維持・回復させるためだけではなく，介護に従事する家族をリフレッシュし，介護の負担を軽減する目的もあるため，利用者からのニーズは非常に高くなっています。

　　また，通所介護の場合，利用者を送迎バスなどで送り迎えすることで，比較的多くの要介護者を集めることができるため，特に特別養護老人ホームなどの施設サービス事業では，通所サービスを併設することで効率的な運営が可能となっています。

(2) お泊まりデイサービス

　　このように通所サービス，特にデイサービスの需要は多いのですが，デイサービスはあくまでも日帰りを前提とします。ところが，介護に従事する家族が介護疲れからリフレッシュするには，要介護者が日帰りではなく宿泊することができればより利用者のニーズに適うこととなります。

　　そして，本来，このニーズに応えるべき介護サービスとして，介護保険法上，短期入所生活介護（ショートステイ）などの短期入所型が予定されていますが，短期入所型のサービスは，施設に関する基準が厳しいものであ

るため，新規に参入できる事業者が少なく，既存の特別養護老人ホームなどで実施されるにとどまり，ショートステイ利用のニーズに十分に対応できていないのが実情です。

　このようなショートステイの需要と供給のギャップを埋めるサービスとして，いわゆるお泊まりデイサービスという新たなサービスが生まれました。

　もっとも，このお泊まりデイサービスは，介護保険法上の介護サービスのらち外にあるサービスであるため，当然，保険給付の対象となりませんし，介護保険法上の短期入所型に関して設けられているような基準もありません。そのため，中には，多数の要介護者を雑魚寝させるといったような介護サービス事業として不適切な事例が発生するという事態も生じました。

　そこで，このような不適切な事例を防止するため，お泊まりデイサービスの運営基準を設けている自治体もあります。

　例えば，大阪府では，「大阪府における指定通所介護事業所等で提供する宿泊サービスの事業の人員，設備及び運営に関する基準」にて，宿泊サービスの提供を行う時間帯を通じて介護職員又は看護職員を常時1人以上配置することなどの人員に関する基準や，宿泊室の定員は1室当たり1人（ただし，利用者の希望等により処遇上必要と認められる場合は2人とすることができる。）とすることや，宿泊室の床面積は1室当たり7.43 m^{2}とすることなどの設備に関する基準，その他，宿泊サービス提供の開始に際し，あらかじめ，利用申込者又はその家族に対し，従業員の職種・員数や利用定員などを定めた運営規程の概要，宿泊サービス責任者の氏名，従業員の勤務体制などを説明し，同意を得ることなどの運営に関する基準などが詳細に定められています。また，大阪府は妥当かつ適切な宿泊サービスが行われているかどうかを調査することができ，それに対し，事業者は協力し，指導または助言を受けた場合には必要な改善を行うことと規定されていますが，この基準に違反したことの効果までは規定されていません。

　さらに，厚生労働省もこのお泊まりデイサービスへの取締りに動き出しており，事業者に対して自治体への届出と宿泊サービスに関する情報の報告を義務付けることのほか，運営に関するガイドラインを策定する方針を打ち出していました。そして，平成27年4月30日「指定通所介護事業所等の設備を利用し夜間及び深夜に指定通所介護等以外のサービスを提供する場合の事業の人員，設備及び運営に関する指針について」(老振発第0430第1号ほか)を発出しています。

　運営基準やガイドラインによる規制ないし監督の必要はもちろんですが，介護の担い手世代のニーズが高いサービスであることに鑑み，従来の介護保険法上のサービスに組み込んだり，新たに介護保険法上のサービスを創設することも，検討されなければならない課題です。

　この点，自民党一億総活躍推進本部(女性活躍・子育て・幼児教育PT)より，育児と介護が同時進行するダブルケア世帯へのサポートが急務であるとの視点から，夜間帯のデイサービス提供体制を充実させるため，平成30年度介護報酬改定において夜間帯の加算措置を十分に検討することの提言がなされました(平成29年5月10日付「一億総活躍社会の構築に向けた提言」)。これを受け，第141回社会保障審議会介護給付費分科会(平成29年6月21日開催)において検討されており，今後の法制度化が期待されます。

Q9 | 地域密着型サービス事業

地域密着型サービスにはどのような特徴があるのでしょうか。

また，このサービスを提供するにあたって注意すべき点を教えてください。

A 　平成17年度の介護保険法の改正により導入されたサービスであり，増加する認知症や独り暮らしの高齢者などが住み慣れた地域での生活を継続できるように提供されるサービスであり，今後ますます充実が期待されます。介護保険法に基づく指定は都道府県ではなく市町村が行うこととなっており，地域の実情に応じた運用がなされています。

1　はじめに

　地域密着型サービスは，増加する認知症や独り暮らしの高齢者などが，住み慣れた地域での生活を継続できるよう，身近な圏域で提供されるサービスのことであり，介護保険法上，9種類の介護サービスが規定されています（同法8条14項，Q3参照）。

　この地域密着型サービスは，平成17年度の介護保険法の改正により導入されたサービスで，市町村と地域包括支援センターが主体となって事業者を指定・監督し（同法42条の2，78条の2，78条の9など），認知症高齢者や中重度の要介護者などに対し，医療と介護が連携して，24時間365日安心できる介護環境を提供することを目指したものであり，定期巡回・随時対応型訪問介護看護[1]や，夜間対応型訪問介護[2]を設けています。原則として利用者の住んでいる地域において利用できるサービスで，居宅型あるいは施設型のサービスがあります。

　なお，9種類の介護サービスのうち，定期巡回・随時対応型訪問介護看護サービスと複合型サービス（看護小規模多機能型居宅介護）[3]は，平成23年

の介護保険法の改正で，また，地域密着型通所介護サービス[4]は，平成26年の改正で新設された介護サービスであり，状況に応じた多様なサービスが受けられるようになっています。

　この地域密着型サービスの事業を実施する場合には，市町村と地域包括支援センターより事業者として指定される必要があるため，各市町村において予め定められた各種基準に適合しているかどうかについて事前協議を行う必要があります。さらに，地域密着型サービス運営委員会において意見聴取が行われ，その意見聴取後に施設の建築・改修を行うこととなります。

　以下では，今後，さらに需要が見込まれる認知症対応型サービスと小規模多機能型居宅介護サービスを取り上げます。

1　利用者が，可能な限り自宅で自立した日常生活を送ることができるよう，定期的な巡回や随時通報への対応など，利用者の心身の状況に応じて，24時間365日必要なサービスを必要なタイミングで柔軟に提供するもの。また，サービスの提供にあたり，訪問介護員だけでなく看護師なども連携しているため，介護と看護の一体的なサービス提供を受けることもできる。
　https://www.kaigokensaku.mhlw.go.jp/publish/group23.html
2　利用者が，可能な限り自宅で自立した日常生活を，24時間安心して送ることができるよう，夜間帯にヘルパーが利用者の自宅を訪問する。定期巡回と随時対応の2種類のサービスがある。
　https://www.kaigokensaku.mhlw.go.jp/publish/group6.html
3　利用者が，可能な限り自立した日常生活を送ることができるよう，利用者の選択に応じて，施設への通いを中心として，短期間の宿泊や利用者の自宅への訪問（介護）に加え，看護師などによる訪問（看護）も組み合わせることで，家庭的な環境と地域住民との交流の下で，介護と看護の一体的なサービスの提供を受けることができる。
　https://www.kaigokensaku.mhlw.go.jp/publish/group24.html
4　利用者が可能な限り自宅で自立した日常生活を送ることができるよう，自宅にこもりきりの利用者の孤立感の解消や心身機能の維持，家族の介護の負担軽減などを目的として実施するもの。利用者が，地域密着型通所介護の施設（利用定員19名未満のデイサービスセンターなど）に通い，施設では，食事や入浴などの日常生活上の支援や，生活機能向上のための機能訓練や口腔機能向上サービスなどを日帰りで提供する。施設は利用者の自宅から施設までの送迎も行う。
　https://www.kaigokensaku.mhlw.go.jp/publish/group25.html

2　認知症対応型サービス

(1)　認知症対応型サービスには，共同生活が前提とされる認知症対応型共同生活介護サービスと，通所が前提とされる認知症対応型通所介護サービスの2通りがあります。

(2)　認知症対応型共同生活介護サービス（介護保険法8条20項）

　ア　サービスの概要

　　　認知症対応型共同生活介護サービスは，通称グループホームとも呼ばれ，認知症のある要介護者に提供されるサービスをいいます（なお，要支援2の人を対象とするものは，介護予防認知症対応型共同生活介護といい，要支援1では利用できません。）。

　　　このサービスは重い認知症の方でも利用できますが，認知症の原因となる病気（例えば，脳血管障害など）が急性期にある方は利用できません。

　　　利用者は，それぞれ個室（夫婦の場合は2人室でも可能）で暮らし，5〜9人が1ユニットとなって共通の食堂や居間，台所などでできる限り今まで暮らしてきたような生活を続けることを目標として共同生活を送ります。施設はなるべく住宅地に設置され，地域社会や家族との交流を積極的に図り，透明な運営を行うように努めます。

　　　介護する人は利用者3人に1人の割合で配置されることとなっており，1施設2ユニットまで置くことができます。

　　　また，緊急に必要なときや本格的に入所する前に体験的に入所するなど，30日以内の利用期間を決めて短期間だけ利用することも可能です。

　イ　指定要件（介護保険法施行規則131条の6）

　　　例えば，大阪市[5]の場合の指定要件（ただし，一部）は，次のとおりです。

　　①　施設・設備に関する要件

　　　・設備等に関する使用権限の確保，建築基準法や消防法等関係法令を

5　大阪市指定地域密着型サービスの事業の人員，設備及び運営に関する基準等を定める条例。

　　　　遵守していることのほか，大阪市ひとにやさしいまちづくり整備要
　　　　綱に適合し，災害等非常時の2方向避難を確保すること
　　　・居室は，廊下につながる出入り口があり，他の居室と明確に区分さ
　　　　れていること
　　　・食堂は，利用者と介護従事者が一堂に会する十分な広さがあること
　　　　など
　　　・浴室は，利用者の利便・安全に配慮した介助浴とすること
　　　・便所は，緊急通報装置が設置され，一つは車いす対応便所とするこ
　　　　となど
　　②　人員に関する要件
　　　・代表者は，認知症高齢者の介護に従事した経験又は福祉サービスの
　　　　経営に携わった経験を有する者であって，別に厚生労働大臣が定め
　　　　る研修を修了していること
　　　・管理者は，3年以上認知症である者の介護に従事した経験を有する
　　　　者であって，別に厚生労働大臣が定める研修を修了していること
　　　・計画作成担当者は，1ユニットの場合は介護支援専門員，2ユニッ
　　　　ト以上の場合は1名以上は介護支援専門員であることなど
　　　・介護従事者は，認知症の介護等に対する知識，経験を有する者であ
　　　　ることなど
(3)　認知症対応型通所介護サービス（介護保険法8条18項）
　ア　サービスの概要
　　　　認知症対応型通所介護サービスとは，認知症高齢者が通所して，入
　　　浴，排せつ，食事などの介護や機能訓練を受けるサービスをいいます。
　　　　このサービスは，新たに施設を設けて行う単独型，養護老人ホーム，
　　　特別養護老人ホーム，老人福祉センターなどで行う併設型，そのほか，
　　　認知症対応型共同生活介護サービス（グループホーム）を提供する施設の
　　　空きスペースを利用する共用型があります。

イ　指定要件（介護保険法施行規則131条の4）

　　例えば，大阪市の場合の指定要件（ただし，一部）は，次のとおりです。

① 施設・設備に関する要件

・設備等に関する使用権限の確保，建築基準法や消防法等関係法令を遵守していることのほか，大阪市ひとにやさしいまちづくり整備要綱に適合し，災害等非常時の2方向避難を確保すること

・食堂及び機能訓練室は，同一階に配置すること（ただし，エレベーター設置により利用者の移動に支障がないと認められる場合は除く。），狭隘な部屋を多数設置することにより面積を確保しないこと

・浴室は，利用者の利便・安全に配慮した介助浴とすること

・便所は，緊急通報装置が設置され，一つは車いす対応便所とすることなど

② 人員に関する要件

・代表者についての要件の定めなし

・管理者は，適切に当該サービスを提供するために必要な知識及び経験を有する者であって，別に厚生労働大臣が定める研修を修了していること

・生活相談員は，特別養護老人ホームの生活相談員に準ずるもの，社会福祉士，社会福祉主事，精神保健福祉士等

・看護職員は，看護師，准看護師である必要があるが，介護職員は資格要件なし

・機能訓練指導員は，日常生活を営むのに必要な機能の減退を防止するための訓練を行う能力を有する者（理学療法士，作業療法士，言語聴覚士，看護師，准看護師，柔道整復師，あん摩マッサージ指圧師）

3　小規模多機能型居宅介護サービス（介護保険法8条19項）

(1) サービスの概要

　　「小規模多機能型居宅介護サービス」は，在宅の要介護者を対象とし

て，通常は通所介護，具合の悪い場合は訪問介護，家族が旅行などで一定期間出かけるときは宿泊介護というように，それぞれの利用者の状況や希望に応じて，それぞれのサービスを組み合わせて提供する介護サービスをいいます。

　通常，訪問介護や通所介護，短期入所サービスを利用する場合には，それぞれの介護事業者からそれぞれの介護従事者のサービスを受けることとなりますが，この小規模多機能型居宅介護サービスであれば，利用者と顔なじみの介護従事者からの介護を受けることができるメリットがあります。

　また，この小規模多機能型居宅介護サービスは，グループホームや有料老人ホーム，特別養護老人ホームなどが併設されている場合も少なくなく，必要なときはこれらの施設に入所することができることとなります。

　ただし，利用者は事業所に登録する必要があり，複数の事業所に登録したり，他の介護サービスを利用したりすることはできないこととなっています。一つの事業所に登録できる利用者数は 25 名以下であり，そのうち通所を利用できるのは 1 日当たり 15 名以下，宿泊は 9 名以下とされており，小規模になっています。

(2)　指定要件（介護保険法施行規則 131 条の 5）

　　大阪市の場合の指定要件（ただし，一部）は，次のとおりです。

①　施設・設備に関する要件

　・設備等に関する使用権限の確保，建築基準法や消防法等関係法令を遵守していることのほか，大阪市ひとにやさしいまちづくり整備要綱に適合し，災害等非常時の 2 方向避難を確保すること

　・居間及び食堂は，同一階に配置すること（ただし，エレベーター設置により利用者の移動に支障がないと認められる場合は除く。）

　・浴室は，利用者の利便・安全に配慮した介助浴とすること

　・便所は，緊急通報装置が設置され，一つは車いす対応便所とすることなど

②　人員に関する要件

・代表者は，認知症高齢者の介護に従事した経験又は福祉サービスの経営に携わった経験を有する者であって，別に厚生労働大臣が定める研修を修了していること

・管理者は，特別養護老人ホーム等，介護事業所等の従業者又は訪問介護職員等として，3年以上認知症である者の介護に従事した経験を有する者であって，別に厚生労働大臣が定める研修を修了していること

・介護支援専門員は，別に厚生労働大臣が定める研修を修了していること

・従業者は，介護等に対する知識，経験を有する者で，夜間時間帯以外は，通いサービス利用者の数が3名又はその端数を増すごとに1名以上（従業者のうち1名は常勤，うち1名は看護師又は准看護師），夜間時間帯は，従業者1名と宿直者1名（ただし，利用者がいない場合はいずれか。）

Q 10 | 介護施設サービス事業

介護保険施設の 3 施設のサービスについて，教えてください。

A 　介護老人福祉施設，介護老人保健施設及び介護療養型医療施設があります。介護老人福祉施設は特別養護老人ホームにて提供できるサービスですが，平成 27 年度改正により原則として要介護度 3 以上が入所条件とされています。また，介護老人保健施設は，本来は病院などでの入院治療の後自宅に戻るまでの短期間の入所が予定されていますが，自宅介護が困難などの理由から長期入所に利用されていることが多いのが実情です。

1　はじめに

　介護保険施設とは，介護保険法上の施設サービスを行う施設をいい，介護老人福祉施設，介護老人保健施設及び介護療養型医療施設の 3 施設があります。

2　介護老人福祉施設（介護保険法 8 条 27 項）

　介護老人福祉施設とは，老人福祉法上の特別養護老人ホーム（入所定員が 30 人以上であるものに限ります。）であって，当該特別養護老人ホームに入所する要介護者に対し，施設サービス計画に基づいて，入浴，排せつ，食事等の介護その他の日常生活上の世話，機能訓練，健康管理及び療養上の世話を行うことを目的とする施設です。

　そして，都道府県知事の指定を受けることによって，介護保険法上の指定介護老人福祉施設となり，介護保険施設の一つとなります（同法 48 条，86 条）。

　要介護者がこの指定介護老人福祉施設において提供される施設介護サービスを受けることにより，市町村から施設介護サービス費が支給されるこ

ととなります。

　介護老人福祉施設の設置者については，特別養護老人ホームであること
が前提となるため，特別養護老人ホームが設置できる地方公共団体，社会
福祉法人などに限られています（老人福祉法15条）。介護保険法の平成27
年度改正の議論の際，要介護者の増加に伴い介護老人福祉施設への入所待
ち要介護者が急増している現状を鑑み，株式会社などの民間事業者の参入
について積極的な意見も出されたようですが，結局，見送られました。そ
の一方で，より要介護度の高い要介護者がなるべく介護老人福祉施設に入
所できるように，原則として要介護度が3以上であることを入所条件とす
る改正がなされました。

3　介護老人保健施設（介護保険法8条28項）

　介護老人保健施設とは，要介護者に対し，施設サービス計画に基づい
て，看護，医学的管理の下における介護及び機能訓練その他必要な医療並
びに日常生活上の世話を行うことを目的とする施設です。

　介護老人福祉施設が主に介護サービスを提供する施設であるのに対し，
介護老人保健施設は，急性期の治療を終えるなどで入院しての治療の必要
性のなくなったものの，介護が必要な要介護者に対し，看護，医学的な管
理の下で介護やリハビリテーションを提供するための施設とされています。

　入所資格を有する者は，病状安定期にあり，介護老人保健施設におい
て，看護医学的管理の下における介護及び機能訓練その他必要な医療を要
する要介護者であり，本人や家族の申込みにより，施設側の入所判定で入
所を認められた場合に入所することができます。

　その意味では，この介護老人保健施設は，病院などへの入院治療の後，
自宅に戻る，あるいは，前述の特別養護老人ホームに移るまでの間を橋渡
しすることが目的とされているとはいえ，本来的には短期間の入所が予定
されている施設です。もっとも，自宅での介護が困難である場合や，前述
したとおり特別養護老人ホームが不足していることなどにより，長期入所

されている要介護者が多いのが実情といえます。

　また，介護老人保健施設の設置者は，地方公共団体，医療法人，社会福祉法人に限られていますが（介護保険法94条），看護や医学的な管理の下での介護やリハビリテーションを提供する施設であるため，多くは医療法人が設置しています。

4　介護療養型医療施設

　介護療養型医療施設とは，療養病床等を有する病院または診療所であって，当該療養病床等に入院する要介護者に対し，施設サービス計画に基づいて療養上の管理，看護，医学的管理下における介護その他の世話及び機能訓練その他必要な医療を行うことを目的とする施設です。

　介護老人保健施設とは異なり，長期にわたる療養を必要とする要介護者を対象とする施設であり，設置者は病院または診療所です。

　入所資格を有する者は，病状安定期にあり，療養上の管理を必要とする要介護者とされており，本人や家族の申込みにより，施設側の入所判定で入所を認められた場合に入所することができます。

　ただし，この介護療養型医療施設は，前記の介護老人保健施設への一本化が予定されており，平成23年介護保険法の改正により，平成24年3月までに廃止されることが予定されていました。しかし，介護老人保健施設への一本化が予定どおりに進んでいないため，廃止期限が令和6年3月末までと延長されています。

Q 11 | 高齢者向け住宅について

　高齢者向け住宅の事業を始めたいと思っていますが，どのような種類がありますか。

　また，サービス付き高齢者向け住宅を開設するにあたって気をつける点を教えてください。

A　介護保険法上のサービスや施設以外としては，養護老人ホームや軽費老人ホーム，有料老人ホームなどがあります。有料老人ホームは，「介護付き」，「住宅型」及び「健康型」に分かれています。また，サービス付き高齢者向け住宅は，補助金や税制面での優遇措置が予定されており，高齢者向け住宅不足問題の打開策として期待されています。

1　はじめに

　高齢者向け住宅には様々なものがあります。介護保険法上の施設としては，介護保険3施設や認知症対応型グループホームがあり（Q10参照），それ以外では，老人福祉法上の施設として，養護老人ホーム，軽費老人ホーム，有料老人ホームがあります。また，高齢者の居住の安定確保に関する法律（以下「高齢者住まい法」といいます。）上の施設として，サービス付き高齢者向け住宅などがあります。

　このように様々な高齢者向け住宅がありますが，その設置の主体に制限が設けられているものも少なくありません。また，サービス付き高齢者向け住宅には優遇措置が設けられていますので，その点の理解も不可欠です。

2　老人福祉法上の施設

(1)　養護老人ホーム（老人福祉法20条の4）

　養護老人ホームとは，65歳以上の者で，環境上の理由及び経済的理由

により居宅において養護を受けることが困難な者について，社会復帰の促進や自立のための必要な指導，訓練を行うことを目的とする施設をいいます。設置者は都道府県，市町村，地方独立行政法人，社会福祉法人に限られています（同法15条）。

　入居方法は，市町村の福祉の措置により入所が認められますが（同法11条），入院加療を要する状態の場合は入居できません。また，養護老人ホームは「自立した日常生活を営み，社会的活動に参加する」ための指導や訓練を行うことを目的とされているため（同法20条の4），介護を要しないか，介護を要するにしても軽度の者に限られています。

(2)　軽費老人ホーム（老人福祉法20条の6）

　軽費老人ホームとは，老人福祉法上の老人福祉施設の一つであり，無料又は低額な料金で，高齢者を入所させ，食事の提供その他日常生活上必要な便宜を供与することを目的とする施設です。設置者は，地方公共団体，社会福祉法人，都道府県知事の許可を受けた民間事業者などです（同法15条，社会福祉法62条）。

　この施設は，市町村の福祉の措置ではなく，高齢者と施設との契約により入居することとなっており，Ａ型，Ｂ型及びケアハウスという施設があります（軽費老人ホームの設備及び運営に関する基準参照[1]）。

　Ａ型は，60歳以上で，所得が一定額以下の高齢者を対象とされており，入居者には，食事が3食提供され，リハビリテーションなども行います（同基準附則3条1項）。

　Ｂ型は，60歳以上で，家庭環境や住宅事情等により居宅において生活することが困難な高齢者が対象とされています。ただし，食事が提供されな

1　旧基準である「軽費老人ホームの設備及び運営について（昭和47年2月26日社老第17号厚生省社会局長通知）」において，Ａ型，Ｂ型及びケアハウスの3類型が規定されていましたが，新基準では旧通知におけるケアハウスに係る規定を基準の本則として定め，Ａ型及びＢ型に係る規定を附則として定めています（平成20年5月30日老発第0530002号）。

いため，自炊することができない程度の健康状態にある高齢者は入居できません（同基準附則11条1項）。

　ケアハウスは，60歳以上で，自炊することができない程度の健康状態で，高齢等のために独立して生活することに不安があるが，家族による援助を受けることが困難な高齢者が対象とされています。なお，ケアハウスは介護保険法上居宅とみなされ，居宅介護サービスを受けることが可能です。

　ところで，A型とB型は平成20年6月1日現在で存在する施設に限って存続が認められており，最終的にはケアハウスに一本化されることが予定されています。また，平成22年4月からは新たに「都市型軽費老人ホーム」が創設されており，定員が20人以下の小規模な施設を対象に従来の基準が大幅に緩和されています。

(3)　有料老人ホーム（老人福祉法29条）

　有料老人ホームとは，老人を入居させ，入浴，排せつ，食事の介護，食事の提供などの日常生活上必要なサービスを供与する事業を行う施設をいいます。

　設置主体に制限はありませんが[2]，設置するにあたっては，事前に施設の名称及び設置予定地，設置しようとする者の氏名及び住所または名称及び所在地，基本約款，事業開始の予定年月日，施設の管理者の氏名及び住所，施設において供与される介護等の内容その他厚生労働省令で定める事項を都道府県知事に届け出る必要があります。また，入居者にも特に制限はなく，高齢者と施設との契約によります。

　この有料老人ホームは，「介護付き」，「住宅型」及び「健康型」の3つの類型に分かれています。

2　「有料老人ホームの設置運営標準指導指針について」（平成30年4月2日老発0402第1号厚生労働省老健局長通知）では，設置者について，「個人経営ではないこと。また少数の個人株主等による独断専行的な経営が行われる可能性のある体制ではないこと。」が規定されていることから，個人事業主や実質個人事業の法人は設置できないと考えられます。

　「介護付き」は，介護サービスが付いた施設であり，介護が必要となった場合には介護サービスを受けながら，その施設で引き続き生活を継続することができます。そして，介護サービスを施設の職員自身が提供する一般型と，職員は安否確認や介護サービス計画作成にとどまり，委託先の介護サービス事業所が介護サービスを提供する外部サービス利用型の2通りのタイプがあります。

　「住宅型」は，生活支援等のサービスが付いた施設であり，介護が必要となった場合には，入居者の選択により地域の訪問介護等の介護サービスを受け，引き続き生活を継続できます。

　「健康型」は，食事等のサービスが付いた施設ですが，介護サービスを受けることができないため，介護が必要となった場合には，契約を解除して退去する必要があります。

　ところで，有料老人ホームについては，そのニーズの高まりによって設置数は増加しているところ，入居者の安全確保の観点から，老人福祉法の改正により，事業停止命令の創設や前払金保全措置の義務の対象拡大等の措置が講じられています。また，これに伴い，有料老人ホームの設置運営に関しては，従前，「有料老人ホームの設置運営標準指導指針について」（平成14年7月18日老発第0718003号厚生労働省老健局長通知）が設けられていましたが，上記の経緯を踏まえ，平成30年4月2日付で前記標準指導指針が改正されていますので（同日老発0402第1号厚生労働省老健局長通知），留意を要します。

3　サービス付き高齢者向け住宅

(1)　高齢者住まい法について

　これまで解説した老人福祉法上の施設以外の高齢者向け施設としては，従来，高齢者の入居を拒まない高齢者円滑入居賃貸住宅（高円賃），専ら高齢者のみを賃借人とする高齢者専用賃貸住宅（高専賃），バリアフリー構造などの良好な居住環境を備えた高齢者向け優良賃貸住宅（高優賃）の3類

型の制度とされていました。しかし，平成23年4月の高齢者の居住の安定確保に関する法律（高齢者住まい法）の改正により，これらの制度は廃止され，サービス付き高齢者向け住宅に一本化されました。

　この高齢者住まい法は，今後急激な増加が見込まれる独居の高齢者や老々世帯が住み慣れた環境で必要なサービスを受けながら安心して暮らせる住まいを安定的に供給することが目的とされています。そのため，このサービス付き高齢者向け住宅事業を行うには物件ごとに都道府県知事の登録を受ける必要があるとともに，行政による指導監督を受けますが，その一方で，様々な優遇措置が設けられています。

(2)　登録基準，登録事業者の義務，行政指導

　ア　登録基準（高齢者住まい法7条）

　　まず，登録基準としては，床面積が原則25 m² 以上であり，バリアフリー構造である必要があるなど施設面での基準のほか，安否確認や生活相談といったサービス面での基準があります。また，契約内容についても，敷金，家賃，サービス対価以外の金銭を受領しないことや，長期入院を理由に事業者から一方的に解除できないこと，そのほか，家賃等の前払金に関して入居者保護が図られていることが必要です。

　イ　登録事業者の義務（同法15〜20条）

　　登録事業者の義務としては，サービス内容や費用について書面を交付して説明する義務や，登録事項の情報開示義務，誤解を招くような誇大広告の禁止，契約に従ったサービスを提供する義務などが定められています。

　ウ　行政指導（同法24〜27条）

　　都道府県知事は，登録事業者（登録事業者から住宅の管理や高齢者生活支援サービスの提供を委託された者を含みます。）に対し，業務に関し必要な報告を求めることができるほか，登録事業者の事業所や登録住宅に立ち入り，その業務の状況若しくは帳簿，書類その他の物件を検査することなども可能です。また，登録内容と事実が異なるときは，登録事業者に対して登録内容の訂正を指示することができるほか，一定の事由がある場

合には登録を取り消すことができます。

（3）　優遇措置

　高齢者住まい法は，前述のとおり，高齢者の独居や老々世帯の急増に備えるため，このサービス付き高齢者向け住宅の供給促進を目的としており，そのために以下のような優遇措置を設けています。

ア　補助金による優遇措置

　サービス付き高齢者向け住宅の整備を行う事業は，国土交通省の「高齢者・障害者・子育て世帯居住安定化推進事業」の対象とされており，国が事業に要する費用の一部を補助しています。

　補助金交付の要件としては，①サービス付き高齢者向け住宅として登録された住宅であること，②10年以上登録すること，③家賃が近傍同種の家賃と均衡を失しないこと，④事業資金の調達が確実であること，⑤家賃の徴収方法が前払いに限定されていないこと，⑥地元市区町村に意見聴取を行い，地元市区町村のまちづくりに支障を及ぼさないと認められるものであること，などが定められており，これらの要件をすべて満たす必要があります。

　補助金の額は，サービス付き高齢者向け住宅の新築の場合は，建築工事費（又は取得費）の10分の1以内の額，改修工事（ただし，エレベーター設置工事・増築工事を除きます。）の場合は，改修費用の3分の1以内の額などとなっています。詳細は，厚生労働省のサービス付き高齢者向け住宅整備事業をご参照ください。

イ　税制面での優遇措置

①　減価償却費の割増償却

　平成29年3月31日までにサービス付き高齢者向け住宅を取得等した場合，当初5年間にわたり14％（耐用年数が35年未満の場合は10％）の割増償却が認められていましたが，現在は廃止されています。

②　固定資産税

　令和3年3月31日までの間に新築等されたサービス付き高齢者向

け住宅で，貸家であること，床面積が1戸当たり30m²以上（共用部分を含む。）であることなどの一定の要件を満たせば，5年間，固定資産税が本来の3分の2に減額されるなどの措置が設けられています（なお市町村条例により2分の1以上6分の5以下の範囲内で軽減が可能とされています。）。

③　不動産取得税

　令和3年3月31日までの間に新築等されたサービス付き高齢者向け住宅で，固定資産税の減額と同様の要件に該当する場合は，家屋につき課税標準から1戸当たり1200万円の控除，土地につき家屋の床面積の2倍に当たる土地面積相当分の価額等を減額する措置が設けられています。

Q 12 | 介護保険制度の概要

介護保険制度の概要について教えてください。
また，制度の見直しの動きについても教えてください。

A　介護保険制度は，介護問題を社会全体で支える仕組みとして導入された制度であり，要介護者・要支援者の自立を支援するため，利用者のニーズに応じたサービスが提供されるよう契約という形での利用が予定されており，社会保険方式が採用されています。平成29年の改正では，高齢者の自立支援と要介護状態の重度化防止，地域共生社会の実現を図るとともに，恒常的な財源不足にある介護保険制度の持続可能性を確保することにも配慮し，サービスを必要とする高齢者に必要なサービスが提供されるようにすることが主眼とされています。

1　介護保険制度の創設

　介護保険制度は，それまで老人福祉制度と老人医療制度により支えられていた高齢者介護について，要介護高齢者の急激な増加，介護における家族の負担増，上記両制度による対応の限界及び介護費用の増大による新たな財源の確保の必要性などを背景として，平成9年12月に介護保険法が成立し，平成12年4月から施行されています。

　そして，この介護保険制度創設の意義については，次の5点が指摘されています[1]。

(1)　介護に対する社会的支援

　高齢化の急激な進行によって介護リスクが一般化していく中で，介護問題を社会全体で支える仕組みとされたこと

1　増田雅暢著『逐条解説介護保険法』（法研，2016年改訂版）から引用。

(2)　要介護者の自立支援

　　要介護状態となっても，その有する能力に応じて自らの意思に基づき自立した質の高い日常生活を送ることができるような支援とされたこと

(3)　利用者本位と措置制度の見直し

　　老人福祉と老人医療の従来の制度を改め，措置制度を見直し，要介護状態となっても，利用者の選択により，多様な事業主体との利用契約に基づき必要な介護サービスを総合的・一体的に受けられる利用者本位の制度とされたこと

(4)　介護サービスの量的拡大と質の向上

　　在宅サービス分野において，一定の基準を満たすものであれば，提供主体が公か民かを問わず，指定事業者として参画できることにより，いわば規制緩和することで介護サービスの量的拡大と質の向上が期待されたこと

(5)　社会保険方式の導入

　　増大する介護費用に対して安定的な財源を確保するため，被保険者が共同連帯の理念に基づき，公平に保険料を負担する社会保険方式が採用されたこと

2　介護保険制度の仕組み

(1)　保険者

　　保険者は市町村及び特別区（東京23区）ですが，保険者の事務負担や費用負担が軽減されるように，国，都道府県，医療保険者，年金保険者等が重層的に支え合う仕組みとされています。

(2)　被保険者

　　被保険者は，基本的に40歳以上で市町村の区域内に住所を有する者全員です。したがって，外国人も被保険者になり得ます。そして，このうち65歳以上の者を第1号被保険者，40歳以上65歳未満の者を第2号被保険者と区別されています。被保険者は原則として保険料を負担することとな

ります。

(3)　保険給付の要件

　　まず，利用者は，保険者から要介護認定または要支援認定を受ける必要
があります。これらの認定後，介護支援専門員（ケアマネジャー）による介
護サービス計画（ケアプラン）が作成されます。ここでの介護サービスとし
ては，居宅サービス，地域密着型サービス及び施設サービスがあり，これ
らを組み合わせて介護サービス計画が作成され，要介護度・要支援度ごと
の支給限度額の範囲内で保険給付の対象となります。

　　そして，保険給付には，要介護者に対する介護給付，要支援者に対する
予防給付，市町村が独自に条例で定める市町村特別給付の3種類がありま
すが，利用者の負担割合は原則として総額の1割とされています（介護支
援専門員によるケアプラン作成にかかる保険給付については利用者の負担はありませ
ん。）。ただし，一定以上の所得のある者については，平成26年改正（平成
27年8月施行）により2割負担へと改定されています。さらに，平成29年
改正（平成30年8月施行）により特に所得の高い者について3割負担とする
改定がなされています。なお，支給限度額を超えてサービスを利用するこ
とも可能ですが，限度額を超過する部分は利用者の全額負担となります。

　　なお，介護サービスを提供する事業者においては，介護保険法上の事業
者としての指定を受ける必要があります（Q13参照）。

(4)　費用負担

　　保険給付に要する費用（財源）は，50％が保険料で賄われ，残り50％が
公費（国，都道府県，市町村）で賄われています。

3　介護保険制度の見直し

　　介護保険制度は新しい社会保険制度で，新たな介護システムの創設であ
ることから，平成12年4月に施行された介護保険法では，施行後5年を
目途として，介護サービス提供体制の状況，保険給付費の状況，国民負担
の推移，社会経済の情勢等などを踏まえ，制度の必要な見直し等の措置を

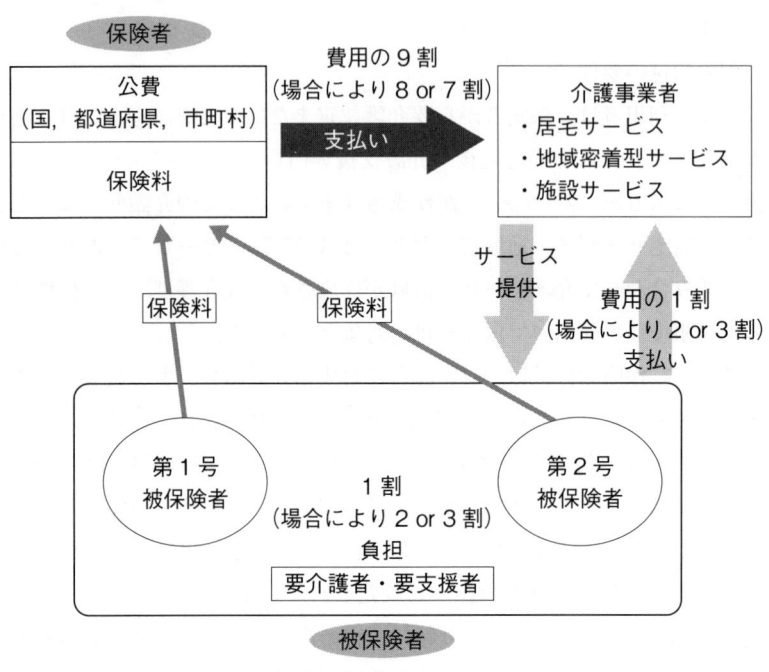

行うこととされていました。そして，ちょうど5年目に当たる平成17年に法律が改正されたのをはじめとして，その後も平成20年，平成23年，平成26年とそれぞれ法律が改正され，制度の見直しが繰り返されています。

　このように介護保険制度は，社会情勢の動きに合わせた改正が比較的頻繁になされることから，制度の見直しについては常に情報収集に努めることが不可欠です。

　特に，要介護・要支援者が予想を超える勢いで増加していることなどから保険給付の財源不足が懸念されている中，平成29年にも改正がなされました。そして，今回の改正は，高齢者の自立支援と要介護状態の重度化防止，地域共生社会の実現を図るとともに，制度の持続可能性を確保する

ことに配慮し，サービスを必要とする方に必要なサービスが提供されるようにすることを主眼とするものとされています。

　具体的には，以下のとおりです。

(1)　地域包括ケアシステムの深化・推進

　平成26年改正では，社会保障の考え方として「自助・互助・共助・公助」を基本として，高齢者が住み慣れた地域で生活を維持できるようにするため，介護，医療，生活支援，介護予防を充実することを目的とした「地域包括ケアシステム」の構築を目指すこととされていましたが，平成29年改正では，それをさらに深化・推進するものとして，以下の取組みが盛り込まれています。

　①　自立支援・重度化防止に向けた保険者機能の強化等の取組の推進

　　全市町村が保険者機能を発揮し，自立支援・重度化防止に向けて取り組む仕組みが制度化され，国から提供されたデータの分析・介護保険事業（支援）計画の策定，都道府県による市町村に対する支援事業の創設，財政的インセンティブの付与規定の整備などを推進するとされました。

　②　医療・介護の連携の推進等

　　「日常的な医学管理」や「看取り・ターミナル」等の機能と「生活施設」としての機能とを兼ね備えた新たな介護保険施設として介護医療院が創設されるとともに，医療・介護の連携等に関し都道府県から市町村への情報提供その他の支援の規定が整備されました。

　③　地域共生社会の実現に向けた取組の推進等

　　市町村による地域住民と行政等との協働による包括的支援体制作り，福祉分野の共通事項を記載した地域福祉計画の策定の努力義務化，高齢者と障害児者が同一事業所でサービスを受けやすくするための新たな共生型サービスを位置付けるなどの規定が整備されました。

(2)　介護保険制度の持続可能性の確保

　予想を超える高齢化による保険給付の財源不足がなおも懸念されている

中，平成26年改正で一定以上の所得を有する者について2割負担とされていたところ，今回の改正で，2割負担のうち特に所得の高い層の負担割合を3割とすることとされました。

第2章

開業時の
注意事項

第 2 章

開業時の
注意事項

1　開業手続の概要

Q 13 │ 介護保険法上の指定手続

高齢者福祉サービスを提供する事業者が，介護保険法上の指定を受けるための要件と手続について教えてください。また，具体的に介護保険給付金を請求するにあたっての注意点を教えてください。

A　　介護保険法に基づく指定を受けようとする事業者は，介護サービスごとに指定要件を満たすことを確認の上，所定の指定申請書に必要事項を記入し，指定者（都道府県知事または市町村長）に対して提出をします。サービスによっては消防法や建築基準法などの規制がある場合もあります。

利用者が指定事業者からサービスを受ければ，介護給付が支給されますが，実際には事業者が利用者に代わって代理受領することが一般的であるため，代理受領の要件を満たしているかどうかは非常に重要です。また，介護保険と医療保険の関係について，どちらの保険の適用対象になるかも注意が必要です。

1　指定要件と手続

(1)　はじめに

居宅サービス及び施設サービスに関する保険給付（介護給付・予防給付）は，原則として，都道府県知事の指定（ただし，介護老人保健施設の場合は許可となります。）を受けた事業者または施設からサービスを受けた場合に行われます（介護保険法41条，70条，48条，86条，94条）。

これに対し，地域密着型サービスに関する保険給付は，事業所が所在する市町村の長が指定し，その指定を受けた事業者からサービスを受けた場

合に行われます（同法 42 条の 2，78 条の 2）。

　いずれにせよ，介護サービスを提供する事業者が利用者の介護保険を利用するには，介護保険法上で規定されている介護サービスごとの指定を受ける必要があります。

(2)　指定要件

　介護保険事業者として指定を受けるための要件については，それぞれの介護サービスごとに厚生労働省令及び各地方自治体が定める条例により規定されています。

　この要件は，主に，人員，設備及び運営に関するものとされていますが，そのほか各介護サービスに共通する要件として，法人格を有することが挙げられます。ただし，病院，診療所が，医療系サービス（訪問看護，訪問リハビリテーション，居宅療養管理指導，通所リハビリテーション）を行う場合には法人格は不要とされています。

(3)　手　続

　まずは，指定を受けようとする事業者は，前記の指定要件を満たすことを確認し，所定の指定申請書に必要事項を記入し，指定者（都道府県知事または市町村長）に対して提出します。

　ただし，短期入所サービス及び通所サービスなど，サービス提供に際して建物の建築や改築が必要なサービスについては，事前に図面協議が必要となります。

　その後，指定者による審査がなされますが，この際，短期入所サービスなどについては現地調査がなされるのが一般的です。それ以外のサービスについては現地調査がなされないことが多く，その代わりに事業所の写真の添付を求められる場合があります。

　なお，指定のための手続については，地方自治体ごとで詳細が決められていますので，具体的には各地方自治体に確認する必要があります。

(4)　その他

　介護指定事業者としての指定を受けるためには，介護保険法上の指定要

件を満たすことのほか，例えば，有料老人ホームの場合には老人福祉法上の届出が必要となる場合や，消防法や建築基準法などの規制がある場合，就業規則等の労基署への届出などが必要となる場合があります。

このような場合には，これらの手続等が完了していないと介護指定事業者としての指定を受けられない場合があるため，注意が必要です。

また，法人の役員等が，禁錮以上の刑を受け，その執行が終わっていないか，今後執行を受けることがあるときなど，指定に当たっての欠格事由も規定されています。

2　保険給付のための具体的手続

(1)　償還払いと代理受領

介護保険指定事業者が利用者（要介護者または要支援者）に対し，介護サービス計画（ケアプラン）に基づき介護サービスを提供した場合，利用者は介護費用の9割（利用者の所得状況に応じ，8割，7割の場合もあります。以下，同様です。）の保険給付を受けることができます。

ところで，介護保険法上の建前としては，保険給付は市町村が利用者に対して支給すると規定されていますが（同法41条1項，これを「償還払い」といいます。），そうすると，利用者は介護費用の全額を負担した後に，そのうちの9割を保険者である市町村に請求することとなり，利用者が一旦費用出捐するという負担が生じます。そこで，介護保険法では，一定の要件の下で，介護事業者が利用者に代わって保険給付を受領する方法も規定されており（これを「代理受領」や「現物給付」といいます。），むしろこちらが一般的となっています（同法41条6項）。

そして，この一定の要件とは，要介護者のうち居宅で介護を受ける者が介護指定事業者からサービスを受けることについて予め市町村に届け出ている場合であって，居宅サービス計画（ケアプラン）の中に利用するサービスが記載されていることなどとされています（同条項）。

したがって，介護事業者にとっては，償還払いが現実的でないことから

すれば，この代理受領の要件を満たしているかどうかは非常に重要となっています。

(2)　その他の問題点

①　介護報酬の算定に関する諸手続

指定介護事業者は，介護報酬の算定に関し，次のような手続などを採る必要があります。

ア　居宅介護支援における特定事業所集中減算の報告

正当な理由なく，居宅介護支援事業所において前 6 か月間に作成されたケアプランに位置付けられた居宅サービスのうち，訪問介護・通所介護・福祉用具貸与について，特定の事業者の割合が 80％を超える場合は減算されることとなっているため，そのための報告が必要とされています。

イ　居宅介護支援における特定事業者加算基準の遵守状況に関する記録作成

中重度者や支援困難ケースへの積極的な対応のほか，専門性の高い人材を確保し，質の高いケアマネジメントを実施している事業所を評価し加算する制度に関し，基準の遵守状況を記録し保存することが必要とされています。

②　介護保険と医療保険との関係

国民皆保険制度の下，介護保険の被保険者は医療保険の被保険者でもあるため，その両者の関係が問題となります。

まず，介護保険の給付が受けられる場合には医療保険から給付はしないとされています。例えば，要介護者に対する訪問看護などのサービスについては，原則として介護保険から給付されることとなります。ただし，特定の病気であるなどの条件を満たす場合，訪問看護などのサービスには医療保険が適用される場合があります。

次に，在宅における要介護者については，例えば，かかりつけの医師などが自宅を訪問し医学的管理（居宅療養管理指導）を行った場合には介

護保険から給付されますが，その他の診察，投薬，処置等医療行為を
行った場合には医療保険から給付されます。

　そのほか，介護老人福祉施設（特別養護老人ホーム）の入所者について
は，健康管理や療養指導等は施設の医師が施設サービスの一環として行
うこととされているため介護保険から給付され，それ以外の医療が必要
な場合については，他の医療機関からの往診や入院等により対応するこ
ととされており，その場合には医療保険から給付されます。

Q 14 | 助成金の活用について

高齢者福祉サービス事業を行う上で，国の助成金など活用できるもの
はありますか。

　　高齢者福祉サービス事業を行う上で活用できる助成金はいく
つかあります。
　　助成金を受給するには，助成金ごとに要件が定められてお
り，それぞれの要件を満たしている必要があります。助成金の
性質や目的を十分に理解された上で，受給できそうなものがあ
れば，ぜひご利用ください。

1　助成金とは

　　会社が従業員を採用したり，教育訓練を行ったりする場合などに一定の
要件を満たせば，国から支給される返済不要の金員のことを雇用関係に関
する助成金といいます。これは，法人あるいは個人を問わず，助成金の財
源元の雇用保険の適用事業所であれば，すべての事業所が対象となりま
す。ただし，対象企業規模は，一部の助成金を除いては中小企業が中心と
なっています。中小企業の範囲（中小企業基本法2条）は以下のとおりです。

（中小企業の範囲）

産業分類	資本または出資額	常時雇用する労働者数
小売業（飲食店を含む)	5,000万円以下	50人以下
サービス業	5,000万円以下	100人以下
卸売業	1億円以下	100人以下
その他の業種	3億円以下	300人以下

2　高齢者福祉サービス事業で活用できる助成金とは

　　助成金の種類は，数多くあり，毎年増設や廃止，拡充がされています。

詳しくは厚生労働省 HP「事業主の方のための雇用関係助成金[1]」をご覧ください。また，類似の制度で「補助金」制度がありますが，こちらの多くは各都道府県・市区町村が独自に支給しているものになります。施設整備等についての補助金などもありますので，詳しくは各自治体の窓口に直接お問い合わせください。

　ここでは，紙面の関係上，主に介護の事業所で比較的利用しやすい２つの雇用関係に関する助成金についてご紹介します[2]。制度内容は都度変更されますので，申請時点での内容を必ず確認してください。

(1)　人材確保等支援助成金（介護福祉機器助成コース）

　介護福祉機器の導入などを通じて介護労働者の離職率の低下に取り組む事業主に対して助成するものです。介護労働者の労働環境の改善のための措置（以下「対象となる措置」という）を次のⅠ，ⅡおよびⅢによって実施した場合に「介護福祉機器助成コース（機器導入助成）」を受給することができます。

　さらに，Ⅳの離職率の低下目標を達成した場合には「介護福祉機器助成コース（目標達成助成）」を受給することができます。

Ⅰ　導入・運用計画の認定

　介護労働者の労働環境の改善に資する次のⅰからⅵのいずれかの介護福祉機器の導入を内容とする導入・運用計画を作成し，管轄の労働局に提出してその認定を受けること。

　　ⅰ　移動・昇降用リフト（立位補助機（スタンディングマシーン），非装着型移乗介助機器を含む。人の移動または移乗に使用するものに限る。）

　　ⅱ　装着型移乗介助機器

　　ⅲ　自動車用車いすリフト（福祉車両の場合は，車両本体を除いた車いすリフト部分に限る）

1　http://www.mhlw.go.jp/stf/seisakunitsuite/bunya/koyou_roudou/koyou/kyufukin/
2　令和元年７月時点での内容です。

iv　エアーマット（体位変換機能を有するものに限る）

v　特殊浴槽（移動・昇降用リフトと一体化しているもの，移動・昇降用リフト（電動昇降ストレッチャーを含む。）が取り付け可能なものまたは側面が開閉可能なもの等。）

vi　ストレッチャー（入浴用に使用するもの。それ以外は昇降機能が付いているものに限る。）

II　介護福祉機器の導入等

Iの導入・運用計画に基づき，当該導入・運用計画の実施期間内に，介護福祉機器を導入するとともに，その機器の適切な運用を行うための次のiからiiiの措置を実施すること。

i　導入機器の使用を徹底させるための研修

ii　導入機器の保守契約の締結またはメンテナンス

iii　導入効果（導入効果は，導入前アンケートおよび導入後アンケートにより，身体的負担が大きいと感じている職員数の改善率を評価し，改善率が70％以上であった場合に支給決定を行う）の把握

III　雇用管理責任者の選任

当該事業所において「雇用管理責任者（雇用管理の改善への取組，労働者からの相談への対応，その他労働者の雇用管理の改善等に関する事項の管理業務を担当する者)」を選任し，かつ，その選任した者の氏名を当該事業所に掲示すること等により労働者に周知していること。

IV　離職率の低下目標の達成

2の介護福祉機器の導入・運用の結果，導入・運用計画期間の終了から1年経過するまでの期間の離職率（以下「評価時離職率」という）が，導入・運用計画を提出する前1年間の離職率（以下「計画時離職率」という）よりも，下表に示す対象事業所に人数規模に応じて設定する離職率の低下目標以上に低下させること。ただし，評価時離職率は30％以下とすること。

対象事業所における雇用保険一般被保険者の人数規模区分	1〜9人	10〜29人	30〜99人	100〜299人	300人以上
低下させる離職率ポイント	15%ポイント	10%ポイント	7%ポイント	5%ポイント	3%ポイント

V　対象となる事業主

　　本助成金を受給する事業主は，次の i および ii の要件を満たす必要があります。また，目標達成助成において，生産性要件を満たす場合には支給額が増額される場合があります。

　 i 　次の①から③の要件に該当するとともに，④から⑫の要件に該当していないこと。

　　① 　雇用保険適用事業所の事業主であること

　　② 　支給のための審査に協力（支給または不支給の決定のための審査に必要な書類等を整備・保管していること，支給または不支給の決定のための審査に必要な書類等の提出を管轄労働局等から求められた場合に応じること，管轄労働局等の実地調査を受け入れることなど）すること

　　③ 　申請期間内に申請を行うこと

　　④ 　平成31年4月1日以降に雇用関係助成金を申請し，不正受給による不支給決定又は支給決定の取り消しを受けた場合，当該不支給決定日又は支給決定取消日から5年を経過していない事業主（なお，支給決定取消日から5年を経過した場合であっても，不正受給による請求金を納付していない事業主は，時効が完成している場合を除き，納付日まで申請できません）

　　⑤ 　平成31年4月1日以降に申請した助成金について，申請事業主の役員等に他の事業主の役員等として不正受給に関与した役員等がいる場合は，申請することができません

　　⑥ 　支給申請日の属する年度の前年度より前のいずれかの保険年度の労働保険料を納入していない事業主（支給申請日の翌日から起算して2か月以内に納付を行った事業主を除く）

⑦　支給申請日の前日から起算して 1 年前の日から支給申請日の前日までの間に，労働関係法令の違反があった事業主

⑧　性風俗関連営業，接待を伴う飲食等営業またはこれら営業の一部を受託する営業を行う事業主

⑨　事業主又は事業主の役員等が，暴力団と関わりのある場合

⑩　事業主又は事業主の役員等が，破壊活動防止法第 4 条に規定する暴力主義的破壊活動を行った又は行う恐れのある団体に属している場合

⑪　支給申請日または支給決定日の時点で倒産している事業主

⑫　不正受給が発覚した際に都道府県労働局等が実施する事業主名及び役員名（不正に関与した役員に限る）等の公表について，あらかじめ承諾していない事業主

ⅱ　対象福祉サービスまたは保健医療サービスのうち以下のサービスを除くサービス提供を業として行う事業主（介護事業主）であること

①　福祉用具貸与

②　特定福祉用具販売

③　介護予防福祉用具貸与

④　特定介護予防福祉用具販売

⑤　救護施設で行われる介護サービス

⑥　居宅生活支援施設および養護事業を行う施設で行われる介護サービス

⑦　福祉用具販売（②，④以外）

Ⅵ　支給額

　本助成金は，対象となる事業主が，対象となる措置を実施した場合に下記の額が支給されます。ただし，介護福祉機器の導入等に要した費用は，支給申請時までに支払いが完了していることが必要となります。また，導入等に要した費用には，利子（費用を分割して支払う場合に限る）や保守契約を締結した場合はその費用額，介護福祉機器の使用を徹底するための研修

に要した費用も含めることができます。

助成段階	支給額
機器導入助成	介護福祉機器の導入等に要した費用の 25% （上限 150 万円）
目標達成助成	介護福祉機器の導入等に要した費用の 20% （生産性要件を満たす場合 35%） （上限 150 万円）

Ⅶ 受給手続

本助成金を受給しようとする事業主は，次のⅰからⅲの順に受給手続を行います。

ⅰ 計画の認定申請

介護福祉機器の導入に係る導入・運用計画を作成し，計画開始 6 カ月前から 1 カ月前までに必要な書類を添えて，管轄の労働局へ認定申請を行います。認定申請後，介護福祉機器の導入前までに導入前アンケートを実施します。

ⅱ 支給申請（機器導入助成）

ⅰによって認定を受けた後，計画に基づいて介護福祉機器の導入・運用を行うとともに，計画期間終了までに導入後アンケートを実施し，計画期間終了後 2 カ月以内に，支給申請書に必要な書類を添えて，管轄の労働局に支給申請を行います。

ⅲ 支給申請（目標達成助成）

ⅱの介護福祉機器の導入・運用の結果，導入・運用計画期間の末日の翌日から起算して 12 カ月経過する日までの期間（以下「評価時離職率算定期間という」）の離職率が目標達成している場合，評価時離職率算定期間終了後 2 カ月以内に，支給申請書に必要な書類を添えて，管轄の労働局に支給申請を行います。

(2)　特定求職者雇用開発助成金

　　高年齢者や障害者などの就職が特に困難な者を，ハローワークまたは民間の職業紹介事業者等の紹介により，継続して雇用することが確実である労働者として雇い入れる事業主に対して助成する助成金です。

　　この助成金には，特定就職困難者コースや生涯現役コースなど全部で8コースがありますが，ここでは特定就職困難者コースのみを記載します。

　　支給対象者及び支給額及び助成対象期間は，以下のとおりです。

（　　）は中小企業事業主の場合

	支給対象者	支給額	助成対象期間
短時間労働者以外	・60歳以上65歳未満の者 ・母子家庭の母等	50万円 （60万円）	1年 （1年）
	・身体・知的障害者	50万円 （120万円）	1年 （2年）
	・重度障害者等（※1）	100万円 （240万円）	1年6か月 （3年）
短時間労働者（※2）	・60歳以上65歳未満の者 ・母子家庭の母等	30万円 （40万円）	1年 （1年）
	・重度障害者等を含む 　身体・知的・精神障害者	30万円 （80万円）	1年 （2年）

※1　重度身体・知的障害者，45歳以上の身体・知的障害者，精神障害者
※2　1週間の所定労働時間が，20時間以上30時間未満の労働者

　　申請にあたっては，支給対象者の雇入日の直後の賃金締切日の翌日等から6か月単位で区分した各支給対象期ごとに，それぞれ支給対象期の末日の翌日から起算して2か月以内に，支給申請書に必要書類を添えて，管轄の労働局へ支給申請します。

3　助成金申請にあたっての注意点

　　助成金の申請にあたっては注意すべき点が数多くあります。

　まず，各助成金には申請期限が設けられています。申請期限を１日でも過ぎると原則受け付けられません。必ず，期限内での申請を行うようにしてください。

　また，支給申請日の属する年度の前年度より前のいずれかの保険年度の労働保険料を納入していない事業主（支給申請日の翌日から起算して２か月以内に納付を行った事業主を除く。）は助成金を受給することができません。また，５年以内に不正受給をした事業主も対象外です。

　助成金を申請される場合に特に注意して頂きたいのが，過去の離職者に関する離職理由です。すべての助成金ではありませんが，多くの助成金では事業主都合による解雇者等を出した場合には対象期間はもちろんのこと，解雇者等を出してから半年程度は助成金の申請ができなくなります。また，雇用保険に加入している契約社員等で期間の定めがある契約が締結されている場合で，３年を超えて更新した後に契約期間が満了とする場合，労働者が契約更新を希望しているにもかかわらず，会社側が雇止めを行った場合にも，雇用保険上は会社都合での退職扱いとなる場合があります。このような場合，助成金を申請しても受け付けられないこととなりますので，従業員退職時の雇用保険被保険者喪失届提出の際には十分注意が必要です。

　いずれにせよ，助成金の申請に当たっては，申請可能な事業所かどうかをまずは確認する必要があります。

「雇用関係助成金」検索表（R1.7 月末時点）

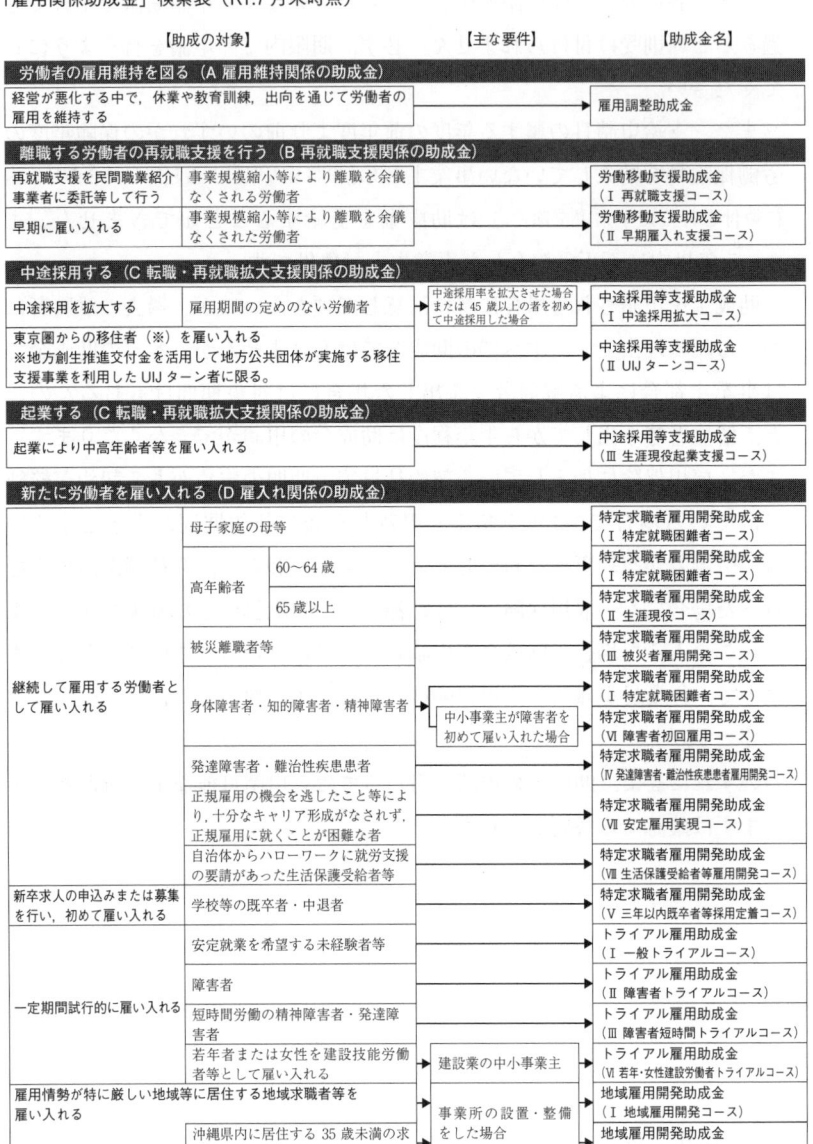

【助成の対象】		【主な要件】	【助成金名】
労働者の雇用維持を図る（A 雇用維持関係の助成金）			
経営が悪化する中で，休業や教育訓練，出向を通じて労働者の雇用を維持する			雇用調整助成金
離職する労働者の再就職支援を行う（B 再就職支援関係の助成金）			
再就職支援を民間職業紹介事業者に委託等して行う	事業規模縮小等により離職を余儀なくされる労働者		労働移動支援助成金（Ⅰ 再就職支援コース）
早期に雇い入れる	事業規模縮小等により離職を余儀なくされた労働者		労働移動支援助成金（Ⅱ 早期雇入れ支援コース）
中途採用する（C 転職・再就職拡大支援関係の助成金）			
中途採用を拡大する	雇用期間の定めのない労働者	中途採用率を拡大させた場合または 45 歳以上の者を初めて中途採用した場合	中途採用等支援助成金（Ⅰ 中途採用拡大コース）
東京圏からの移住者（※）を雇い入れる※地方創生推進交付金を活用して地方公共団体が実施する移住支援事業を利用した UIJ ターン者に限る。			中途採用等支援助成金（Ⅱ UIJ ターンコース）
起業する（C 転職・再就職拡大支援関係の助成金）			
起業により中高年齢者等を雇い入れる			中途採用等支援助成金（Ⅲ 生涯現役起業支援コース）
新たに労働者を雇い入れる（D 雇入れ関係の助成金）			
継続して雇用する労働者として雇い入れる	母子家庭の母等		特定求職者雇用開発助成金（Ⅰ 特定就職困難者コース）
	高年齢者 60〜64 歳		特定求職者雇用開発助成金（Ⅰ 特定就職困難者コース）
	65 歳以上		特定求職者雇用開発助成金（Ⅱ 生涯現役コース）
	被災離職者等		特定求職者雇用開発助成金（Ⅲ 被災雇用開発コース）
	身体障害者・知的障害者・精神障害者	中小事業主が障害者を初めて雇い入れた場合	特定求職者雇用開発助成金（Ⅰ 特定就職困難者コース）
			特定求職者雇用開発助成金（Ⅵ 障害者初回雇用コース）
	発達障害者・難治性疾患患者		特定求職者雇用開発助成金（Ⅳ 発達障害者・難治性疾患者雇用開発コース）
	正規雇用の機会を逃したこと等により，十分なキャリア形成がなされず，正規雇用に就くことが困難な者		特定求職者雇用開発助成金（Ⅶ 安定雇用実現コース）
	自治体からハローワークに就労支援の要請があった生活保護受給者等		特定求職者雇用開発助成金（Ⅷ 生活保護受給者等雇用開発コース）
新卒求人の申込みまたは募集を行い，初めて雇い入れる	学校等の既卒者・中退者		特定求職者雇用開発助成金（Ⅴ 三年以内既卒者等採用定着コース）
一定期間試行的に雇い入れる	安定就業を希望する未経験者等		トライアル雇用助成金（Ⅰ 一般トライアルコース）
	障害者		トライアル雇用助成金（Ⅱ 障害者トライアルコース）
	短時間労働の精神障害者・発達障害者		トライアル雇用助成金（Ⅲ 障害者短時間トライアルコース）
	若年者または女性を建設技能労働者等として雇い入れる	建設業の中小事業主	トライアル雇用助成金（Ⅵ 若年・女性建設労働者トライアルコース）
雇用情勢が特に厳しい地域等に居住する地域求職者等を雇い入れる		事業所の設置・整備をした場合	地域雇用開発助成金（Ⅰ 地域雇用開発コース）
	沖縄県内に居住する 35 歳未満の求職者		地域雇用開発助成金（Ⅱ 沖縄若年者雇用促進コース）

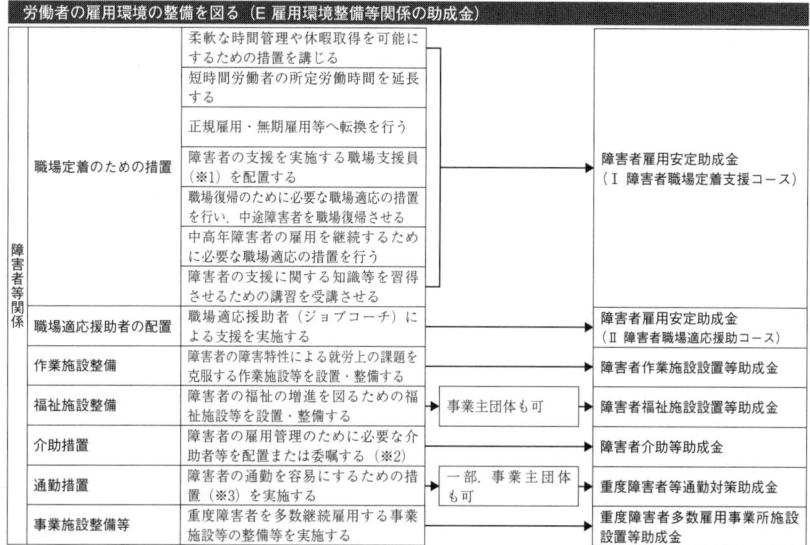

【助成の対象】　　　　　　　　**【主な要件】**　　　　**【助成金名】**

労働者の雇用環境の整備を図る（E 雇用環境整備等関係の助成金）

障害者等関係	職場定着のための措置	柔軟な時間管理や休暇取得を可能にするための措置を講じる		障害者雇用安定助成金（Ⅰ 障害者職場定着支援コース）
		短時間労働者の所定労働時間を延長する		
		正規雇用・無期雇用等へ転換を行う		
		障害者の支援を実施する職場支援員（※1）を配置する		
		職場復帰のために必要な職場適応の措置を行い，中途障害者を職場復帰させる		
		中高年障害者の雇用を継続するために必要な職場適応の措置を行う		
		障害者の支援に関する知識等を習得させるための講習を受講させる		
	職場適応援助者の配置	職場適応援助者（ジョブコーチ）による支援を実施する		障害者雇用安定助成金（Ⅱ 障害者職場適応援助コース）
	作業施設整備	障害者の障害特性による就労上の課題を克服する作業施設等を設置・整備する		障害者作業施設設置等助成金
	福祉施設整備	障害者の福祉の増進を図るための福祉施設等を設置・整備する	事業主団体も可	障害者福祉施設設置等助成金
	介助措置	障害者の雇用管理のために必要な介助者等を配置または委嘱する（※2）		障害者介助等助成金
	通勤措置	障害者の通勤を容易にするための措置（※3）を実施する	一部，事業主団体も可	重度障害者等通勤対策助成金
	事業施設整備等	重度障害者を多数継続雇用する事業施設等の整備等を実施する		重度障害者多数雇用事業所施設設置等助成金

※1　対象労働者に対して業務遂行に必要な援助・指導を行う専門家
※2　①職場介助者を配置または委嘱する，②手話通訳，要約筆記等の担当者を委嘱する，③合理的配慮に係る相談等に応じる者を増配置または委嘱する
※3　①重度障害者等用社宅を賃借する，②社宅に入居した障害者に対して指導・援助を行う指導員を配置する，③障害者に対して住宅手当を支給する，④通勤用バスを購入する，⑤通勤用バス運転手を委嘱する，⑥通勤援助者を委嘱する，⑦自動車通勤のための駐車場を賃借する，⑧通勤用自動車を購入する

【助成の対象】	【主な要件】	【助成金名】

労働者の雇用環境の整備を図る（E 雇用環境整備等関係の助成金）

助成の対象	主な要件	助成金名
雇用管理制度（評価・処遇制度，研修制度，健康づくり制度，メンター制度，短時間正社員制度）の導入を通じて従業員の離職率の低下を図る	短時間正社員制度のみ 保育事業主	人材確保等支援助成金（Ⅰ 雇用管理制度助成コース）
対象労働者 介護労働者：介護福祉機器の導入を通じて従業員の離職率の低下を図る	介護事業主	人材確保等支援助成金（Ⅱ 介護福祉機器助成コース）
介護労働者または保育労働者：賃金制度の整備を通じて従業員の離職率の低下を図る	介護事業主または保育事業主	人材確保等支援助成金（Ⅲ 介護・保育労働者雇用管理制度助成コース）
人材確保や労働者の職場定着を支援するための事業を実施する	都道府県知事に改善計画の認定を受けた事業主団体	人材確保等支援助成金（Ⅳ 中小企業団体助成コース）
生産性向上に資する能力評価を含む人事評価制度を整備し，定期昇給等のみによらない賃金制度を設けることを通じて生産性向上，賃金アップと離職率低下を図る		人材確保等支援助成金（Ⅴ 人事評価改善等助成コース）
生産性向上に資する設備等を導入することにより，雇用管理改善（賃金アップ等）と生産性向上を図る		人材確保等支援助成金（Ⅵ 設備改善等支援コース）
働き方改革のために人材を確保することが必要な中小企業が，新たに労働者を雇い入れ，一定の雇用管理改善を図る。		人材確保等支援助成金（Ⅶ 働き方改革支援コース）
対象労働者 建設労働者：雇用管理改善制度の導入・実施を通じて従業員の入職率目標を達成する	建設業の中小事業主	人材確保等支援助成金（Ⅷ 雇用管理制度助成コース（建設分野））
若年及び女性労働者の入職や定着を図ることを目的とした事業を実施する	建設業の事業主または事業主団体	人材確保等支援助成金（Ⅸ 若年者及び女性に魅力ある職場づくり事業助成（建設分野））
自ら施工管理する建設工事現場での女性専用作業員施設の賃借を実施する	建設業の元方の中小事業主	人材確保等支援助成金（Ⅹ 作業員宿舎等設置助成コース（建設分野））
季節労働者：通年雇用をする	積雪寒冷地域の林業・建設業・水産食料品製造業等	通年雇用助成金
高年齢者：65 歳以上への定年引上げ等を実施する		65 歳超雇用推進助成金（Ⅰ 65 歳超継続雇用促進コース）
高年齢者の雇用管理制度の整備等に係る措置を実施する		65 歳超雇用推進助成金（Ⅱ 高年齢者評価制度等雇用管理改善コース）
無期雇用への転換を実施する		65 歳超雇用推進助成金（Ⅲ 高年齢者無期雇用転換コース）
有期契約労働者等（契約社員・パート・派遣社員など）：正規雇用労働者等へ転換または直接雇用を実施する		キャリアアップ助成金（Ⅰ 正社員化コース）
賃金規定等の増額改定により賃金の引上げを実施する		キャリアアップ助成金（Ⅱ 賃金規定等改定コース）
法定外の健康診断制度を導入する		キャリアアップ助成金（Ⅲ 健康診断制度コース）
正規雇用労働者と共通の賃金規定等を導入する		キャリアアップ助成金（Ⅳ 賃金規定等共通化コース）
正規雇用労働者と共通の諸手当制度を導入する		キャリアアップ助成金（Ⅴ 諸手当制度共通化コース）
短時間労働者を新たに社会保険に加入させると同時に賃金引上げを実施する	500 人以下の企業で短時間労働者の適用拡大を実施した事業主	キャリアアップ助成金（Ⅵ 選択的適用拡大導入時処遇改善コース）
短時間労働者の所定労働時間を延長すると同時に社会保険に加入させる		キャリアアップ助成金（Ⅶ 短時間労働者労働時間延長コース）

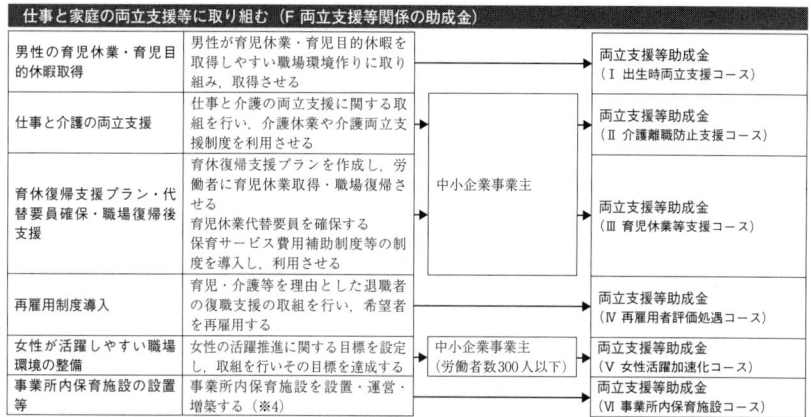

【助成の対象】		【主な要件】	【助成金名】

仕事と家庭の両立支援等に取り組む（F 両立支援等関係の助成金）

男性の育児休業・育児目的休暇取得	男性が育児休業・育児目的休暇を取得しやすい職場環境作りに取り組み，取得させる		両立支援等助成金（Ⅰ 出生時両立支援コース）
仕事と介護の両立支援	仕事と介護の両立支援に関する取組を行い，介護休業や介護両立支援制度を利用させる	中小企業事業主	両立支援等助成金（Ⅱ 介護離職防止支援コース）
育休復帰支援プラン・代替要員確保・職場復帰後支援	育児復帰支援プランを作成し，労働者に育児休業取得・職場復帰させる		両立支援等助成金（Ⅲ 育児休業等支援コース）
	育児休業代替要員を確保する		
	保育サービス費用補助制度等の制度を導入し，利用させる		
再雇用制度導入	育児・介護等を理由とした退職者の復職支援の取組を行い，希望者を再雇用する		両立支援等助成金（Ⅳ 再雇用者評価処遇コース）
女性が活躍しやすい職場環境の整備	女性の活躍推進に関する目標を設定し，取組を行いその目標を達成する	中小企業事業主（労働者数300人以下）	両立支援等助成金（Ⅴ 女性活躍加速化コース）
事業所内保育施設の設置等	事業所内保育施設を設置・運営・増築する（※4）		両立支援等助成金（Ⅵ 事業所内保育施設コース）

労働者の職業能力の向上を図る（G 人材開発関係の助成金）

訓練効果が高い10時間以上の訓練	OJTとOff-JTを組み合わせた訓練，若年者への訓練，労働生産性向上に資する訓練等を実施する	事業主事業主団体等	人材開発支援助成金（Ⅰ 特定訓練コース）
職務に関連した20時間以上の訓練	職務に関連した知識・技能を習得させるための訓練を実施する		人材開発支援助成金（Ⅱ 一般訓練コース）
教育訓練休暇制度，長期教育訓練休暇制度の導入	有給の教育訓練休暇制度を導入し，労働者が当該休暇を取得して訓練を受ける	事業主	人材開発支援助成金（Ⅲ 教育訓練休暇付与コース）
	有給又は無給の長期の教育訓練休暇制度を導入し，労働者が当該休暇を取得して訓練を受ける		
有期契約労働者等に対する訓練	有期契約労働者等の人材育成を図る		人材開発支援助成金（Ⅳ 特別育成訓練コース）
建設労働者に対する訓練	認定訓練を実施または建設労働者に受講させる	建設業の中小事業主または中小事業主団体	人材開発支援助成金（Ⅴ 建設労働者認定訓練コース）
	建設労働者に技能実習を受講させる	建設業の事業主または事業主団体	人材開発支援助成金（Ⅵ 建設労働者技能実習コース）
障害者に対する訓練	障害者に対して職業能力開発訓練事業を実施する	事業主，事業主団体，社会福祉法人等	人材開発支援助成金（Ⅶ 障害者職業能力開発コース）
都道府県労働局長からの委託により，事業所での作業環境へ適応させるための訓練を行う			職場適応訓練費

※4　現在，新規の申請受付は行っておりません。

Q 15 ｜ 社会福祉法人の設立

社会福祉法人を設立する意味と，その手続を教えてください。

A　特別養護老人ホームを運営するには，原則として，社会福祉法人を設立する必要があります。他方，デイサービスや訪問介護等は，必ずしも社会福祉法人でなくても運営できます。社会福祉法人は，公金を受け入れるという性質から，その設立には行政庁の認可が必要であり，認可を得た後，法務局で設立の登記を行うことにより，法人設立の効力が生じます。

1　社会福祉法人

　社会福祉法人とは，社会福祉事業を行うことを目的として，社会福祉法の定めるところにより設立された法人です（社会福祉法22条）。

　日本国憲法89条で，公の支配に属しない慈善又は博愛の事業に対する公金支出が禁じられておりますので，これらの事業について「公の支配」を及ぼすために制度化したものが，社会福祉法人です。

　社会福祉事業には第1種社会福祉事業と第2種社会福祉事業があります。

　第1種社会福祉事業とは，利用者への影響が大きいため，経営安定を通じた利用者の保護の必要性が高い事業（入所施設サービス等）であり，第2種社会福祉事業とは，比較的利用者への影響が小さいため，公的規制の必要性が低い事業（在宅サービス等）です。

　特別養護老人ホーム等は，第1種社会福祉事業に含まれ，老人居宅介護等事業（訪問介護等），老人デイサービス事業，小規模多機能型居宅介護事業，認知症対応型老人共同生活援助事業等は，第2種社会福祉事業に含まれます（社会福祉法2条2項・3項）[1]。

1　各事業の名称は，社会福祉法上の用語であり，介護保険法上の用語と異なります。

　第1種社会福祉事業の経営主体は，原則として，行政及び社会福祉法人に限られ，社会福祉法人が同事業を経営するときには，都道府県知事への届出で済むのに対し，他の法人が同事業を経営するには，都道府県知事の許可を得る必要があります。

　第2種社会福祉事業の経営主体には制限がなく，どのような法人でも，都道府県知事に届け出ることによって，経営することができます。

2　社会福祉法人の設立

　では，社会福祉法人は，どのように設立すればよいのでしょうか。

　社会福祉法人は，公金を受け入れるという性質から，その設立に行政庁の認可が必要であり，認可を得た後，法務局で設立の登記を行うことで，法人設立の効力が生じます（社会福祉法34条）。

　具体的な手続は，都道府県によって多少異なりますので，各都道府県のホームページを参照し，窓口に問い合わせるなどしてください。

　ただ，その手続は概ね同じですので，以下では，東京都で認可を得る場合の手続を例示します[2]。

(1)　法人設立についての設立準備委員会の設置

(2)　社会福祉法人設立協議の実施

　社会福祉法人設立に際しては，その必要性・時期・関係機関との調整・利用者及び利用者家族への説明等を事前に協議，調整しておく必要があります。あらかじめ行政や関係機関に社会福祉法人設立にかかる計画や事業実施の相談，協議をしておきます。また，事業にかかる定員や職員配置，予算等事業に関する計画についても，あらかじめ行政機関に相談します。

2　詳細は，東京都福祉保健局のウェブサイトで紹介されている「社会福祉法人設立の手引」を参照してください。
　http://www.fukushihoken.metro.tokyo.jp/kiban/jigyosha/seturitutebiki.html

(3)　施設整備計画の協議と補助金申請の協議

　　社会福祉法人設立にあたり，建物を新築，改築する場合は，施設整備計画や補助金申請の協議をあらかじめしておく必要があります。

(4)　借入金に関する協議

　　社会福祉法人の設立の際に施設整備を行う場合において，借入を行うときは，設立認可申請前に，施設整備等を行うための借入ができる旨の内示通知や決定通知が出ている必要がありますので，早くから借入先と調整しておく必要があります。

(5)　社会福祉法人設立及び事業実施にかかる資産及び資金計画の策定

　　一般的に社会福祉法人を設立する際に，以下にあげる資産が必要になります。

・社会福祉事業に供する土地及び建物（基本財産）[3]

・基本財産特定基金（不動産がすべて貸借の場合）

・法人事務費（最低 100 万円以上で必要な額）

・事業運転資金（介護保険法の事業の場合，年間事業費の 12 分の 3 以上）

・建設資金（法人設立時に，施設整備を予定する場合）

(6)　収支計画の確認及び収支予算書の作成

(7)　役員・評議員の予定者の選定

　　予定者を検討する段階で，事前に行政に相談します。予定者が社会福祉法人の役員，評議員の選任要件に該当しない場合，設立認可を受けられません。なお，平成 29 年 4 月 1 日施行の改正社会福祉法では，ガバナンス

3　社会福祉法人は，社会福祉事業を行うために直接必要なすべての物件について所有権を有していることが必要とされています。これにより難い場合は，国若しくは地方公共団体から貸与若しくは使用許可を受けていることが必要です。ただ，都市部等土地の取得が極めて困難な地域においては，不動産の一部（社会福祉施設を経営する法人の場合には，土地）に限り，国若しくは地方公共団体以外の者から貸与を受けてもよいことになっています。さらに，このような地域においては，具体的に資産要件の緩和通知も出されています。

強化の観点から，評議員，評議員会が必ず設置しなければならない機関となりました。

(8)　採用する職員への説明・同意

　新規に事業を開始し社会福祉法人を設立する場合には，新規に採用する職員に対して，就業条件等を説明し，同意を得る必要があります。

(9)　利用者や利用者家族への説明・同意

　他団体から事業譲渡を受けて設立する場合は，経営主体が変更になるため，利用者や利用者家族への説明を行う必要があります。

(10)　地域や自治会への説明

　地域や自治会から事業実施について反対されている場合，事業の許可を得られず，社会福祉法人の認可もできない可能性もあります。

(11)　設立認可申請書類の作成・提出

　認可申請に必要な書類は例えば以下のものです。

　設立認可申請書，定款，財産目録，土地建物に関する書類，事業計画書，資金収支予算書，設立時役員の一覧表・履歴書，就任承諾書等，補助金交付確納書写しなど

(12)　社会福祉法人設立審査委員会への付議

　所轄庁で開催している社会福祉法人設立審査委員会に設立案件として，付議します。

(13)　設立認可書の交付

　設立認可申請書類が正式に収受されてから，概ね1～2か月で，所轄庁において，設立認可書交付式が開催され，設立認可書の交付を受けます。

(14)　法人設立登記

　設立認可を受けた後，法務局にて2週間以内に法人設立登記を行います(組合等登記令2条)。社会福祉法人としての設立日は設立登記を行った日になります。

3　設立後の手続

(1)　第一回理事会開催

　　定款附則に定められた理事で，評議員選任・解任委員会の設置，同委員会運営規程の制定，推薦する評議員候補者の決定及び評議員会の日時・場所・議案の決定を行います。

(2)　評議員選任・解任委員会の開催

　　評議員を選任します[4]。評議員の数は，定款で定めた理事の員数を超えなければなりません。

　　評議員は，役員理事・監事又は当該社会福祉法人の職員を兼ねることができません。また，評議員のうちには，各評議員の配偶者又は三親等以内の親族その他各評議員と特殊の関係がある者が含まれてはいけませんし，各役員（理事・監事）の配偶者又は三親等以内の親族その他各役員と特殊の関係がある者が含まれてはいけません。

(3)　第一回評議員会開催

　　社会福祉法人には，役員として6名以上の理事と2名以上の監事を置く必要があります（社会福祉法第44条3項）。新たに理事と監事を選任し，その他重要事項（契約や規程の制定等）を決議します[5]。

(4)　第二回理事会開催

　　理事長を互選し，その他重要事項（契約や規程の制定等）を決議します。

(5)　選任された理事長の登記[6]

4　評議員会は，従前，諮問機関として，設置するかどうかは任意でしたが，平成28年3月31日に成立した社会福祉法改正により，理事及び監事の選任又は解任，役員報酬の決定，定款の変更などの重要事項を決定する議決機関として，必置機関となりました。

5　役員の任期は，選任後2年以内に終了する会計年度のうち最終のものに関する定時評議員会の終結の時までです（ただし，定款によつて，その任期を短縮することもできます。社会福祉法第45条1項）。

6　以後も，理事長が選任・改任されるたびに，登記が必要です。

⑹　寄附財産の移転

　　社会福祉法人の運営に供する不動産や資金の寄附を受け，贈与者に受領書を発行します。

⑺　寄附財産移転完了報告書の提出（社会福祉法施行規則第2条第4項）

　　財産の移転が完了した日から1か月以内に提出します。

⑻　定款変更

　　基本財産に編入して，これに関する定款変更をします。

2　人事労務

Q 16 │ 従業員募集にあたっての留意点

(1)　従業員の新規募集にあたりどのような点に注意をすればよいですか。また，実際に採用する際にはどのような点に注意すればよいですか。

(2)　外国人労働者の採用にあたってはどんな制度が利用できますか。

A

(1)　従業員の新規募集にあたっては，求人内容と実際に雇入れる際の労働条件に差異がないかを十分確認する必要があります。また，採用時にはトラブル防止の観点から雇用契約書を交わすべきです。そのほか，高齢者福祉サービス事業者は法令等で定める人員基準を満たす必要があることから，従業員が辞めない社風や制度を設ける工夫が必要です。

(2)　外国人労働者については，まだまだ規制が多いですが，インドネシア等との経済連携協定（EPA）を皮切りに，時代のニーズ（介護労働者の人材不足などの対策）に合わせた国の規制緩和が進められています。事業所としては，今後のこうした行政の動向に注視して都度対応していく必要があります。

1　従業員の募集

　従業員の募集にあたっては，大きく分けて，ハローワークなどの公共の職業紹介機関を利用する場合と民間の職業紹介事業者を利用する場合とが考えられます。前者は無償であり，後者は有償であるという違いはありますが，従業員の募集にあたってはともに有効な方法です。

　募集を行うと，求職中の方からの問い合わせがあるわけですが，介護業界は全体的に人材が不足しているため，数多くの応募件数はなかなか見込

むことができません。そのため，知り合いの紹介などに頼る場合も数多く見られます。

　また，高齢者福祉サービス事業者は，他の業界とは異なり，特に人材の募集には注意をしておく必要があります。その理由は，各介護サービスを提供するにあたり，法令や厚生労働省令で定める人員基準を満たす必要があるからです。つまり，退職者が出ることで人員基準を下回った場合には，介護報酬の減算や，場合によっては介護事業の指定取消となるおそれもあります。利用者が安心して利用することができるように，定められた人員以上の従業員を確保しておく必要があります。しかし，実際，十分な従業員を常時確保することは容易なことではなく，時には，退職者が出たことで急いで採用することも少なくないと思われます。そして，このような場合には，後に能力や積極性・協調性などに欠けることが判明するという場合も否定できず，それが元で後々トラブルになることも大いに考えられます。こうした場当たり的な対応は，経営上決して好ましくありません。やはり余裕をもって新たな人材を見定めて採用することが大切です。

　募集の際のポイントは，実際に働く従業員側の視点で常に募集内容を考えておくことです。求職者の多くは，給与や労働時間などの条件面はもちろん，実際に事業所の現場で働いている自分自身をイメージしたり，将来どのように自分を成長させてくれる事業所なのかを見定めています。給与や労働時間に関しては，コストの問題もあり，限界がありますが，事業所の雰囲気や教育訓練制度の導入などに関しては，企業努力の範囲で十分に対応できる内容と思います。いい人材を求めるのであれば，いい人材が辞めない事業所作りをすることが大切です。

2　募集の際の注意点

　募集にあたって注意すべき点としては，当然のことですが，募集の内容と実際に雇用した際の労働条件とを一致させておくことです。このことが意外にできていない事業所が多く，採用後にトラブルになるケースが見受

けられます。事業所が以前の募集内容をすべて把握しておらず，うっかり前回のままの募集内容を掲載してしまうことは考えられます。そして，募集内容と異なる条件で雇用すると，これは職業安定法 5 条の 3（労働条件の明示に関する規定）に違反することになりますので注意してください。

3　採用の際の注意点

　採用にあたって通常実施される面接の際には，再度募集内容，つまり労働条件を具体的に説明し，採用時には労働条件通知書を書面で明示し，できるだけ雇用契約書も交わすようにしてください。求人票の内容と実際の労働条件に差異があり，採用時などに双方が変更について特段の合意をしていない場合には，求人票の内容が労働契約の内容となる場合がありますので，十分な注意が必要です。（千代田工業事件，大阪高裁平成 2 年 3 月 8 日判決・判タ 737 号 141 頁）

　明示する労働条件に関しては労働基準法 15 条において，以下の項目が法令で定められています（絶対的明示事項）。

(1)　労働契約の期間

(2)　就業の場所，従事すべき業務

(3)　始業及び終業の時刻，所定労働時間を超える労働の有無，休憩時間・休日・休暇，交替制勤務に関する事項

(4)　賃金（退職金，賞与等を除く）の決定・計算・支払いの方法，賃金の締切・支払の時期，昇給に関する事項

(5)　退職に関する事項

　また，以下の項目については，その定めがあれば明示することとなっています（相対的明示事項）。

(1)　退職手当の定めが適用される労働者の範囲，退職手当の決定，計算及び支払いの方法並びに退職手当の支払いの時期に関する事項

(2)　臨時に支払われる賃金，賞与並びに最低賃金額に関する事項

(3)　労働者に負担させるべき食費，作業用品その他に関する事項

(4)　安全及び衛生に関する事項

(5)　職業訓練に関する事項

(6)　災害補償及び業務外の傷病扶助に関する事項

(7)　表彰及び制裁に関する事項

(8)　休職に関する事項

4　外国人労働者の雇用について

　　介護業界は，高齢者（高齢者福祉サービスの利用者）が年々増加しており，今後ますます介護従事者の人材不足が予想されます。そのため，外国人労働者の雇用を視野に入れた動きが加速しています。

(1)　EPA

　　政府は，平成20年度からインドネシア・フィリピン・ベトナムとの間で経済連携協定（EPA）に基づき，外国人看護師・介護福祉士候補者の受入れを実施しています。ただし，これらの受入れは，看護・介護分野の労働力不足への対応として行われているものではなく，相手国との経済活動の連携強化の観点から実施されています。

　　もっとも，外国人労働者は，言語や文化の違いなどによって，現場のコミュニケーションに支障があるなど，将来的に介護業界になじむかどうかは大いに疑問が生じるところです。現に，EPAにより介護福祉士の国家資格を取得した外国人労働者402人のうち，82人は帰国（平成26年6月時点）してしまったといいます。

　　また，日本が抱えるこの人材不足の問題は，他国でも同様です。アジアの若い人材を巡っては，介護業界に限らず，先進国間で獲得競争が起きています。日本は，かつてのアジアの若者が思ったような何が何でも働きたい憧れの国ではなくなりました。アジア諸国では軒並み経済成長が続き，国内でもある程度の仕事に就けるチャンスが増えたのです。そのため，わざわざ日本に出稼ぎに来る必要もなくなりつつあるわけです。そうした状況を十分に踏まえた戦略が行政において求められているといえます。

　現状，経済連携協定に基づく看護・介護分野での受入れの枠組としては，まず，国家資格を取得することを目的とした就労を行う外国人候補者については，受入施設で就労をしながら介護福祉士の合格を目指した研修に従事することとなっています（介護は4年間，看護は3年間）。外国人候補者と受入施設との間の契約は雇用契約であり，日本人が従事する場合に受ける報酬と同等以上の報酬を支払う必要があるほか，日本の労働関係法令や社会保険・労働保険が適用されます。そして，国家資格取得後については，介護福祉士として在留期間の更新回数に制限はなく，滞在・就労が可能とされています。

(2)　技能実習制度

　外国人労働者に関しては，新たに始まった技能実習制度を活用することも考えられます。

　平成29年11月，技能実習制度の対象職種に，介護が加わり，実際に，介護分野での技能実習生の受入れが始まっています。

　技能実習制度とは，人材育成を通じて，開発途上地域等への技能の移転により，国際協力の推進を図る制度ですが，この制度が介護分野における人手不足解消の一翼を担うことが期待されています。

　技能実習生を受け入れる事業所は，開設後3年以上経過していることが必要ですが，訪問介護など，利用者の居宅においてサービスを提供する事業所は，適切な指導体制を採ることが困難であること等が理由で，対象から外れています。

　また，技能実習制度では，事業所に，技能実習生の指導を担当する者として，技能実習指導員を配置しなければなりませんが，介護職種については，①技能実習生5名につき1名以上の技能実習指導員を選任している，②技能実習指導員のうち1名以上は，介護福祉士の資格を有する者その他これと同等以上の専門的知識及び技術を有すると認められる者（例えば看護師等）であるという各条件をクリアしなければなりません。

　さらに，ひとつの事業所が受け入れることができる技能実習生の人数枠

もあり，例えば，常勤介護職員が10名までの事業所では，一般に，1年目の技能実習生（第1号技能実習）は1名まで，同11〜20名の事業所では，2名までしか受け入れられないなどの上限が定められています[1]。

　一方，技能実習生についても，介護職種においては，介護のサービスの質を担保し，利用者の不安を招かないようにするため，一定水準以上の日本語能力が求められます。

　具体的には，1年目の技能実習生（第1号技能実習）については，日本語能力試験のN4に合格している者その他これと同等以上の能力を有すると認められる者でなければならず，2年目の技能実習生（第2号技能実習）については，同試験のN3に合格している者その他これと同等以上の能力を有すると認められる者でなければなりません。そして，それぞれ，技能実習計画認定申請を行う段階で，試験の成績証明書等を提出する必要があります[2,3]。

　また，監理団体を通して，技能実習生を受け入れる場合（いわゆる団体監理型），技能実習生は「日本において従事しようとする業務と同種の業務に外国において従事した経験があること」もしくは「団体監理型技能実習に従事することを必要とする特別な事情があること」という各条件を満たす必要があります。例えば，外国における介護施設において，高齢者の日

1　上限の詳細は，公益社団法人国際研修協力機構（JITCO）のウェブサイト（https://www.jitco.or.jp/ja/regulation/care.html）を参照してください。

2　「これと同等以上の能力を有すると認められる者」とは，日本語能力試験との対応関係が明確にされている日本語能力を評価する試験（現在認められているのは「J.TEST実用日本語検定」「日本語NAT-TEST」の2つ）で，同等レベルに相当するものに合格している者をいいます。

3　平成29年11月からの1年間で，全77職種で35万7197人の技能実習生の実習計画が認定されていますが，介護については，247人にとどまりました（東京新聞平成30年12月2日朝刊記事）。制度施行後の1年間において，介護の技能実習生受入れが進まなかったことについて，主に，求められる日本語能力の高さが原因ではないかとの指摘があります。

常生活上の世話等に従事した経験を有する者，外国政府による介護士認定等を受けた者でなければ，この条件を満たしません。

　技能実習制度は冒頭に記載したとおり，開発途上地域等への技術の移転を図ることが本来の制度目的であり，上記の各条件のほか，技能実習計画を作成して，外国人技能実習機構の認定を受けたり，日本語を含め，定められた講習を実施しなければならないなど，厳格な条件をクリアする必要があります。

　よって，職員不足を補うために，技能実習生を採用するという安易な考えは通用しませんが，今後，介護職種において技能実習制度が健全に発展していくことが期待されるところです。

(3)　「特定技能」という在留資格の創設

　人材確保が困難な分野について，外国人の受入れにより人手不足を解消することを目的として，平成 30 年 12 月 8 日，出入国管理及び難民認定法の改正が成立し，同月 14 日に公布され，「特定技能 1 号」「特定技能 2 号」という在留資格が創設されましたが，その対象分野には，介護分野も含まれていますので，これらの在留資格による外国人の受入れも考えられます[4]。

　「特定技能 1 号」の外国人には，相当程度の知識又は経験を必要とする技能が求められます。これを測るための試験が，平成 31 年 4 月のフィリピン会場を皮切りに，実施が開始されました。試験は介護技能評価試験[5]と，日本語の試験があり，日本語の試験は，全分野共通の試験として，原則，日本語能力試験の N4 以上の能力が求められ，他に，介護分野特有の日本語試験に合格する必要があります。

4　政府は，特定技能の在留資格につき，今後 5 年間で，最大約 34 万人の受け入れを見込んでおり，そのうち介護分野で，6 万人の受け入れを見込んでいます。

5　朝日新聞平成 31 年 4 月 14 日朝刊記事によれば，例えば，右半身まひで杖を使う人が移動する際の介護方法や，排せつの適切な介護についての記述を選ぶ問題などが問われているそうです。

　なお，第2号技能実習を良好に修了（介護施設で3年以上研修・実習）した外国人については，これらの試験が免除されます。

　事業所で受け入れることができる「特定技能1号」の外国人の数は，事業所単位で，日本人等の常勤介護職員の総数を上限としなければなりません。また，受け入れる企業は，厚生労働省が組織する介護分野特定技能協議会の構成員になること求められます。なお，「特定技能1号」の外国人は，訪問介護等の訪問系サービスにおける業務に就くことはできません。

　「特定技能1号」の在留資格を有する外国人を受け入れるには，外国人との直接雇用契約を前提として，地方出入国在留管理局に，在留資格認定証明書交付申請書を提出し，同証明書の交付を受け，その上で，在外公館に，外国人本人のビザを申請し，これが交付されると，本人が来日することになります。

　また，受け入れる企業は，「特定技能1号」の在留資格を有する外国人の支援計画を作成，実施しなければならないのですが，これを，出入国在留管理庁長官に登録されている登録支援機関に対し委託することもできます。

　そして，「特定技能2号」の外国人には，熟練した技能が求められるのですが，主として，「特定技能1号」の在留期間（5年以内）が終了後に移行することが想定されています。「特定技能2号」の外国人には，「特定技能1号」の外国人には認められない家族の帯同が認められ，在留期間の更新に上限がなくなります。

　特定技能の在留資格制度もまだ始まったばかりで，実際の運用はこれからですが，制度が健全に発展し，介護分野の人材が充実することが期待されます。

3　コンサルティング契約

Q 17 ｜コンサルティング契約

　高齢者福祉事業サービスの開業にあたってコンサルティング会社と契約する予定ですが，どのような点に気をつける必要がありますか。

A
　　コンサルティング契約の内容は千差万別で，コンサルタントの質も玉石混淆ですから，始めようとする高齢者福祉サービス事業に詳しく，また事業継続に必要なアドバイスができるコンサルタントを探して契約をすることが重要です。
　　また，コンサルティング契約には，事業者に一方的に不利な条項が加えられていることもありますので，熟読して理解した上で，契約を締結する必要があります。

1　コンサルティング契約の内容

(1)　高齢者福祉サービス事業で提供されるコンサルティング

　高齢者福祉サービス事業に関するコンサルティングの場合でも，事業計画段階，開業準備段階，事業開始段階でそれぞれ必要とされるコンサルティングの内容は異なります。

　まず，事業計画段階におけるコンサルティングにおいては，商圏調査や介護福祉制度，法令・行政指針などに関する情報の提供や助言，事業計画・資金計画の提案など，そもそも事業が可能か，また事業として成り立つかといった基本的な課題に対する情報提供や助言がなされます。ただ，例えばサービス付き高齢者向け住宅などでは，建築業者が建物を建築することを前提とするコンサルティングを行う場合もあり，助言に基づいて開業したが充分な収益が上げられなかったという例もあるようです。事業計

画段階では，出来合いの事業計画に基づく結論ありきのコンサルティングではなく，依頼者の立場に立って事業の成否を検討するコンサルタントが望ましいといえます。

　次に，開業準備段階では，法人設立支援や，介護管理・労務管理システムの策定，法定人員の採用計画・人員募集・面接同行，運営に係わる各種マニュアルの作成，自治体との事前協議も含む指定申請書作成支援などがコンサルティングの対象となります。また，各種補助金の申請も重要になります。

　さらに，事業開始段階では，運営業務全般への指導，法的記録・書類整備指導，行政による実施指導への対応支援，管理者並びに職員への研修の実施，広告・宣伝・営業支援などを対象とするコンサルティングが考えられます。

　このように，コンサルティング契約と一口に言ってもその内容は千差万別ですし，またコンサルタントの質も玉石混淆といえるため，始めようとする高齢者福祉サービス事業の内容に合ったコンサルティングを受けることが非常に重要となります。

(2)　事業運営の責任

　コンサルティング契約は，法的には委任契約（民法 643 条）や準委任契約（同法 656 条）と言われており，原則として，成果の完成（要は事業が成功すること）は契約内容に含まれません。すなわち，事業運営の最終的な責任は，当然のことながらコンサルタントではなく事業主にあります。

　様々な事業リスクに対して，具体的に効果のある施策を提供し，共に実行していくコンサルタントと契約することが重要です。

2　契約締結に当たっての注意点

(1)　コンサルティング契約の内容をしっかりと確認すること

　今もなお，契約書の内容をしっかりと確認せずにサインをする例が後を絶ちません。この点，事業者と消費者との間で締結される契約であれば，

消費者契約法等に基づいて，一方的に不利な条項は無効になるなどの救済がされる場合もあります。しかし，高齢者福祉サービス事業を行う場合のコンサルティング契約は，事業者同士の契約となりますので，仮に一方的に不利な条項があっても，公序良俗に違反するような場合をのぞき，無効となることはまずありません。

　ですから，コンサルティング契約を熟読して理解することがまずは必要です。また，コンサルティング契約書のひな型はコンサルタントから提供されることが通常ですが，たとえ契約条項が印字されていたとしても，その内容や文言について変更を申し出ることになんら遠慮は不要です。納得のいく契約内容を定めるよう交渉することが重要です。

(2)　コンサルティングの範囲を明確にすること

　コンサルティング契約は，上述のように法的には委任契約や準委任契約であり，原則として成果の完成は契約内容に含まれません。したがって，コンサルタントが提供する内容や範囲を具体的に明らかにしておく必要があります。通常は別紙を伴って詳細に定めることが多いですが，もし曖昧な内容であれば，具体的に記載するよう要求すべきだと思われます。

　また，どのような場合にコンサルタントに支払うべき報酬が発生し，どのような場合に発生しないのか明確に規定しておく必要があります。

(3)　秘密保持条項

　コンサルティング業務の過程においては，互いに秘密情報を開示することがありますので，秘密保持の規定を設ける必要があります。コンサルタントとしては，自らが提供した指導・助言等の情報を，委託者以外の第三者に利用されないようにしたいと希望することもありますが，事業主の立場としては，入手した情報を自由に利用できるよう，利用に制限がないようにした方が望ましいでしょう。また，事業主とコンサルタントが新しい企画を共同して進める場合には，コンサルタントが共同企画から得た知見を使って，他の競合他社に対して指導・助言等をすることを禁止する規定を設けることも望ましいといえます。

(4)　契約期間・自動延長・解約事由について

　委任契約や準委任契約は，当事者が望めば，原則としていつでも解約することができます（民法651条1項）。しかし，特約で中途解約が禁止されていたり，中途解約の場合に違約金の支払いが定められていたりする場合もありますので注意が必要です。また，コンサルティングの内容に不満が生じた場合に，できるだけ報酬を発生させずに契約を終了させることができるようにしておくことが望ましいといえます。

(5)　損害賠償義務の制限や損害額の予定

　コンサルタントの誤ったアドバイスが原因で，余分な費用が必要となったり，開業が遅れて逸失利益が発生したりするなど，事業主が損害を被る場合があります。このような場合でも，損害賠償を負わないという特約や，損害額を例えば既受領額の半額に限定するといった損害額の予定（民法420条）がコンサルティング契約に定められていれば，コンサルタントから十分な損害賠償を受けることは困難です。

　よって，このような一方的に不利な規定が設けられないよう，注意して確認する必要があります。契約締結前には顧問弁護士に相談をすることが望ましいでしょう。

4　その他

Q 18 │ フランチャイズ契約の利用

　私はデイサービス事業所を立ち上げようと思っていますが，フランチャイズに加盟して始めることのメリットとデメリットを教えてください。

A　デイサービス事業の経験がない者でも，フランチャイズ本部が持つ商標・マークを利用して，デイサービス事業の利用者を集め，その本部の有するノウハウを利用するという選択肢があります。ただ，フランチャイズは，効率的な事業運営に資する一方で，本部には，加盟金やロイヤルティなどの対価を支払わなければならず，本部の中には，対価に値するだけのサービスを提供しない業者もいることから，加盟契約前に十分吟味をすることが必要です。

1　フランチャイズ加盟のメリット

　一からデイサービス事業所を立ち上げようとすると，通常，自分で経営計画を立て，広告をし，自分で利用者を集めなければなりません。

　しかし，フランチャイズチェーンに加盟すれば，世間の信用を得ている商標やマークを利用することで，利用者を集めることができ，フランチャイズチェーンが持つビジネスパッケージを利用して，これに沿った効率的な事業所運営ができます。

　例えば，多くのフランチャイズ本部は，マニュアルを用意したり，スタッフの研修を実施したりして，事業所運営のノウハウを教授してくれます。

　　これは，デイサービス事業の経験がない者にとっては，大きなメリット
です。
　　そこで，介護業界においても，参入のハードルが比較的低いデイサービ
ス事業を中心に，全国，あるいは，広範囲においてフランチャイズ事業を
営む会社が増加し，そのチェーンに加盟している事業者も増えています。

2　フランチャイズ加盟のデメリット

　　フランチャイズを利用するためには，通常，その対価を支払う必要があ
ります。
　　多くの場合は，対価は，加盟時のイニシャル・フィー（加盟金等）と，
事業所の運営中に定期的に支払うロイヤルティから成ります。
　　フランチャイズ加盟をする者は，その対価に見合った成果を期待します
が，思ったとおりの成果が出ないと，加盟をした意味を見出すことができ
ず，フランチャイズ本部との間で紛争が生じることも少なくありません。
　　そこで，フランチャイズ・システムについて一般的に規制する法律を作
る動きもありますが，今のところはないのが現状です。

3　フランチャイズ争訟の類型

　　フランチャイズ加盟店とフランチャイズ本部の間で争訟になるケースに
おいて，加盟店側が損害賠償請求等する際に主張する主な法的根拠として
は，加盟前の情報提供義務違反と，加盟後の指導援助義務違反があります。

(1)　情報提供義務違反

　　フランチャイズ本部は，「自身のフランチャイズに加盟すれば，経験の
ない者でも一定の収益をあげることができる」との謳い文句で加盟を勧誘
することが多く，これを信じて加盟した加盟店が事業開始後，思ったとお
りの収益をあげられないとして，本部に対し，加盟金相当額などの損害賠
償請求をすることがあります。
　　この点，多くの裁判例が，ほぼ等しく，フランチャイズ契約の締結に向

けた交渉過程において，フランチャイズ本部に，加盟店になろうとする者
に対する信義則上の保護義務としての情報提供義務があると判断してお
り，ケースによっては，本部がその義務に違反していると判断し，損害賠
償を認めています。

　なぜなら，本部側がその方面の豊富な知識経験やノウハウ，人的・物的
資源などを駆使して，組織的に情報を収集・分析することができるのに対
し，加盟予定者側はその保持する情報が乏しく，かつ，自ら情報を収集す
る能力も乏しいのが通常で，それゆえ，フランチャイズ契約締結に踏み切
るかどうかの重要な判断材料を，本部から提供される情報以外には持ち合
わせないのが実情だからです。

　フランチャイズ本部がこの信義則上の情報提供義務に違反して，虚偽の
事実や過大な収益予測を伝えていた場合はもちろん，単に不十分な情報し
か提供しなかった場合でも，その不十分さと出店予定者の損害との間に相
当な因果関係が認められる場合に，本部側は損害賠償責任を免れないとす
る裁判例もあることは注目すべきです[1,2]。

(2)　指導援助義務違反

　フランチャイズの多くのビジネスパッケージでは，フランチャイズ本部
が，加盟店に対し，定期的に研修を実施したり，アドバイザーを派遣し
て，その事業を援助したりすることがフランチャイズ契約の内容となって
おり，これを本部の指導援助義務といいます。

　そして，多くの加盟店は，フランチャイズ本部に，例えば売上の何パー

1　福岡高裁平成 18 年 1 月 31 日判決・判タ 1216 号 172 頁参照。
2　高齢者向け弁当宅配事業の本部企業が，社会福祉法人ではない加盟店候補者に対し，
　地域の高齢者に対する配食サービスを民間業者に委託する委託事業に参入できる可能
　性を指摘していたことにつき，結果的に，市から委託を受けて配食サービスを行って
　いるのは社会福祉法人のみであることが認められるけれども，社会福祉法人でなけれ
　ば参入できないとの事実は証拠上認められないから，このような指摘が誤りであると
　まではいえないなどの理由で，情報提供義務違反を否定した裁判例があります（大阪
　地裁平成 22 年 5 月 27 日判決・判時 2088 号 103 頁）。

セントという形で，ロイヤルティを支払っていますが，思うように加盟店の収益が伸びない場合は，本部が指導援助義務を尽くしていないとして，債務不履行に基づく損害賠償請求を求める場合があります。

　　もっとも，多くのフランチャイズ契約では，研修実施回数やアドバイザー派遣回数が具体的に定められていないため，指導援助義務の内容が特定されていないとして，(1)の情報提供義務違反が問題となるケースよりも，債務不履行による損害賠償請求を認めるケースは稀でした。

　　ただ近年は，アドバイザーの派遣回数につき具体的な定めがなくても，専門性のあるアドバイザーを派遣しなかったとの理由で，債務不履行を認定した裁判例もあらわれています。

(3)　その他

　　ほかに，加盟店がフランチャイズ本部の民事責任を追及する手段として比較的多く用いられるのが独占禁止法です。本部による加盟勧誘行為が，「欺まん的顧客誘引の禁止」（不公正な取引方法（昭和57年6月18日公正取引委員会告示第15号，いわゆる一般指定）8項）に違反しているとか，本部が加盟店の仕入先など取引先を制限することが「優越的地位の濫用」（独占禁止法2条9項5号）に違反しているなどと主張されることがあります。

　　フランチャイズ本部のどのような行為が独占禁止法上問題になるかについては，公正取引委員会が作成したガイドライン「フランチャイズ・システムに関する独占禁止法上の考え方について」が参考になります。

4　加盟店は独立の事業者であること

　　以上のとおり，フランチャイズ本部と加盟店との規模や経済力の差から，フランチャイズ本部に一定の義務を認め，加盟店を保護しようとする裁判例があるのは事実ですが，加盟店は，フランチャイズ本部から独立した別個の企業であり，もちろん自己責任において経営することを忘れてはなりません。

　　上記のような損害賠償が認められる場合でも，加盟店側にも一定の過失

があったとして，過失相殺（民法418条，722条2項）により，損害賠償額が
減額されているケースが多いのです。

　フランチャイズに加盟しようとする者は，上記のような争訟に発展しな
いよう，フランチャイズ本部が勧誘時に提供してくる売上予測等の情報を
ただ信用するのではなく，できるだけ調査をして，本部に確認してくださ
い。その際，本部が社団法人日本フランチャイズチェーン協会（JFA）の
会員であれば，JFA開示自主基準を踏まえて作成された情報開示書面の
交付を求め，また，本部が同協会会員ではなくても，同様の情報開示書面
の提供を求めましょう。また，フランチャイズに加盟しようとする者は，
独立の事業者であって，いわゆる消費者ではないため，消費者契約法など
の適用はなく，その意味でフランチャイズ契約書の内容は基本的に有効で
すので，その契約条項の内容をよく確認し，理解してから，契約を締結す
るようにしてください[3]。

3　一般社団法人日本フランチャイズチェーン協会（JFA）は，会員の情報開示書面を以
　下のウェブサイトで公開していますので参考になります（http://www.jfa-fc.or.jp/）。
　また，中小企業庁では，加盟店になろうとする者がフランチャイズ契約締結前に注意
　すべき点を「フランチャイズ契約の留意点～フランチャイズ事業を始めるにあたっ
　て」という冊子にまとめており，参考になります。
　http://www.chusho.meti.go.jp/shogyo/shogyo/download/21fyFranchiseStart.pdf

第 3 章

利用契約上の
ポイント

第3章

利用実例上の

ポイント

1　契約締結上の注意事項

Q 19 | 契約締結時における作成書面

　高齢者福祉サービスの契約締結にあたって，どのような書面の作成・交付義務がありますか。

A　高齢者福祉サービスを締結するにあたっては，契約書を作成すべきです（サービスの類型によって契約書の作成が義務付けられるものもあります。）。また，多くの場合，重要事項の説明義務が定められています。行政等が用意する標準契約書や重要事項説明書を活用するなどし，利用者にとって分かりやすい説明を心掛けましょう。

1　契約書と重要事項説明

(1)　契約書の作成

　「措置から契約へ」との言葉どおり，高齢者福祉サービスは，原則的に利用者との契約によって提供されます。契約は，当事者間の意思の合致によって成立し，特に法律の定めがある場合を除いて，書面を作成しなくても有効ですが，契約書は，後に紛争が発生した場合に，契約締結の有無，契約内容などを明らかにする資料として，重要性を持ちます。

　高齢者福祉サービスの提供においては，契約の相手方である利用者の脆弱性という問題や，契約の直接の相手方でない利用者の親族の関与などからしても，後日の紛争を回避するために，契約書を作成すべき高度の必要性があるといえます。

　また，法律等において，契約書の作成が義務付けられている場合もあります。各地の自治体では，標準となる契約書を用意していることがありま

すし，日本弁護士連合会でも，契約書のモデルをホームページで公開しています[1]。これらをもとに，必要な修正を加え，契約書を用意されることが適当です。

(2)　重要事項説明

　　契約を締結する際に，契約条項や事業者の提供するサービスの内容のうち，一定の重要な事項を説明することを重要事項説明といいます。

　　重要事項説明は，契約やサービス内容について，契約者の理解を深めるために行います。高齢者福祉サービスの選択は，高齢者にとって生活の質を左右する重大事ですし，サービスの質は，実際にその提供を受けるまで分からないという性質があります。この様な点から，契約にあたって，利用者に少しでも正確な情報を得る機会を与え，適切なサービス選択の機会を与えようとするのが，重要事項説明です。

　　高齢者福祉サービスでは，様々な業種で重要事項説明義務が課されています。重要事項説明書についても，各自治体等において標準書式が用意されていることがありますし，日本弁護士連合会でもモデル[2]をホームページで公開していますのでこれらを活用されることが適当です。

2　介護保険対象事業について

(1)　契約書の作成

　　介護保険対象事業については，すべてのサービスについて，契約書の作成が義務付けられているわけではありませんが，前記のとおり，契約内容の明確化と，将来における紛争防止のために契約書は作成されるべきです。

(2)　重要事項説明義務

　　介護保険対象事業については，介護保険法・各運営基準[3]において，書面を交付して重要事項説明を行うことが義務付けられています。

1　https://www.nichibenren.or.jp/contact/information/kaigohoken.html
2　1に同じ。

　例えば，「指定居宅サービス等の事業の人員，設備及び運営に関する基準」（厚生労働省令）では，訪問介護に関して，指定訪問介護事業者は，指定訪問介護の提供の開始に際し，以下の重要事項について，あらかじめ利用申込者又はその家族に対し，文書を交付して説明を行い，提供の開始について利用申込者の同意を得なければならない旨定められています（同基準8条1項）。

ア　同基準29条に定める運営規程の概要

　同条は，指定訪問介護事業者に，ⅰ）事業の目的及び運営の方針，ⅱ）従業者の職種，員数及び職務の内容，ⅲ）営業日及び営業時間，ⅳ）指定訪問介護の内容及びその他の費用の額，ⅴ）通常の事業の実施地域，ⅵ）緊急時等における対応方法，ⅶ）その他運営に関する重要事項を運営規程として定める旨求めており，事業者は，この概要を重要事項説明において伝えることになります。

イ　訪問介護員等の勤務の体制

ウ　その他利用申込者のサービスの選択に資すると認められる重要事項

　以上の事項は，分かりやすい説明書やパンフレット等の文書を交付し，懇切丁寧に説明することが求められています[4]。

3　有料老人ホームについて

(1)　契約書の作成

　厚生労働省の定める「有料老人ホーム設置運営標準指導指針」では，入居契約書において，有料老人ホームの類型，利用料等の費用負担の額，提供されるサービス等の内容，入居開始可能日，身元引受人の権利・義務，

3　運営基準の整備は，介護保険法により，各自治体が，厚生労働省令で定める基準を参考にして条例により定めることとされています。

4　平成11年9月17日老企第25号厚生省老人保健福祉局企画課長通知「指定居宅サービス等及び指定介護予防サービス等に関する基準について」。

契約当事者の追加，契約解除の要件及びその場合の対応，前払金の返還金の有無，返還金の算定方式及びその支払時期等が明示されていることが必要であるとされています。各都道府県では，同指針を参考に，有料老人ホームの設置運営についての指導指針を定めています。

(2)　重要事項説明義務

　　有料老人ホームの設置者には，有料老人ホームに入居する者又は入居しようとする者に対し，ⅰ）当該有料老人ホームにおいて供与する介護等の内容，ⅱ）施設において供与される便宜，ⅲ）費用負担の額，ⅳ）その他の入居契約に関する重要な事項を書面の交付により開示する義務があります（老人福祉法29条5項，同法施行規則20条の7，20条の8）。

　　さらに，厚生労働省「有料老人ホーム設置運営標準指導指針」においても，開示すべき事項が規定されており，各自治体でもこれに沿った指針が定められています。

4　サービス付き高齢者向け住宅について

(1)　契約書の作成

　　サービス付き高齢者向け住宅の登録を行うためには，契約を書面にて交わすことが義務付けられています（高齢者住まい法7条1項6号イ）。

　　また，高齢者の居住の安定の確保に関する基本的な方針（平成21年8月19日厚生労働省・国土交通省告示第1号）においては，契約書に「高齢者居宅生活支援サービスの内容及び費用の内訳を明示するとともに，前払い費用を徴収する場合の償還ルール及び返還する場合に備えた保全措置，身元引受人を記載する場合の権利義務，賃貸住宅の退去時における高齢者居宅生活支援サービスの契約の扱いを明記することが望ましい」とされています。

(2)　重要事項説明義務

　　登録事業者は，登録住宅に入居しようとする者に対し，入居契約を締結するまでに，登録事項その他国土交通省令・厚生労働省令で定める事項について，書面を交付して説明をしなければならないとされます（高齢者住

まい法 17 条）。登録事項とは，高齢者住まい法 6 条 1 項及び国土交通省・
厚生労働省関係高齢者の居住の安定確保に関する法律施行規則 6 条に定め
る事項です。

　また同規則 20 条では，登録事項以外に説明義務を負う事項として，次
のものをあげています。

・入居契約が賃貸借契約でない場合にあっては，その旨
・入居契約の内容に関する事項
・登録事業者が第 6 条第 9 号 6 に該当する場合にあっては，介護保険法第
　150 条の 35 第 1 項に規定する介護サービス情報
・家賃等の前払金の返還債務が消滅するまでの期間
・同期間中において，契約が解除され，又は入居者の死亡により終了した
　場合における家賃等の前払金の返還額の推移

Q 20 ｜ 高齢者福祉サービスの契約内容

高齢者福祉サービスについての契約書の作成にあたり，注意すべきことはありますか。

A　高齢者福祉サービスについて契約書を作成する際には，その実態に即した内容とする必要があります。また，高齢者福祉サービスには一般に消費者契約法が適用されますから，同法違反にならないように気をつけましょう。さらに，有料老人ホーム，サービス付き高齢者向け住宅については，一時金の受領についての制約があります。

1　契約の性質

(1)　契約の性質

　高齢者福祉サービスは，契約によって提供されます。契約の性質は，それぞれのサービスによって異なりますが，役務を提供する契約関係，施設を利用させることを内容とする契約関係に分類することができます。ただ，これら双方の契約関係を併せ持つ混合的な契約も多く，両類型を意識して，契約の解釈を行う必要があります。

(2)　役務提供契約

　居宅介護支援，訪問介護など，一定のサービス（役務）を提供する契約です。これらは，民法の典型契約としては，準委任契約（法律行為でない事務の委託契約。民法656条）に分類することができます[1]。

　介護保険対象事業の場合，利用者との契約内容は，自治体が条例におい

1　役務提供契約は，準委任契約のほかに，請負契約に分類される可能性もあります。両契約の差は，請負契約が，仕事の完成を契約の目的としているのに対し，準委任契約では，事務処理に最善を尽くすことが契約の目的であることにあります。

て定める運営基準や，標準契約書によって，明確になる側面が多いと思われますが，これらをもっても不明な事項については，準委任契約の性質を前提に判断していくことになります。

(3)　施設利用契約

　サービス付き高齢者向け住宅や有料老人ホーム（の施設利用に関する部分）等がその代表ですが，賃貸借契約，利用権契約など様々なものがあります。

　このうち，賃貸借契約については，民法に定めがあるほか，借地借家法の適用があるなど，比較的理解しやすいものと思われます。

　一方，理解が容易でないのは，利用権契約です。利用権契約の性質を定めた法律はなく，その内容ははっきりしません。所有権を移転させずに，一定のスペースを利用させるという点では，賃貸借契約の性質を有することは間違いないと思われますが，役務提供部分も一つの本質的な要素であり，単純な賃貸借契約でないことも明らかです。実際の判断は，個別契約書や提供されるサービス内容から判断することになりますが，単に「利用権契約」として賃貸借に関する規定の適用がないと考えるのでなく，同規定の適用可能性を踏まえて，契約書の作成や生じた問題への対応を行うべきです。

2　消費者契約法

(1)　消費者契約法とは

　消費者契約法は，消費者と事業者との間の情報や交渉力の格差を是正し，不当な契約から消費者を保護することを目的とする契約です。契約における不当な条項を無効とすること，不当な勧誘による契約を取り消せることなどが定められています。

　なお，消費者契約法については，平成28年と平成30年に大きな改正がなされました。平成28年改正は平成29年6月3日から，平成30年改正は令和元年6月15日から施行されています。

(2)　適用範囲

　　消費者契約法は，消費者と事業者との間のあらゆる契約に適用されます。消費者とは個人（事業として又は事業のために契約当事者になる場合を除く。）をいい，事業者とは法人その他の団体及び事業として又は事業のために契約当事者になる個人をいいます（消費者契約法2条1項〜3項）。

　　ゆえに，高齢者福祉サービスにおいて，利用者と事業者との間の契約には，すべて消費者契約法が適用されます。

(3)　不当な勧誘による契約の取消し

　　消費者契約法は，契約の勧誘に一定の問題があった場合に，消費者が契約を取り消せることを定めています。なお，取消可能な期間は，取消の原因となっていた事項が無くなった時から1年[2]，または契約締結の時から5年です。

【契約を取り消せる場合の例[3]】

①　不実告知（同法4条1項1号）

　　重要事項[4]について事実と異なることを告げ，それが真実であると消費者が誤認して契約を締結した場合（事業者が不実を告げたことに過失が無かった場合でも取り消しの対象になります。）。

②　不利益事実の不告知（同条2項）

　　事業者が，重要事項[5]又はこれに関連する事項について，消費者に有利となることを告げながら，この重要事項について消費者に不利益とな

2　平成28年法改正により，それまで6か月間であったものが，1年間に伸長されました。

3　その他，断定的判断の提供による取消し（消費者契約法4条1項2号），霊感等による知見を用いた告知によって消費者が困惑した場合の取消し（同法4条3項6号），契約前に債務の内容を実施するなどにより消費者が困惑した場合の取消し（同法4条3項7号・8号）があります。

4　次に掲げる事項をいいます（消費者契約法4条5項）。なお，次のうち，③は平成28年改正により新設されたものです。

　　①　物品，権利，役務その他の当該消費者契約の目的となるものの質，用途その他の

る事実があるにもかかわらず故意又は重大な過失によって[6]，これを告げずに勧誘し，消費者がこの不利益事実が存在しないと誤認して契約を締結した場合（事業者が消費者に対し当該事実を告げようとしたにもかかわらず，当該消費者がこれを拒んだ場合を除く。）。

③　不退去（同法4条3項1号）

　事業者が，消費者の住居又はその業務を行っている場所で，勧誘を行った場合において，消費者が事業者に退去するように求めたにもかかわらず，事業者がこれに応じず，消費者が困惑して契約を締結した場合。

④　退去妨害（同法4条3項2号）

　事業者が，勧誘を行っている場所から，消費者が退去したいとしたにもかかわらず，事業者がこれをさせず，消費者が困惑して契約を締結した場合。

⑤　不安をあおる告知（同法4条3項3号-平成30年改正）

　消費者が，社会生活上の経験の乏しさ[7]によって，一定の事項（生計，容姿等）に対する過大な不安を抱いていることを知りながら，その不安をあおり，裏付けとなる合理的な根拠があるなど正当な理由がある場合でないのに，願望を実現するために契約を締結することが必要であると

内容であって，消費者の当該消費者契約を締結するか否かについての判断に通常影響を及ぼすべきもの

②　物品，権利，役務その他の当該消費者契約の目的となるものの対価その他の取引条件であって，消費者の当該消費者契約を締結するか否かについての判断に通常影響を及ぼすべきもの

③　①及び②に掲げるもののほか，物品，権利，役務その他の当該消費者契約の目的となるものが当該消費者の生命，身体，財産その他の重要な利益についての損害又は危険を回避するために通常必要であると判断される事情

5　4と同様です。

6　従前は「故意」のみでしたが，平成30年改正により「重過失」が付加されました。

7　高齢者であっても「社会的経験が乏しい」要件に該当することがあることが，平成30年改正における衆議院附帯決議，参議院消費者問題に関する特別委員会附帯決議等で確認されています。

　告げ，これによって消費者が困惑して契約した場合。

⑥　恋愛感情等に乗じた人間関係の濫用（同法4条3項4号-平成30年改正）

　　消費者が，社会生活上の経験の乏しさ[8]によって，契約締結の勧誘を行う者に対して，恋愛感情その他の好意の感情を抱き，かつ勧誘を行う者も消費者に対して好意を抱いているものと誤解していることを利用し，契約を締結しなければ消費者と勧誘を行う者との関係が破綻することになる旨を告げ，これによって消費者が困惑して契約を締結した場合。

⑦　加齢等による判断能力の低下の不当な利用（同法4条3項5号-平成30年改正）

　　加齢又は心身の故障による判断能力の低下によって，生計，健康などの事項に関して，現在の生活維持に過大な不安を抱いていることを知りながら，その不安をあおり，裏付けがあるなど合理的な理由がないのに，契約を締結しなければ現在の生活を維持することが困難である旨を告げ，これによって消費者が困惑して契約を締結した場合。

⑧　過量契約（同法4条4項-平成28年改正）

　　事業者が，契約の対象となるものの回数や分量が，当該消費者にとって通常の分量を著しく超えることを知りながら契約をさせた場合。なお，消費者が既に同種の契約を締結しており，この契約と新たに勧誘する契約により提供されるものの分量を合算すれば，通常の分量を超えるという場合も同様です。

　　平成28年と平成30年改正では，社会の高齢化への対応が一つの大きな視点とされました。新設された規定にも注意する必要はありますが，不実告知と不利益事実の不告知についても特に注意を払うことが必要です。重要事項説明書はもちろんのこと，パンフレット等に実際と異なる記載があれば，契約取消しの対象になる可能性があります。

8　7に同じ。

(4)　不当条項の無効

　一方で，消費者契約法は，一定の不当な条項を無効とするとしています。

【契約条項が無効となる例】

①　事業者の責任を免除する条項[9]

　・責任の全部免除条項等（消費者契約法8条1項1号，3号）

　　　事業者の債務不履行又は不法行為により消費者に生じた損害の賠償責任を全部免除する場合。責任の有無について事業者が決めることができるとする場合も無効となります。

　　例）本施設内で起きた事故について，当事業所は一切の責任を負いません。

　　例）当社が，責任があると認めた場合に限り，当社は責任を負います。

　・責任の一部免除条項等（同条1項2号，4号）

　　　事業者の債務不履行又は不法行為（ただし，当該事業者，その代表者又はその従業員の故意又は重過失によるもの）によって，消費者に生じた損害の賠償責任の一部を免除する条項。なお，事業者が責任の限度を自ら決定できるという条項も無効とされます。

　　例）本施設内で起きた事故について，当事業所は，治療費以外の賠償責任を負いません（故意又は重過失の場合を除くなどの限定がない場合）。

②　消費者に解除権を放棄させる条項[10]

　・事業者の債務不履行による契約解除権を放棄させる条項（同法8条の2第1号）

　　　事業者に債務不履行があるにもかかわらず，消費者からの解除を禁じる場合。解除権の有無を事業者が決定できるとする場合も同様です。

　　例）申込金支払後は，いかなる事情があっても解除できません。

9　その他，瑕疵担保責任の全部を免除する条項の無効（消費者契約法8条1項5号），などがあります。

10　平成28年改正により新設されたものです。なお，この他に，瑕疵担保責任に基づく解除権を放棄させる条項も無効とされます（同法8条の2第2号）。

③　成年後見等の開始による解除条項（同法 8 条の 3）

　　平成 30 年改正により，消費者が，成年後見開始等の審判を受けたことのみを理由として契約の解除をする条項は無効とされることになりました（消費者が事業者に対し，物品，役務等契約の目的となるものを提供することとされている場合を除く）。

④　消費者が支払う損害賠償の額を予定する条項[11]

・平均的損害を超える違約金等の設定（同法 9 条 1 号）

　　消費者契約の解除に伴う損害賠償や違約金の額を定める条項であって，この額の合算が，当該条項において設定された解除の事由や時期に応じて，同種の消費者契約の解除により当該事業者に通常生ずる平均的な損害の額を超える場合に，当該超える部分が無効になります。

　　例）入居時にお支払いいただいた契約金は，契約締結後は，その理由の如何を問わず，一切お返しできません。

⑤　一般条項（同法 10 条）

　　消費者の不作為を新たな契約の申込みや承諾とみなすなど，民法，商法その他の法律の任意規定と比べて，消費者の権利を制限し，消費者の義務を加重する条項であって，信義誠実の原則に反して消費者の利益を一方的に害するものは無効とするとされています。

　　どの程度の条項が無効になるかは，事案ごとに具体的判断がなされるものですが，賃貸借契約における敷引条項が争われた事案，更新料が争われた事案などがあります[12]。

11　その他，金銭の支払い遅滞について，年 14.6％を超える損害金の定めはその超える部分が無効とされます（消費者契約法 9 条 2 号）。

12　敷引条項に関して最高裁平成 23 年 3 月 24 日判決・民集 65 巻 2 号 903 頁，更新料について最高裁平成 23 年 7 月 15 日判決・民集 65 巻 5 号 2269 頁などがあります。いずれの判決も，敷引や更新料の具体的金額等によっては消費者契約法違反になる可能性を認めながら，当該事案の具体的な条件下ではこれらの条項は無効といえないと判断しています。

3　一時金・前払金の受領に関する規制

(1)　一時金・前払金規制

　　有料老人ホームとサービス付き高齢者向け住宅については，契約時に一時金を受領してトラブルになることが多かったことから，規制が設けられています。

(2)　有料老人ホーム

　　まず，有料老人ホームについては，家賃，敷金及び介護等その他の日常生活上必要な便宜の供与の対価として受領する費用以外の金品（権利金）を受領してはならないとされています（老人福祉法 29 条 6 項）。

　　次に，有料老人ホームの設置者は，家賃等[13]の全部又は一部を前払金として受領する場合には，その算定の基礎を書面で明示し，かつ前払金の返還を行う場合に備えて，必要な保全措置をとらなければならないとされます[14]（同条 7 項）。保全措置とは，銀行等との連帯保証委託契約の締結や，保険事業者との保証保険契約の締結等をいいます（同法施行規則 20 条の 10，平成 18 年厚生労働省告示第 266 号）。

　　さらに，有料老人ホームの設置者は，家賃等の全部又は一部を前払金として受領するときは，契約が早期終了する場合について，以下の方法により算定された金額を返金する旨の契約をしなければならないとされます（老人福祉法 29 条 8 項，同法施行規則 21 条）。

13　入居一時金，介護一時金等いかなる名称であるかを問わず，有料老人ホームの設置者が，家賃又は施設の利用料並びに介護，食事の提供及びその他の日常生活上必要な便宜の供与の対価として収受する全ての費用（ただし，家賃の 6 か月分を上限とする敷金は除く。）とされます（老人福祉法施行規則 20 条の 9）。

14　従前は，平成 18 年 3 月 31 日までに設置届け出済みの有料老人ホームは保全措置が法的義務とされていませんでしたが，平成 29 年 5 月に成立した地域包括ケアシステムの強化のための介護保険法等の一部を改正する法律によって，令和 3 年 4 月 1 日以降の入居者については，全ての有料老人ホームで保全措置が義務付けられることとなりました。

① 　入居後3か月以内に，解除又は入居者の死亡により契約が終了する場合

＝（前払金の額）－（家賃等の月額）÷30×契約終了までの日数

② 　入居後3か月が経過した後，想定居住期間（又は契約期間）内に，解除又は入居者の死亡により契約が終了する場合

＝契約が解除等された日以降，想定居住期間（又は契約期間）が経過するまでの期間につき，日割り計算により算出した家賃等の額

(3)　サービス付き高齢者向け住宅

サービス付き高齢者向け住宅についても有料老人ホームに関するものとほぼ同内容の規制があります（高齢者住まい法7条1項6号ハ，ニ，ホ，同条8項等）。

4　契約書（書式）の作成

実際の契約書式の作成にあっては，介護保険対象事業や有料老人ホーム，サービス付き高齢者向け住宅などについて，各自治体等でモデルとなる契約書を用意していることが多く，これを参考にするとよいと思います。

ただ，法の趣旨に反しない範囲で，契約内容を変更することはできますから，用意された契約書を漫然と使用するのでなく，その内容を理解し，必要に応じて，各事業者にあった変更を加えることが望ましいと考えます。

Q 21 ｜ 判断能力を欠く利用者との契約

　高齢者福祉サービス契約の締結にあたり，利用者の判断能力が疑わし
い場合にはどうすればよいでしょうか。利用者の家族と契約することに
何か問題はありますか。

A　契約締結には，契約の相手方に意思能力があることが必要で
す。特に介護保険対象事業における契約の相手方は，利用者本
人であり，家族等との契約は意味をなしません。利用者本人に
意思能力がない場合には，成年後見人等と契約を交わす必要が
あります。意思能力の存否が疑わしい場合には，医師の診断を
受けてもらうなど，確認が必要でしょう。

1　契約に必要な能力

(1)　契約に必要な能力

　介護保険法が制定され，高齢者福祉サービスの利用は，事業者と利用者
との契約に基づいて実施されることになっています。契約は，サービスの
提供をする側（事業者側）とサービスの提供を受ける側（利用者側）との意
思の合致が必要であり，利用者に契約を締結する能力があることが必要に
なります。

　法律上，契約の締結に関する能力として，意思能力と行為能力という2
つの能力があります。

(2)　意思能力

　意思能力は，自己の行為の結果を判断しうる精神的能力とされ，意思能
力を欠く人（意思無能力者）の意思表示は，当然に無効とされます[1]。財産
的な行為について，意思能力は，7歳～10歳程度の判断能力が基準となる
といわれることもあります。ただ，スーパーで生活用品を購入する場合と
リスク性のある金融商品を購入する場合に必要な判断能力が当然異なるこ

とからも分かるように，行為の複雑さによって，必要な能力の程度は変わります。

　裁判上，意思能力の有無が争われた事例では，行為の複雑さのほか，長谷川式簡易知能評価スケール（HDS-R）やミニ・メンタルステート検査（MMSE）の結果，これらをもとにした医師の診断，日常的に不可解な行動がないか，行われた行為の内容が高齢者に不利益を及ぼすものかなど，様々な観点から，その存否が判断されています。

(3)　行為能力

　行為能力とは，単独で確定的に有効な法律行為をするために必要な能力です。行為能力を制限された人（制限行為能力者）が行った行為は，取り消すことができます。

　未成年者，成年被後見人，被保佐人等が制限行為能力者の例です。行為能力は，意思能力と異なり，法律が一定の類型にある人について，能力を制限するものといえます。

　制度上，制限行為能力者については，その能力を補う者（成年後見人，保佐人等[2]）が定められています。制限行為能力者との契約において，後に契約を取り消されないようにするためには，成年被後見人であれば後見人と契約をする，被保佐人であれば保佐人と契約をするか保佐人から同意を受けていることを確認するなどの対処が必要になります。

1　意思無能力による契約等の無効は，従前，法律（民法）に明文の規定は無いもの，判例上（大審院明治38年5月11日判決・民録11輯706頁）当然のこととされてきました。平成29年5月26日に成立した民法の一部を改正する法律（平成29年法律第44号）により，民法に意思能力に関する規定が明記されることになりました（改正後の民法3条の2）。同改正は，令和2年4月1日から施行される予定ですが，意思能力の内容に関しては，変更はないものとされています。なお，意思能力の明文化に併せて，意思能力を有しなかった者が相手方にする原状回復義務の範囲を明らかにする規定が，民法121条の2第3項として新設されることになりました。

2　未成年者であれば親権者，成年被後見人であれば成年後見人など。

2　契約の相手方が意思能力を欠く場合

(1)　成年後見開始の審判を受けている場合

　　成年後見が開始され，利用者本人の行為能力が制限されている場合には，成年後見人が本人の代理人となりますから（法定代理人），成年後見人と契約を締結することになります。

　　保佐や補助開始の審判を受けている場合には，締結する契約についての行為能力が制限されているかどうかは事案により異なりますし，保佐人が代理権までは有しておらず，同意権を有しているだけの場合には，本人が締結する契約について保佐人の同意を得ることになりますから，どの範囲で本人の能力が制限されているか，どの範囲で代理権が授与されているか確認することが必要です。

　　いかに本人の判断能力がしっかりしているように見えても，これらの制度によって本人の能力が制限されている場合には，契約が事後的に取り消されることがありますから，注意してください。本人が後見開始等の審判を受けているかどうかは，成年後見に関する登記事項証明書で確認できますが，この証明書は，本人や家族に取り寄せてもらう必要があります。

(2)　成年後見開始の審判を受けていない場合

　①　意思能力の判断

　　　成年後見開始の審判を受けておらず，代理人がいない場合には，本人と契約を締結するしかなく，本人の意思能力の有無が問題になります。前記のとおり，意思能力の有無は形式的に決まるのではなく，後に争いが生じた場合には，諸事情が勘案されて判断されることになります。医師の意見や，締結する契約が本人にとって必要なものか，合理的なものかという観点等が判断要素になります。

　②　意思能力がない場合

　　　本人に意思能力がない場合，本人について成年後見開始の審判がなされ，選任された法定代理人との間で契約を締結する必要があります。

　　　家族を契約者として，家族が，第三者（本人）のために契約をするの

だという考え方ができるのではないかという意見もあるようですが，この考え方でも，契約が有効になるには，本人による受益の意思表示（その契約を受け入れる意思表示）が必要であり，意思無能力者はこれも有効に行えないことから，契約自体有効とはいえません。

③　意思能力の存在が疑わしい場合の対応

本人に意思能力があるか疑わしく，成年後見人等の法定代理人もいない場合には，本人の意思能力について，親族などを介して医師の意見を聞くこと，締結しようとしている契約が本人にとって本当に必要かつ適切な契約であるかに注意する必要があります。

④　家族の代筆欄の意味

高齢者福祉サービス事業所によっては，契約書に家族の代筆欄を設けている場合がありますが，前記のとおり，高齢者本人に意思能力がない場合には，家族に代筆してもらっても意味がありません。家族の代筆は，高齢者本人には意思能力があるが，身体の障害などで字を書くことができない場合に行うべきものです。

2　保証契約

Q 22 │ 保証契約

　高齢者福祉サービスの契約締結において，保証人はどう扱うべきでしょうか。また，保証契約を締結するにあたり，注意すべき事項はありますか。

A　保証契約の内容は，契約書の記載内容によって決定されますから，具体的な保証の内容が明らかになるように記載する必要があります。また，保証契約を締結するときは，保証人候補者に対し，できる限り面前で，分かりやすい説明を行うべきです。

1　保証契約

(1)　保証契約とは

　保証契約とは，主たる債務者が債務を履行しない場合に，主たる債務者に代わって，その債務を履行する責任を負うという契約です（民法446条1項）。高齢者福祉サービスにおける契約相手は高齢者です。高齢者の資力に不安がある場合，事業者としては契約の締結にあたって保証人を求めることになります。

(2)　連帯保証

　原則として，保証人は，債権者から請求を受けた場合でも，まずは主たる債務者に請求せよという権利（催告の抗弁権），主たる債務者に弁済能力がある場合にはまず主たる債務者から回収せよという権利（検索の抗弁権）があります（民法452条，453条）。

　しかし，主たる債務者に対して「連帯して」債務を保証するという約束をした連帯保証人は，「催告の抗弁権」「検索の抗弁権」を有しません（同

法 454 条)。つまり，債権者は，主たる債務者に請求しなくても，また主たる債務者の資力状態にかかわらず，保証人に債務の履行を請求することができるのです。

(3)　保証契約の有効性等

　　保証契約は，書面によってしなければ，効力が生じないとされています（民法 446 条 2 項）。保証人にとっては他人の債務の責任を負うことになるので，慎重な判断が要求されるからです。

　　さらに，平成 29 年 5 月 26 日に成立した民法の一部を改正する法律（平成 29 年法律第 44 号）により，保証人保護のための新たな規定が導入され，令和 2 年 4 月 1 日以降に締結等される契約に適用されますので，注意が必要です（後記 3 の(3)を参照ください）。

2　身元保証と身元引受

(1)　法律上の概念でないこと

　　「身元保証」とは，法律上，「身元保証に関する法律」に基づく保証をいいます。しかし，この法律は，雇用契約において，労働者の行為によって雇用主に生じる損害を保証する際に適用される法律であり，高齢者福祉サービス契約においては，適用されません[1]。

　　また，法律上，「身元引受」という概念はありません。

(2)　「身元保証」「身元引受」が意味するところ

　　高齢者福祉サービスの提供にあたって，「身元保証」や「身元引受」という言葉が使用される場合，次のような言葉を指していることが多いと考えられます。

1　もちろん，事業所で雇用する労働者の雇用にあたって，身元保証契約が締結されることはあります。身元保証に関する法律は，保証期間の限定や身元保証契約の解除など，保証責任の限定を定めています。

① 利用者が負う債務の保証

利用者が，事業者に対して負う債務を保証するもので，法的に「保証」といいうるものです。保証の対象は，結局，契約書により特定されますが，介護サービスの利用料金や，利用者が施設に対して損害を与えた場合の賠償などが対象となるものと考えられます。

② 利用者に問題が生じた場合に対処を行う者

利用者に医療行為が必要になった場合に家族として同意を与えるべき者，入居者に判断能力の低下が見られる場合に成年後見の申立てなどを行うべき者を指定したという意味合いである場合が考えられます。

ただ，どの程度，厳密にこれらの義務を負うのか，これらの義務が履行されない場合に，事業者側が法的な措置を執りうるのかは，契約書の記載と，対応すべき義務の内容によります。

③ 利用者死亡時に身柄・残置動産の引き取りを行う者

利用者が死亡した場合に，身柄を引き受けたり，残置動産を処分したりする者を指す場合もあります。

これについても，身元保証人や身元引受人とされた者が，相続人でない場合など，この者に権利（または義務）を認めてよいのか難しい判断が生じる場合があります。

(3) 契約書により解釈されるべきこと

上記のとおり「身元保証」「身元引受」が様々な意味合いで使われることがありますが，その具体的内容は，契約書等から特定することになります。

前記のとおり，保証契約は書面によって締結する必要があるとされていますから，特に，債務の保証を求める場合には，契約書にその内容が明確に記載されている必要があります。「身元保証」や「身元引受」という言葉だけでは，何を指しているのか分からず，債務の保証を指しているわけではないとされる可能性もありますから，注意が必要です。

また，債務を保証すると記載がある場合にも，保証人が負う債務の内容

は，例を挙げるなどして，できる限り分かりやすく記載しておくことが必要です。

3　その他保証に関する注意事項

(1)　保証人の意思確認

　　保証人自身は，直接高齢者福祉サービスを受けないことから，利用者がどのような債務を負っているのか知らないことがあり得ます。このような状況で保証契約を締結することは，事後に，「そんな保証をした覚えはない」というトラブルが生じる可能性があります。

　　また，保証人を探すのが困難なケースで，利用者が親族の印鑑を勝手に持ち出すなどして，保証契約書に押印する可能性もあります。

　　保証契約は，保証人に，自らが直接負うのでない債務を負担させるものですから，後のトラブルを避けるためには，保証人に保証契約の内容を明確に説明することが必要です。可能な限り，面前で保証契約について説明をするなどの方法をとるべきです。

(2)　時効管理

　　主債務と保証債務とは別の債務であり，時効の管理も別に考える必要があります。

　　ただ，民法457条は，主債務者に対する時効の中断[2]は，保証人に対してもその効力を生じるとしていますから，主債務者について時効の中断事由（債務の承認，訴訟の提起等）があれば，保証債務の時効も中断します[3]。債務の承認には，一部弁済も含むとされています。ですから，主債務者との間で，債務の弁済を継続的に受けるなど時効中断事由がある限りは，保証人との関係でも時効が中断しています。

　2　進行した時効期間が振り出しに戻ることをいいます。中断事由があれば，時効期間はゼロから再スタートします。なお，平成29年の民法の改正により，時効の「中断」は，時効の「更新」という言葉に変更されることになりました。

　しかし，保証人に対して生じた時効中断事由によって，主債務者の時効が中断する場合は限定されています。保証人が債務を承認したり，債務を弁済したりするだけでは，主債務者の時効は中断しません[4]。その結果，保証人から弁済を受け続けていても，主債務の時効が進行し，主債務の時効が完成して主債務者が消滅時効を援用した場合，保証人に対しても請求できなくなる可能性があります。

(3)　民法改正による保証人保護

　平成29年5月26日に成立した民法の一部を改正する法律（平成29年法律第44号）により，保証人保護のための新たな規定が導入されました。同改正は，令和2年4月1日に施行され，原則として，同日以降に締結される契約に適用されます[5]。以下に，高齢者福祉サービス利用者との契約における保証に関して，注意が必要なものを紹介します。

①　極度額の合意が必要

　個別の債務だけを保証するのでなく，一定の範疇に属する債務を包括的に保証する契約を根保証契約といいます。高齢者福祉サービス利用契約に伴う保証契約は，基本的にこの根保証契約に該当すると思われます。

　現行法では，根保証契約のうち，保証する債務の範囲に金銭の貸し付け等が含まれるもの（貸金等根保証契約）についてのみ，極度額（保証人が責任を負う限度額）の合意が無ければ無効とするという規定を定めていま

3　単なる「催告」は時効の中断事由ではありません。「催告」によって時効の完成は6か月間猶予されますが，この期間中に訴訟の提起等を行わなければ時効は中断しません（民法153条）。なお，平成29年の民法の改正では，催告は150条に定められ，「時効の完成猶予」という言葉が用いられることになりました。

4　現行民法では，連帯保証人に対して，請求（訴訟の提起など）を行えば，主債務者に対する時効も中断するとされていますが，平成29年の民法の改正では，別に合意をしなければこのような効果が認められないことになりましたので，さらに注意が必要です。

5　一部，更新される契約を更新する場合にも適用される可能性があることに注意が必要です。

すが（民法 465 条の 2 第 1 項），平成 29 年の民法の改正により，同法施行日以降に締結される全ての根保証契約（但し保証人が法人である場合を除く）について，極度額の定めが必要になります（改正後の民法 465 条の 2）。極度額を定めなければ保証契約が無効になってしまいますので，注意が必要です。

② 　期限の利益を喪失した場合の情報提供義務

　　主たる債務者が，期限の利益を喪失したときは，債権者は，保証人に対し，主たる債務者が期限の利益を喪失したことを知ったときから 2 か月以内に，その旨を通知しなければならないこととされました。2 か月以内に通知をしなかったときは，債権者は，期限の利益を喪失した時からその後に通知を現にするまでに生じた遅延損害金については，保証債務の履行を請求することができないとされています（改正後の民法 458 条の 3，但し保証人が法人である場合は例外です）。

③ 　主債務者の履行状況に関する情報提供義務

　　債権者は，保証人から請求があったときは，遅滞なく，主たる債務に不履行があるか，その残額，そのうち期限が到来しているものの額に関する情報を提供しなければならないこととなりました。但し，この請求ができるのは，主債務者から委託を受けた保証人（法人を含む）のみです（改正後の民法 458 条の 2）。

3　その他

Q 23 ｜ 利用料の滞納

賃貸借契約の形でサービス付き高齢者向け住宅を運営していますが，利用者が，賃料等の支払いを滞っています。どのように対応すればよいのでしょうか。

A　賃料等の滞納がある場合には，任意の督促を行い，それでも支払いがなされない場合には，民事訴訟の提起等をせざるを得ないところです。金銭の支払いのみを求める場合には，60万円以下の請求であれば1回の期日で審理を終えて判決を行うことを原則とする少額訴訟手続が利用できます。

ただ，利用者の収入が乏しいため利用料の支払いが困難になっている場合には，状況に応じて生活保護制度等の利用を勧めることも検討すべきでしょう。

1　金銭債権の督促・回収

(1)　内容証明郵便

　債務の履行を口頭で求めても，これに応じない相手方に対しては，書面で督促を行うことが考えられます。

　書面を出す場合，内容証明郵便を利用して通知を行うことがあります。内容証明郵便とは，出した手紙の内容の証明を受けられる郵便局のサービスです。配達証明付きにすれば，相手方に配達された日時も証明してもらうことができます。これらのサービスを利用して通知を出したとしても，法律上，それで支払いを強制できるものではありませんが，通常と異なる郵便物が書留で届いたことにより，債権者が回収に本腰を入れている姿勢

を示すことができます。

　勘違いされやすい点として，内容証明郵便などで督促を行っても，それだけでは消滅時効は中断[1]しません。これは法律上，催告という行為にあたり，時効中断の効果を持たせるためには，6か月以内に裁判を起こして債務の履行を請求するなどが必要です（民法153条）[2]。

(2)　訴訟（少額訴訟手続[3]）

　書面等による督促にもかかわらず，相手方が支払いをしない場合，裁判上の手続によって回収を図ることになります。

　60万円以下の金銭の支払いを求める請求であれば，少額訴訟手続が使えます。この手続は，簡易裁判所にて，原則1日で手続を行う簡単で迅速な訴訟手続です。弁護士等に依頼しなくても，自分で提起できるように簡単な制度設計になっています。裁判期日に相手方が出頭すれば，その手続きの中で和解を成立させて支払いを受けるという効果も期待されています。

　ただ，この制度は，①相手方が正式裁判を望めば通常訴訟に移行してしまう，②内容の単純な金銭請求しかできない（よって，建物の明渡しなどを同時に求めることはできない），③1年に同じ人（法人）は10回までしか利用できないなどの制約があります。

　この手続において判決を得たり和解をしたりした場合，相手方が債務を任意に履行しない場合には，強制執行を行うことができます。

(3)　支払督促手続

　金銭債権等について，訴訟を提起することなく，強制執行を実現可能に

1　進行した時効期間が振り出しに戻ることをいいます。中断事由があれば，時効期間はゼロから再スタートします。なお，平成29年5月26日に成立した民法の一部を改正する法律（平成29年法律第44号）により，時効の「中断」は，時効の「更新」という言葉に変更されることになりました。

2　平成29年の民法の改正では，催告は150条に定められ，「時効の完成猶予」という言葉が用いられることになりました。

3　民事訴訟法第6編（368条〜381条）に特則があります。

する方法として，支払督促制度があります。

　簡易裁判所の書記官に対して，この申立てを行うと，相手方に対し，支払督促の発布（債務履行の督促を行う書面の送付）がなされます。この書面が送達された日から2週間以内に相手方から異議がない場合，申立人は，支払督促に仮執行宣言を付する申立てをすることができます[4]。

　仮執行宣言が付されると，申立人は，強制執行をすることができるようになります。また，相手方には仮執行宣言付き支払督促が送達されますが，送達を受けてから2週間以内に異議を述べないと，支払督促は確定し，確定判決と同様の効力を有することになります[5]（民事訴訟法396条）。

　なお，相手方から異議があった場合には，支払督促の申立てをしたときに訴訟の提起があったものとみなされ，通常訴訟が係属することになります。また，支払督促では建物の明渡しを請求することはできません。

(4)　強制執行

　確定判決，仮執行宣言付き判決，仮執行宣言付き支払督促，和解調書などは，「債務名義」といわれ，これをもって強制執行をすることができます。

　強制執行は，裁判所に申立てをして，債務名義の内容を強制的に実現します。例えば，「債務者は，債権者に100万円を支払え」という判決であれば，相手の銀行預金を差押え，銀行から100万円の支払いを受けることができます。

　強制執行の対象となる代表的な財産としては，預貯金，給与，生命保険，動産，不動産などがありますが，相手方の財産がどこにあるかは債権者自ら調査をしなければなりません。

　また，法律上，差押え禁止財産とされているものは差押えできません。

4　債権者が仮執行宣言付与の申立てをすることができる時から，30日以内にする必要があります（民事訴訟法392条）。
5　ただし，既判力は生じないとされます。

高齢者の関係では，公的年金がその代表ですが，公的年金も預金口座に振り込まれると単なる預金となり，差押えをすることができるようになります[6]。

2　契約の解除・退去

(1)　契約の解除

利用者が，費用を支払わない場合，事業者としては，契約を解除せざるを得ません。

契約の解除は，相手方に債務の不履行がある場合に，相当期間を設けて督促をし，この期間内に履行がない場合に行うことができます。ただ，契約が，継続的な関係を前提とするものである場合には，契約の解除が相手方に大きな影響を及ぼすことから，解除にはやむを得ない事由が必要であるとするなど，一定程度，解除権を制限する考え方があります。

賃貸借契約については，特に解除によって相手方に与える影響が大きいことから，契約を解除できるのは「信頼関係の破壊が認められるとき」とされています。信頼関係が破壊されているかどうかは，履行されない債務の性質，その事情，従前の契約状況など様々な事情から判断されますが，1か月分の賃料滞納があったというだけでは解除できないというのが通常です。少なくとも2〜3か月の滞納がなければ，賃料滞納を理由として契約を解除することはできないでしょう。

毎月一定の費用を支払う類型のサービス付き高齢者向け住宅契約，有料老人ホーム契約は，この「信頼関係破壊の法理」の適用があると思われますので解除には注意が必要です。

(2)　訴訟・強制執行

役務提供契約については，契約の解除後，役務提供を中止すればよいだ

6　ただし，差し押さえによる生活の困窮を防ぐために，債務者は，差押え禁止債権の範囲の変更の申し立てなどをすることができます（民事執行法153条1項）。

けですが，有料老人ホームやサービス付き高齢者向け住宅等，居住部分を提供する契約については，建物を明け渡してもらわねばなりません。

　任意の督促により明渡しを受けられない場合には，民事訴訟によりこれを実現することになります。この訴訟は，少額訴訟手続きでは行えません。通常訴訟を行うことになります。

　訴訟において勝訴判決を得ても，利用者が明渡しをしない場合には，やむを得ず，明渡しの強制執行によることになります。

3　その他

(1)　預り金の活用

　回収の困難・不能を未然に防ぐ方法として，契約締結時に，保証契約を締結したり，預り金を徴求したりする方法も考えられます。

　ただ，預り金の徴求は，有料老人ホーム，サービス付き高齢者住宅について，その算定の基礎を書面で明示し，かつ前払金の返還を行う場合に備えて，必要な保全措置をとらなければならないなどの規制があります。詳細は，Q20を参照してください。

　また，保証契約の締結において，留意すべき詳細は，Q22を参照してください。

(2)　生活保護

　利用者の収入が乏しいことから，利用料の滞納が生じている場合には，状況によって，生活保護の申請を勧めることも考えられます。生活保護の申請については，Q75を参照してください。

第4章

運営上の
ポイント

Q 24 ｜ 事業者が負う諸義務

高齢者福祉サービス事業者は，利用者に対して，どのような義務を負っているのか，概要を教えてください。

A
　高齢者福祉サービス事業者の利用者に対する義務は，契約に基づく，役務提供義務等が中心です。しかし，それに留まることなく，事業者は，契約の性質上，当然に，利用者に安全な環境を提供する義務（安全配慮義務）を負います。この点に関連するとも言えますが，高齢者の虐待を防止し，またこれを発見したときには通報を行う義務も重要です。

　その他，高齢者福祉サービスは，各法律等で，開設や運営上の基準が定められています。その中には，重要事項説明義務，記録作成・保存・開示義務など，利用者に対して直接的に果たす義務が含まれます。さらに，高齢者福祉サービスは，高度に，利用者のプライバシーに関する事業であり，事業者は，個人情報保護義務・守秘義務を負います。

1　義務の発生根拠

　利用者に対する義務は，利用者との契約，契約や義務の類型から当然に発生する付随義務，介護保険法等関係法令が求める義務，その他一般的法律が遵守を求める義務，というように分類できます。

2　利用者との契約から生じる義務

(1)　措置から契約へ

　「措置から契約へ」の標語の元に介護保険制度が開始されたことに象徴されるように，高齢者福祉サービスは，原則として，利用者との契約に基づいて提供されるようになっており，事業者と利用者との中心的な権利・

義務は，契約から発生します。

(2)　契約内容

　　高齢者福祉サービスについては，関係法令において，提供するサービス内容が基本的に定められ，また多くのサービス類型で重要事項説明書の交付が求められています。さらに，通常，契約の締結にあたって，自治体がモデルとして用意するような契約書が取り交わされることが多く，これらから，事業者と利用者との契約内容が，特定されるところです。

　　それでも，一義的に特定できない内容は，その契約の性質や民法等の規定から，契約内容を考察することになります。

　　契約にあたっての注意事項は Q19 を，契約内容についての注意事項は Q20 を参照してください。

3　安全配慮義務

(1)　付随義務

　　契約書への記載が無くとも，一定の類型の契約や義務であれば当然に，中心となる義務に伴って発生する義務が付随義務といわれるものです。例えば，契約書に記載がなくとも，高齢者福祉サービス事業者は，高齢者の安全に配慮し，安全を確保する義務（安全配慮義務）を負います。これは重要な付随義務の一つです。

(2)　安全配慮義務

　　元々，安全配慮義務は，労働契約において，使用者が，被用者を雇用するにあたり，安全な環境を確保する義務があるということから発展してきました（最高裁昭和 50 年 2 月 25 日判決・民集 29 巻 2 号 143 頁）。

　　介護事業者には，高齢者が，身体能力・判断能力共に低減していることがあることを踏まえ，利用者が安全にサービスを受けられるように対応をする注意義務があるということになります。利用者に事故が生じた場合には，介護事故等の問題になるわけですが，事業者側の賠償義務の存否は，事業者が安全配慮義務を果たしていたかどうかによることになります。

詳しい内容については，介護事故（第5章）をご覧ください。

4　高齢者虐待防止法に基づく義務

(1)　高齢者虐待防止法

　高齢者に対する虐待が社会問題化したことから，平成18年4月1日に高齢者虐待防止法が施行されました。虐待の発生は，事業に対する信用を揺らがすものであり，事業者としては，虐待の発生を予防し，万一これが発生したときには速やかに適切に対応する必要があります。

(2)　事業者の義務の内容

　高齢者虐待防止法は，養介護施設の設置者・養介護事業者に対し，従事者等に対する研修の実施，利用者や家族からの苦情の処理体制の整備その他従事者等による高齢者虐待を防止する措置の実施（同法20条）などの義務を課しています。

　高齢者虐待については，Q42〜45を参照してください。

5　守秘義務・個人情報管理義務

(1)　守秘義務

　医師については，刑法（134条1項），看護師については保健師助産師看護師法（同法42条の2）において，守秘義務が定められ，罰則も置かれているところですが，介護事業関係者についても，介護保険法についての厚生労働省令や条例で定められる運営基準等で，守秘義務が定められています。

　医療同様に，介護に関する情報はセンシティブであり，情報の漏洩によって，地域や施設内の人々との関わり合いに影響が及ぶこともありますから，介護事業者において守秘義務は重要なものと位置付け，遵守しなければなりません。

(2)　個人情報保護法・ガイドライン

　一方で，個人情報保護法も，事業者が取得した個人情報の適切な管理を求めています。平成27年に改正された個人情報保護法（平成29年5月30日

全面施行）では，取り扱う個人情報（個人データ）の数に関わりなく，「個人情報データベース等」を事業に用いていれば個人情報取扱事業者とされることになりました。また，同法の改正によって，「要配慮個人情報」というより取扱いを慎重にすべき個人情報が規定されましたが，この中には「病歴」が含まれており，高齢者福祉サービス事業としては気を付ける必要があります。また，同法に関して，介護事業者に対しては，「医療・介護関係事業者における個人情報の適切な取扱いのためのガイダンス」（平成29年4月14日，個人情報保護委員会・厚生労働省）が定められています。

　個人情報保護において重要なことは，情報を必要なく収集しないこと，収集の際には目的を明らかにすること，情報を適切に管理すること，管理する情報を適切に開示することですが，高齢者福祉サービス事業者については，ケアカンファレンスや高齢者虐待防止ネットワークにおける情報共有の問題や，高齢者の親族からの情報開示請求の問題があり，これらを見越して個人情報の取扱いについて高齢者の同意を得ておく必要があります。

　詳細については，Q25を参照してください。

6　記録作成・保存・開示義務

(1)　介護保険法に基づく義務

　介護保険法は，介護保険対象事業者の運営等にかかる基準を，厚生労働省令に定めるところに従って，条例で定めるものとしていますが，記録の作成・保存・開示義務についても，同基準において規定があります。

　「指定居宅サービス等の事業の人員，設備及び運営に関する基準」によれば，例えば訪問介護事業者については従業者・設備・備品・会計に関する記録の整備（同基準39条1項）のほか，訪問介護計画や，サービス提供の記録，受け付けた苦情についての記録等を整備し，サービス完結の日から2年間保存することになっています（同条2項）。

　これらの情報について，個人情報保護法は，一定の範囲で開示義務を定めていますが（個人情報保護法28条），上記運営基準では，これに加え，

サービス提供内容等についての情報提供義務を定めています（同基準 19 条
2 項等）。

(2)　その他の高齢者福祉サービス

　　有料老人ホームについては老人福祉法 29 条 4 項・5 項等が，サービス
付き高齢者向け住宅については，高齢者住まい法 19 条等が，記録の作
成・保存・開示等に関する規定をおいています。

(3)　記録を正確にすることの意味

　　記録を正確にすることは，利用者のためのみならず，事業者側にも大き
な利益をもたらします。

　　高齢者福祉サービスの運営者としては，個々のスタッフの業務内容に目
を届かせることがなかなかできませんが，詳細で正確な記録があれば，ある
程度状況を確認することができます。また，スタッフとしても，記録に
よる報告義務から，業務自体を適正に行うことにつながりやすい側面があ
ります。

　　また，不幸にして介護事故が発生し，利用者やその家族との間で紛争が
生じても，記録を詳細・正確に作成しておくことで，真実に即した説明を
明快にすることができ，紛争の拡大を予防することが期待できます。

　　さらに，行政による実地指導や監査では，第一次的に，整備記録の確認
が行われます。これらの手続きをスムーズに受けるためにも，詳細な記録
の作成・整備は重要なものです。

　　記録の作成・保存・開示に関しては，Q26 を参照してください。

Q 25 | 個人情報の管理

利用者の個人情報管理はどのようにすればよいのでしょうか。

また，利用者の親族から利用者情報の開示を求められた場合には，どのように対処すればよいのでしょうか。

A

個人情報の管理については個人情報保護法の規定を遵守し，情報漏えい等が生じないように，適切に行う必要があります。同法は，平成27年に大幅な改正がなされ，平成29年5月30日から，扱う個人情報の件数に関わりなく，個人情報データベース等を事業に用いる全ての者が，個人情報取扱事業者として，同法を守らなければならなくなっています。

同法に関しては，「個人情報の保護に関する法律についてのガイドライン（通則編）」などの指針が定められていますが，特に，介護分野については，「医療・介護関係事業者における個人情報の適切な取扱いのためのガイダンス」が定められています。

個人情報の開示については，原則として利用者の同意を得るべきですが，利用者の生命，身体等の保護のために必要であって，本人の同意を得ることが困難であるときなど，個人情報保護法・上記ガイダンスに従い，同意が無くても開示の可能な場合があります。

1 個人情報についての基本的考え方

(1) 個人情報

個人情報とは，生存する個人に関する情報であって，当該情報に含まれる氏名，生年月日，その他の記述等により特定の個人を識別することができるもの（他の情報と容易に照合することができ，それにより特定の個人を識別することができるものを含む。），又は個人識別符号が含まれるものをいいます（個

人情報保護法2条1項）。

　「特定の個人を識別することができる」とは，情報単体や情報に含まれる項目の組み合わせから，社会通念上，一般人の判断力や理解力をもって，生存する具体的な人物との間に同一性を認めるに至ることができるものをいいます。例えば，氏名や顔画像は，単体で特定の人を表していますが，これらが含まれなくとも，住所や生年月日といった項目の組み合わせから，具体的な個人が特定される場合には，個人情報に該当するといえます。

　個人識別符号とは，当該情報単体から特定の個人を識別できるものとして個人情報の保護に関する法律施行令（平成15年政令第507号）に定められた文字，番号，記号その他の符号[1]をいい，これに該当するものが含まれる情報は個人情報となります。

　介護の現場では，ケアプラン，介護サービス提供にかかる計画，提供したサービス内容等の記録，事故の状況等の記録などが個人情報に該当するものと考えられます。

(2)　個人情報取扱事業者

　個人情報保護法では，特定の個人情報をコンピューターを用いて検索可能にしたり，書類を用いて容易に検索できるように体系的に構築するなどした個人情報を含む情報の集合体[2]を「個人情報データベース等」としており，これを事業の用に用いている者を「個人情報取扱事業者」として，個人情報保護法上の諸処の義務を課しています（同法第2条4項，同条5項参照）。利用者の名簿を作成している場合などがこれに該当します。なお，「個人情報データベース等」を構成する個人情報を「個人データ」といいます（同条6項）。

1　細胞から採取されたDNAを構成する塩基の配列，健康保険法に基づく被保険者証の保険者番号等が該当します。

2　但し，市販の電話帳や住宅地図などは例外とされています。

　　平成 27 年改正[3] 以前は，取り扱う個人情報が 5000 件以下であれば，小規模事業者として，個人情報保護法上の「個人情報取扱事業者」でないと規定されていましたが，この改正により，取扱件数に関わらず「個人情報データベース等」を事業の用に供していれば，個人情報保護法を順守する義務が生じました。但し，一定の規模の中小規模事業者については，個人情報の安全管理について，より簡易な方法が「個人情報の保護に関する法律についてのガイドライン（通則編）」に定められています。

(3)　要配慮個人情報

　　平成 27 年になされた改正において，人種，信条，社会的身分，病歴，犯罪の経歴，犯罪により害を被った事実等，不当な差別や偏見その他の不利益が生じないようにその取扱いに特に配慮を要するものとして，「要配慮個人情報」という規定が設けられました。要配慮個人情報については，原則として本人の同意を得ずに取得してはならない等の規定が設けられています。高齢者福祉サービスの提供にあたっては，病歴等の要配慮個人情報に触れる可能性が日常的であることから，より注意が必要です。

2　個人情報保護法上の義務

　　個人情報保護法は，個人情報取扱事業者について，以下の通りの義務を定めています。

(1)　個人情報の利用目的の特定（同法 15 条），目的外利用の禁止（同法 16 条）

　　事業者は，個人情報を取り扱うにあたって，利用目的をできるだけ特定しなければなりません。

　　また，個人情報取扱事業者は，特定された利用目的の達成に必要な範囲を超えて個人情報を取り扱ってはなりません。但し，法令に基づく場合，人の生命，身体又は財産の保護のために必要がある場合であって，本人の同意を得ることが困難であるとき等には，利用目的による制限の例外とし

3　全面施行は，平成 29 年 5 月 30 日。

て，個人情報を用いることができます。

(2)　個人情報の適正な取得（同法 17 条），取得時の利用目的の通知等（同法 18 条）

　　事業者は，偽りその他不正な手段によって個人情報を取得してはなりません。

　　また，要配慮個人情報については，原則として[4]，取得にあたって本人の同意が必要とされます。

(3)　個人データ内容の正確性の確保（同法 19 条）

　　事業者は，利用目的の範囲内で，個人データを正確かつ最新の内容に保つとともに，利用の必要がなくなった場合には，遅滞なく消去するように努めなければならないとされます。

(4)　安全管理措置（同法 20 条）

　　事業者は，個人データの漏洩や滅失を防ぐため，必要かつ適切な安全管理措置を講じなければならないとされます。講ずべき安全管理措置の内容については，「個人情報の保護に関する法律についてのガイドライン（通則編）」や「医療・介護関係事業者における個人情報の適切な取扱いのためのガイダンス」に具体的な記載があります。

(5)　従業者・委託先の監督（同法 21 条，22 条）

　　事業者は，安全に個人データを管理するために，従業者に対して必要かつ適切な監督を行わなければならないとされます。また個人データの取扱いについて委託する場合には，委託先に対し，必要かつ適切な監督をしなければなりません。

(6)　第三者提供の制限（同法 23 条）

　　事業者は，原則として[5]，予め本人の同意を得ないで，本人以外の者に個人データを提供してはなりません。なお，第三者に対して，個人データを提供した場合には一定の記録を作成したり（同法 25 条），第三者から個

4　法令に基づく場合，人の生命，身体又は財産の保護のために必要がある場合であって，本人の同意を得ることが困難であるとき等が例外です。

人データの提供を受ける場合には一定の事項の確認をしなければならない
と規定されていますが（同法 26 条），他の医療機関や介護保険事業者と連
携をとるために，本人の同意を得た上で情報を提供する場合は，「本人に
代わって」情報を提供するものとして，これらの規定の適用はないとされ
ています[6]。

(7)　保有個人データに関する事項の公表，開示，訂正，利用停止等（同法 27
条～34 条）

　　事業者は，保有個人データの利用目的，開示等に必要な手続き，苦情の
申し出先等について本人が知りうる状態におかねばならないとされます。
また，本人からの求めに応じて，保有する個人データを開示する義務を負
います。

(8)　苦情の処理（同法 35 条）

　　事業者は，本人から苦情の申し出があったときには，適切に処理をする
義務を負います。

3　医療・介護関係事業者における個人情報の適切な取扱いのための ガイダンス

(1)　ガイダンスの趣旨

　　医療分野及び介護分野においては，特に個人情報の適正な取扱いが求め
られる分野であることから，遵守すべき事項及び遵守することが望ましい

5　法令に基づく場合，人の生命，身体又は財産の保護のために必要がある場合であっ
　て，本人の同意を得ることが困難であるとき等は例外とされます。なお，本人の求め
　に応じて当該本人が識別される個人データの第三者への提供を停止することとしてい
　る場合であって，一定の事項を個人情報保護委員会に届けるなどの要件を満たしてい
　る場合には，本人の同意無くして個人データを第三者提供することができる（オプト
　アウト手続）規定もありますが，要配慮個人情報については，この方法による第三者
　提供はできないとされています。
6　後記「『医療・介護関係事業者における個人情報の適切な取扱いのためのガイダンス』
　に関する Q ＆ A（事例集）」に記載。

事項をできる限り具体的に示すものとして同ガイダンスが定められています。

(2)　対象となる事業者

　　介護分野において，同ガイダンスの対象となるのは，介護保険法に規定する居宅サービス事業，介護予防サービス事業，地域密着型サービス事業，地域密着型介護予防サービス事業，居宅介護支援事業，介護予防支援事業，及び介護保険施設を経営する事業，老人福祉法に規定する老人居宅生活支援事業及び老人福祉施設を経営する事業その他高齢者福祉サービス事業を行う者であるとされます。

　　なお，これらの事業所から委託を受ける介護サービス利用者への食事提供事業者，清掃業者等も，同ガイダンスに沿って適切な安全管理措置を講ずることが求められるとともに，当該委託を行う介護関係事業者は，業務の委託に当たり，同ガイダンスに沿った対応を行う事業者を委託先として選定するとともに委託先事業者における個人情報の取扱いについて定期的に確認を行い，適切な運用が行われていることを確認する等の措置を講ずる必要があるともされています。

(3)　ガイダンスの内容

①　対象となる「個人情報」

　　同ガイダンスが，対象とする情報は，個人情報のうち，医療・介護に関するものです。

　　なお，上記のとおり，個人情報保護法上「個人情報」とは，生存する個人をいうとされますが，同ガイダンスでは，死者に関する情報が個人情報保護法や同ガイダンスの対象でないとしながらも，利用者等が死亡した後についても，個人情報と同等の安全管理措置を講ずることを求めています。

②　ガイダンスの概要

　　同ガイダンスでは，上記個人情報保護法の条文に沿って，医療・介護現場で生じる具体的問題に照らして，方針が記載されています。また，

同ガイダンスを補足するものとして,「『医療・介護関係事業者における
個人情報の適切な取扱いのためのガイダンス』に関する Q & A（事例
集)」がウエブサイト上で公開されており[7],参考になります。

4　本人以外への情報の開示

(1)　第三者に対する開示

①　個人情報保護法 23 条 1 項の定めにより,基本的に,医療や介護に関
する情報も,本人以外の第三者（家族を含む。）に提供する場合には,本
人の事前の同意が必要です。

特に,介護事業に関する厚生労働省令では,個人情報の利用について
の同意をあらかじめ文書で得ておかなければならないとの規定をおいて
います（指定居宅サービス等の事業の人員,設備及び運営に関する基準 33 条等)。

②　一方,個人情報保護法 23 条 1 項は,同意がなくても個人情報を第三
者に開示できる場合を定めています。ⅰ）法令による場合（介護保険法に
基づく不正受給者に係る市町村への通知等）,ⅱ）人の生命,身体又は財産の
保護のために必要がある場合であって,本人の同意を得ることが困難で
あるとき（重度認知症高齢者の状況を家族等に説明する場合等）です。

(2)　遺族に対する情報の開示

上記のとおり,死者についての情報は,原則として個人情報保護法にい
う個人情報にはあたりません。しかし,医療・介護に関する情報の重要性
から,上記ガイダンスでは,「診療情報の提供等に関する指針」(「診療情報
の提供等に関する指針の策定について」(平成 15 年 9 月 12 日医政発第 0912001 号))
の第 9 項において定められている取扱いに従って,遺族へ診療情報・介護
記録等の提供を行うことを求めています。

この点についての同指針の記載は次のとおりです。

○　医療従事者等は,患者が死亡した際には,遅滞なく,遺族に対して,

7　https://www.ppc.go.jp/files/pdf/iryoukaigo_guidance_QA.pdf

死亡に至るまでの診療経過，死亡原因等についての診療情報を提供しなければならない。

○　遺族に対する診療情報の提供に当たっては，3項，7項の(1)，(3)，(4)並びに8項の定め（いずれも，患者本人に情報を提供する場合の注意事項）を準用する。ただし，診療記録の開示を求め得る者の範囲は，患者の配偶者，子，父母及びこれに準ずる者（これらの者に法定代理人がいる場合の法定代理人を含む。）とする。

○　遺族に対する診療情報の提供に当たっては，患者本人の生前の意思，名誉等を十分に尊重することが必要である。

Q 26 | 記録の保存と開示

介護に関してどのような記録を作成し，どの程度残しておく必要がありますか。また，残しておかなかった場合，どのような問題が生じますか。

A　介護保険対象事業については，各運営基準等で，記録の作成・整備，保存義務が定められています。有料老人ホームについては，老人福祉法に，サービス付き高齢者向け住宅については，高齢者の居住の安定確保に関する法律に同種の規定があります。

記録の不備は指導の対象となりますが，利用者とのトラブルに備えたり，事業所内における業務内容を確認したりするためにも記録は必要です。

1　高齢者福祉サービスにおける記録の作成・保存

高齢者福祉サービスについては，法律や運営基準等（厚生労働省令，条例等）で，記録の作成・保存等の義務が定められています。

高齢者福祉サービスにおける記録作成・整備，保存義務は，同サービスが，高齢者の生活の質や人権に直結するものであること，業務の高度な適法性が求められること，公的保険・補助の行われる業種であることなどによる要請といえるでしょう。

行政による監査や検査が，作成された記録をもとに実施されることからも，記録の整備は重要ですが，それのみならず，運営上の効率化や，事故・違反を起こさないために，記録の整備は大きな役割を持ちます。また，利用者やその遺族とトラブルが生じた際にも，重要な資料となります。

2　介護保険対象事業

(1)　保存・整備すべき記録

介護保険対象事業については，一定の記録の作成・整備，保存義務が，

各運営基準等において定められています。

　例えば，「指定居宅サービス等の事業の人員，設備及び運営に関する基準」(厚生労働省令) では，指定訪問介護事業者に，次のような情報の記載や記録の作成・整備義務を課しています。

ⅰ) サービス提供の記録 (同基準19条1項・2項, 39条2項2号)

　　実施した訪問介護の提供日及び内容，介護保険で支払われる利用料等を，居宅サービス計画を記載した書面又はこれに準じるものに記載するものとされています。

ⅱ) 訪問介護計画 (同基準24条, 39条2項1号)

　　訪問介護計画は，利用者の日常生活全般の状況及び希望を踏まえて，指定訪問介護の目標，目標を達成するための具体的なサービス内容等を記載しなければならないとされています。

ⅲ) 苦情を受けた際の記録 (同基準36条2項, 39条2項4号)

ⅳ) 発生事故に関する記録 (同基準37条2項, 39条2項5号)

　同基準では，その他，各居宅サービス毎に整えるべき記録を定めていますし[1]，施設サービスについても各運営基準で記録保存義務が定められています[2]。

(2)　記録の保存期間

　各基準は，介護事業者に対し，上記各記録について介護提供の完結の日から2年間の保存義務を定めています (指定訪問介護事業者につき, 同基準39条2項等)。

　また，各自治体で，介護に関する記録の保存期間が個別に定められてい

1　指定訪問入浴介護につき同基準53条の2, 54条 (19条を準用), 指定訪問看護につき73条の2, 74条 (19条を準用) など。

2　介護老人保健施設の人員，施設及び設備並びに運営に関する基準38条等。

る場合があります。例えば，大阪市では，記録の保存義務がサービスを提供した日から5年とされていたり，神戸市では完結から5年とされているなどしており，注意が必要です。

(3)　開示義務

　保有する介護に関する記録は，個人情報保護法に基づき開示が義務付けられます[3]。また，サービス提供内容の記録については，運営基準において利用者への情報提供義務が定められています（同基準19条2項）。

(4)　義務違反

　義務違反に対しては，遵守すべき旨の勧告がなされ，改善が行われない場合には，指定の取り消し等の措置が講じられます。

3　有料老人ホーム

(1)　保存・整備すべき記録

　有料老人ホームについては，以下の事項を記載した帳簿の作成義務が，老人福祉法において定められています（同法29条4項，同法施行規則20条の6第1項）。

ⅰ）一時金，利用料その他の入居者が負担する費用の受領の記録

ⅱ）入居者に供与した介護，食事の提供及びその他の日常生活上必要な便宜の内容

ⅲ）緊急やむを得ず入居者に身体的拘束を行った場合は，その態様及び時間，その際の入居者の心身の状況並びに緊急やむを得ない理由

ⅳ）入居者に供与した日常生活上の便宜に係る入居者及びその家族からの苦情の内容

ⅴ）日常生活上の便宜の供与により入居者に事故が発生した場合は，その状況及び事故に際して採った処置の内容

3　厚生労働省「医療・介護関係事業者における個人情報の適切な取扱いのためのガイダンス」も参照してください。

vi）日常生活上の便宜の供与を委託により他の事業者に行わせる場合に
あっては，当該事業者の名称，所在地，委託に係る契約事項及び業務の
実施状況

(2) 保存期間

　上記の帳簿の保存期間は，作成の日から2年間とされています（老人福
祉法施行規則20条の6第2項）。

(3) 開示義務

　保有する利用者についての個人情報は，個人情報保護法に基づき開示が
義務付けられます。

(4) 義務違反

　都道府県知事は，有料老人ホームの設置者が，帳簿の保存義務等に反す
る場合には，改善に必要な措置を命ずることができます。この場合，都道
府県知事は，命令を行った旨を公示しなければなりません（老人福祉法29
条11項・12項）。

4　サービス付き高齢者向け住宅

(1) 作成・整備すべき記録

　高齢者住まい法では，事業者に，以下の事項を記載した帳簿の作成義務
を定めています（同法19条，国土交通省・厚生労働省関係高齢者の居住の安定確保
に関する法律施行規則21条1項）。

　i）登録住宅の修繕及び改修の実施状況

　ii）入居者からの金銭の受領の記録

　iii）入居者に提供した高齢者生活支援サービスの内容

　iv）緊急やむを得ず入居者に身体的拘束を行った場合にあっては，その態
様及び時間，その際の入居者の心身の状況並びに緊急やむを得ない理由

　v）入居者に提供した高齢者生活支援サービスに係る入居者及びその家族
からの苦情の内容

　vi）高齢者生活支援サービスの提供により入居者に事故が発生した場合に

あっては，その状況及び事故に際して採った処置の内容

vii）サービス付き高齢者向け住宅の管理又は高齢者生活支援サービスの提供を委託により他の事業者に行わせる場合にあっては，当該事業者の商号，名称又は氏名及び住所並びに，委託に係る契約事項及び業務の実施状況

(2)　保存期間

事業者は，各事業年度の末日をもって帳簿を閉鎖するものとし，閉鎖後，2年間帳簿を保存しなければならないとされています（同規則21条3項）。

(3)　開示義務

保有する利用者についての個人情報は，個人情報保護法に基づき開示が義務付けられます。

(4)　違反の場合

都道府県知事は，サービス付き高齢者住宅の事業者に対し，違反が認められるときには是正措置をとるべきことを指示することができます（高齢者住まい法25条3項）。

Q 27 | 利用者の身体拘束

ある施設利用者は認知症で，目を離すと，すぐに点滴のチューブを引き抜こうとします。そこで，施設利用者の腕をひもでベッドに縛りつけることが常態化しています。利用者の親族も，利用者を心配して，この処置に同意していますが，このような状態を続けてもよいでしょうか。

A　腕をひもでベッドに縛りつけることは，身体拘束の一種です。身体拘束は，利用者の尊厳を傷つけ，また健康を害するものですから，理由があっても，極力避けなければなりません。解決のために極力他の方法を探りましょう。

また，家族が同意していても，通常はやむを得ず同意しているにすぎず，身体拘束を正当化するものではありません。

1　身体拘束の原則禁止

法令上，介護老人保健施設，特別養護老人ホーム（中でも，入所定員が30名以上で，都道府県知事に指定された指定介護老人福祉施設）などの施設類型については，厚生労働省が定める施設運営基準（いわゆる介護保険指定基準）において，「当該入所者又は他の入所者等の生命又は身体を保護するため緊急やむを得ない場合を除き，身体的拘束その他入所者の行動を制限する行為を行ってはならない。」と，身体拘束の原則禁止が定められています[1]。

2　身体拘束の弊害

そもそも，身体拘束は，人間としての尊厳を著しく害する行為であり，人権擁護の観点から問題があるだけでなく，高齢者のQOL（生活の質）を

1　介護老人保健施設についての「介護老人保健施設の人員，施設及び設備並びに運営に関する基準」など各施設類型の介護保険指定基準に定められています。

根本から損なう危険性を有し，原則として，高齢者虐待にも該当する行為です。しかも，以下のように，①身体的弊害，②精神的弊害，③社会的弊害を招くおそれがあるものです。

①　身体的弊害……本人の関節の拘縮，筋力の低下といった身体機能の低下，圧迫部位の褥瘡の発生，食欲の低下等

②　精神的弊害……本人に不安や怒り，屈辱，あきらめといった大きな精神的苦痛を与え，認知症状が進行するおそれがある。本人の家族にも，利用者が拘束されている姿を見ることで，大きな精神的苦痛を与え，看護・介護スタッフは，自らが行うケアに対して誇りを持てなくなるおそれがある。

③　社会的弊害……介護保険施設等に対する社会的な不信，偏見を引き起こすおそれ，QOL の低下による医療費増等

そして，高齢者に対する身体拘束は，慢性的になりやすいという問題があります。

このような弊害を踏まえ，厚生労働省は平成 13 年 3 月，「身体拘束ゼロへの手引き～高齢者ケアに関わるすべての人に～」を発表し（以下本問において，「手引き」と言います。），身体拘束のないケアを呼びかけています。

3　身体拘束の種類

ここで原則実施してはならない身体拘束とは，どのような行為を指すのでしょうか。この点，手引きには，以下のような例が挙げられており，参考になります。

①　徘徊しないように，車いすやいす，ベッドに体幹や四肢をひも等で縛る。

②　転落しないように，ベッドに体幹や四肢をひも等で縛る。

③　自分で降りられないように，ベッドを柵（サイドレール）で囲む。

④　点滴，経管栄養等のチューブを抜かないように，四肢をひも等で縛る。

⑤　点滴，経管栄養等のチューブを抜かないように，又は皮膚をかきむし

らないように，手指の機能を制限するミトン型の手袋等をつける。

⑥　車いすやいすからずり落ちたり，立ち上がったりしないように，Y字型抑制帯や腰ベルト，車いすテーブルをつける。

⑦　立ち上がる能力のある人の立ち上がりを妨げるようないすを使用する。

⑧　脱衣やおむつはずしを制限するために，介護衣（つなぎ服）を着せる。

⑨　他人への迷惑行為を防ぐために，ベッドなどに体幹や四肢をひも等で縛る。

⑩　行動を落ち着かせるために，向精神薬を過剰に服用させる。

⑪　自分の意思で開けることのできない居室等に隔離する。

　アンケートによれば，車いす・いすへの拘束が一番多く，次いで，ミトン等による手指の拘束，ベッドへの拘束，つなぎ服等の使用の順となっています。なお，転倒対策として使用されているセンサーマットも，施設利用者の行動を抑制する意図で使用されると，身体拘束の手段となり得ることに注意が必要です[2]。

4　身体拘束が必要でないこと

　身体拘束は，安全確保のために本当に必要でしょうか。

　例えば転倒事故や転落事故を防止するために，身体拘束をする施設がありますが，かえって利用者が無理に，ベッド柵を乗り越えようとして，転落することもあります。

　身体拘束をする理由（転倒事故・転落事故，徘徊，点滴を外す等）を取り除い

2　アンケートは，平成28年夏に，特定非営利活動法人地域ケア政策ネットワークが全国の介護相談員を対象に実施したもので，その結果は，「身体拘束及び高齢者虐待の未然防止に向けた介護相談員の活用に関する調査研究事業報告書」（平成29年3月）としてまとめられており，厚生労働省のウェブサイトで閲覧することができる。虐待・身体拘束として全国から回答があった1,125件の回答のうち，「車いす・椅子」への拘束が559件，「ミトン・手指の拘束」が270件，「ベッド」への拘束が191件，「つなぎ服・ヘッドギア」による拘束が83件でした。

たり，事故の被害を小さくしたりする方法は，身体拘束以外にあるのが通常です。

　例えば，ベッドからの転落事故を防止するために，ベッドを低くすることや，夜間徘徊については，適度な運動によって，昼夜逆転の生活リズムを改善することが考えられます。

　本問のように，認知症で点滴のチューブを引き抜く利用者については，針を足に刺し，チューブを背中に通すなどして，利用者の目に入らないようにする方法や，工夫をして，スタッフが見守りする時間を確保することが考えられます。

　このように多くの場合は，身体拘束に頼らずとも，ケアをする方法（代替手段）があり，施設も従事者も，これを見出す工夫をしなければなりません。

5　緊急やむを得ない場合

　前記のとおり，いわゆる介護保険指定基準においても，「当該入所者又は他の入所者等の生命又は身体を保護するため緊急やむを得ない場合」には，身体的拘束を許容する余地があるとしています。ここで「緊急やむを得ない場合」とは，手引きにおいて，「切迫性」「非代替性」「一時性」を充たす場合であるとされています。

① 　切迫性　利用者本人又は他の利用者等の生命又は身体が危険にさらされる可能性が著しく高いこと。

② 　非代替性　身体拘束その他の行動制限を行う以外に代替する介護方法がないこと。

③ 　一時性　身体拘束その他の行動制限が一時的なものであること（最も短い拘束時間）。

　厚生労働省老健局長が各都道府県知事に宛てた通知[3] において，「緊急

3 　平成13年4月6日老発第155号「「身体拘束ゼロ作戦」の推進について」。

やむを得ない場合」は極めて限定的に考えなければならないとされており，例外的に身体拘束を行うときには，その態様，時間，入所者（利用者）の心身の状況及び緊急やむを得なかった理由を記録することが義務付けられています。この点，手引きに例示されている「身体拘束に関する説明書・経過観察記録」なども参考にできます。

施設としては，身体拘束についてこれらのルールを遵守しなければ，報告書の提出を求められ，立入検査を受け，悪質な場合，指定の取消しを受けたり，担当者が逮捕・監禁罪の刑法犯として処罰されたりすることもあり得ることを認識すべきです。

また，一向に身体拘束が減らない現状を踏まえ，平成30年4月の介護報酬改定では，各施設・事業所において，身体的拘束等の適正化のための対策を検討する委員会[4]を3か月に1回以上開催し，その結果を従事者に周知徹底すること，適正化のための指針を整備すること，職員に対し，適正化のための研修を定期的に（年2回以上）実施することがそれぞれ義務として課され，前記の記録も併せて，いずれかが未実施の場合，「身体拘束廃止未実施減算」として，介護報酬を10％／日，減算されるおそれがあります[5]。

6　家族の同意

本件では，施設利用者の家族が縛りつけに同意しているようですが，手引きには，「その同意は家族にとって，他に方法のないやむを得ない選択であったこと，そして縛られている親や配偶者を見て，家族が混乱し，苦悩し，後悔している姿を，私たちは真剣に受け止めなければならない。」

4　地域密着型介護老人福祉施設，認知症対応型共同生活介護，地域密着型特定施設入居者生活介護においては，運営推進会議を活用してもよい。
5　委員会設置のあり方や，指針に盛り込むべき項目は，各施設類型についての介護保険指定基準を参照されたい。

と述べられています。

　つまり，施設利用者の家族は，利用者が身体拘束を受けている姿を目の
あたりにして精神的苦痛を受けるのが通常で，同意したとしても，それは
施設が他に手段がないと説明するので，やむを得ず同意するケースが大半
です。そもそも，身体拘束の禁止は，利用者の尊厳を守ることが第一義で
あって，たとえ家族が形式的に同意していても，何ら正当化されるもので
はないことに注意しなければなりません。

Q 28 | 感染症

施設内で，感染症が発生しました。どのように対応すればよいでしょうか。

A　ノロウイルス，インフルエンザ，肺炎マイコプラズマ，疥癬虫などの感染症発生時には，特に，①発生状況の把握，②感染拡大の防止，③医療処置，④行政への報告，⑤関係機関との連携を意識して，行動しましょう。そして，感染症に対する抵抗力が弱い高齢者が集団で生活する施設である以上，日頃から，感染対策委員会を設置し，マニュアルを作成し，感染を想定して訓練を行うなどの対策を採っておく必要があります[1]。

1　総　論

　高齢者介護施設は，感染症に対する抵抗力が弱い高齢者が集団で生活する施設であり，感染症が広がりやすい状況にあることを，施設のスタッフ一人ひとりが，常日頃から意識し，対策を採っておく必要があります[2]。

　そして，常設の施設内感染対策委員会を設置し，事前に行うべき対策（事前対策），実際に発生した際の対策（行動計画）やマニュアルを作成し，実際に発生した場合に備え，日頃から，訓練を行っておくことが望ましい

1　高齢者サービス施設における感染症対策は，平成31年3月に，厚生労働省老人保健事業推進費等補助金（老人保健健康増進等事業分）高齢者施設等における感染症対策に関する調査研究事業においてまとめられた「高齢者介護施設における感染対策マニュアル改訂版」が参考になるため，本問の内容も，同書を参考に作成し，一部その内容を引用しています。

2　最近では，感染症の有無にかかわらず，すべての人は伝播する病原体を保有していることを前提に，普段から，利用者等に接触する前後にきちんと手指衛生管理を行い，血液・体液・粘膜などに曝露するおそれがあるときは，防護具を用いるというスタンダード・プレコーション（標準感染予防策）が一般的になってきています。

です[3]。

　発生時の対応として，以下の 5 つを意識しなければなりません。

① 　発生状況の把握

② 　感染拡大の防止

③ 　医療処置

④ 　行政への報告

⑤ 　関係機関との連携

2 　各　論

　以下，この 5 つについて，解説をしていきます。

(1)　発生状況の把握

a 　予め施設で感染対策マニュアルを作成しておき，感染症や食中毒の発生を疑った介護職員は，同マニュアルに従って，これを，予め定めておいた感染対策担当者に報告し，同担当者は，施設長に報告します。

b 　施設長は，配置医師に，診断に必要な検査や治療などを依頼します。また，状況を総合的に分析して，職員に，必要な指示を出します。

(2)　感染拡大の防止

a 　配置医師が，診断をして，感染症または食中毒の特徴に応じた感染拡大防止策を，看護職員等に指示します。

b 　看護職員等は，症状に応じたケアを実施し，介護職員等に対し，ケアや消毒等の衛生管理を指示します。

　感染症の病原体で汚染された機械や器具，環境を，適切な消毒薬で消毒します。

3 　感染症法を根拠とする「インフルエンザに関する特定感染症予防指針」に基づいて定められた，厚生労働省健康局結核感染症課・日本医師会感染症危機管理対策室「インフルエンザ施設内感染予防の手引き」（平成 25 年 11 月改訂）において，施設は，常設の施設内感染対策委員会を設置すること等が求められています。

　　また，介護職員等や入所者に対し，自己の健康管理や，手洗い・うが
　いの励行を指示します。

(3)　医療処置

　　配置医師は，必要な医療処置を行い，施設内での対応が困難な場合に
　は，協力病院をはじめとする地域の医療機関等へ感染者を移送します。

(4)　行政への報告

　a　施設長は，感染症や食中毒が疑われる場合のうちでも，以下の場合に
　　は，市町村等の社会福祉施設主管部長に，迅速に，感染症や食中毒が疑
　　われる者等の人数，症状，対応状況等を報告するとともに，併せて保健
　　所に報告し，指示を求めるなどの措置を講じます[4]。

　　ア　同一の感染症若しくは食中毒によるまたはそれらによると疑われる
　　　死亡者又は重篤患者が1週間内に2名以上発生した場合

　　イ　同一の感染症もしくは食中毒の患者又はそれらが疑われる者が10
　　　名以上または全利用者の半数以上発生した場合

　　ウ　ア及びイに該当しない場合であっても，通常の発生動向を上回る感
　　　染症等の発生が疑われ，特に施設長が報告を必要と認めた場合

　b　医師は，感染症法または食品衛生法の届出基準に該当する患者または
　　その疑いがある者を診断した場合には，これらの法律に基づき，保健所
　　等へ届出をします。

(5)　関係機関との連携

　　配置医師，協力医療機関の医師，保健所，地域の中核病院のインフェク
　ションコントロールドクター（ICD），感染管理認定看護師（ICN）に報
　告，対応を相談し，指示を仰ぐなど，緊密に連携をとります。

4　平成17年2月22日付け厚生労働省健康局長等通知「社会福祉施設等における感染症
　等発生時に係る報告について」の定めによります。

3　感染症対策の具体例

(1)　インフルエンザ

　a　症　状

　　急に38〜40℃の高熱が出るのが特徴で，倦怠感，全身痛，関節痛などの全身症状なども出ます。日本では主に冬季に流行します。感染経路は，くしゃみ，咳などの飛沫感染が主ですが，汚染した手を介して，鼻粘膜などへの接触で感染する場合もあります。

　b　予　防

　　入所者と職員にワクチン接種を行うことが有効です（ただし，予防接種の副反応などを十分に説明し，同意を得る必要があります。）。また，入所者や面会者で咳をしている人には，マスクを着用してもらいます。

　c　対　策

　　インフルエンザを疑う場合は，基本的に個室対応です。タミフルなど抗インフルエンザ薬は発症後48時間以内に治療を開始しないと効かないため，早めに医療機関に受診してもらいます。

(2)　ノロウイルス

　a　症　状

　　ノロウイルスは冬季の感染性胃腸炎の主要な原因で，汚染された貝類（カキなどの二枚貝）を生，あるいは十分に加熱調理しないで食べた場合に感染します。

　　ノロウイルスは手指や食品などを介して，経口で感染し，ヒトの腸管で増殖し，嘔吐，下痢，腹痛などを起こします[5]。

　　特に，噴射するような激しい嘔吐，下痢のうちでも，水様便が認められた場合には，かなり感染が疑われます。

5　厚生労働省ウェブサイト「ノロウイルスに関するQ＆A」。
　　http://www.mhlw.go.jp/topics/syokuchu/kanren/yobou/040204-1.html

b　予　防

　高齢者福祉サービス施設では，感染者の便や嘔吐物に触れた手指で取り扱った食品などを介して，二次感染を起こす場合が多くなっています。また，施設内で手に触れる場所（手すり，ドアノブ，水道の蛇口，テーブル，取っ手など）も汚染されている可能性があり，注意が必要です。

　予防のためには，手洗いを徹底し，特に，おむつや嘔吐物の処理に注意し，食物を十分に加熱することが重要です。

　アルコール消毒は，ノロウイルスに対して効果が弱いと言われています。

c　対　策

　感染が疑われる入所者を，可能な限り，個室に移します。個室が充分にない場合は，同じ症状の入居者を，一つの部屋に集めます。

　高齢者は，嘔吐の際に，嘔吐物を気道に詰まらせることがあるため，窒息しないよう気道確保を行います。

　職員の感染者は，症状が消失しても，3〜5日は就業制限したり，食品を扱う部署を外したり，トイレの後の手洗いを入念にするなどの対策をした方がよいでしょう。

Q 29 ｜ 医療行為

高齢者福祉サービスにおける介護に伴って，介護従事者は，医療行為ができるのでしょうか。

A 高齢者福祉サービスにおいても，医師法により，医師しか医療行為ができません。もっとも，高齢者福祉サービスでは，医師がいなくても，医療行為と判断される可能性がある行為をせざるを得ない場面に直面することがあります。そこで，厚生労働省が，医療行為に該当しないものを明記しており，明記された行為については，病状が不安定であること等により，専門的な管理が必要な状態でない限り，実施することができます。

1　医療行為の原則禁止

医師法17条は，「医師でなければ，医業をなしてはならない。」と規定しています。

ここで「医業」とは，「当該行為を行うに当たり，医師の医学的判断及び技術をもってするのでなければ人体に危害を及ぼし，又は危害を及ぼすおそれのある行為（医行為）を，反復継続する意思をもって行うこと」とされています[1]。

よって，高齢者福祉サービス施設においても，医師でなければ，このような行為をすることができません。

もっとも，高齢者福祉サービス施設は，高齢者が入所しているという性質上，たとえ医師がいなくても，医療行為（以下，上記「医行為」の意味で使

1　平成17年7月26日付け厚生労働省医政局長の各都道府県知事宛通知「医師法第17条，歯科医師法第17条及び保健師助産師看護師法第31条の解釈について」（医政発第0726005号）の定義による。

います。）と判断される可能性がある行為をせざるを得ない場面に直面することがあります。

　そこで，厚生労働省が，医療行為に該当するのか疑義が生じることが多い行為のうち，病状が不安定であること等により専門的な管理が必要な場合を除き，原則医療行為に該当しないと考えられるものを列挙して，各都道府県知事に通知しています[2]。

　そして，類似の行為でも，病状によっては，医療行為に該当することから，高齢者福祉サービス施設は，サービス担当者会議の開催時等に，必要に応じて，医師，歯科医師または看護職員に対して，「専門的な管理が必要な」状態であるかどうか確認することが望ましいとされています。

　また，これらの行為は原則医療行為に該当しないとはいえ，業として行う以上，当然，スタッフに対し，一定の研修や訓練を実施しておくべきです。

　これらの行為は原則，医師でなくても行うことができるというだけで，事故が起きた場合に，民事上，刑事上の責任が生じる可能性がなくなるわけではないことにご注意ください。

2　医療行為に該当しない行為

　厚生労働省の通知が，原則医療行為に該当しない行為として列挙しているものは，以下のとおりです。

(1)　水銀体温計・電子体温計により腋下で体温を計測すること，及び耳式電子体温計により外耳道で体温を測定すること。

(2)　自動血圧測定器により血圧を測定すること。

(3)　新生児以外の者であって入院治療の必要がないものに対して，動脈血酸素飽和度を測定するため，パルスオキシメータを装着すること。

(4)　軽微な切り傷，擦り傷，やけど等について，専門的な判断や技術を必要としない処置をすること（汚物で汚れたガーゼの交換を含む。）[3]。

2　前掲平成17年7月26日付け通知。

(5)　患者の状態が以下の3条件を満たしていることを医師，歯科医師又は看護職員が確認し，これらの免許を有しない者による医薬品の使用の介助ができることを本人又は家族に伝えている場合に，事前の本人又は家族の具体的な依頼に基づき，医師の処方を受け，あらかじめ薬袋等により患者ごとに区分し授与された医薬品について，医師又は歯科医師の処方及び薬剤師の服薬指導の上，看護職員の保健指導・助言を遵守した医薬品の使用を介助すること。具体的には，皮膚への軟膏の塗布（褥瘡の処置を除く。），皮膚への湿布の貼付，点眼薬の点眼，一包化された内用薬の内服（舌下錠の使用も含む。），肛門からの坐薬挿入又は鼻腔粘膜への薬剤噴霧を介助すること[4]。

①　患者が入院・入所して治療する必要がなく容態が安定していること。

②　副作用の危険性や投薬量の調整等のため，医師又は看護職員による連続的な容態の経過観察が必要である場合ではないこと。

③　内用薬については誤嚥の可能性，坐薬については肛門からの出血の可能性など，当該医薬品の使用の方法そのものについて専門的な配慮が必要な場合ではないこと。

3　医師法などの規制対象外の行為

厚生労働省の通知では，以下に掲げる行為も，原則として，医師法17条，歯科医師法17条及び保健師助産師看護師法31条の規制の対象とする必要がないものであると考えられ，病状が不安定であること等により，専門的な管理が必要な状態でない限り，医師等の関与なしに，行うことが可能とされています。

3　上記厚生労働省通知では，切り傷，擦り傷，やけど等に対する応急手当を行うことを否定するものではないとされています。

4　上記厚生労働省通知では，医薬品の使用の介助が福祉施設等において行われる場合には，看護職員によって実施されることが望ましく，また，その配置がある場合には，その指導の下で実施されるべきであるとされています。

(1)　爪そのものに異常がなく，爪の周囲の皮膚にも化膿や炎症がなく，かつ，糖尿病等の疾患に伴う専門的な管理が必要でない場合に，その爪を爪切りで切ること及び爪ヤスリでやすりがけすること。

(2)　重度の歯周病等がない場合の日常的な口腔内の刷掃・清拭において，歯ブラシや綿棒又は巻き綿子などを用いて，歯，口腔粘膜，舌に付着している汚れを取り除き，清潔にすること。

(3)　耳垢を除去すること（耳垢塞栓の除去を除く。）。

(4)　ストマ[5]装具のパウチにたまった排泄物を捨てること（肌に接着したパウチの取り替えを除く。）。

(5)　自己導尿を補助するため，カテーテルの準備，体位の保持などを行うこと。

(6)　市販のディスポーザブルグリセリン浣腸器[6]を用いて浣腸すること。

4　例外的に可能な医療行為

　　平成24年4月から，介護福祉士及び一定の研修を受けた介護職員等においては，医師や看護職員との連携による安全確保が図られていること等，一定の条件下で，たんの吸引（口腔内，鼻腔内，気管カニューレ内部）や経管栄養（胃ろう又は腸ろう，経鼻経管栄養）の行為を実施できることになりました[7]。

5　ストマとは，STOMA（いわゆる人工肛門，人工膀胱）の和訳であり，「ストーマ」と表現することもあります。平成23年7月5日厚生労働省医政局医事課長「ストーマ装具の交換について（回答）」は，肌への接着面に皮膚保護機能を有するストーマ装具については，ストーマ及びその周辺の状態が安定している場合等，専門的な管理が必要とされない場合には，その剥離等の障害のおそれが極めて低いことから，当該ストーマ装具の交換も，原則医療行為に当たらないとしています。

6　挿入部の長さが5から6センチメートル程度以内，グリセリン濃度50%，成人用の場合で40グラム程度以下，6歳から12歳未満の小児用の場合で20グラム程度以下，1歳から6歳未満の幼児用の場合で10グラム程度以下の容量のもの。

7　社会福祉士及び介護福祉士法48条の2〜10，同法の一部を改正する法律の施行について（平成23年社援発1111第1号）。

Q 30 │ 広告規制

介護保険適用事業，有料老人ホーム，サービス付き高齢者向け住宅に
関する広告規制について教えてください。

A
　一般に，消費者向けの広告については，景品表示法が，サー
ビスの品質等について，実際よりも優良・有利である広告を禁
止しています。また，同法は，消費者に誤認されるおそれのあ
る表示として内閣総理大臣が指定する表示も禁止しています
が，有料老人ホームについては，「有料老人ホームに関する不当
な表示」が定められています。
　一方，介護保険対象事業では，介護老人保健施設については
広告できる事項が介護保険法で限定されており，その他の事業
については各事業の運営基準等で虚偽・誇大広告が禁止されて
います。サービス付き高齢者向け住宅については，高齢者住ま
い法が誇大広告の禁止を定めています。

1　広告規制の概要

(1)　広告規制

　実際に提供しているサービスよりも優れたサービス内容を宣伝広告する
ことは，消費者の合理的な選択を阻害することになり，また事業者間でも
競争の不公正が生じます。これを防止するために，景品表示法を中心に，
広告の規制がなされています。また，消費者にとって影響の大きい分野，
問題が生じやすい分野では，それぞれ業法によって広告規制がなされてい
ます。

(2)　景品表示法

①　禁止される表示

　景品表示法では，次の不当表示を禁止しています。

ア　商品・サービスの品質，規格その他の内容についての不当表示（優良誤認—同法 5 条 1 項 1 号）

内容について実際よりも著しく優良と誤認させる表示，内容について事実に相違して競争事業者に係るものよりも著しく優良であるとする表示。

【例】カシミアが 80％しか含まれていない衣類について「カシミア 100％」との広告を行う。実際には，夜間に看護師がいない日がある有料老人ホームについて「24 時間看護師常駐施設」などと広告を行うなど。

イ　商品・サービスの価格その他取引条件についての不当表示（有利誤認—同法 5 条 1 項 2 号）

取引条件について実際よりも取引の相手方に著しく有利と誤認させる表示，取引条件について競争事業者に係るものよりも著しく有利であるとする表示。

【例】実際は申込者全員と契約を締結するのに「抽選で 100 名限定」と表示する。同地域の他のサービス付き高齢者向け住宅と比較して面積あたりの家賃は同程度なのに「同額家賃で，他の物件と比べて 1.5 倍の広さがある。」と表示するなど。

ウ　以上のほか，不当に顧客を誘引し，一般消費者による自主的かつ合理的な選択を阻害するおそれがあると認めて内閣総理大臣が指定する表示が禁止されます[1]（同法 5 条 1 項 3 号）。

高齢者サービスについては，有料老人ホームについて，「有料老人ホームに関する不当な表示」（平成 16 年公正取引委員会告示第 3 号）が定められています。

1　高齢者福祉サービス以外の分野では，無果汁の清涼飲料水等についての表示（昭和 48 年公正取引委員会告示第 4 号），商品の原産国に関する不当な表示（昭和 48 年公正取引委員会告示第 34 号）など。

②　違反の効果

　ア　措置命令

　　　これらに違反すると，措置命令がなされることがあります。措置命
　　令では，一般消費者に与えた誤認を排除すること，その行為の差止
　　め，再発防止のために必要な事項などを命ずることなどが命じられま
　　す。

　　　有料老人ホーム運営会社に対して，措置命令がなされた事案も生じ
　　ています。「寝たきりなど要介護度が高い方でも，終の棲家として利
　　用できる」などと表示しながら，実際には，入居者の行動が他の入居
　　者等の生命・身体に危害を及ぼす切迫した恐れがある場合で，当該施
　　設における通常の介護方法ではこれを防止することができない場合に
　　は，入居者との契約を解除することがあるなどしていたとして，平成
　　30年7月3日に措置命令を受けた事案です。有料老人ホームに関す
　　る不当な表示では，「終身にわたって入居者が居住し，又は介護サー
　　ビスの提供を受けられるかのような表示であって，入居者の状態に
　　よっては，当該入居者が（中略）終身にわたって居住し，又は介護
　　サービスの提供を受けられない場合があるにもかかわらず，そのこと
　　が明りょうに記載されないもの」を不当表示としており，これに反す
　　るとされたものです。

　イ　課徴金納付命令

　　　また，平成28年4月1日に施行された景品等表示法の改正によ
　　り，同日以降に行われた優良誤認行為（前記①のア），有利誤認行為
　　（前記①のイ）については，課徴金納付命令が出されることになってい
　　ます（同法8条）。

(3)　業法規制

　　その他，特に国民に影響の大きい分野や，問題が発生しやすい分野につ
　いては，業法によって，一定の広告が禁止されていたり，一定範囲の広告し
　か許されないことになっていたりするものがあります。

　高齢者サービスの分野においては，介護老人保健施設（いわゆる老健施設）及び介護医療院について広告可能な事項が限定されており（介護保険法98条，112条），それ以外の介護保険対象事業については各事業の運営等に関する基準で「内容が虚偽又は誇大なものであってはならない」旨の規定がされています。

2　介護老人保健施設についての規制

　介護老人保健施設及び介護医療院については，介護保険法上，広告できる事項が限定されています（同法98条）。広告可能な事項は，以下のとおりです。

(イ)　施設の名称，所在地，電話番号（同条1号）

(ロ)　施設に勤務する医師及び看護師の氏名（同条2号）

(ハ)　厚生労働大臣の定める事項（同条3号）

　「厚生労働大臣の定める介護老人保健施設が広告し得る事項」（平成11年3月31日厚生省告示第97号）により一定の定めがされています。施設及び構造設備に関する事項，職員の配置員数，提供されるサービスの種類及び内容，利用料の内容などが広告可能とされます。

(ニ)　その他都道府県知事の許可を受けた事項（同条4号）

　介護医療院についても同趣旨の規定があります（同法112条）

3　介護老人保健施設以外の介護保険対象事業

　上記のとおり，各運営基準等において，「内容が虚偽又は誇大なものであってはならない」旨の規定がされているところです（指定居宅サービス等の事業の人員，設備及び運営に関する基準34条等）。

　なお，病院や診療所が介護保険対象事業を提供する場合（訪問看護等）には，医療法の広告規制（医療法6条の5等）をも遵守する必要があります。

4　有料老人ホーム

　　有料老人ホームについては，景品表示法を受けて，「有料老人ホームに関する不当な表示」（平成16年4月2日公正取引委員会告示第3号）が定められています。また，さらに具体的な運用基準が，「『有料老人ホームに関する不当な表示』の運用基準」として出されていますので，これらを遵守することが必要です。

　　上記告示は，土地又は建物についての表示，施設又は設備についての表示，居室の利用についての表示，医療機関との協力関係についての表示，介護サービスについての表示，介護職員等についての表示，管理費等についての表示など具体的に不当とする表示を定めています。

　　例えば，有料老人ホームがその建物を所有していないにもかかわらず，「鉄筋コンクリート造〇階建て」とのみ表示し，建物を所有していないことを明記しない表示は不当表示とされるなどです。

5　サービス付き高齢者向け住宅

⑴　誇大広告の禁止

　　サービス付き高齢者向け住宅については，登録事業の業務に関して広告をするときは，入居者に提供する高齢者生活支援サービスの内容その他の国土交通省令・厚生労働省令で定める事項について，著しく事実に相違する表示をし，又は実際よりも著しく優良・有利であると誤認させる広告をしてはならないと定められています（高齢者住まい法15条）。

　　これを受け，「国土交通省・厚生労働省関係高齢者の居住の安定確保に関する法律施行規則」では，サービス付き高齢者向け住宅の登録事項[2]及び添付書類の記載事項[3]を誇大広告禁止の対象としています（同規則18条）。

2　高齢者住まい法6条1項各号記載事項。
3　高齢者住まい法6条2項，国土交通省・厚生労働省関係高齢者の居住の安定確保に関する法律施行規則7条所定の書類において記載を求められる事項。

⑵　広告表示の規制

　　また，国土交通省・厚生労働省関係高齢者の居住の安定確保に関する法律施行規則 22 条 1 号においては，業務に関する広告をする際は，国土交通大臣及び厚生労働大臣が定める表示についての方法を遵守するものとされ，これを受けて平成 23 年 10 月 7 日付け厚生労働省・国土交通省告示第 5 号が，土地又は建物についての表示，施設または設備についての表示，居住部分の利用についての表示，介護サービスについての表示，高齢者生活支援サービスについての表示等につき，規定をおいています。

6　ホームページにおける記載について

　　従前，医療機関は，医療法に定められた限定的な事項しか広告をしてはならないとされていましたが，一方で，厚生労働省は，インターネット上のホームページにおける記載はこの規制対象に当たらないという立場をとっていました。

　　しかし，美容医療サービス等の分野におけるインターネット広告に関するトラブルの増加を受け，平成 30 年 6 月 1 日に，ホームページの記載も広告とし，表示適正の強化を求める改正医療法が施行されました。厚生労働省では，医業等に係るウェブサイトの監視体制強化事業を実施しており，不当な表示に対する監視を強めているところです。高齢者福祉サービス分野においても，今まで以上に広告や表示の適正化に慎重な対応が必要です。

Q 31 ｜ インターネット上の名誉毀損

　私たちが運営する有料老人ホームについて，インターネット上の匿名
口コミサイトに，「この老人ホームは，食事サービスが不衛生です。先
日は虫が混入していました。」という書込みがされました。この様な書
込みは根も葉もないもので，口コミサイトの管理人に削除要請をしまし
たが，対応してもらえません。匿名なので書込みをした人物すら分から
ないのですが，書込みの削除を求めたり，損害賠償を求めたりすること
はできるのでしょうか。

A
　書込みが虚偽で，施設運営者の名誉を毀損するものであれ
ば，口コミサイト運営者に対して削除を求めることができます。
　また，書込みをした者に対して損害賠償請求をすることなど
もできますが，匿名での書込みであれば，まずは，書込みをし
た者を特定するために，プロバイダ責任制限法に基づいて，口
コミサイトの管理者等に対し，書込みをした者の情報開示を求
めることになります。

1　インターネット上の情報発信の民事上の責任

(1)　公然と事実を摘示して，人の社会的評価を低下させる表現行為は，名
誉毀損として違法なものとなり，損害賠償責任（民法709条）が発生する
ことになります。但し，一方で，表現の自由（憲法21条）も重要な権利
ですから，その表現が，①公共の利害に関する事実に係り，②もっぱら
公益を図る目的に出た場合で，③摘示された事実が真実であることが証
明されたときは，その行為に違法性が無く，不法行為は成立しないもの
とされます（最高裁昭和41年6月23日判決）。なお，名誉毀損は，個人だ
けでなく，法人についても成立します（最高裁昭和62年4月24日判決）。

(2)　書込みが名誉毀損になるかについて，「社会的評価を低下させる表現」
であるかどうかがまず問題になるわけですが，「一般読者の普通の注意

と読み方」を基準に判断するとされています（最高裁昭和31年7月20日判決）。また，表現が，ある事実を基礎としての意見や論評にあたる場合には，その表現行為が，①公共の利害に関する事実に係り，②もっぱら公益を図る目的であった場合で，③意見や論評が前提としている事実が重要な部分について真実であるか，真実と信じるについて相当の理由があり，④人身攻撃に及ぶなど意見や論評の域を逸脱するものでない場合には，法的な責任を問われないものとされています（最高裁昭和62年4月24日判決，最高裁平成9年9月9日判決）。

(3)　本件の設問の発言は，明らかに有料老人ホーム（運営者）の名誉を毀損する表現行為ですが，「有料老人ホームの食事サービスが清潔かどうか」は，広く利用者の安全性等の利害に関わることですので，公共の利害に関する事実で公益目的があるとされる可能性があります。しかし，摘示された事実（不衛生・虫の混入）が真実でなかった場合には，違法に名誉を毀損した表現行為ということになります。

(4)　違法な表現行為については，表現をした者について，損害賠償請求を行うことができる（民法709条）他，表現の差止め・削除を求めることもできます。また，名誉毀損については，これらの民事上の請求の他に，刑事上の責任が課されることもあります（刑法230条）。

2　匿名による書込みへの対応

(1)　違法な表現行為がなされた場合，書込みをした者が判明していれば，その者に対して損害賠償請求が可能です。しかし，インターネット上での違法な書込みは，匿名で行われることが多く，まずは，誰が書込みをしたのか，請求する相手を特定する手続きをとることが必要になります。

(2)　特定のためには，特定電気通信役務提供者の損害賠償責任の制限及び発信者情報の開示に関する法律（プロバイダ責任制限法）に基づく手続を行うことになります。

　　まず，書込みが行われた口コミサイト等の管理事業者に対し，違法な

　書き込みを行った者を特定する情報の開示を求めます（発信者情報開示請求）。氏名や住所の開示も求めることができることになっていますが，口コミサイト等の管理事業者はこれらを把握していないことが多く，その場合には IP アドレスやタイムスタンプの取得を目指すことが通常です。なお，プロバイダ責任制限法関連情報 web サイト[1] には，発信者情報開示請求の書式が掲載されています。

　しかし，プロバイダ責任制限法が，開示を求めることができる要件として「侵害情報の流通によって当該開示の請求をする者の権利が侵害されたことが明らかであるとき」などを定めている（同法 4 条 1 項 1 号）ことから，これが明らかでないことを理由に開示を拒む事業者もおり，その場合には，裁判上の手続によって開示を求めざるを得ないことになります。裁判上の手続としては，後述のように IP アドレスとタイムスタンプを利用した発信者の特定をするために時間が限られていることから，速やかな判断が受けられる仮処分によることになります。

(3)　口コミサイト等の管理事業者から，IP アドレスとタイムスタンプを入手することができたら，開示された IP アドレスから，当該 IP アドレスについてのインターネットサービスプロバイダ又は携帯電話会社を調べます。これは，WHOIS[2] などのウェブサイトを利用することで特定可能です。

(4)　プロバイダ又は携帯電話会社が把握できたら，これらの業者に対し，違法な書込みの投稿時間にこの IP アドレスを割り当てた契約者の氏名と住所の開示を求めることになります。プロバイダや携帯電話会社が，任意の開示請求に応えない場合には，裁判上の手続をとらなければならないことは上記と同様です。

　なお，IP アドレス，タイムスタンプとプロバイダの契約者である発

1　http://www.isplaw.jp/

2　https://whois.jprs.jp/

　　信者を結びつけるログの保存期間は一般的に短期間（数か月）と言われており，速やかに手続を行う必要があります。

⑸　このように違法な書込みを行った発信者を特定して，ようやく発信者に対する損害賠償請求ができることになります。

Q 32 ｜ 苦情解決制度づくり

高齢者福祉サービス事業者は，苦情解決体制をどのように作っていくべきでしょうか。

A
社会福祉法は，社会福祉事業者に対して，苦情解決義務を課しており，これを受けて，厚生労働省は，苦情解決の仕組みに関する指針を示しています。また，高齢者虐待防止法では，苦情処理体制の整備義務が定められており，介護保険対象事業については，各運営等基準で苦情処理体制の整備義務が定められています。

事業者は，利用者からの苦情を「サービスの質を向上させる手段」や「情報の宝庫」として前向きにとらえて，高齢者福祉サービスの利用者の満足を高めたり，虐待を防止するために，苦情を積極的に受け付け，解決する仕組みを構築することが必要です。

1　苦情解決の仕組み構築の目的

社会福祉法には，高齢者福祉サービス事業者を含む社会福祉事業者[1] に対して，利用者等からの苦情について適切に解決するよう努める義務が定められています（同法82条）。これを受けて，介護保険対象事業に関する運営等の基準となる「介護老人保健施設の人員，施設及び設備並びに運営に関する基準」（同基準34条，50条）や，「指定居宅サービス等の事業の人員，設備及び運営に関する基準」（同基準36条，54条，74条，83条，91条，105条，109条，119条，114条等）などにおいても，苦情処理体制の整備義務

1　老人福祉法に規定する老人居宅介護等事業，老人デイサービス事業，老人短期入所事業等が社会福祉事業とされています（社会福祉法2条3項4号）。

が定められています。また，高齢者虐待防止法にも，高齢者虐待防止策の一つとして苦情処理体制の整備が義務付けられています（同法20条）。すなわち，苦情を受け付け，解決する体制の整備は，高齢者福祉サービス事業者の重要な責務といえます。

　この苦情解決制度の目的は，苦情への適切な対応により，利用者の満足を高め，早急な虐待防止対策を講じ，利用者個人の権利擁護と福祉サービスの適切な利用を促進すること，そして苦情の円滑・円満な解決の促進や，高齢者福祉サービス事業者の社会的信頼や適正性の確保を図ることにあります。

　また，高齢者虐待事案の中には，その兆候を早期に察知して具体的な対応策が採られていれば，虐待の発生を防止できた例も多くあります。高齢者虐待の早期発見・防止の観点からも，高齢者福祉サービス事業者が苦情処理制度を確立して実際に機能させることは重要なことといえます。

2　苦情解決体制の内容

　社会福祉法82条の苦情解決に関して示された「社会福祉事業の経営者による福祉サービスに関する苦情解決の仕組みの指針について」（平成12年6月7日付厚生省関係四部局長通知。平成29年3月7日付改正。以下「指針」といいます。）では，社会福祉事業者等が，苦情解決に取り組む指針として，以下のとおりの苦情解決の体制や手順等を示しています。必ずしもこの指針どおりの内容の苦情解決体制を構築することが法的に義務づけられているわけではありませんが，高齢者福祉サービス事業者にはこの指針を参考に苦情解決体制を整備することが望まれます。

(1)　苦情解決体制

　指針では，苦情解決体制として①苦情解決責任者，②苦情受付担当者，③第三者委員を設置することとしています。

　ア　苦情解決責任者とは，苦情解決の責任主体を明確にするために置かれるもので，施設長や理事等がなるべきものとされています。

イ　苦情受付担当者とは，サービス利用者が苦情の申出をしやすい環境を整えるために置かれるもので，職員から任命されます。その職務は，利用者からの苦情の受付や，苦情内容の確認と記録，苦情や改善状況等の苦情解決責任者と第三者委員への報告などが挙げられます。

ウ　第三者委員とは，苦情解決に社会性や客観性を確保し，利用者の立場や特性に配慮した適切な対応を推進するために設置されるもので，利用者と事業者が対等にコミュニケーションし，苦情を透明・公正に解決する役割を負っています。第三者委員は，事業者に申出のあった苦情の報告・対応だけでなく，利用者から直接苦情を受け付けたり，日常的な状況把握や，利用者から直接に意見を聞いたり相談に応じる活動が期待されています。

なお，第三者委員の選任については，複数で，苦情解決を円滑・円満に図ることができ，世間からの信頼性を有する者であることが必要です。指針には例示として，評議員，監事，社会福祉士，民生委員・児童委員，大学教授，弁護士などが挙げられています。

高齢者福祉サービス事業者は，経営するすべての事業所・施設の利用者が第三者委員を活用できる体制を整備することとされていますが，一方，複数事業者や複数法人が共同で第三者委員を設置することも可能とされています。

なお，この第三者委員は苦情処理体制を有効に機能させるためには非常に重要なものですが，いまだに第三者委員の設置をしていない，若しくは公平性・中立性が充分に担保されていない第三者委員が選任されているケースもあるといわれています。

(2)　苦情解決の手順

指針では，苦情解決の手順につき，次のような定めがあります。

ア　利用者への周知

まず，苦情解決責任者は，施設内への掲示やパンフレットの配布等により，苦情解決責任者，苦情受付担当者及び第三者委員の名前や連絡

先，苦情解決体制の内容について，利用者に対して周知をします。また，有料老人ホームの場合には，「有料老人ホームの設置運営標準指導指針について」に基づく重要事項説明書においても，苦情・事故等に関する体制の欄で説明がなされます。これ以外にも，広報誌への掲載や，家族会や保護者会等の場での説明を行うことも考えられます。

イ　苦情の受付

苦情受付担当者は，利用者等からの苦情を随時受け付けます。そして，①苦情の内容，②苦情申出人の希望等，③第三者委員への報告の要否，④苦情申出人と苦情解決責任者の話し合いへの第三者委員の助言・立会の要否，を書面に記録し，その内容について苦情申出人に確認します。③④が不要な場合は，苦情申出人と苦情解決責任者の話し合いによる解決を図ることになります。

サービス提供時の利用者との何気ない会話の中に，サービスに対する意見や要望が含まれていることもあります。大きな苦情ではなくても，利用者が日頃心に秘めている意見・要望などを重要なものと考えて，職員全員が意識して適切な対応をすることが重要です。

ウ　苦情受付の報告・確認

苦情申出人の明確な拒否がない限り，苦情受付担当者が受け付けた苦情はすべて苦情解決責任者及び第三者委員に報告します。第三者委員は，この報告内容を確認するとともに，苦情申出人に対して報告を受けた旨を通知します。

エ　苦情解決に向けての話し合い

苦情解決責任者は苦情申出人との話し合いによる解決に努める必要があります。第三者委員が立ち会う話し合いの場合には，以下の順序で進行します。

① 　第三者委員による苦情内容の確認

② 　第三者委員による解決案の調整，助言

③ 　話し合いの結果や改善事項等の書面での記録と確認

　なお，高齢者虐待に関する苦情があった場合には，すみやかに関係者から事情聴取等を行って事実を確認し，市町村への届出等を検討することになります。この場合の対応についてはQ43を参照してください。

オ　「苦情」の内容

　なお，高齢者福祉サービスへの苦情としては，広く「意見や要望」，「請求」，「責任追及」の各段階を含むものと考えられます。速やかな解決を明確に要求される事柄もあれば，そうではないこともあり，制度的，資源的に解決不可能なこともあれば，取り組めば何とかなりそうなこともあります。事業者から見て，わがままと思われることでも，まずは，申出者が苦情と感じることを，広く苦情として受け止めることが必要です。

　この制度の目的は苦情ゼロではありません。苦情は「サービスの質を向上させる手段」，「情報の宝庫」として前向きにとらえて事業所の運営に役立てていくことが求められています。

カ　苦情解決の記録，報告

　苦情受付担当者は，苦情受付から解決・改善までの経過と結果について書面に記録し，一定期間毎に苦情解決結果について第三者委員に報告し，必要な助言を受けます。また，苦情解決責任者は，苦情申出人に改善を約束した事項について，苦情申出人及び第三者委員に対して，一定期間経過後に報告します。

キ　解決結果の公表

　利用者によるサービスの選択や事業者によるサービスの質や信頼性の向上を図るため，解決結果については，個人情報に関するものを除き，インターネットを活用したり，事業報告書や広報誌等に実績を掲載し，公表することになります。

3　運営適正化委員会

　福祉サービス利用援助事業の適正な運営を確保するとともに，福祉サー

ビスに関する利用者等からの苦情を適切に解決するため，都道府県社会福
祉協議会に，運営適正化委員会が設置されています（社会福祉法83条）。運
営適正化委員会は，福祉サービスに関する苦情について解決の申出があっ
たときは，その相談に応じ，申出人に必要な助言をし，当該苦情に係る事
情を調査して，福祉サービス事業者の同意がある場合には，苦情の解決の
あっせんを行います（同法85条1項・2項）。

　なお，運営適正化委員会は，高齢者福祉サービス利用者の処遇に不当な
行為が行われているおそれがあると認めるときは，都道府県知事に対し，
速やかに，その旨を通知する義務を負っています（同法86条）。

第5章

介護事故

第 5 章

介護事故

Q 33 | 介護事故に対する事業者の責任

高齢者福祉サービス提供時において介護事故が発生した場合，介護事業者はどのような責任を負いますか。

A 高齢者福祉サービス提供時において介護事故が発生した場合に負うべき責任には，行政上の責任，刑事上の責任，民事上の責任があります。

1　行政上の責任

行政上の責任とは，行政から許認可等を受ける事業者に対して科される処分です。許認可が取り消されることが典型例です。介護事故の原因が運営基準・設備基準・人員基準に満たなかったと評価される場合は，指定の取消しや指定の効力停止などの措置がとられることがあります。

2　刑事上の責任

刑事上の責任とは，行為者が刑罰として負わなければならない責任です。

介護事故において問題となり得るのは，業務上過失致死傷罪（刑法211条）です。施設の職員の介護ミスにより利用者が負傷・死亡した場合，当該職員には業務上過失致死傷罪が成立します。同罪が成立すると，5年以下の懲役もしくは禁錮または100万円以下の罰金が科されます。事業者が法人の場合には，業務上過失致死傷罪には法人の処罰規定がない以上，同罪は成立しません。事故を起こした当該職員とは別に，法人の代表取締役や施設の長などにも業務上過失致死傷罪が成立するかが問題となります。

この点については，代表取締役や施設の長が職員に過酷な勤務体制を強いており，それが利用者の負傷・死亡の結果につながっている場合，代表取締役や施設の長にも業務上過失致死傷罪が成立することはあり得ます。事業者が法人ではなく個人事業の場合，前記のような要件を満たす場合に

は，個人事業者に業務上過失致死傷罪が成立することもあり得ます。

　火事の事例ですが（前橋地裁平成25年1月18日判決），施設が火事になった場合に，施設の長に業務上過失致死罪の成立を認めた裁判例があります。

3　民事上の責任

　民事上の責任には，債務不履行責任（民法415条）と不法行為責任（同法709条以下）があります。これらの責任が成立すると，事業者は，利用者に対して，損害賠償義務を負います。事業者と利用者とは契約関係（施設利用契約，介護サービス提供契約等）にありますから，介護事故が発生した場合の民事上の責任には債務不履行が考えられます。しかし，契約関係にあっても不法行為も成立し得るので，不法行為責任も考えられます。

　債務不履行の消滅時効は10年，不法行為の消滅時効は3年となっています。

　ただし，平成29年5月26日に成立した民法の一部を改正する法律（平成29年法律第44号）により，生命・身体の侵害による不法行為の損害賠償請求権は，生命身体が保護する必要性の高い権利であることから，財産権等の侵害などによる他の損害賠償請求権とは異なる取扱いをすることとし，特例として，損害及び加害者を知った時から5年間行使しないときは時効によって消滅すると改められ，時効期間が延長されることになりました（改正後の民法724条の2）。

　また，生命・身体の侵害による損害賠償請求権を債務不履行に基づき行使する場合においても，権利を行使することができることを知った時から5年間行使しないとき，または，権利を行使することができる時から20年間行使しないときのいずれか早く到達するときに時効によって消滅することとなりました。（改正後の民法166条・167条）。その結果，生命・身体の侵害による損害賠償請求権は，不法行為に基づく場合においても，債務不履行に基づく場合においても時効期間が一致することになりました。

4　債務不履行責任

(1)　履行補助者の故意・過失

　　事業者と利用者との間には施設利用契約ないしは介護サービス提供契約が存在します。介護事故が発生した場合，債務者である事業者に契約違反があれば，債務不履行責任が生じます。

　　利用者と契約関係にあるのは事業者です。契約当事者ではない施設の職員，施設長などは事業者の履行補助者と評価されます。履行補助者の故意・過失は，事業者の故意・過失と同視されます。

(2)　過失の立証責任

　　不法行為の場合，事業者に過失があることの主張立証責任は利用者にあります。これに対し，債務不履行の場合には，事業者が「債務者の責めに帰すべき事由によらないこと」を立証する必要があります。利用者は過失の立証責任を負いませんが，事業者の過失の内容，注意義務違反の内容を特定する必要はあります。

(3)　安全配慮義務

　　介護事故で最も問題となる債務者の義務は，安全配慮義務です。介護サービスを提供する事業者は，契約に従い，利用者に対して介護サービスを提供する義務を負います。しかしながら，ただサービスを提供すればよいわけではありません。利用者の生命・身体・財産といった権利，利益を侵害することなく安全にサービスを提供することが求められています。

　　このような義務を安全配慮義務といい，判例上も，最高裁昭和50年2月25日判決（民集29巻2号143頁）で認められました。

5　不法行為（一般的不法行為）

(1)　責任を負う主体

　　契約関係のない者同士の間において，加害者が被害者に対して損害を与えた場合に，不法行為（民法709条）が成立します。当事者間に契約関係がある場合でも，不法行為の成立要件を満たす以上，不法行為は成立します。

　介護事故の場合，実際に介護を担当していた職員に故意・過失が認められると職員に不法行為（同法 709 条）が成立します。施設の長などに過失が認められる場合には，同人に不法行為が成立する余地があります。また，高齢者福祉サービス事業者が法人の場合には法人に不法行為が成立する余地があるとともに，代表取締役に過失が認められる場合には当該代表取締役などにも不法行為が成立する余地があります。

(2)　不法行為（民法 709 条）の成立要件

　ア　故意・過失

　　行為者に故意・過失が必要です。故意とは，結果の発生を認識しながら，あえて加害行為をすることをいいます。過失とは，注意義務に違反する行為です。具体的にいうと，「予見可能性・結果回避可能性があることを前提に，結果回避義務を尽くさなかった場合」といえます。

　イ　権利・法益侵害

　　加害行為により，権利や法律上保護に値する利益が侵害されたことが必要です。

　ウ　損　害

　　加害行為により権利・法益侵害がなされた結果，損害が発生することが必要です。損害とは，一般的には，事故前の財産状態と事故後の財産状態の差額と理解されています（差額説）。

　エ　因果関係

　　加害行為と結果との間に因果関係がなければ不法行為は成立しません。条件関係があること（加害行為なければ結果なし）を前提に，当該行為から損害が発生するのが社会通念上相当であると認められる場合に，因果関係が認められます（相当因果関係説）。

　　介護事故の場合，被害者は高齢であるが故に事故前から疾病を有していることも少なくないので，加害行為と損害との間の相当因果関係が問題となる場合は少なくありません。

オ　責任能力

　　不法行為が成立するためには，加害者に責任能力が必要です（民法
712条，713条）。10歳から12歳ぐらいまでに備わるとされていますが，
概ね小学校を卒業する12歳くらいの能力があるかどうかが責任能力の
有無の判断の目安となります。

　　施設の職員の責任能力に疑義が生じるケースはそれほどないとは思い
ます。入居者同士の喧嘩などにおいて，認知症の利用者が加害行為を
行った場合，当該利用者に責任能力がないことがあり得ます。このよう
な場合は，責任無能力者の監督義務者の責任（同法714条）が問題となり
ます。

6　特殊的不法行為

(1)　特　則

　　不法行為の特則として規定されているものは，責任無能力者の監督義務
者の責任（民法714条），使用者責任（同法715条），工作物責任（同法717条）
です。

(2)　責任無能力者の監督義務者の責任（同法714条）

　　精神障害や認知症などにより自己の行為の責任が全く理解できない人
は，責任能力を欠くので，不法行為責任を負いません（同法713条）。

　　この場合，責任無能力者（責任能力を欠く者）を監督する義務のある者が
負う責任が，責任無能力者の監督義務者の責任（同法714条）です。過失の
立証責任が転嫁されており，責任無能力者を監督する義務を負う者が，
「その義務を怠らなかったこと」を明らかにできなければ責任を免れるこ
とはできません。

　　監督義務者に代わって監督を行う代理監督義務者も本来の監督義務者と
同様の責任を負うとされています（同法714条2項）。利用者同士のトラブ
ルにより誰かが負傷したという場合には，特別養護老人ホーム，その施設
長，職員などが代理監督者に当たるかが問題となります。

(3)　使用者責任（民法715条）

　　介護事故においては，被害者に対する賠償能力の関係上，事業者の使用者責任が問われることが多いと思われます。使用者責任とは，事業のため他人（被用者）を使用している者（使用者）が，被用者が事業の執行として行った加害行為について，被用者とともに負う責任のことです。他人を使用することによって利益を得ている者は，それに伴う危険・不利益も甘受しなければならないという報償責任の考え方に基づくものです。

　　使用者責任においては，行為者に不法行為（同法709条）が成立することを前提に，使用者が「被用者の選任・監督を怠らなかったこと」，すなわち，自分に落ち度がないことを明らかにできなければ責任を免れることはできません。過失の立証責任が転嫁されています。

(4)　工作物責任（民法717条）

　　高齢者福祉サービス施設で事故が発生し，施設の設置・構造が事故の原因となっている場合には工作物責任の成否が問題となります。工作物責任は，危険な物を管理している者は，その危険が顕在化したとき責任を負わなければならないという危険責任の考え方に基づくものです。

　　工作物責任は，一次的には，占有者が「その損害発生の防止に相当な注意をしたこと」を明らかにできなければ責任を免れることはできません。過失の立証責任が転嫁されています。占有者に落ち度がないことが明らかになると，二次的に，所有者が責任を負います。

　　所有者の責任は無過失責任であり，工作物に瑕疵がある場合には責任を免れることはできません。「瑕疵」とは，その物が通常備えているべき安全性を欠いていることです。高齢者福祉サービス施設であれば，その施設にふさわしい安全性を備えていることが必要です。

7　過失相殺，素因減額

(1)　過失相殺

　　損害の発生や拡大について被害者に落ち度が認められる場合でも，それ

を無視してすべての損害を加害者に転嫁するのは社会通念上不公平です。そこで，民法では，被害者の落ち度を損害賠償額の算定において斟酌する過失相殺という制度が定められています（民法418条）。不法行為においても過失相殺は認められています。

　過失相殺をするには，「過失相殺能力」すなわち，被害者に事理を弁識する能力が備わっていることが必要とされています。事理弁識能力とは物事の善し悪しを判断できる能力で，小学校低学年程度（7歳ぐらい）になれば備わるとされています。

　Q36の転倒の裁判例13では，過失相殺能力が問題となっています。

　また，被害者本人の落ち度とはいえなくても，被害者の家族など，身分上または生活関係上一体をなすとみられる関係にある者の落ち度も「被害者側の過失」として斟酌されることが判例で認められています。

(2)　素因減額

　素因減額とは，被害者に実際に生じた損害が，当該不法行為によって通常発生するだろうと考えられる損害の程度と範囲を超えている場合に，当該損害の拡大が被害者自身の精神的要素（心因的要因）や事故前から有していた既往症（身体的要因）に原因があると認められると，その損害の拡大部分については被害者の自己負担とする取扱いのことをいいます。過失相殺にいう被害者の落ち度に値するものでなくても，損害の拡大に寄与する被害者側の事情が認められる場合，それを損害賠償額の算定において斟酌するという考え方です。

　被害者側の事情によって損害賠償額を減額する点が過失相殺と共通するので，裁判所は，過失相殺の類推適用によってその結論を導いています。

　素因の影響度合い，寄与度に応じて損害額を減額します。介護事故においては，被害者が何らかの素因を有していることも少なくないので，素因減額されることがあり得ます。

Q 34 │ 介護事故における安全配慮義務と過失

介護事故が発生した場合に民事上の責任が問題となりますが，民事上の責任の前提となる安全配慮義務と過失について教えてください。

A 　安全配慮義務は，最判昭和 50 年 2 月 25 日に，雇用契約の事案で認められた義務です。この判例では，安全配慮義務は生命・健康に対する危険から被用者を保護すべき義務と述べられました。高齢者福祉サービス契約においては，施設側に利用者に対する安全配慮義務が課されており，この義務に違反したことを根拠に，施設側が損害賠償義務を負わされることになります。安全配慮義務は，注意義務の一つです。

　過失とは，予見可能性・結果回避可能性があることを前提に，結果回避義務を尽くさなかったことです。

1　注意義務と安全配慮義務

(1)　注意義務とは，ある行為をする際に一定の注意を払う義務をいいます。ある行為をしたこと（作為），あるいはある行為をしなかったこと（不作為）につき，過失として法律上の責任（債務不履行，不法行為）が生じるのは，当事者に注意義務が課せられている場合に限られます。注意義務が課せられていない場合には，過失の有無という問題は生じません。

　安全配慮義務は，注意義務の一つです。

(2)　安全配慮義務

　ア　最高裁昭和 50 年 2 月 25 日判決（民集 29 巻 2 号 143 頁）

　　最高裁は，以下のように述べて，それまでドイツ民法で認められていた安全配慮義務を認めるに至りました。

　　「思うに，国と国家公務員（以下「公務員」という。）との間における主要な義務として，法は，公務員が職務に専念すべき義務（条文省略）並

びに法令及び上司の命令に従うべき義務（条文省略）を負い，国がこれ
に対応して公務員に対し給与支払義務（条文省略）を負うことを定めて
いるが，国の義務は右の給付義務にとどまらず，国は，公務員に対し，
国が公務遂行のために設置すべき場所，施設もしくは器具等の設置管理
又は公務員が国もしくは上司の指示のもとに遂行する公務の管理にあ
たって，公務員の生命及び健康等を危険から保護するよう配慮すべき義
務（以下「安全配慮義務」という。）を負っているものと解すべきである。

　もとより，右の安全配慮義務の具体的内容は，公務員の職種，地位及
び安全配慮義務が問題となる当該具体的状況等によって異なるべきもの
であり，自衛隊員の場合にあっては，更に当該勤務が通常の作業時，訓
練時，防衛出動時（条文省略），治安出動時（条文省略）又は災害派遣時
（条文省略）のいずれにおけるものであるか等によっても異なりうべきも
のであるが，国が，不法行為規範のもとにおいて私人に対しその生命，
健康等を保護すべき義務を負っているほかは，いかなる場合においても
公務員に対し安全配慮義務を負うものではないと解することはできない。

　けだし，右のような安全配慮義務は，ある法律関係に基づいて特別な
社会的接触の関係に入った当事者間において，当該法律関係の付随義務
として当事者の一方又は双方が相手方に対して信義則上負う義務として
一般的に認められるべきものであって，国と公務員との間においても別
異に解すべき論拠はなく，公務員が前記の義務を安んじて誠実に履行す
るためには，国が，公務員に対し安全配慮義務を負い，これを尽くすこ
とが必要不可欠であり」と述べています。

イ　介護事故における安全配慮義務

①　施設と利用者

　安全配慮義務は，契約に基づく特別の社会的接触関係で発生するの
で，施設利用契約に基づき，高齢者施設と利用者の間でも発生しま
す。すなわち，施設は，利用者に対し，施設利用のサービスを提供す
る義務のほか，施設利用のサービスを提供するにあたって，利用者の

生命・身体・財産に損害を与えてはならないという信義則上の義務を負っています。安全配慮義務は信義則に基づくものですから，施設利用契約書に記載がなくても発生します。

②　免責条項

施設利用契約書に，施設はいかなる事故が起きた場合にも一切責任を負わないという免責条項を記載していたとしても，この免責条項によって免責されることはありません。

施設は事業者，利用者は消費者という立場にあります。従って，施設利用契約も，当然に消費者契約法の適用対象となります。よって，施設の安全配慮義務違反により債務不履行や不法行為が成立する場合に，一般消費者である利用者が受けた損害を賠償する責任を全部免責する条項は，消費者契約法8条（不当条項）により無効とされます。

2　過　失

(1)　過失は，結果の発生が予見可能であり（予見可能性），かつ，その結果の発生を回避できる可能性（結果回避可能性）があったにもかかわらず，不注意により結果の発生を予見しなかったか，結果の発生を回避することができなかった（結果回避義務違反）場合に成立します。

(2)　予見義務

ア　予見義務が課される前提として，予見可能性が認められる必要があります。

イ　可能予見性を判断する際には，当該行為者ではなく，抽象的に，一般人を基準として判断します。ただし，全くの抽象的な一般人を基準とするのではなく，その行為者の生活領域及び行動レベルにおける一般人を基準にします。

したがって，介護事故においては，介護に関わったことがない一般人を基準とするのではなく，介護に携わる専門家として一般的な人を基準として判断することになります。

(3)　結果回避義務

　ア　具体的に結果を回避する有効な手段が存在し（結果回避可能性），その
　　有効な手段をとることが可能であったにもかかわらず，その手段をとら
　　なかったという場合に，結果回避義務違反があることになります。

　イ　結果回避可能性の有無についても，予見可能性と同様，介護に携わる
　　専門家として一般的な人を基準にして判断することになります。

3　転倒事故を例にした予見義務，結果回避義務

(1)　事業者は，施設利用契約に基づき，利用者に対し安全配慮義務を負って
　います。そして，事業者は，安全配慮義務に基づき，利用者が転倒しない
　ように注意する義務を負っています。

(2)　事業者に安全配慮義務違反が認められるかどうかを検討するには，次の
　ように検討していくことが必要です。

　ア　まず，利用者が転倒することを予見できること（予見可能性）が必要で
　　す。

　　　予見可能性があるのに予見しなかった場合には過失が認められます。

　イ　そして，当該結果を回避する具体的な方法があったにもかかわらず
　　（結果回避可能性），その具体的な方法をとらなかったという場合（結果回避
　　義務違反）には過失が認められます。

(3)　介護事故が発生し，過失の有無が争点となった場合，予見可能性，結果
　回避可能性を判断するためには，日々の介護日誌等の記録が非常に大切で
　す。

　　介護施設に入所している高齢者は，足腰が弱っていて転倒の危険性があ
　るのではないかという先入観をもたれがちです。しかし，利用者の普段の
　生活の様子について，足腰は丈夫で，歩行の際，ベッドに上がり下りする
　際，椅子に腰かける際，立ち上がる際，歩行の際，何ら支障がないことが
　介護日誌から明らかになれば，たとえ利用者が転倒して負傷したとして
　も，職員・施設には予見義務違反が認められない，または仮に予見義務違

　反が認められたとしても結果回避義務違反が認められないと判断され，過
　失が否定される可能性があります。

4　過失の認定について参考となる裁判例

(1)　過失の認定について参考となる裁判例として，東京地裁平成8年4月
　15日判決（判時1588号117頁）があります（Q36の「転落の裁判例1」参照）。
　　　上記判決は，軽度の認知症状態がみられ，かつパーキンソン病であった
　女性が病院に入院中にベッドから転落してくも膜下出血で死亡した事案に
　おいて，予見可能性，結果回避義務（作為義務）の具体的な内容につい
　て，詳細に検討しています。

(2)　予見可能性について
　ア　利用者がベッドから転落することについての予見可能性
　　　「平成2年7月29日に，利用者Xがベッドから転落し側頭部を打撲
　　した後，担当医師と看護師らの間で，できるだけXの病室を訪れ，動
　　静に注意することとし，看護計画には，Xが“夜間ベッドから落ちる”
　　という問題点に対し，具体策として，“危険防止”“頻回に訪室する”こ
　　とが記載された。
　　　以上の各事実に照らすならば，少なくとも7月29日のXの転落以降
　　は，Xがベッド上に立ち上がり，不安定な歩行により，再度ベッドか
　　ら転落することを予見することは可能であり，現に担当医師及び看護師
　　らはその危険性の認識を有していたことが認められる。」
　イ　利用者がベッドから転落した結果，死亡に至ることについての予見可
　　能性
　　　「転落の結果，Xが死に至る傷害を負うことの予見については，平成2
　　年7月29日にXがベッドから転落した際，頭部を打撲していること，
　　パーキンソン病と診断されていたXの前記病状，Xが当時78歳という
　　高齢であったことに照らすと，Xがベッド上からの転落の際，頭部を
　　庇う等の有効な防御方法をとらないまま頭部を強打し，その結果死亡も

含めた重大な結果が発生することを具体的に予見し得たと認められる。」

(3)　結果回避義務について

　「一般に，病院に入院中の患者に一定の危険が生ずることが予測される場合，その患者の担当医師はその結果発生を防止するために一定の作為義務を負うか，また具体的にいかなる作為義務を負うかは，医師の専門的判断に基づく裁量の範囲があることを前提とし予想される結果の重大性，予測される結果発生の蓋然性，結果発生を防止する措置の容易性，有効性，その措置を講ずることによる医療上ないし看護上の弊害等を総合考慮して判断すべきであると考えられる。

　本件においては，予測される結果はXがベッドから転落し頭部を打撲して負傷ないし死亡することであり，その結果は重大である。

　また，先に認定したとおり，Xは痴呆状態（原文ママ）のため危険性を十分理解しないでベッド上に立ち上がることがあったこと，平成2年7月29日のXの頭部打撲もベッドから転落したことにより生じたものと認められることの各事実に照らすなら，Xが再度ベッドから転落して死亡を含めた重大な結果が生ずる蓋然性が相当程度あったと認められる。

　右予測される結果の重大性及び結果発生の蓋然性に鑑みるなら，担当医師らはXがベッドから転落するのを防止するのに有効な措置を講ずる一定の作為義務があったと言うべきである。

（中略）

　以上によれば，巡回の頻度を多くしてXの動静に注意することは，転落防止に必ずしも万全の方法とは言えないが，出来るだけXの身体の自由を拘束せず，危険発生の蓋然性とリハビリの必要性とを調整する，現実的かつ比較的容易な手段であると考えられ，外に有効で，かつ弊害のない看護上の通常の手段が認められないことに照らし，さらに原告がXの精神安定のため付添いをしており，ある程度原告にXの身体の安全について期待できる状況にあったことを考慮すると，合理的な看護方法として容認される。

　　そして，本件においては，右方法が担当医師及び看護師らの間で看護方針として取決められ，患者側からその確実な履行が期待されていたものと考えられ，平成2年7月30日以後は，Xの看護において，安全配慮上の義務となっていたと認められる。

　　その頻度は，Xの動静にもより，一概に決められないが，《証拠略》によれば，Xの入院していた病棟においては，通常午後9時から午前6時までの間，最低一回以上訪室していたということであり，転落を防止するという目的及び頻回に訪室するという前記看護方針に照らすと，一時間に一回よりは多くXの病室を巡回して，その動静を観察することが期待されていたと考えるのが相当である。

（中略）

　　以上によれば，看護師らは，前記看護方針に従い，頻繁に巡回し，Xの転落による危険発生の防止に務める義務を履行していなかったと認めるのが相当であり，担当医師には右義務履行のための具体的な看護態勢をとる指示監督義務を怠った過失が認められる。」

5　高齢者福祉サービス施設と職員との間の安全配慮義務

(1)　職員が利用者から暴力を受けた場合

　　雇用契約の付随義務として，高齢者福祉サービス施設と職員との間でも安全配慮義務は発生します。職員が利用者から暴力を受けた場合，施設は，職員に対し，安全配慮義務違反により損害賠償義務を負う可能性があります。

(2)　職員間でパワハラ，セクハラ，いじめがある場合

　　施設と職員との間でも安全配慮義務が認められるので，職員間でパワハラ，セクハラ，いじめがあった場合に，施設は被害を受けた職員に対し，安全配慮義務違反により損害賠償義務を負う可能性があります。

Q 35 | 介護事故の類型と介護事故への対応策

介護事故には，どのような類型がありますか。介護事故が起こる原因は何でしょうか。介護事故への対応策はどのようなものがありますか。

A
　介護事故とは，利用者が介護サービスを利用している間に発生する事故のことをいいます。介護事故には，転倒事故，転落事故，誤嚥・異食事故，食中毒・感染症，褥瘡[1]，無断外出・徘徊，利用者同士のトラブルによる傷害などがあります。

　介護事故の発生を防止するには，介護事故を分類し，その発生の原因を調査・分析して対策を立て，職員に対する研修・勉強会を通じて，職員に適切な介護をしてもらうことが重要です。

　介護事故に共通する対応策としては，利用者の状況の再確認とその徹底・周知，援助時の職員体制の徹底，援助時の環境整備が挙げられます。

1　介護事故の類型

(1)　介護事故の種類

　特別養護老人ホームにおいては，転倒事故，誤嚥事故，転落事故の順で発生しています。発生率は，転倒事故が50％，誤嚥事故が9.3％，転落事故が9.3％です（厚生労働省「福祉サービスにおける危機管理（リスクマネジメント）に関する取り組み指針～利用者の笑顔と満足を求めて～」平成14年3月28日を参考）。

1　褥瘡とは，利用者が長期にわたり同じ体勢で寝たきり等になった場合，体とベッドとの接触部分に圧力がかかり，血行が不全となって，周辺組織が壊死することをいいます。

⑵　発生原因による介護事故の分類

　ア　職員の監視不十分

　　　高齢者福祉サービス施設の職員が目を離した隙に事故が発生する場合
　　があります。転倒事故，転落事故，誤嚥・誤飲，利用者同士のトラブル
　　などは職員の監視が不十分であることが原因で発生することが多いです。

　イ　介護ミス

　　　職員が介護行為をする際に，不適切な介護をしたことにより生じる事
　　故です。褥瘡，誤嚥・誤飲などは，介護ミスが原因で発生することが多
　　いです。

　ウ　高齢者福祉サービス施設の設備の不備・不良

　　　事業者が施設の設備の管理を十分に行っていなかったために，あるい
　　は修理を行っていなかったために生じる事故です。転倒事故・転落事故
　　があり得ます。工作物責任（民法717条）と関連します。

2　転倒事故

⑴　移乗時の転倒

　ア　ベッドと車椅子間の移乗時における転倒

　　㋐　具体例

　　　a　ベッドから車椅子に移乗する際に，利用者がバランスを崩して尻
　　　　から落ちた。

　　　b　車椅子のブレーキの掛け方が不十分であったために，利用者が車
　　　　椅子ごと転倒した。

　　　c　車椅子からベッドへ移乗する場合に，利用者の衣服がハンドグ
　　　　リップに引っかかって利用者が転倒した。

　　㋑　発生要因

　　　a　介助者の人数が足りなかった。

　　　b　介助者や利用者が車椅子の基本操作の確認を怠った。

　　　c　利用者に対する見守りや事故の予測が不十分だった。

　　㈦　対応策

　　　a　車椅子とベッドの配置方法やベッドの高さに問題がないか検討する。

　　　b　基本的な介護の徹底を促す。

　イ　ベッドとポータブルトイレ間の移乗時における転倒

　　㈠　具体例

　　　a　ポータブルトイレへ座るときに利用者が目測を誤って転倒した。

　　　b　利用者の体を支えきれずに介助者が利用者と一緒に転倒した。

　　㈡　発生要因

　　　a　職員の見守りや介助者の人員不足。

　　　b　1人でも大丈夫だという判断の誤り。

　　㈦　対応策

　　　a　ベッドからポータブルトイレに移乗するときの手摺りを設置する。

　　　b　ポータブルトイレの位置を検討する。

　　　c　夜間の巡回を頻繁に行う。

　　　d　ポータブルトイレを廃止して，トイレのときは職員が必ず介助して，あとはおむつで対応する。

⑵　施設敷地内移動時の転倒

　ア　歩行している際の転倒（杖の使用を含む。）

　　㈠　具体例

　　　a　段差や物品等につまずいて転倒した。

　　　b　廊下が水滴で濡れていて滑って転倒した。

　　　c　足のもつれ，ふらつきにより転倒した。

　　　d　てんかん等，発作により転倒した。

　　㈡　発生要因

　　　a　利用者の能力等の把握不足とそれに伴う見守りの不足や油断。

　　　b　利用者の歩行ペース等に合わない援助。

　　　c　廊下等の段差や水滴，通路等に物が置いてあった。

　　　d　利用者が階段を移動する際に手摺りを使用していない。

　　　(ウ)　対応策

　　　　a　移動距離を短くするために居室を変更する。

　　　　b　通路等の環境整備（段差解消・整理整頓）。

　イ　車椅子等で移動している際の転倒（歩行器使用を含む。）

　　　(ア)　具体例

　　　　a　段差や側溝により転倒した。

　　　　b　スロープ移動時に転倒した。

　　　　c　ベルトの閉め忘れ等によりずり落ちて転倒した。

　　　　d　利用者本人あるいは職員の車椅子等の操作ミスにより転倒した。

　　　(イ)　発生要因

　　　　a　車椅子の点検・整備不良。

　　　　b　利用者の能力等の把握不足とそれに伴う見守りの不足や油断。

　　　　c　廊下の段差，スロープの角度が不適切。

　　　(ウ)　対応策

　　　　a　車椅子の点検を徹底すること。

　　　　b　環境の改良（傾斜の解消等）。

(3)　施設敷地外移動時の転倒

　ア　歩行している際の転倒（杖使用を含む。）

　　　(ア)　具体例

　　　　a　段差や物品等，つまずきによる転倒。

　　　　b　足のもつれ，ふらつきによる転倒。

　　　(イ)　発生要因

　　　　a　利用者の能力等の把握不足とそれに伴う見守りの不足や油断。

　　　　b　利用者の歩行ペース等に合わない援助。

　　　　c　歩道の段差や側溝，慣れない場所での状況の把握，危険箇所の把
　　　　　　握が不十分。

　　　(ウ)　対応策

　　　　a　介助に必要な職員の人員確保。

　　　　b　外出先の状況を事前に把握する。

　イ　車椅子等にて移動している際の転倒（歩行器使用を含む。）

　　(ア)　具体例

　　　　a　段差や側溝による転倒。

　　　　b　スロープ・傾斜地等を移動時の転倒。

　　　　c　ベルトの閉め忘れ等による転倒（ずり落ち）。

　　　　d　利用者本人・介助者の車椅子等の操作ミスによる転倒。

　　(イ)　発生要因

　　　　a　車椅子等の点検・整備不良。

　　　　b　利用者の運転技術の未熟。

　　　　c　利用者の能力等の把握不足とそれに伴う見守りの不足や油断。

　　　　d　ブレーキの掛け忘れや不備。

　　(ウ)　対応策

　　　　a　車椅子操作の技術向上を図る。

　　　　b　外出先の事前調査の実施。

(4)　入浴時の転倒

　ア　具体例

　　(ア)　衣類着脱時。

　　(イ)　浴室内等の移動時。

　　(ウ)　洗体時。

　　(エ)　浴槽内の場面。

　イ　発生要因

　　(ア)　利用者の能力等の把握不足とそれに伴う見守りの不足や油断。

　　(イ)　入浴介助の手順が守られていない。

　　(ウ)　介助にあたる職員の人数の不足。

　　(エ)　手摺りの不備，床が滑りやすい。

　ウ　対応策

　　(ア)　環境の改良（滑らないような敷物の使用）。

　　　(イ)　利用者の入浴方法（一般浴か機械浴か）の見直しを行う。

(5)　排泄時の転倒

　ア　具体例

　　　(ア)　トイレ内の移動時。

　　　(イ)　衣類着脱時。

　　　(ウ)　排泄時。

　　　(エ)　排泄後の清拭時。

　イ　発生要因

　　　(ア)　利用者の状態把握が不十分で危険予測ができていない。

　　　(イ)　見守りが不十分。

　　　(ウ)　手摺りの形態や設置数の不備。

　　　(エ)　床が滑りやすかった。

　ウ　対応策

　　　(ア)　確実な介助方法の徹底。

　　　(イ)　環境の改良（段差解消，滑り止め）。

(6)　食事時の転倒

　ア　具体例

　　　(ア)　食事中に椅子からずり落ちて転倒した。

　　　(イ)　配膳・下膳にかかる歩行中に転倒した。

　イ　発生要因

　　　(ア)　職員の目配りの不足。

　　　(イ)　食堂や席の狭さ。

　ウ　対応策

　　　(ア)　椅子からのずり落ちを防ぐ観点から，車椅子のまま食事をとる。

　　　(イ)　転倒しやすい利用者については職員が配膳・下膳する。

3　転落・落下事故

(1)　施設敷地内移動時の転落・落下

　　ア　歩行している際の転落・落下

　　　　階段からの転落・落下が最も多い。

　　　　対応策は，階段利用の際には，必ず職員が付き添うこと。

　　イ　車椅子等で移動している際の転落・落下

　　　(ア)　具体例

　　　　a　車椅子で移動していて誤って車椅子ごと階段から転落・落下。

　　　　b　ストレッチャーで移動していてストレッチャーから転落・落下。

　　　(イ)　発生要因

　　　　a　車椅子の点検・整備不良。

　　　　b　利用者の能力等の把握不足とそれに伴う見守りの不足や油断。

　　　(ウ)　対応策

　　　　a　車椅子の点検を徹底する。

　　　　b　介助方法の徹底。

(2)　排泄・おむつ交換時の転落・落下

　　ア　ベッドや更衣台上において排泄行為・おむつ交換の介助を行っている
　　　　際に利用者がベッド等から転落してしまった。

　　イ　発生要因

　　　(ア)　利用者の動きの把握不足。

　　　(イ)　必要物品を予め手元に用意しておかなかったことから，利用者の傍
　　　　を離れなければならなくなってしまった。

　　　(ウ)　更衣台の高さが高すぎる。

　　ウ　対応策

　　　(ア)　基本的な介護技術の徹底。

　　　(イ)　タオルやおむつの置き場所の再検討。

　　　(ウ)　更衣台の高さの変更。

⑶　ベッドからの転落・落下

　　ア　具体例

　　　㋐　就寝中にベッドから転落。

　　　㋑　自分でベッドから降りようとして誤って転落。

　　　㋒　ベッド上の座位からの転落。

　　　㋓　ベッド上に立ち上がった状態からの転落。

　　　㋔　ベッドの周りにある物品を取ろうとして転落。

　　イ　発生要因

　　　㋐　ベッド柵を付けていなかった。

　　　㋑　ベッド柵を付けていたが，利用者がベッド柵を乗り越えた・取り外

　　　　してしまった。

　　ウ　対応策

　　　㋐　ベッド柵の取り付けや交換。

　　　㋑　ベッドから布団に変更する。

　　　㋒　ベッドの下に緩衝材を敷く。

　　　㋓　ヘッドギアを着ける。

⑷　ベランダ等からの転落・落下

　　ア　具体例

　　　㋐　利用者が移動中に誤って転落する場合。

　　　㋑　手摺りの不備により手摺りが外れてしまい転落する場合。

　　イ　発生要因

　　　㋐　職員の見守りの不足。

　　　㋑　手摺りや柵の設置不足，設置不良。

　　ウ　対応策

　　　㋐　手摺りや柵の設置。

　　　㋑　危険なベランダへの進入を防止するための工夫。

4　誤嚥事故

(1)　食事時間中の誤嚥

　ア　具体例

　　(ア)　職員が目を離したすきに発生する。

　　(イ)　食事中に発作を起こして発生する。

　　(ウ)　大丈夫だと思って提供したミキサー食が喉に詰まって発生する。

　　(エ)　利用者自身が果物を丸呑みして発生する。

　イ　発生要因

　　(ア)　利用者の食事の癖を知っていたが，見逃してしまったという利用者への注意不足や観察の不足。

　　(イ)　食事自体への配慮不足。

　ウ　対応策

　　(ア)　利用者の嚥下能力の把握。

　　(イ)　嚥下能力に合わせた食事提供。

　　(ウ)　各テーブルに必ず職員が付いて食事摂取時の観察を十分行う。

　　(エ)　嚥下体操や口腔ケア[2]の実践。

　　(オ)　誤嚥時の対応の訓練の実施。

　　(カ)　救命器具の配備。

(2)　食事時間外の誤嚥

　ア　具体例

　　(ア)　面会者が持参してきた菓子や餅を食べて喉に詰まらせる。

　　(イ)　隠し持っていた菓子や餅を食べて喉に詰まらせる。

　イ　発生要因

　　(ア)　利用者の近くにある菓子の管理不足。

2　歯科医師や歯科衛生士による口腔内の清掃と口腔衛生の指導のこと。虫歯や歯周病の予防・治療だけでなく，高齢者の死亡原因の一つである誤嚥性肺炎（口の中の細菌が肺に入って発生する）を防止する上で必要になります。

　　⒤　職員の注意不足。

　ウ　対応策

　　㋐　利用者が所持している食料品のチェック。

　　⒤　餅を出すときの介助体制の検討。

　　㋒　発作の既往症のある利用者のチェック。

　　㋓　蘇生法の研修。

5　その他の介護事故

⑴　食中毒

　ア　発生原因

　　衛生管理に問題がある。

　イ　対応策

　　㋐　施設の職員や利用者，外来者の健康チェック。

　　⒤　手洗いや消毒，殺菌，除菌，洗浄などを徹底する。

⑵　感染症

　ア　インフルエンザや疥癬[3]，MRSA[4]など，利用者の面会の際に外部から持ち込まれた感染症が他の利用者に感染することがあります。

　イ　対応策

　　㋐　利用者を清潔な環境に置く。

　　⒤　面会者の手洗い，職員の手洗いを徹底して実施する。

⑶　褥瘡

　ア　褥瘡とは，利用者が長期にわたり同じ体勢で寝たきり等になった場合に，体とベッドとの接触部分に圧力がかかり，血行が不全となって，周辺組織が壊死することをいいます。床ずれも含みます。

　イ　対応策

3　無気門亜目ヒゼンダニ科のダニ，ヒゼンダニの寄生による皮膚感染症。
4　メチシリン耐性黄色ブドウ球菌。

　　(ア)　利用者の状態を十分に把握する。

　　(イ)　適切な体位に交換する。

　　(ウ)　栄養管理に注意する。

(4)　徘徊，無断外出

　ア　介護施設においては，利用者の精神的機能が低下していることもあり得るので，利用者が介護施設内外を徘徊したり，無断外出することがあります。

　　無断外出により，介護施設に帰ってくることができなかったり，外出途中で負傷したり，最悪の場合は死亡することもあります。交通事故に遭う危険性も少なくありません。

　イ　発生要因

　　(ア)　利用者が自宅に帰りたがっている。

　　(イ)　施設に馴染めない。

　ウ　対応策

　　(ア)　利用者の状態を十分に把握すること。

　　(イ)　玄関や出入り口にセンサーを設置すること。

(5)　利用者同士のトラブル

　ア　利用者同士が蹴ったり殴ったり，取っ組み合いをしたりして，喧嘩して負傷をする場合があります。杖で殴ったり，ナイフ等の凶器を用いる場合もあります。肉体的な暴力行為のほか，性的な嫌がらせをする場合も含まれます。

　イ　発生要因

　　(ア)　利用者本人の性格。

　　(イ)　利用者の精神的機能の低下により，感情のコントロールが困難になっていること。

　ウ　対応策

　　(ア)　職員が仲裁すること。

　　(イ)　今後も暴力行為等が続くと退所になることを説明すること。

　㈡　利用者の精神状態を十分に把握すること。

　㈢　利用者同士の間で一度トラブルがあった場合は，その後の利用者の
　　動向に十分に注意すること。

　㈣　ナイフ等の危険物の管理に注意をすること。

（厚生労働省「福祉サービスにおける危機管理（リスクマネジメント）に関する取り組
み指針～利用者の笑顔と満足を求めて～」平成 14 年 3 月 28 日を参考）

Q 36 ｜ 介護事故の裁判例

介護事故の裁判例にはどのようなものがありますか。裁判例にはどういう傾向がありますか。

A

介護事故の裁判例には，転倒事故，転落事故，誤嚥事故，徘徊・失踪事故があります。後掲の表に整理していますので，参照してください。

同表によると，裁判例は，転倒事故が一番多く，その次に誤嚥事故，転落事故，徘徊・失踪事故という順になっています。

1　介護事故の裁判例の傾向

判例集に挙げられている裁判例を検討した結果，医療事故の裁判例が増えてきていることに比べ，介護事故の裁判例はそれほど増えてきていないと思われます。ただし，これは介護事故が少ないということを意味しているわけではありません。介護事故の裁判例がそれほど増えていないことには以下いくつかの理由が考えられます。

(1)　利用者ないしその家族が高齢者福祉サービス施設に対して民事責任を追及する風潮があまりなかった

かつての医療事故もそうでしたが，施設にお世話になっていると利用者，その家族が考えていることから，介護事故だと疑われるケースでも，施設に対して民事責任を追及しようという風潮があまりなかったと考えられます。しかし，平成12年4月1日から介護保険制度が施行され，措置から契約へという流れになり，利用者側の意識も変わってきています。

(2)　事故態様の真相究明の困難さ

精神的機能が低下している高齢者の場合には，事故態様を明確に証言することが困難であることから，裁判を維持できる証拠の確保に困難さを伴うことが民事裁判を提起することの障害になっていたと考えられます。

⑶　損害賠償額の問題

　　介護事故の被害に遭う利用者は高齢者であり，働き盛りではないので，若年者と比べて，逸失利益が高額にはならないこと，利用者が何らかの疾病を有しており素因減額が認められて損害賠償額が減額されることもあること，弁護士費用の負担を考えると費用対効果の面で裁判の提起を踏みとどまらせる事情があったことが考えられます。しかし，利用者が増加していく中で，今後は介護事故の裁判例が増えていくことが予想されます。

2　転倒事故（20件）の裁判例の分類

⑴　介護保険法の施行の前後で分類（平成 12 年 4 月 1 日の前後）

　ア　介護保険法の施行前の事故（3件）①，②，③

　イ　介護保険法の施行後の事故（17件）

　　　④，⑤，⑥，⑦，⑧，⑨，⑩，⑪，⑫，⑬，⑭，⑮，⑯，⑰，⑱，⑲，⑳

⑵　請求認容と請求棄却で分類

　ア　請求認容の裁判例（18件）

　　　②，③，④，⑤，⑥，⑦，⑧，⑨，⑪，⑫，⑬，⑭，⑮，⑯，⑰，⑱，⑲，⑳

　イ　請求棄却の裁判例（2件）①，⑩

⑶　負傷事故と死亡事故で分類

　ア　負傷事故（12件）①，②，④，⑤，⑦，⑧，⑨，⑬，⑭，⑯，⑰，⑱

　イ　死亡事故（8件）③，⑥，⑩，⑪，⑫，⑮，⑲，⑳

⑷　請求認容（18件）のうち，死亡の場合（7件）について，行為と死亡結果との間の因果関係の有無で分類

　ア　因果関係を肯定（5件）③，⑥，⑮，⑲

　イ　因果関係を否定（1件）⑪，⑫

　ウ　因果関係に言及せず（1件）⑳

⑸　請求認容（18件）のうち，過失相殺ないしは素因減額の有無で分類

　ア　過失相殺を肯定（4件）③，⑥，⑦，⑳

　イ　素因減額を肯定（0件）

　ウ　過失相殺ないしは素因減額を否定（14件）

　　②，④，⑤，⑧，⑨，⑪，⑫，⑬，⑭，⑮，⑯，⑰，⑱，⑲

3　転落事故（10件）の裁判例の分類

(1)　介護保険法の施行の前後で分類（平成12年4月1日の前後）

　ア　介護保険法の施行前の事故（2件）①，②

　イ　介護保険法の施行後の事故（8件）③，④，⑤，⑥，⑦，⑧，⑨，⑩

(2)　請求認容と請求棄却で分類

　ア　請求認容の裁判例（7件）①，②，④，⑤，⑥，⑨，⑩

　イ　請求棄却の裁判例（3件）③，⑦，⑧

(3)　負傷事故と死亡事故で分類

　ア　負傷事故（4件）③，④，⑥，⑦

　イ　死亡事故（6件）①，②，⑤，⑧，⑨，⑩

(4)　請求認容（7件）のうち，死亡の場合（5件）について，行為と死亡結果との間の因果関係の有無で分類

　ア　因果関係を肯定（3件）②，⑨，⑩

　イ　因果関係を否定（2件）①，⑤

(5)　請求認容（7件）のうち，過失相殺ないしは素因減額の有無で分類

　ア　過失相殺を肯定（1件）⑩

　イ　素因減額を肯定（1件）④

　ウ　過失相殺ないしは素因減額を否定（5件）①，②，⑤，⑥，⑨

4　誤嚥事故（19件）の裁判例の分類

(1)　介護保険法の施行の前後で分類（平成12年4月1日の前後）

　ア　介護保険法の施行前の事故（3件）①，②，③

　イ　介護保険法の施行後の事故（16件）

　　④，⑤，⑥，⑦，⑧，⑨，⑩，⑪，⑫，⑬，⑭，⑮，⑯，⑰，⑱，⑲

(2)　請求認容と請求棄却で分類

　　ア　請求認容の裁判例（11件）

　　　　①，④，⑤，⑥，⑦，⑬，⑭，⑮，⑯，⑰，⑲

　　イ　請求棄却の裁判例（8件）

　　　　②，③，⑧，⑨，⑩，⑪，⑫，⑱

(3)　負傷事故と死亡事故で分類

　　ア　負傷事故（1件）⑲

　　イ　死亡事故（18件）①〜⑱

(4)　請求認容（11件）のうち，死亡の場合（10件）について，行為と死亡結果との間の因果関係の有無で分類

　　ア　因果関係を肯定（9件）①，④，⑥，⑦，⑬，⑭，⑮，⑯，⑰

　　イ　因果関係を否定（1件）⑤

(5)　請求認容（11件）のうち，過失相殺ないしは素因減額の有無で分類

　　ア　過失相殺ないしは素因減額を肯定（0件）

　　イ　過失相殺ないしは素因減額を否定（11件）

　　　　①，④，⑤，⑥，⑦，⑬，⑭，⑮，⑯，⑰，⑲

5　徘徊・失踪その他の事故（6件）の裁判例の分類

(1)　介護保険法の施行の前後で分類（平成12年4月1日の前後）

　　ア　介護保険法の施行前の事故（2件）　①，②

　　イ　介護保険法の施行後の事故（4件）　③〜⑥

(2)　請求認容と請求棄却で分類

　　ア　請求認容の裁判例（5件）　②〜⑥

　　イ　請求棄却の裁判例（1件）　①

(3)　負傷事故と死亡事故で分類

　　ア　負傷事故（1件）　⑤

　　イ　死亡事故（5件）　①〜④，⑥

(4)　請求認容（5件）のうち，死亡の場合（4件）について，行為と死亡結果

との間の因果関係の有無で分類

　ア　因果関係を肯定（3件）　③，④，⑥

　イ　因果関係を否定（1件）　②（慰謝料のみ認めた）

(5)　請求認容（5件）のうち，過失相殺ないしは素因減額の有無で分類

　ア　過失相殺を肯定（1件）　④

　イ　過失相殺ないしは素因減額を否定（4件）　②，③，⑤，⑥

6　収集した裁判例の分析結果

(1)　転倒事故

　ア　転倒の結果，骨折という負傷を招く場合は多いですが，死亡にまで至るものは多くありません。高齢者は骨が弱くなっているので，骨折という結果は発生しやすいとしても，転倒事故自体により死亡に至るような致命傷を負うことは多くはないのかもしれません。ただし，負傷のために入院中ないしは療養中に死亡するというケースがあります。この場合は，転倒事故と死亡との因果関係が問題となります。

　イ　誤嚥事故に比べると，賠償請求は認められやすい傾向にあるといえます。その理由としては，利用者が転倒するかもしれないという予見可能性が認められることが多いこと，利用者が歩行する際に，職員の不注意により転倒することが多いこと，職員の不注意と負傷結果との間に相当因果関係が認められることが多いことが挙げられます。

　ウ　負傷事故の場合には，傷害慰謝料は認められても死亡慰謝料は認められないこと，過失相殺が認められることも少なくないため，誤嚥事故と比べると，認容額はそれほど多額とはいえません。

　エ　利用者がトイレに行く際に，職員の介助を断って転倒したケースがあり，過失相殺が認められています（⑥，⑦）。トイレに行くときにまで職員に介助してもらうのは恥ずかしいという思いから，介助を断っているという事情があると考えられます。

(2)　転落事故

　　ア　ベッドから転落する場合と窓から転落する場合とがあります。

　　　　窓から転落する場合は死亡に至ることはあり得ます。ベッドから転落する場合でも，転倒事故で述べたとおり，負傷のために入院中ないしは療養中に死亡するケースがあり，転落事故と死亡との間の因果関係が問題となります。

　　イ　誤嚥事故に比べると，賠償請求が認められやすい傾向にあることは転倒事故と同様です。

　　　　ベッドから転落する場合も，転倒事故と同様，予見可能性は認められる可能性は少なくないと思われます。

(3)　誤嚥事故

　　ア　裁判例となっているものの多くは，死亡事故です。

　　　　誤嚥事故発生前に職員の過失があっても（例えば食事の献立が不適切な場合や見守りが不十分な場合），誤嚥事故発生後に職員が適切な処置をしたことにより，死亡の結果が防止できることもあります。

　　　　ただし，誤嚥事故が発生し，職員の適切な処置により死亡の結果は避けられたものの，心肺停止に至ったことにより認知症が進んだとか，後遺症が残ったという場合も考えられるので，傷害の結果が生じた場合にも民事訴訟が提起されることは考えられます。

　　イ　誤嚥事故により死亡という結果が生じることがあっても，施設側に予見可能性がなかったという理由で，施設側の過失が否定されることがあります。それまでに嚥下障害がなかった利用者が突然誤嚥事故を引き起こすこともあり得ますが，このような場合は予見可能性が否定されることが多いと思われます。

　　　　また，誤嚥事故が発生し，施設側が適切な処置を行ったにもかかわらず，利用者が死亡することもありますが，施設側に結果回避義務違反が認められないこともあり得ると考えられます。

　　ウ　死亡事故が多いので，請求が認められた場合には，認容額は死亡慰謝

料を含み，多額になることが少なくありません。

　エ　食事中の誤嚥事故の場合は，利用者が介助を断ることは考えにくいの
　　で，利用者に過失が認められて過失相殺されることは少ないと考えられ
　　ます。

(4)　徘徊・失踪その他の事故

　ア　6件のうち2件は介護保険制度施行前に発生した事故，4件は介護保
　　険制度施行後に発生した事故です。⑤以外は死亡の結果が生じていま
　　す。徘徊事故による裁判は増えてきています。

　イ　利用者が施設から無断で外出し，死亡するなどの事故が発生した場合
　　は，施設の過失が認められる可能性が高いといえます。施設として
　　は，玄関にセンサーを付けたり，ドアベルを付けたりすることで，無
　　断外出に気がつくような体制を取っておく必要があります。また，ド
　　アやガラスの鍵の掛け忘れにも注意が必要です。

　ウ　万一無断外出が発生しても，早期に発見できるよう予め準備しておく
　　ことで，大きな事故に繋がるリスクを低減できます。例えば，利用者
　　の本人の行動パターンを知っておくと，無断外出した利用者を発見し
　　やすくなります。本人等の同意を得て，利用者の位置情報を知らせて
　　くれる GPS 端末を利用するのも有効でしょう。

転倒事故

	キーワード	裁判所・判決日・掲載誌	発生日・利用者の年齢、性別・被害結果	請求認容か棄却か（認容は○、棄却は×）	死亡との間の因果関係（肯定は○、否定は×）	過失相殺、素因減額（ありは○、なしは×）	事案の概要
1	□病院への通院 □ボランティアセンターから派遣されたボランティア □ボランティアの善管注意義務	東京地裁 H10.7.28 判例時報 1665 号 84 頁	H4.7.1 59 歳 女性 負傷	×	－	－	利用者（身体障害者）は，病院を退院後，リハビリテーションの訓練を受けるようになった。病院への通院については，社会福祉協議会が設置・運営するボランティアセンターから派遣されたボランティアによる歩行介護を受けていた。ボランティアと利用者はリハビリの帰りに，タクシー乗り場まで行ったが，タクシーがいなかった。そこで，ボランティアがタクシーを呼びに行くためにその場を離れたところ，利用者が転倒して負傷した。
2	□病院に入院中 □防火扉に接触 □骨粗鬆症 □素因減額を否定	福島地裁 会津若松 支部 H12.8.31 判例タイムズ 1050 号 223 頁、判例時報 1736 号 113 頁	H8.12.6 71 歳 女性 負傷	○	－	× 素因減額	病院に入院中の歩行が不自由な利用者が病院の廊下を歩行中に，防火扉に接触転倒して骨折した。 ①利用者の事故前と事故後の状態の変化，②利用者の本件事故後の後遺障害の等級，③利用者の既往症の寄与（過失相殺の類推適用）が問題となった。
3	□診療契約と送迎契約が一体となった無名契約 □デイケア送迎中 □送迎バスから下りた直後 □過失相殺 6 割	東京地裁 H15.3.20 判例時報 1840 号 20 頁	H11.12.10 78 歳 男性 死亡	○	○	○ 過失相殺	医院でデイケアを受けていた利用者が，医院の送迎バスを降りた直後に転倒して骨折し，肺炎を発症し，4 か月後に死亡した。 ①医院又は介護士の利用者に対する注意義務の有無及び内容，②医院又は介護士による注意義務違反の有無，③注意義務違反と死亡との間の因果関係の存否，が問題となった。 （実際の請求額は，3315 万 7625 円。請求額が異なる理由は，原告らの主張に変更があったが，請求の趣旨の変更を求めなかったためと推測される。）

判旨の概要等	判決結果		請求額	認容額
①社会福祉協議会と利用者との間に契約関係が存在しないとして，社会福祉協議会の債務不履行責任を否定した。 ②ボランティアであっても，障害者の歩行介護を引き受けた以上は，善管注意義務を果たすべきであるが，本件事故は，判断を誤って介護者なしで歩き始めた利用者自身の過失によって生じたものといわざるを得ず，ボランティアは，歩行介護を行うものとして必要とされる注意義務は尽くしており，過失はなかったというべきであると述べた。	請求棄却	器具等購入費車椅子	¥119,000	¥0
		屋内改造費	¥288,400	¥0
		入院付添費	¥1,315,000	¥0
		退院後の付添費	¥1,050,000	¥0
		将来付添費	¥4,692,480	¥0
		入院雑費	¥341,900	¥0
		逸失利益	¥6,004,818	¥0
		傷害慰謝料	¥3,030,000	¥0
		後遺障害慰謝料	¥5,667,000	¥0
		弁護士費用	¥1,000,000	¥0
		合計	¥23,508,598	¥0
利用者の後遺障害の等級は2級とした。 病院の利用者の疾患である，右不全片麻痺は病院において把握していたものであり，骨粗鬆症は，その存在を容易に予測できたものというべきである。したがって，本件事故による利用者の損害額を算定するに当たり，右の不全片麻痺及び骨粗鬆症の存在を斟酌することは許されない，とした。	2010万円 （素因減額を認めず。）	入院付添費	¥60,000	¥60,000
		入院雑費	¥287,300	¥287,300
		傷害慰謝料	¥2,500,000	¥2,500,000
		将来の介護費	¥11,800,000	¥11,700,000
		家屋改造費	¥252,700	¥252,700
		後遺障害慰謝料	¥9,000,000	¥3,500,000
		弁護士費用	¥2,000,000	¥1,800,000
		合計	¥25,900,000	¥20,100,000
利用者を送迎する送迎バスに乗車する介護士として，運転手を兼ねた者1名しか配置しなかったことから，医院に，安全確保義務違反，債務不履行を認めた。 義務違反と，それによる肺炎の発症，死亡との間には，相当因果関係がある。 本件事故は，まずもって，利用者自身の不注意によって生じたものと解さざるを得ないとして6割の過失相殺を認めた。	686万6145円 （6割の過失相殺）	治療費	¥475,870	¥475,870
		入院雑費	¥184,600	¥184,600
		入院付添費	¥142,745	¥142,745
		逸失利益	¥2,735,632	¥3,203,330
		傷害慰謝料	¥2,000,000	¥12,000,000
		死亡慰謝料	¥22,000,000	
		葬儀関係費用	¥1,200,000	¥1,200,000
		小計	¥28,738,847	¥17,206,545
		過失相殺（6割）		¥−10,323,927
		損益相殺		¥−640,666
		小計		¥−10,964,593
		弁護士費用	¥3,000,000	¥624,193
		合計	¥31,738,847	¥6,866,145

	キーワード	裁判所・判決日・掲載誌	発生日・利用者の年齢、性別・被害結果	請求認容か棄却か（認容は○、棄却は×）	死亡との間の因果関係（肯定は○、否定は×）	過失相殺、素因減額（ありは○、なしは×）	事案の概要
4	□介護老人保健施設 □汚物処理場の仕切り □工作物責任	福島地裁白河支部 H15.6.3 判例時報 1838 号 116 頁	H13.1.8 95 歳 女性 負傷	○	−	×	介護老人保健施設に入居中の利用者が自室のポータブルトイレ中の排泄物を捨てるために施設内の汚物処理場に赴いた際に，仕切りに足を引っかけて転倒し骨折した。
5	□デイサービス □入り口付近の段差	福岡地裁 H15.8.27 判例時報 1843 号 133 頁	H12.11.9 95 歳 女性 負傷	○	−	×	デイサービスにおいて利用者が昼寝から目覚めた際に，静養室入り口付近の段差で転倒し，右大腿骨を骨折した。
6	□病院に入院中 □トイレからベッドへ戻る際に転倒 □過失相殺 8 割 □逆転一部勝訴	東京高裁 H15.9.29 判例時報 1843 号 69 頁	H13.5.7 72 歳 女性 死亡	○	○	○ 過失相殺	（控訴審） 多発性脳梗塞で入院していた利用者がトイレに行く際には必ず看護師が介添えすることが決められていた。事故当日，看護師が利用者に介添えしてトイレに行ったところ，利用者が介添えを断ったために，看護師は利用者を 1 人で病室まで帰らせた。ところが，利用者は，病室のベッドのそばで後頭部を強打して倒れているのを発見され，その 5 日後の 5 月 12 日に急性硬膜下血腫により死亡した。

判旨の概要等	判決結果		請求額	認容額
居室内に置かれたポータブルトイレの中身が廃棄・清掃されないままであれば，利用者がこれをトイレまで運んで処理・清掃したいと考えるのは当然であるとして，義務違反と事故との間の相当因果関係を認めた。本件処理場の出入口に本件仕切りが存在するが，その構造は，下肢の機能の低下している要介護老人の出入りに際して転倒等の危険を生じさせる形状の設備であるとして，工作物責任（民法717条）を認めた。	537万2543円（過失相殺なし。）	治療費	¥161,570	¥161,570
		入院雑費	¥88,400	¥88,400
		入院付添費	¥408,000	¥272,000
		将来の付添費	¥6,750,000	¥2,100,573
		傷害慰謝料	¥1,390,000	¥1,000,000
		後遺障害慰謝料	¥1,350,000	¥1,350,000
		弁護士費用	¥400,000	¥400,000
		合計	¥10,547,970	¥5,372,543
利用者が起きあがり，移動することは予見可能であり，利用者は，視力障害があり，認知能力の障害もあったのだから，静養室入口の段差から転落するおそれもあることについても予見可能であった。本件事故は，施設が，利用者の動静を見守った上で，昼寝から目覚めた際に必要な介護を怠った過失により発生したとして，債務不履行責任を認めた。	470万円（債務不履行であることを理由に，弁護士費用を認めず。）	傷害慰謝料	¥1,200,000	¥1,200,000
		後遺障害慰謝料	¥11,000,000	¥3,500,000
		弁護士費用	¥1,200,000	¥0
		合計	¥13,400,000	¥4,700,000
担当看護師に介添えを怠った過失があり，その過失と転倒との間に因果関係があるとして，病院側の不法行為責任が認めた。看護師は，当初は歩行器を用い，次に介助歩行をし，その後は点滴棒を持って同行し，その後は基本的に付き添うだけをして，利用者の麻痺の具体的状況を観察しながら徐々に介助の程度を緩和し，他方で利用者に対して何度もナースコールを指示していたのであり，看護師として利用者の状態を比較的よく観察しており，また，利用者の意思を尊重したという側面もあったことは否定できないとして，過失相殺8割を認めた。（第一審では利用者の遺族側が敗訴していたが，控訴審で逆転一部勝訴した。）	619万3560円（過失相殺8割）	治療費		
		入院雑費		¥6,500
		入院付添費		
		逸失利益		¥7,011,300
		傷害慰謝料		¥20,000,000
		死亡慰謝料		
		葬儀関係費用		¥1,200,000
		過失相殺（8割）		¥-22,574,240
		弁護士費用		¥550,000
		合計	¥56,710,033	¥6,193,560

キーワード	裁判所・判決日・掲載誌	利用者の年齢、性別・被害結果	発生日・(認容か棄却か(認容は○、棄却は×)	請求認容か棄却か(認容は○、棄却は×)	死亡との間の因果関係(肯定は○、否定は×)	過失相殺、素因減額(ありは○、なしは×)	事案の概要
7	□介護老人保健施設 □デイサービス □施設内トイレ □介護拒否 □過失相殺肯定	横浜地裁 H17.3.22 判例タイムズ 1217号 263 頁,判例時報 1895 号91 頁	H14.7.1 85 歳 女性 負傷	○	−	○ 過失相殺	介護老人保健施設内でデイサービスを受けていた利用者が, 職員によるトイレ内への同行介護を拒絶したのち, トイレ内で転倒し, 骨折した。
8	□訪問介護 □ヘルパーの通院介助 □債務不履行責任は肯定, 不法行為責任は否定 □過失相殺否定	東京地裁 H17.6.7 判例集未登載	H13.10.10 87 歳 女性 負傷	○	−	× 過失相殺	人工透析治療を受けていた利用者が訪問介護契約を締結していた居宅サービス業者のヘルパーが利用者の腕を掴み損ねたため, 利用者が転倒し, 右大腿骨頚部骨折の傷害を負った。そこで, 利用者本人が, 居宅サービス業者に対し, 不法行為ないし債務不履行に基づく損害賠償を求めた。 また, 利用者の娘は, 利用者が歩行不能になったため, 会社を退職し, 利用者の介護に専念することになり, 得られるであろう給与を失ったとして, 不法行為等に基づき損害賠償を求めた。

判旨の概要等	判決結果		請求額	認容額
意思能力に問題のない要介護者が介護拒絶の意思を示した場合，介護義務を免れる事態が考えられないではない。しかし，そのような場合であっても，介護の専門知識を有すべき介護義務者においては，要介護者に対し，介護を受けない場合の危険性とその危険を回避するための介護の必要性とを専門的見地から意を尽くして説明し，介護を受けるよう説得すべきであり，それでもなお要介護者が真摯な介護拒絶の態度を示したというような場合でなければ，介護義務を免れることにはならない，として歩行介助義務違反による債務不履行を認めた。歩行介護義務は上記通所介護契約に基づいて導かれるものであるから，本件では不法行為の成立までは認められない。過失相殺は3割を認めた。	1253万719円（過失相殺3割）（本人の介護拒絶による介護事故が問題となった初めての事案である。）	治療費	￥218,163	￥218,163
		近親者介護料	￥23,754,146	￥9,436,272
		入浴サービス料	￥467,460	￥411,059
		入院雑費	￥110,000	￥118,500
		器具リース料	￥158,760	￥139,605
		家屋改造費	￥6,000	￥6,000
		傷害慰謝料	￥1,732,666	￥1,700,000
		後遺障害慰謝料	￥10,000,000	￥4,300,000
		小計	￥36,447,195	￥16,329,599
		過失相殺		￥-4,898,880
		過失相殺後の小計	￥36,447,195	￥11,430,719
		弁護士費用	￥3,330,759	￥1,100,000
		合計	￥39,777,954	￥12,530,719
施設は，本件介護契約に基づく債務不履行により原告Aに対して損害賠償責任を負うものの，社会生活上の一般的な注意義務違反を根拠としては損害賠償責任を負わないといえるとして，債務不履行に基づく賠償請求を一部認容した。過失相殺は否定した。利用者の娘の請求は，棄却した。	利用者については，1149万5367円。（過失相殺なし。）利用者の娘については，請求棄却。	【利用者の損害】		
		入院治療費	￥922,196	￥116,119
		介護費用増額分	￥9,057,277	￥2,201,645
		自宅改装費・介護用器具購入費	￥463,767	￥167,603
		入通院慰謝料	￥1,303,000	￥1,010,000
		後遺障害慰謝料	￥14,000,000	￥7,000,000
		各慰謝料30%増額	￥4,590,900	￥0
		弁護士費用	￥3,030,000	￥1,000,000
		合計	￥33,367,140	￥11,495,367
		【利用者の娘の損害】		
		逸失利益	￥28,944,000	￥0
		慰謝料	￥2,000,000	￥0
		弁護士費用	￥3,090,000	￥0
		合計	￥34,034,000	￥0

	キーワード	裁判所・判決日・掲載誌	発生日・利用者の年齢、性別・被害結果	請求認容か棄却か（認容は○、棄却は×）	死亡との間の因果関係（肯定は○、否定は×）	過失相殺・素因減額（ありは○、なしは×）	事案の概要
9	□特別養護老人ホーム □利用者同士間 □車椅子を押す □第一審敗訴、控訴審逆転一部勝訴	大阪高裁H18.8.29（原審は、神戸地裁姫路支部H17.6.27）賃金と社会保障1431号41頁	H14.11.17 91歳 女性 負傷	○	－	×	（控訴審）特別養護老人ホームにおいてショートステイの利用者が、他の利用者に車椅子を押されて転倒し、後遺障害が残った。
10	□特別養護老人ホーム □転倒・骨折	福岡高裁H19.1.25判例タイムズ1247号226頁	H14.12.13 88歳 女性 死亡	×	－	－	（控訴審）特別養護老人ホームに入所中の全盲・認知症の利用者が、ホーム内で転倒・骨折し、手術のため入院中に肺炎に罹患して死亡した。利用者の遺族は、利用者を車椅子で居室から食堂に移動中、車椅子を押していた職員の不注意により食堂付近で転倒したと主張した。（原審は原告の主張を棄却していた。）
11	□グループホーム □トイレへ行く途中 □第一審敗訴、控訴審逆転一部勝訴 □死亡との因果関係は否定 □過失相殺否定	大阪高裁H19.3.6（原審は、京都地裁H18.5.26）賃金と社会保障1447号54頁	H13.12.12 79歳 女性 死亡	○	×	× 過失相殺	（控訴審）グループホーム入居中の利用者が、入浴時に移動する際にリビングの椅子に座らされ、介護福祉士から「ここで待っててくださいね。」と待機指示を受けた。しかし、利用者は、介護福祉士が離れた隙に、トイレに行こうとして単独で歩行し、転倒・骨折し、約2年後に死亡した。（本件事故発生は平成13年12月12日、高齢者が死亡したのは平成16年1月12日である。）

判旨の概要等	判決結果		請求額	認容額
特別養護老人ホームにおいて，ショートステイを利用した際，他の利用者に車椅子を押されて転倒し，後遺症を負ったことにつき，同ホームにショートステイ利用契約上の債務不履行に基づく損害賠償請求を認めた。 （なお，原審の平成17年6月27日神戸地裁姫路支部判決は，原告の請求を棄却した。）	1054万5452円	治療費	¥270,357	¥270,357
		付添看護料	¥747,600	¥534,000
		入院雑費	¥133,500	¥133,500
		通院交通費	¥24,468	¥24,468
		事故後死亡までの介護費用の増額分	¥994,913	¥994,913
		症状固定後の付添費	¥1,504,285	¥1,128,214
		傷害慰謝料	¥1,500,000	¥1,500,000
		後遺障害慰謝料	¥8,100,000	¥5,000,000
		弁護士費用	¥1,760,000	¥960,000
		合計	¥15,035,123	¥10,545,452
①本件事故は，利用者の遺族が主張するような態様ではなかったから，特別養護老人ホームは不法行為責任（使用者責任）を負わない。利用者が職員の指示に従わず居室を出て，自力で食堂まで歩いていき，そこで転倒したものと推測して，不法行為を否定した。 ②特別養護老人ホームの履行補助者である介護職員を含め特別養護老人ホームの職員に注意義務違反があったとまでいうことはできないので，特別養護老人ホームに，安全配慮義務違反を認めることはできないとして債務不履行責任を否定した。	原審は，原告の請求を棄却していた。控訴棄却（請求棄却）	慰謝料	¥20,000,000	¥0
		合計	¥20,000,000	¥0
グループホームの職員には，利用者のもとを離れるについて，せめて，利用者がリビングに着座したまま落ち着いて待機指示を守れるか否か，仮に歩行を開始したとしてもそれが常と変わらぬ歩行態様を維持し，独歩に委ねても差し支えないか否かの見通しだけは事前に確認すべき注意義務があったとして安全配慮義務違反を認めたが，本件転倒事故と死亡との間の相当因果関係は否定した。過失相殺は否定した。 （原審は，原告の請求を棄却していた。）	原審は，原告の請求を棄却していた。652万9070円を一部認容。	治療費	¥1,821,516	¥1,033,210
		入院雑費	¥1,992,923	¥245,700
		付添看護料	¥53,720	¥650,160
		交通費	¥377,080	¥0
		入院中の家族介護料	¥1,584,000	¥0
		在宅介護料	¥1,905,204	¥0
		住宅改造費用	¥154,997	¥0
		傷害慰謝料	¥4,000,000	¥4,000,000
		死亡慰謝料	¥17,500,000	¥0
		逸失利益	¥10,379,812	¥0
		弁護士費用	¥3,900,000	¥600,000
		合計	¥43,669,251	¥6,529,070

	キーワード	裁判所・判決日・掲載誌	発生日・利用者の年齢、性別・被害結果	請求認容か棄却か（認容は○、棄却は×）	死亡との間の因果関係（肯定は○、否定は×）	過失相殺、素因減額（ありは○、なしは×）	事案の概要
12	□介護老人保健施設 □死亡との因果関係は否定	東京地裁 H19.4.20 判例タイムズ 1278号 231 頁	H13.5.24 91 歳 女性 死亡	○	×	×	介護老人保健施設に入所していた利用者が，左下肢骨折，右大腿骨骨折，左大転子部褥瘡及び仙骨部褥瘡の傷害を負い，両下肢機能障害の後遺症を生じ，死亡したところ，利用者の子である原告らが，①利用者の各傷害，後遺症及び死亡は，被告が同施設内において利用者の管理及び治療を怠ったことが原因であるなどと主張して，債務不履行ないし不法行為に基づき，また，②施設との間で賠償金等の支払の合意をした旨主張して，上記合意に基づき，利用者の治療費，介護費用，後遺症及び死亡による慰謝料等を請求した。
13	□グループホーム □過失相殺否定	神戸地裁伊丹支部 H21.12.17 判例タイムズ 1326号 239 頁	H18.7.20 86 歳 男性 負傷	○	－	× 過失相殺	グループホーム内の利用者が，居室内で2度にわたり転倒・骨折した。
14	□介護老人保健施設 □転倒回避義務違反 □素因減額否定	東京地裁 H24.3.28 判例時報 2153号 40 頁	H21.7.17 80 歳 負傷	○	－	× 素因減額	介護老人保健施設に入所中の利用者が転倒，骨折した。利用者は，①入所利用契約上の転倒回避義務違反にかかる債務不履行，使用者責任，②本件転倒事故後の適切な対応義務違反にかかる債務不履行，使用者責任，③身体拘束にかかる債務不履行，使用者責任を求めた。

判旨の概要等	判決結果		請求額	認容額
介護老人保健施設の運営者に過失があり，その過失により左下肢骨折，右大腿骨骨折，及び褥瘡が生じた。しかしながら，過失と両下肢機能障害及び過失と死亡との間の因果関係は否定した。賠償金の支払の合意は否定した。	813万537円	【利用者（死亡）の損害】		
		治療費，雑費	¥3,603,353	¥1,820,537
		慰謝料	¥35,000,000	¥2,680,000
		小計	¥38,603,353	¥4,500,537
		【原告（相続人）らの損害】		
		固有の慰謝料	¥20,000,000	¥0
		褥瘡治療及び介護費用	¥3,960,000	¥2,880,000
		弁護士費用	¥4,999,998	¥750,000
		葬儀費用	¥1,337,175	¥0
		小計	¥30,297,173	¥3,630,000
		合計	¥68,900,526	¥8,130,537
①利用者は認知症に罹患しており，第1事故前にも，施設内でベッドから落下する事故に遭っていた。施設は，第1事故後こまめに巡視したり，タンスの配置換えをしたりなど，ある程度の対策はとっていたが，それ以上に杖などの補助器具を与えるなどの対策をとったりしなかったのであるから，無過失であるとは到底言いがたい。②利用者は，認知症に罹患しており，精神上の障害により，事理を弁識する能力を欠く常況にあったから，通常人と同様に，重過失や過失を問うことはできないとして過失相殺を否定した。	376万7810円	【第1事故関係】		
		治療費及び入院費	¥211,340	¥211,340
		入院雑費	¥154,500	¥154,500
		慰謝料	¥2,190,000	¥1,200,000
		小計	¥2,555,840	¥1,565,840
		【第2事故関係】		
		治療費及び入院費	¥551,975	¥551,970
		入院雑費	¥150,000	¥150,000
		慰謝料	¥2,190,000	¥1,500,000
		小計	¥2,891,975	¥2,201,970
		合計	¥5,447,815	¥3,767,810
①入所利用契約上の転倒回避義務違反の債務不履行を認めたが，不法行為法上の義務までを負っているとはいえないとして使用者責任を否定した。②本件転倒事故発生後直ちに利用者を医療機関に転送すべき義務を負っていたとはいえないとした。③利用者を拘束した行為は緊急やむを得ず行ったものであり，その態様及び方法も必要最小限度であるから，入所利用契約上の義務にも違反せず，不法行為法上違法であるということもできない，とした。	207万7868円	医療費	¥1,268,380	¥520,590
		近親者の介護介助費用	¥73,121	¥52,165
		諸雑費	¥52,165	¥5,113
		入通院慰謝料	¥1,500,000	¥1,500,000
		適切な対応義務違反による慰謝料	¥1,000,000	¥0
		後遺障害慰謝料	¥10,000,000	¥0
		身体拘束による慰謝料	¥3,000,000	¥0
		合計	¥16,893,666	¥2,077,868

	キーワード	裁判所・判決日・掲載誌	利用者の年齢、性別・被害結果	請求認容か棄却か（認容は○、棄却は×）	死亡との間の因果関係（肯定は○、否定は×）	過失相殺、素因減額（ありは○、なしは×）	事案の概要
15	□ショートステイ □転倒 □離床（体動）センサー □衝撃吸収マット □過失相殺を否定	京都地裁 H24.7.11 判例集未登載	H21.3.15 81歳 男性 死亡	○	○	× 過失相殺	被告の管理運営する短期入所生活介護事業所に入所していた利用者（認知症があり脳梗塞や火傷等から歩行能力に不安があった）が事業所内で転倒し，その際の受傷が原因で死亡した。
16	□デイサービス □入浴介護サービス利用中転倒 □転倒防止義務違反	青森地裁 弘前支部 H24.12.5 判例集未登載	H21.3.31 89歳 女性 負傷	○	−	×	社会福祉法人の経営する老人デイサービス事業を利用していた利用者が，入浴介護サービスを利用中に転倒し骨折したのは，同法人の転倒防止義務違反によるものであるとして，通所介護利用契約上の債務不履行による損害賠償を求めた。
17	□デイサービス □送迎車両の中で転倒 □速やかに医師の診察を受けさせる義務違反	東京地裁 H25.5.20 判例時報 2208号 67頁	H21.11.29 87歳 女性 負傷	○	−	×	利用者は通所介護契約に基づいてデイサービスを受けていたが，送迎車両から降りようとして席を立った際に転倒し，翌日大腿骨頸部骨折が判明した。介護施設の運営者に対し，債務不履行又は不法行為による損害賠償を求めた。
18	□訪問介護	東京地裁 H25.10.25 判例集未登載	H22.10.22 82歳 女性 負傷	○	−	× 過失相殺	訪問介護士の介護サービスを受けていた利用者が，介護士が玄関の外で車椅子を移動している間に，上がりかまちから玄関土間に転落して負傷した。利用者は，訪問介護士の雇用主である株式会社に対し，訪問介護契約に基づく安全配慮義務違反による損害賠償を求めた。

判旨の概要等	判決結果		請求額	認容額
利用者の状況から，転倒の危険性は具体化したものとなっていたとし，施設側は，転倒を防止する高度の注意義務を負っていたとした。施設は，利用者に移動の際にはナースコールをするように指示したり，職員が巡視などしていたが，それだけでは不十分で，離床センサーを設置し，夜間は衝撃吸収マットを設置する必要があったとした。 また，施設側は，利用者が，ナースコールをするようにとの指示どおりに行動しないことを前提に，転倒事故等を防止する義務があるとして過失相殺も否定した。	3402万312円	逸失利益	¥22,028,610	¥7,493,432
		死亡慰謝料	¥25,000,000	¥22,000,000
		治療費	¥26,880	¥26,880
		葬儀費用	¥3,538,740	¥1,500,000
		弁護士費用	¥5,000,000	¥3,000,000
		合計	¥55,594,230	¥34,020,312
転倒防止義務違反の有無，損害の発生及び額が争われた。 裁判所は，不安定な椅子に座らせ，その後に目を離したとして，入浴介助担当者の注意義務違反を認め，弁護士費用75万円を含め合計832万円余の損害を認めた。	832万4698円	治療費	¥153,974	¥153,064
		通院・退院交通費	¥4,260	¥4,260
		介護費	¥1,350,589	¥97,048
		介護雑費	¥238,700	¥16,800
		薬代等	¥14,310	¥14,310
		将来の介護費用	¥3,680,940	¥2,589,216
		入通院慰謝料	¥2,500,000	¥1,800,000
		後遺障害慰謝料	¥5,500,000	¥2,900,000
		弁護士費用	¥1,344,277	¥750,000
		合計	¥14,787,050	¥8,324,698
施設の運営者の安全配慮義務違反は否定したが，速やかに医師の診察を受けさせる義務違反は肯定した。	20万円	入通院慰謝料	¥2,756,000	¥0
		後遺障害慰謝料	¥7,950,000	¥0
		その他慰謝料	¥3,000,000	¥200,000
		合計	¥13,706,000	¥200,000
訪問介護士は上がりかまちに立っている利用者から目を離す際には，利用者を一旦上がりかまちに座らせる等，利用者が転倒することを防ぐために必要な措置をとる義務を負っていたと述べ，株式会社の安全配慮義務違反を認めた。過失相殺を否定した。	1726万2000円	入院付添費	¥19,500	¥19,500
		入院雑費	¥562,500	¥562,500
		入院慰謝料	¥3,280,000	¥3,280,000
		後遺障害慰謝料	¥12,960,000	¥11,800,000
		近親者慰謝料	¥1,500,000	¥0
		弁護士費用	¥3,000,000	¥1,600,000
		合計	¥21,322,000	¥17,262,000

	キーワード	裁判所・判決日・掲載誌	発生日・利用者の年齢・性別・被害結果	請求認容か棄却か（認容は○、棄却は×）	死亡との間の因果関係（肯定は○、否定は×）	過失相殺、素因減額（ありは○、なしは×）	事案の概要
19	□特別養護老人ホーム □転倒・傷害→死亡	福岡地裁小倉支部 H26.10.10 判例集未搭載	H21.8.19 96歳 女性 死亡	○	○	×	被告が経営する特別養護老人ホームの短期入所生活（ショートステイ）介護事業サービスを利用していた利用者が転倒して傷害を負い死亡した事案。安全配慮義務違反があったとして債務不履行または不法行為に基づいて損害賠償を求めた。なお、原告の法定相続分は5分の1だった。
20	□特別養護老人ホーム □転倒・傷害→死亡	大阪地裁 H29.2.2 判例タイムズ1438号172頁 判例時報2346号92頁	H23.9.30 79歳, 男性 死亡	○	○	過失相殺あり（4割）素因減額なし	介護施設利用者が転倒して頭部を負傷した事故について、一人でトイレに行き転倒する危険があることを認識しており、転倒防止のために居室に離床センサーを設置することが義務づけられているのにこれを怠ったとして、事業者側の安全配慮義務違反を認め、事業者の損害賠償責任、使用者責任が肯定された事例。

判旨の概要等	判決結果		請求額	認容額
裁判所は被告の安全配慮義務違反を認め，本件事故と死亡との因果関係も認め，債務不履行責任を認めた。ただし，不法行為責任は否定した。過失相殺及び素因減額は否定した。原告は契約上の債務不履行である安全配慮義務違反により固有の慰謝料請求権を取得することはできないとした。	480万円	入院慰謝料（請求額は全体の5分の1）	¥200,000	¥0
		死亡慰謝料（請求額は全体の5分の1）	¥5,800,000	¥4,400,000
		原告固有の慰謝料	¥5,000,000	¥0
		弁護士費用	¥1,000,000	¥400,000
		合計	¥12,000,000	¥4,800,000
過失相殺を4割認めた。素因減額の主張は排斥した。	約991万円	治療費及び入院費	¥48,830	¥2,280,106
		介護費用	¥2,296,796	
		入院慰謝料	¥1,000,000	¥13,000,000
		後遺障害慰謝料	¥20,000,000	
		小計	¥23,345,626	¥15,280,106
		過失相殺		¥-6,112,043
		過失相殺後の小計	¥23,345,626	¥9,168,063
		既払金	¥-155,206	¥-155,206
		弁護士費用	¥2,300,000	¥900,000
		合計	¥25,490,420	¥9,912,857

注　請求額は，控訴審の判決の場合，第一審の請求額を記載している箇所もあります。

転落事故

キーワード	裁判所・判決日・掲載誌	発生日・利用者の年齢、性別・被害結果	請求認容か棄却か（認容は○、棄却は×）	死亡との間の因果関係（肯定は○、否定は×）	過失相殺　素因減額（ありは○、なしは×）	事案の概要
1	□病院で入院中 □ベッドから転落 □死亡との因果関係は否定 □適切な看護を受ける期待権の侵害	東京地裁 H8.4.15 判例時報1588号117頁	H2.8.7 78歳 女性 死亡	○	×	×	軽度の認知症のある利用者がベッドから転落し、側頭部を強打の上、くも膜下出血で死亡した。利用者と同居していた長男が、慰謝料の支払いを求めた。
2	□介護老人保健施設 □窓から転落 □内縁の夫の請求	東京地裁 H12.6.7 賃金と社会保障1280号14頁	H9.3.20 70歳 女性 死亡	○	○	×	全盲で認知症症状のある介護老人保健施設の利用者が、興奮状態になったために移された3階の居室の窓から出ようとして落下し、死亡した。利用者の内縁の夫が慰謝料の支払いを求めた。
3	□病院に入院中 □窓から転落 □予見可能性を否定	東京地裁 H15.11.19 判例集未登載	H12.12.3 約62歳 男性 負傷	×	―	―	脳梗塞の治療等のため病院に入院中の利用者が、同病院の階段の2階と3階の間の踊り場に設置されていた窓の施錠を開錠して、この窓から外に出ようとして転落し、頭蓋骨骨折、脳内出血等の傷害を負い、意識不明の重篤な症状に陥ったのは、病院に安全配慮義務違反等の過失があったためであるとして、利用者とその妻子が損害賠償を請求した。
4	□グループホーム □後遺障害認定 □素因減額 □ベッドから転落	大阪地裁 H19.11.7 判例時報2025号96頁	H16.1.30 86歳 女性 負傷	○	―	○素因減額	認知症に罹患していたグループホーム入居者（利用者）が、居室にてベッドから転落し、左大腿骨転子部を骨折し、後遺症が発生したと主張して、損害賠償を求めた。なお、入居に際して差し入れた敷金の敷引（50％）が不当に高いとしてその返還も求めた。
5	□訪問介護中の事故 □ベッドから転落 □死亡との因果関係を否定	東京地裁 H20.1.25 判例集未登載	H16.2.9 90歳 女性 死亡	○	×	×	居宅サービス事業者から派遣されたホームヘルパーが、寝たきり状態の高齢者をその自宅において訪問介護中、利用者がベッドから転倒して左上腕骨骨折の傷害を負い、約4週間後に死亡した。遺族が、転落と死亡との間に因果関係があるとして損害賠償を求めた。

判旨の概要等	判決結果		請求額	認容額
利用者が数日前にもベッドから転落したことがあったことなどから，病院側の転落防止義務等とその不履行を認めたが，義務を果たしても転落を防止し得たとは限らないとして死亡との因果関係は否定した。ただし，利用者が適切な看護を受ける機会を奪われたことについて，上記義務違反について同居の長男への慰謝料の支払いを認めた。	200万円	遺族固有の慰謝料	¥10,000,000	¥2,000,000
		合計	¥10,000,000	¥2,000,000
担当の介護福祉士は利用者に，声をかけるなどして利用者の状況を確認するなどの適切な介護をすべき義務を果たさなかったと認め，同義務違反と事故との因果関係があるとし，約31年間実質的夫婦関係を継続してきた内縁の夫へ600万円を支払うように命じた。	600万円	慰謝料	¥10,000,000	¥6,000,000
		合計	¥10,000,000	¥6,000,000
利用者に帰宅願望はあったが，事故現場の階段を降りようとしたり，病院から逃げ出そうとしたりしたことがなかったことから，看護師及び病院に本件事故の予見は不可能であったとし，病院に，安全配慮義務違反その他の過失があったとは認められないなどとして，利用者らの請求を棄却した。	請求棄却	本人の慰謝料	¥15,000,000	¥0
		妻の慰謝料	¥7,000,000	¥0
		子の慰謝料	¥3,000,000	¥0
		子の慰謝料	¥3,000,000	¥0
		合計	¥28,000,000	¥0
利用者が，何度もベッドから転落したり，転落しそうになっていたにもかかわらず，転落防止策が講じられていないことから，グループホームの安全配慮義務違反を認定するなど，債務不履行による一定の損害賠償を認めた。なお，転落による後遺障害として10級を認定したが，認知症によって障害の改善が進まなかったことに素因減額を認めて，賠償額を減額した。敷引については，1/4のみを有効とした。	572万8641円（敷引の無効による返金分30万円を除く。）	治療費	¥602,031	¥602,031
		入院雑費	¥143,000	¥143,000
		交通費	¥5,840	¥5,840
		入院慰謝料	¥2,100,000	¥1,700,000
		後遺障害慰謝料	¥28,000,000	¥2,750,000
		文書料	¥11,070	¥7,770
		成年後見申立費用	¥212,300	¥0
		弁護士費用	¥3,000,000	¥520,000
		合計	¥34,074,241	¥5,728,641
居宅サービス事業者に対して，転落防止義務の懈怠による損害賠償義務を認めたが，転落と死亡との間の因果関係は認めなかった。なお，訪問介護契約に基づく利用料にかかる反対請求が認められた。	64万8727円	治療費	¥660,427	¥48,727
		付添看護費	¥250,000	¥0
		入院雑費	¥23,500	¥0
		葬祭費	¥2,469,020	¥0
		逸失利益	¥4,675,752	¥0
		慰謝料	¥30,000,000	¥500,000
		遺族固有の慰謝料	¥19,999,999	¥0
		弁護士費用	¥6,000,000	¥100,000
		合計	¥64,078,698	¥648,727

	キーワード	裁判所・判決日・掲載誌	発生日・利用者の年齢，性別・被害結果	請求認容か棄却か（認容は○，棄却は×）	死亡との間の因果関係（肯定は○，否定は×）	過失相殺，素因減額（ありは○，なしは×）	事案の概要
6	□特別養護老人ホーム □ショートステイ □ベッドから転落 □離床（体動）センサー	東京地裁 H23.6.14 判例集未登載	H18.5.31 97歳 負傷	○	－	×	ショートステイにて特別養護老人ホーム入所中の利用者（認知症症状がみられベッドから転落の危険も認識されていた。）が，ベッドから転落して負傷した。利用者について，同人の死後，相続人の一部（相続分にして合計5/6）から，施設の運営主体に対し，損害賠償請求がなされた。
7	□ショートステイ □ベッドから転落 □離床（体動）センサー □安全配慮義務違反なし	東京地裁 H24.5.30 判例集未登載	H21.11.22 84歳 負傷	×	－	－	利用者は施設との間でショートステイ契約を締結し，施設に入所して介護を受けていたが，利用者は夜間にベッドから転落して頭部を受傷した。施設の利用者に対する契約上の安全配慮義務違反等に当たるとし，利用者は，施設に対し，債務不履行又は不法行為に基づく損害賠償を求めた。（実際の請求額は1982万8732円。右の請求額との差が生じている理由は不明。）
8	□介護老人保健施設 □窓から	東京地裁立川支部 H26.9.11 判例集未搭載	H24.8.7 84歳，男性 死亡	×	－	－	介護老人保健施設の認知症専門棟に短期入所していた利用者が，2階食堂の窓から外に出ようとして転落し，死亡した。なお，相続人3人のうち2人のみが提訴した。相続分は各3分の1ずつ。
9	□介護老人保健施設 □第一審敗訴，控訴審逆転 □8の控訴審	東京高裁 H28.3.23 判例集未搭載	H24.8.7 84歳，男性 死亡	○	○	×（過失相殺なし）	被控訴人が開設する介護老人保健施設の認知症専門棟に短期入所して強い帰宅願望を見せていた認知症のA（当時84歳）が，施設の外に出ようとして夜間に無施錠の2階食堂に入り，窓に設置されていた窓の開放範囲を制限する金属製の装置（ストッパー）をずらして開放させ，外部に身を乗り出して窓の外部の雨どい伝いに降りようとして落下し，死亡した事故。第一審は敗訴していた。相続人は3人だが，提訴したのは2人。相続分は各3分の1ずつ。

判旨の概要等	判決結果		請求額	認容額
施設は利用者がベッド上を移動するなどして転落する可能性を認識しており，ベッド柵3本の設置では危険があることも認識していたと認められるとし，施設は利用者の転倒・転落の危険を防止するため，その一手段として，体動センサーを設置して未然に転落を防ぐ方策をとる義務があったとした。損害額については，転倒による裂傷が治癒した日までの治療費を本件事故と相当因果関係の範囲内として認め，請求額の一部を認容した。 なお，右請求額，認容額は相続人全員が請求した場合の損害額全額であり，判決結果はその5/6となっている。	65万6750円 （認容額の5/6）	治療費	¥10,406,752	¥249,500
		入通院慰謝料	¥3,210,000	¥467,000
		弁護士費用	¥1,368,462	¥71,600
		合計	¥14,985,214	¥788,100
施設は，介護契約の付随的義務として，利用者への安全配慮義務を信義則上負担しているが，施設は，本件施設の職員体制・設備を前提として，利用者の転倒の可能性を踏まえて負傷防止の措置もとっている（離床センサーの設置，巡回，ベッド柵等）等とし，施設に安全配慮義務違反・不法行為上の故意・過失は認められないとして，利用者の請求を棄却した。	請求棄却	入院費	¥1,398,845	¥0
		家族の交通費	¥223,000	¥0
		入通院慰謝料	¥3,820,000	¥0
		後遺障害慰謝料	¥10,000,000	¥0
		将来の介護費用	¥4,507,221	¥0
		請求額	¥19,828,732	¥0
介護老人保健施設の認知症専門棟に短期入所していたA（原告らの父親）が，2階食堂の窓から外に出ようとして転落し，死亡した。Aには強い帰宅願望があり，施設からの抜け出しや帰宅を求める乱暴な言動があるのに，被告は適切な対応をしなかったとして，債務不履行（安全配慮義務違反）ないし不法行為に基づいて損害賠償請求を求めた事案。裁判所は，被告には結果予見可能性や結果回避義務もないとして，請求を棄却した事例	請求棄却	治療費	¥99,632	¥0
		葬儀費用	¥3,176,730	¥0
		死亡慰謝料	¥24,000,000	¥0
		逸失利益	¥5,044,860	¥0
		弁護士費用	¥3,000,000	¥0
		合計	¥35,321,222	¥0
窓の開放制限措置として不適切で，通常有すべき安全性を欠いていたとして，Aの遺族である控訴人らが控訴審で追加請求した土地工作物責任を肯定した上で，被控訴人主張の過失相殺を否定し，死亡慰謝料として2000万円を認め，被控訴人の債務不履行及び使用者責任を否定した原判決を変更して支払いを命じた。相続人3人のうち，提訴したのは2人なので認容額は本来の損害額の3分の2である。	2934万4492円	治療費	¥99,632	¥99,632
		葬儀費用	¥1,500,000	¥1,500,000
		死亡慰謝料	¥20,000,000	¥20,000,000
		逸失利益	¥5,044,860	¥5,044,860
		弁護士費用	¥3,000,000	¥2,700,000
		合計	¥29,644,492	¥29,344,492

	キーワード	裁判所・判決日・掲載誌	発生日・利用者の年齢、性別・被害結果	請求認容か棄却か(認容は○、棄却は×)	死亡との間の因果関係(肯定は○、否定は×)	過失相殺、素因減額(ありは○、なしは×)	事案の概要
10	□特別養護老人ホーム □玄関先の階段で転倒	福岡地裁 H28.9.12 判例集未登載	H24.9.9 100歳, 女性 死亡 (H24.11.18)	○	○	○ (過失割合3割)	被告の介護サービスを利用して自宅への送迎を受けていた100歳の女性が自宅前の階段から転落したことが原因で死亡したのは被告の安全配慮義務違反又は過失によるものだとして、女性の遺族が被告に損害賠償を求めたところ、請求が一部認容された事案

判旨の概要等	判決結果		請求額	認容額
本件は，Fの相続人である原告ら（各法定相続分5分の1）が，被告に対し，Fが被告との間で特別養護老人ホームの利用契約を締結して介護を受けていたところ，被告の送迎により帰宅する際，玄関先の階段で転倒して負傷し，その後，死亡するに至ったことについて上記契約上の安全配慮義務違反を理由とする債務不履行又は不法行為が成立し，Fに3731万7728円の損害（原告らの相続分は各746万3545円）が発生したほか，原告らに固有の慰謝料（原告Aにつき800万円，その余の原告らにつき各400万円）及び弁護士費用600万円（原告Aにつき200万円，その余の原告らにつき各100万円）の損害が発生したとして，上記債務不履行又は不法行為に基づく損害賠償請求権に基づく一部請求として原告Aにつき1600万円，その余の原告につき各1100万円及びこれらに対する不法行為日である平成24年9月9日から支払済みまで民法所定の年5分の割合による遅延損害金の支払を求める事案である。	1358万4810円	入院費	¥106,265	¥106,265
		入院雑費	¥106,500	¥106,500
		交通費	¥195,790	¥195,790
		介護器具レンタル料	¥37,500	¥37,500
		入院慰謝料	¥1,450,000	¥15,000,000
		死亡慰謝料	¥30,000,000	
		逸失利益	¥4,254,823	¥1,008,259
		葬儀費用	¥1,166,850	¥1,166,850
		原告ら固有の慰謝料	¥24,000,000	¥0
		小計	¥61,317,728	¥17,621,164
		過失相殺		¥−5,286,350
		過失相殺後の小計	¥61,317,728	¥12,334,814
		弁護士費用	¥6,000,000	¥1,250,000
		合計	¥67,317,728	¥13,584,814

誤嚥事故

キーワード	裁判所・判決日・掲載誌	被害結果 利用者の年齢、性別・	発生日・(認容は○、棄却は×) 請求認容か棄却か	死亡との間の因果関係(肯定は○、否定は×)	過失相殺、素因減額(ありは○、なしは×)	事案の概要
1	□特別養護老人ホーム □ショートステイ □食事介助	横浜地裁川崎支部 H12.2.23 賃金と社会保障 1284号 43頁	H7.12.8 73歳 男性 死亡	○	○	×	社会福祉法人が経営する特別養護老人ホームのショートステイ利用者が，朝食直後に，意識を失い死亡した。(請求額は2400万円であるが，一部請求により実際には2300万円を請求した。)
2	□介護老人保健施設 □こんにゃく	横浜地裁 H12.6.13 賃金と社会保障 1303号 60頁	H9.9.20 79歳 死亡	×	－	－	介護老人保健施設に入所中の利用者が，夕食時に出されたこんにゃくを喉に詰まらせて窒息死した。
3	□特別養護老人ホーム □パン粥	神戸地裁 H16.4.15 賃金と社会保障 1427号 45頁	H12.3.3 83歳 死亡	×	－	－	特別養護老人ホームにおいて，利用者が，介護職員の介助を受けて食事をしていたところ，パン粥をのどに詰まらせて死亡した。
4	□特別養護老人ホーム □こんにゃく・はんぺん	名古屋地裁 H16.7.30 賃金と社会保障 1427号 54頁	H13.12.16 75歳 男性 死亡	○	○	×	特別養護老人ホームで，利用者が職員による介助を受けて食事中に，こんにゃく，はんぺんを喉に詰まらせて窒息死した。遺族らは，特別養護老人ホームに対し，使用者責任(民法715条)又は債務不履行に基づき，損害賠償請求をした。
5	□特別養護老人ホーム □かまぼこ	東京地裁 H19.5.28 判例時報 1991号 81頁	H13.8.26 98歳 女性 死亡	○	×	×	特別養護老人ホームにおいて，食事中に，利用者が玉子丼のかまぼこ片を喉に詰まらせて死亡した。(請求額は相続人全員を合わせたもの。実際には3人の子のうち，2人のみ訴訟提起し，実際の請求額は1974万9595円となっている。)

判旨の概要等	判決結果		請求額	認容額
施設が救急車を呼ぶまでの間に，速やかに背中を叩くなどの方法を取ったり，吸引器を使用したりしていれば，気道内の食物を取り除いて，利用者を救命できた可能性が大きいと述べ結果回避可能性を認めた上で，利用者の異変を発見した際に誤飲を予想した措置を取ることなく，吸引器を取りに行くこともせず，15分間近く救急車を呼ぶこともしなかった点に過失を認めた。	2200万円を認容	慰謝料	¥21,200,000	¥20,000,000
		葬儀費用の一部	¥1,800,000	¥1,200,000
		弁護士費用	¥1,000,000	¥1,000,000
		合計	¥24,000,000	¥22,200,000
①こんにゃくを食材として提供したこと，②利用者に常に付き添って介護しなかったこと，③食事における監視体制及び監視状況の不備，④救急救命措置，すべてにおいて過失を否定し，請求を棄却した。	請求棄却	葬儀費用	¥1,190,000	¥0
		慰謝料	¥20,000,000	¥0
		合計	¥21,190,000	¥0
利用者はパンないしパン粥を嚥下したものの，これが食道に残っており，後に呼吸と共に気管に流れ込み，これによって，窒息死したものと認定した。 職員としては，利用者がパン粥を口に溜め込み，なかなか飲み込まないという事態を受けて，誤嚥の可能性を認識することは不可能であり，仮に認識すべき義務があるとすると，これには，食事介護中は常に肺か頸部の呼吸音を聞く必要があり，また，誤嚥を一番正確に評価するには嚥下造影が必要であるが，このような義務を特別養護老人ホームの職員に認めることはできないとして，職員の過失を否定して，請求を棄却した。	請求棄却	葬儀関係費用	¥1,200,000	¥0
		死亡慰謝料	¥25,000,000	¥0
		弁護士費用	¥2,620,000	¥0
		合計	¥28,820,000	¥0
嚥下障害のある利用者に向かないこんにゃくやはんぺんを食べさせるに際しては，職員は，利用者の口の中の確認及び利用者の嚥下動作の確認をする注意義務を負っていたとして，職員の過失を認め，特別養護老人ホームに対する使用者責任（民法715条）に基づく損害賠償責任を認めた。	2426万4700円を認容	逸失利益（年金）	¥6,147,460	¥0
		死亡慰謝料	¥24,000,000	¥21,000,000
		弁護士費用	¥3,000,000	¥2,200,000
		葬儀費用	¥1,064,700	¥1,064,700
		合計	¥34,212,160	¥24,264,700
介護職員に過失があるとし，被害者が窒息によって意識レベルを低下させたことについて不法行為を認め，特別養護老人ホームの使用者責任を認めた。 ただし，死亡とかまぼこ片等の誤嚥の間には直接の因果関係はないと判断し，死亡についての慰謝料は認めなかった。 （右の認容額は相続人3人分の合計であり，実際に認容された金額とは異なっている。）	292万6666円を認容（原告らの相続分。3人のうち2人）	慰謝料	¥24,000,000	¥4,000,000
		葬儀費用	¥1,949,595	¥0
		弁護士費用	¥1,800,000	¥390,000
		合計	¥27,749,595	¥4,390,000

キーワード	裁判所・判決日・掲載誌	発生日・利用者の年齢、性別・被害結果	請求認容か棄却か(認容は○、棄却は×)	死亡との間の因果関係(肯定は○、否定は×)	過失相殺、素因減額(ありは○、なしは×)	事案の概要
6	□病院入院中 □おにぎり	福岡地裁 H19.6.26 判例タイムズ 1277 号 306 頁, 判例時報 1988 号 56 頁	H16.1.12 80 歳 死亡	○	○	×	病院に入院中の利用者が平成 16 年 1 月 12 日におにぎりを誤嚥して窒息し, 意識が回復しないまま 9 か月後(同年 10 月 10 日)に死亡した。(5148 万 8179 円のうちの一部請求で, 実際には 4050 万 9500 円の請求。)
7	□特別養護老人ホーム □ミキサー食	松山地裁 H20.2.18 判例タイムズ 1275 号 219 頁	H17.7.18 死亡	○	○	×	社会福祉法人が設置する特別養護老人ホームにおいて, 利用者がミキサー食を誤嚥して死亡し, 遺族が不法行為と債務不履行に基づき損害賠償請求をした。(相続人は 2 人いたが, 訴訟を提起したのは 1 人のみである。訴訟では死亡慰謝料は実際には 900 万円しか認められておらず, 右の認容額とは異なっている。)
8	□特別養護老人ホーム	東京地裁 H20.3.27 判例集未登載	H17.1.23 85 歳 死亡	×	−	−	特別養護老人ホームに入所している利用者が, 朝食時に食事を誤嚥して死亡した。相続人らは, 使用者責任等の不法行為または介護サービス契約の債務不履行に基づいて, 損害賠償請求をした。
9	□介護付き有料老人ホーム	東京地裁 H22.7.28 判例時報 2092 号 99 頁	H19.9.22 82 歳 男性 死亡	×	−	−	介護付き有料老人ホームにて, 利用者が, 夕食中に誤嚥により死亡した。
10	□介護老人保健施設 □ご飯, 厚揚げ, ふきの煮物	横浜地裁 H22.8.26 判例時報 2105 号 59 頁	H19.7.1 82 歳 女性 死亡	×	−	−	介護老人保健施設において, 利用者が, 食事中にご飯, 厚揚げ, ふきの煮物などを誤嚥して翌日死亡した。

判旨の概要等	判決結果		請求額	認容額
看護師に，利用者の誤嚥についての予見可能性があることを認めた。おにぎりを提供したこと自体に過失があるとはいえない。利用者に義歯の装着を勧めたにもかかわらず，利用者から拒否された場合にまで義歯を利用者に装着すべき義務があったとはいえない。しかしながら，義歯を装着しない場合には誤嚥の危険性が増すのであるから，見守りについての過失があるとして，病院の損害賠償責任を認めた。	2882万8613円	利用者（死亡）の死亡慰謝料	¥30,000,000	¥16,000,000
		原告（相続人）の固有の慰謝料	¥5,000,000	¥1,000,000
		逸失利益（年金）	¥10,978,670	¥7,319,113
		入院雑費	¥409,500	¥409,500
		葬儀費用	¥1,500,000	¥1,500,000
		弁護士費用	¥3,600,000	¥2,600,000
		合計	¥51,488,170	¥28,828,613
被告としては実際に同人の食事の介助を行う職員が①覚醒をきちんと確認しているか，②頭部を前屈させているか，③手，口腔内を清潔にすることを行っているか，④一口ずつ嚥下を確かめているかなどの点を確認し，これらのことが実際にきちんと行われるように介護を担当する職員を教育，指導すべき注意義務があったものというべきである。しかし，被告は上記の注意義務に違反したので，民法709条及び民法715条により不法行為責任を負うことが認められた。	1318万6250円（相続人は2人いたが，原告は1人のみであり，訴訟では死亡慰謝料は実際には900万円しか認められておらず，右の認容額とは異なっている。）	やけど事故による入院雑費		¥172,500
		やけど事故による慰謝料		¥1,800,000
		死亡慰謝料		¥18,000,000
		原告固有の慰謝料		¥2,000,000
		弁護士費用		¥1,200,000
		合計		¥23,172,500
死因が食事を誤飲した窒息死とは認めず，介護職員の注意義務違反等も認めず，経口摂取による食事介護を継続した施設の介護が不相当であったとは認めず，介護サービス契約上の介護サービス義務に違反するものとは認めず，請求を棄却した。	請求棄却	利用者（死亡）の死亡慰謝料	¥19,000,000	¥0
		相続人らの固有の慰謝料	¥5,000,000	¥0
		葬儀費用	¥1,500,000	¥0
		弁護士費用	¥2,500,000	¥0
		合計	¥28,000,000	¥0
①施設への入居契約等に基づく安全配慮義務に違反したか否か，②本件事故後の施設の対応が，本件契約の債務不履行又は利用者に対する不法行為を構成するか否かについて，介護付き有料老人ホームの開設者の安全配慮義務違反を否定した。	請求棄却	死亡慰謝料	¥20,000,000	¥0
		遺族固有の慰謝料	¥2,000,000	¥0
		弁護士費用	¥500,000	¥0
		合計	¥22,500,000	¥0
介護老人保健施設の開設者である医療法人（被告）施設及び職員に対する管理体制，施設の職員らの事故発生前の対応及び事故発生後の救命活動のいずれについても過失を否定した。	請求棄却	死亡慰謝料	¥20,000,000	¥0
		遺族固有の慰謝料	¥6,000,000	¥0
		葬儀費用	¥3,000,000	¥0
		弁護士費用	¥2,900,000	¥0
		合計	¥31,900,000	¥0

	キーワード	裁判所・判決日・掲載誌	発生日・利用者の年齢、性別・被害結果	請求認容か棄却か（認容は○、棄却は×）	死亡との間の因果関係（肯定は○、否定は×）	過失相殺、素因減額（ありは○、なしは×）	事案の概要
11	□グループホーム □深夜に嘔吐,下痢（誤嚥ではない）	東京高裁H22.9.30判例タイムズ1344号152頁	H18.6.2983歳男性死亡	×	－	－	グループホームにおいて認知症対応型共同生活介護を受けていた利用者が昼間に施設内の台所付近をうろついているところを発見された後，深夜に嘔吐，下痢等の症状を呈した。翌朝にも発熱と下痢が見られたので，利用者を病院に入院させた。約10日後にはリハビリができるほど回復したが，その4週後再び嘔吐し，数日後に死亡した。
12	□デイサービス □マグロの味噌焼き,揚げ物,青菜,漬け物	東京地裁立川支部H22.12.8判例タイムズ1346号199頁	H20.12.16男性死亡	×	－	－	デイサービスの利用者が，平成20年12月16日の昼食時に，マグロの味噌焼き，揚げ物，青菜，漬け物等を誤嚥し，平成21年3月5日に死亡した。
13	□特別養護老人ホーム □異食（紙おむつ,尿取りパッド）	さいたま地裁H23.2.4賃金と社会保障1576号48頁	H17.6.2078歳死亡	○	○	×	特別養護老人ホームの入所者である利用者が，身に着けていた紙おむつ及び尿取りパッドを口に入れ喉を詰まらせて窒息死したことについて，利用者の相続人らが，施設に対し，主位的に不法行為，予備的に債務不履行に基づき，精神的損害，葬儀費用等相当額の賠償などを求めた。
14	□介護老人保健施設 □刺身 □介護保護義務違反	水戸地裁H23.6.16判例時報2122号109頁	H17.3.1786歳男性死亡	○	○	×	介護老人保健施設において，入所中のパーキンソン病患者である利用者が食事として提供された刺身を誤嚥して，窒息死した。

判旨の概要等	判決結果		請求額	認容額
入院前日の夜の時点で直ちに利用者を医療機関に緊急搬送すべき必要性があったとは認めがたいから，看護師の指示に従って経過観察等の措置をとった職員の措置が介護施設の担当者としての注意義務に違反するものではないとして，グループホームを運営する法人の損害賠償責任を否定した。	請求棄却	治療費，リネン代	¥284,380	¥0
		通院交通費	¥88,100	¥0
		医師等への謝礼	¥30,000	¥0
		葬儀関係費用	¥1,204,475	¥0
		カルテ代	¥4,610	¥0
		逸失利益	¥3,732,556	¥0
		入院慰謝料	¥1,000,000	¥0
		死亡慰謝料	¥24,000,000	¥0
		遺族固有の慰謝料	¥3,000,000	¥0
		弁護士費用	¥3,330,000	¥0
		合計	¥36,674,121	¥0
事故当時，昼食の見守りをしていた職員は他の利用者に気を奪われていて見守りを怠ったとは認められず，職員には過失はない。 施設が23名の利用者に対して専ら食事の見守りを担当する職員を2名しか配置しなかったことについて，利用契約の債務の履行を怠ったとは認められないとして，債務不履行責任を否定した。 以上のように述べて，請求を棄却した。	請求棄却	死亡慰謝料	¥25,000,000	¥0
		入院慰謝料	¥1,500,000	¥0
		治療費・入院費	¥327,783	¥0
		入院雑費	¥120,000	¥0
		逸失利益（年金）	¥6,388,776	¥0
		遺族固有の慰謝料	¥8,000,000	¥0
		葬儀費用	¥1,393,386	¥0
		弁護士費用	¥4,000,000	¥0
		合計	¥46,729,945	¥0
本件事故が，異食癖のある利用者に着用させた介護服の不適切な着用方法によって発生したものと推認するのが相当として，遺族らの請求を一部認容した。	1770万円	死亡慰謝料	¥20,000,000	¥15,000,000
		遺族固有の慰謝料	¥2,000,000	¥1,000,000
		葬儀費用	¥399,285	¥300,000
		弁護士費用	¥2,240,000	¥1,400,000
		合計	¥24,639,285	¥17,700,000
利用者の嚥下状態は良好とは到底評価し難い状態であったもので，利用者には誤嚥の危険性があったと認められるところ，刺身を常食として提供したことについて，介護老人保健施設の運営会社に介護保護義務違反があるとして損害賠償責任を認めた。	2203万5682円	傷害慰謝料	¥1,200,000	¥0
		付添看護費	¥1,072,000	¥670,000
		葬儀費用	¥1,500,000	¥1,500,000
		死亡慰謝料	¥25,000,000	¥15,000,000
		逸失利益（年金）	¥2,855,682	¥2,855,682
		弁護士費用	¥3,160,000	¥2,010,000
		合計	¥34,787,682	¥22,035,682

	キーワード	裁判所・判決日・掲載誌	発生日・利用者の年齢、性別・被害結果	請求認容か棄却か（認容は○、棄却は×）	死亡との間の因果関係（肯定は○、否定は×）	過失相殺、素因減額（ありは○、なしは×）	事案の概要
15	□ショートステイ □とろみ食 □逸失利益否定	京都地裁 H25.4.25 判例集未登載	H18.4.26 51歳 女性 死亡	○	○	×	ショートステイにて、利用者が、介護職員の介助を受けて食事中、食物を気道に詰まらせて窒息死したとして、利用者の夫が不法行為に基づく賠償を請求した。
16	□介護付き有料老人ホーム □ロールパンを含む朝食 □第一審敗訴、控訴審逆転勝訴 □過失相殺否定	大阪高裁 （原審は神戸地裁 H24.3.30) H25.5.22 判例タイムズ1395号160頁	H22.7.23 85歳 女性 死亡	○	○	× 過失相殺	（控訴審） 被控訴人が経営する介護付き有料老人ホームに入居していた利用者が、入居3日目、自室において朝食を摂っていたところ、施設から提供されたロールパンを誤嚥し、窒息死するという事故が発生した。相続人ら5名（控訴人）は、施設従業員が見回りを十分に行わなかったなど、利用者に対する安全配慮を欠いたことによるものであると主張し、債務不履行又は不法行為に基づき、損害賠償を求めた。第一審は請求をいずれも棄却した。これを不服とする控訴人らが控訴した。
17	□訪問介護 □さつま揚げ様の揚げ物 □過失相殺否定	松山地裁 H26.4.17 判例集未登載	H12.12.26 87歳 女性 死亡	○	○	× 過失相殺	居宅介護支援事業等を業とする社会福祉法人から、食事等の訪問介護サービスを受けていた利用者が、さつま揚げ様の揚げ物を誤嚥して死亡した。利用者の相続人が、施設のヘルパーの調理方法の過失、見守り及び救護の過失を主張し、使用者責任（民法715条）に基づく損害賠償を求めた。

判旨の概要等	判決結果			請求額	認容額
利用者の死因は，食事中にとろみ食を誤嚥し，上気道が部分的に閉塞され，その状態が続いて肺のガス交換が阻害され，低酸素状態となって意識レベルが低下，心停止に至り死亡したものと推認するのが相当とし，被告職員と管理者に，被害者の呼吸不全を見逃した過失，食事介助者に対する特段の注意喚起を怠った過失を認定した。逸失利益は否定した。（障害基礎年金，障害者手当は，本件事故によって死亡していなくても，生活費，介護費，医療費等に費消され損害はないとした。）利用者及び遺族の慰謝料の相当額を認容した。	2640万円	逸失利益（障害者年金）		¥10,955,594	¥0
		死亡慰謝料		¥22,000,000	¥21,000,000
		遺族固有の慰謝料		¥3,000,000	¥3,000,000
		弁護士費用		¥3,500,000	¥2,400,000
		合計		¥39,455,594	¥26,400,000
施設は，診療情報提供書，看護サマリー及び紹介状などから，利用者には難治性逆流性食道炎等の既往歴があることが予見できたが，誤嚥防止に対する適切な措置が講じられたということはできず，安全配慮義務違反があるとした。施設は，原則として食堂で食事を提供することを利用者側に説明したにもかかわらず，利用者側は，居室での食事を希望したこと等を根拠に過失相殺を主張したが，裁判所は過失相殺を否定した上で，前記の諸事情は過失相殺というよりも，慰謝料を定める際に斟酌する事情として考慮するのが相当であるとした。（原審の神戸地裁は請求を棄却していた。）	1548万3620円（相続人ら5名合計）	利用者（死亡）の死亡慰謝料		¥20,000,000	¥10,000,000
		相続人らの固有の慰謝料（合計）		¥7,500,000	¥2,500,000
		入院費用（合計）		¥17,190	¥17,190
		葬儀関係費用（合計）		¥1,566,430	¥1,566,430
		弁護士費用（合計）		¥3,000,000	¥1,400,000
		合計		¥32,083,620	¥15,483,620
利用者は87歳の高齢者で，食事の際の窒息事故の発生が危惧される年齢であり，本件事故前に嚥下障害の徴表たる痰が発生し，現実に誤嚥事故が発生していたのに，重大な窒息事故の発生する危険性の高い形状の本件揚げ物をそのまま提供したことは，調理方法における過失と認定し，相当因果関係も認めた。施設は，利用者が適切な咀嚼，嚥下をしなかったこと，痰の発生後病院を受診しなかったこと，他の施設で誤嚥事故が発生したことがある旨報告書に記載があったが，これを家族が施設に連絡しなかったこと，家族が揚げ物を購入したこと自体が過失であると主張したが，裁判所は過失相殺を否定した。	1564万9202円	治療費		¥47,580	¥47,580
		葬儀料等		¥1,204,622	¥1,201,622
		慰謝料		¥20,000,000	¥13,000,000
		弁護士費用		¥2,100,000	¥1,400,000
		合計		¥23,352,202	¥15,649,202

255

	キーワード	裁判所・判決日・掲載誌	発生日・利用者の年齢、性別・被害結果	請求認容か棄却か（認容は○、棄却は×）	死亡との間の因果関係（肯定は○、否定は×）	過失相殺、素因減額（ありは○、なしは×）	事案の概要
18	□訪問介護契約	大阪地裁 H27.9.17 判例時報 2293号 95頁	H25.4.20 67歳、女性 死亡	×	－	－	被告は，利用者（死亡）と賃貸借契約を締結し，24時間介護スタッフなどを宣伝しており，賃貸借契約及び指定訪問介護契約の両契約を通じ，被告には，利用者が食事をする際には適切に見守って誤嚥を防止する安全配慮義務があるとして，利用者の法定相続人の一人が損害賠償請求を求めた。（法定相続分は4分の1）
19	□介護老人保健施設 □ロールパンを誤嚥	鹿児島地裁 H29.3.28 判例集未登載	H26.1.28 79歳、男性 低酸素脳症（傷害）	○	－	× 過失相殺	被告開設の介護老人保健施設の入所者がロールパンを誤嚥したことにより窒息し，低酸素脳症に陥ったなどと主張して，当該入所者及びその妻と長男が原告となり，被告に対し，不法行為に基づく損害賠償を求めた事案。

判旨の概要等	判決結果		請求額	認容額
不当利得返還請求等の請求もあったが，誤嚥による死亡については，本件契約は訪問介護契約であって，夕食時間帯はサービス提供の時間帯ではなく，利用者やその親族が誤嚥の危険を訴えたというサービス実施記録はなく，被告に利用者の夕食時に誤嚥を防止する法的義務があったとはいえず，安全配慮義務違反による損害賠償請求権は成立しない。	棄却	慰謝料	¥13,000,000	¥0
裁判所は，被告は，原告入所者につき誤嚥のリスクがあることを認識していたから，ロールパンを提供するにしても小さくちぎって提供するべき義務があったところ，そのまま提供したことにより，塊が気道を閉塞して窒息を生じたのであるから，事故発生について責任があると認められるとし，原告入所者の請求につき後遺障害1級1号の後遺障害等に基づき算出した相当損害額の限度で，原告妻及び原告長男の請求につき認定した各慰謝料額の限度で一部認容した事例	4054万7146円	【被害者本人】慰謝料	¥28,000,000	¥28,000,000
		過去の入院費用	¥954,246	¥954,246
		将来の入院費用	¥4,244,174	¥4,244,174
		後見開始の審判等の費用	¥171,340	¥171,340
		事実関係の調査費用	¥345,928	¥27,386
		弁護士費用	¥3,370,000	¥3,300,000
		【妻及び長男】固有の慰謝料	¥10,000,000	¥3,500,000
		弁護士費用	¥1,000,000	¥350,000
		合計	¥48,085,688	¥40,547,146

徘徊，失踪

キーワード	裁判所・判決日・掲載誌	発生日・利用者の年齢，性別・被害結果	請求認容か棄却か(認容は〇，棄却は×)	死亡との間の因果関係(肯定は〇，否定は×)	過失相殺，素因減額(ありは〇，なしは×)	事案の概要
1	□知的障害者更生施設 □行方不明	千葉地裁 H11.3.29 判例タイムズ 1047 号 264 頁 判例時報 1701 号 109 頁	H4.3.26 24 歳 女性 死亡	×	－	－	知的障害者更生施設において，園生であった女性の利用者が，早朝行方不明になった後，園舎 1 階のボイラー室から遺体で発見された。 利用者の両親は，利用者の死亡は，同人が行方不明になった後，施設が速やかに煙突内部を捜索する義務等を怠ったことによると主張し，施設に対して委託契約上の債務不履行に基づく損害賠償を請求していた。（実際の請求額は 1 億 0145 万 0096 円。右の請求額との差が生じている理由は不明。）
2	□デイサービス □行方不明 □死亡との因果関係を否定	静岡地裁浜松支部 H13.9.25 判例集未登載	H9.5.21 男性 死亡	〇	×	×	老人デイサービスセンターでデイサービスを受けていた認知症の高齢者が，廊下面から高さ 84 cm の 1 階廊下の網戸付きサッシ窓から脱出し，そのまま行方不明となり，1 か月後に遠州灘竜洋海岸防波堤付近の砂浜に死体となって打ち上げられた事故につき，不法行為に基づく損害賠償請求をした。 原告は，相続人の 4 名（妻と 3 名の子）。
3	□グループホーム □うつぶせ状態でおさえつける □吐物の肺内吸引により窒息して心肺停止	大阪地裁 H27.2.13 判例集未登載	H21.11.8 22 歳， 男性 死亡	〇	〇	×	障がい者福祉サービス事業を営む社会福祉法人のグループホームの施設において，興奮状態となった知的障がいのある入所者の男性が施設職員らによって制止され 15 分間程うつぶせの状態で押さえつけられ，吐物の肺内吸引により窒息して心肺停止となり死亡した事故について，利用者の相続人が不法行為または債務不履行に基づき損害賠償請求をした。相続人は 2 人だが，1 人だけが提訴した。

判旨の概要等	判決結果		請求額	認容額
利用者が行方不明となってから遺体発見までの経緯，死因，死亡についての施設の責任原因及び利用者の死亡との因果関係並びに損害額が争点となったが，施設を経営する社会福祉法人の過失を否定し，債務不履行責任を認めなかった。	棄却	逸失利益	¥31,729,654	¥0
		死亡慰謝料	¥30,000,000	¥0
		遺族固有の慰謝料	¥30,000,000	¥0
		葬儀費用	¥2,695,864	¥0
		捜索費用	¥522,778	¥0
		弁護士費用	¥6,500,000	¥0
		合計	¥101,448,296	¥0
施設職員には，利用者の失踪について過失はあるが，施設の過失と利用者の死との間の，相当因果関係を認めることはできないとし，利用者が行方不明になったことにより，利用者の相続人らが被った精神的苦痛に対する慰謝料等に限り，請求を認容した。	284万9000円 死亡との因果関係は否定。行方不明になったことによる家族の慰謝料のみを認めた。	慰謝料（原告A，妻）	¥7,000,000	¥1,300,000
		慰謝料（原告B）	¥7,000,000	¥430,000
		慰謝料（原告C）	¥7,000,000	¥430,000
		慰謝料（原告D）	¥7,000,000	¥430,000
		逸失利益	¥16,955,612	¥0
		弁護士費用（原告A）	¥420,000	¥130,000
		弁護士費用（原告B）	¥420,000	¥43,000
		弁護士費用（原告C）	¥420,000	¥43,000
		弁護士費用（原告D）	¥420,000	¥43,000
		合計	¥46,635,612	¥2,849,000
裁判所は，施設職員らの過失及び理事長の入所者を制止する方法の指導やマニュアルの整備を怠った過失があるとして，法人，理事長及び施設職員に対する損害賠償責任を認めた。なお，労働能力喪失による逸失利益は否定した。	1904万0998円	葬儀費用	¥1,020,402	¥1,020,402
		年金の逸失利益	¥7,453,425	¥7,453,425
		労働能力喪失による逸失利益	¥35,251,372	¥0
		慰謝料	¥30,000,000	¥20,000,000
		合計	¥73,725,199	¥28,473,827
		上記損害額のうち原告の相続分	¥36,862,599	¥14,236,913
		交通費（原告固有の損害）	¥26,780	¥26,780
		謄写費用（原告固有の損害）	¥47,305	¥47,305
		原告固有の慰謝料	¥30,000,000	¥3,000,000
		弁護士費用	¥6,693,668	¥1,730,000
			¥73,630,352	¥19,040,998

キーワード	裁判所・判決日・掲載誌	発生日・利用者の年齢、性別・被害結果	請求認容か棄却か（認容は○、棄却は×）	死亡との間の因果関係（肯定は○、否定は×）	過失相殺、素因減額（ありは○、なしは×）	事案の概要
4	□自立訓練通所施設 □高次脳機能障害 □河川で溺死	仙台地裁 H27.3.26 判例集未登載	H23.3.24 50 歳，男性 死亡	○	○	○	高次脳機能障害を有する者が，自立訓練通所施設内で東日本大震災に遭い，上記施設を運営する法人に保護されていたが，同法人の運営する別の施設に移されて一人で宿泊し，夜間に外出して河川で溺死したことについて，安全配慮義務に違反するとして，法人に対し，債務不履行又は不法行為による損害賠償請求を求めた。X1，X2 は原告の子，X3 は原告の義理の兄である。
5	□特別養護老人ホーム □職員の暴力行為，脅迫的発言 □過酷な介護現場	大阪地裁 H27.7.2 判例集未登載	H21.8.31 71 歳，男性 －	○	－	－	被告の運営する特別養護老人ホームに入所していた原告が，被告職員から暴言，暴力行為等を受けたと主張し，使用者責任ないし債務不履行に基づき慰謝料を請求した事案
6	□デイサービスセンター □施設を抜け出し凍死 □アルツハイマー型認知症	福岡地裁 H28.9.9 判例集未登載	H26.1.23 76 歳，女性 死亡	○	○	×	認知症により要介護認定を受けた亡 A が，通所していた被告デイサービスセンター施設を抜け出し凍死した事故で，相続人である原告らが，被告に対し損害賠償を求めた事案。

判旨の概要等	判決結果		請求額	認容額
裁判所は，法人が不法行為責任を負うとしたが，利用者の速やかな引き取りに親族が協力しなかったことが被害者側の過失に当たるとして民法722条2項を適用ないし類推適用し，一部請求を認容した（過失相殺50％）。	X1 611万 4477円	利用者の給与収入の逸失利益	￥12,823,327	￥0
		利用者の年金収入の逸失利益	￥7,818,842	￥440,551
		利用者の死亡慰謝料	￥12,000,000	￥4,500,000
		X1　固有の損害（葬儀費）	￥247,853	￥123,926
		X1　固有の損害（近親者慰謝料）	￥4,000,000	￥500,000
		X1　弁護士費用	￥3,500,000	￥550,000
	X2 550万円	利用者の給与収入の逸失利益	￥12,823,327	￥0
		利用者の年金収入の逸失利益	￥7,818,842	￥0
		利用者の死亡慰謝料	￥12,000,000	￥4,500,000
		X2　固有の損害（近親者慰謝料）	￥4,000,000	￥500,000
		X2　弁護士費用	￥3,500,000	￥500,000
	棄却	X3　固有の損害（近親者慰謝料）	￥2,000,000	￥0
		X3	￥200,000	￥0
被告職員が勤務中，暴力行為及び脅迫的発言をした事実を認定し，被告の賠償責任を認め，損害額について，常習的虐待行為とは言えず，過酷な介護現場の実情を考えると，懲罰的損害額となるような慰謝料算定は相当ではないとし，60万円の限度で認容した。	60万円	慰謝料	￥3,000,000	￥600,000
裁判所は，被告側において，亡Aが施設を抜け出すことがないよう同人の動静を注視する義務を怠ったと認め，被告は，債務不履行責任及び使用者責任を負うとし，被告側の義務違反行為と亡Aの死亡結果との間には相当因果関係があるとして，亡A及び原告ら固有の慰謝料等，原告らの損害の相当額について請求を認容した。	2870万 8945円	死亡慰謝料	￥20,000,000	￥20,000,000
		逸失利益	￥2,945,526	￥2,103,947
		文書料	￥5,000	￥5,000
		原告ら固有の慰謝料	￥4,000,000	￥4,000,000
		弁護士費用	￥2,690,000	￥2,600,000
		合計	￥29,640,526	￥28,708,947

Q 37 │ 転倒事故と過失相殺（歩行介助の拒否）

特別養護老人ホームに入居している利用者が，職員の歩行介助を断り，一人でトイレに行き，転倒して負傷しました。利用者は認知症ではなく，自らの意思で歩行介助を拒否しました。特別養護老人ホームに損害賠償責任は生じるのでしょうか。

（転倒の裁判例7　横浜地裁平成17年3月22日判決を題材）

A　特別養護老人ホームは，施設利用契約上，利用者を施設において生活させるという義務に留まらず，利用者の心身の状態を的確に把握し，施設利用に伴う転倒や転落等の事故を防止する安全配慮義務を負っています。

事業者は，利用者の転倒を予見することが可能である場合には，利用者の転倒を防止するため，歩行介助をする義務を負っています。

利用者が歩行介助を拒否したとしても，それだけでは事業者は歩行介助義務を免れません。事業者が介助を怠り，その結果，利用者が転倒して負傷した場合，事業者は安全配慮義務違反により損害賠償責任を負います。ただし，利用者自身が介助を拒絶しているので，過失相殺が認められることがあります。

1　高齢者福祉サービス事業者の安全配慮義務

安全配慮義務は契約に基づく特別の社会的接触関係で発生するので，施設利用契約に基づき，高齢者福祉サービス事業者と利用者の間でも発生します。事業者は，利用者に対し，施設利用のサービスを提供する義務のほか，施設利用のサービスを提供するにあたって，利用者の生命・身体・財産に損害を与えてはならないという信義則上の義務を負っています。

そのため，事業者は，施設利用契約上，利用者の心身の状態を的確に把

握し，施設利用に伴う転倒や転落等の事故を防止する安全配慮義務を負っています。事業者に安全配慮義務があるにもかかわらず，これを怠った場合，事業者は，債務不履行責任を負います。

2　安全配慮義務の一環として歩行介助義務が認められる場合

(1)　利用者が過去に転倒したことがあるか否か，利用者の身体の状況，主治医から歩行について注意を受けたことがあるか等の事情から，利用者が歩行時に転倒する危険性が高く，そのことを施設の職員が認識しており，または認識することができた場合には，事業者は，入所契約上の安全配慮義務として，利用者が転倒することを防止するため，利用者の歩行時において歩行介助する義務を負っています。

(2)　転倒の裁判例7（横浜地裁平成17年3月22日判決・判タ1217号263頁）はデイサービスの事案です。デイサービス事業者は，通所介護契約上，安全配慮義務を負っています。

　　裁判所は，「原告は従前より足腰の具合が悪く，70歳のころに転倒して左大腿骨頚部を骨折したことがあり，本件施設内においても平成13年2月12日に転倒したことがあること，同年12月ないし平成14年1月ころにおける原告の下肢の状態は，両下肢の筋力低下，両下肢の麻痺，両膝痛，両膝の屈曲制限，左股関節，両膝関節及び足関節の拘縮，下腿部の強度の浮腫，足部のしびれ感，両足につき内反転気味の変形傾向などがあり，歩行時も膝がつっぱった姿勢で足を引きずるような歩き方で不安定であり，何かにつかまらなければ歩行はできなかったこと，原告の主治医においても原告の介護にあたっては歩行時の転倒に注意すべきことを強く警告していることからすると，本件事故当時において，原告は，杖をついての歩行が可能であったとはいえ，歩行時に転倒する危険性が極めて高い状態であり，また，原告のそのような状態について本件施設の職員は認識しており又は認識し得べきであったといえるから，被告は，通所介護契約上の安全配慮義務として，送迎時や原告が本件施設内にいる間，原告が転倒

することを防止するため，原告の歩行時において，安全の確保がされている場合等特段の事情のない限り常に歩行介護をする義務を負っていたものというべきである。」と判断しています。

3　利用者が歩行介助を断った場合の歩行介助義務の有無

(1)　本問の利用者は認知症ではなく，判断能力があります。そこで，利用者が自ら歩行介助を拒否した場合は，事業者は歩行介助義務を免れるのではないかと考えられます。しかし，介護の専門知識を有する事業者は，利用者に対し，介護を受けない場合の危険性と，その危険を回避するための介護の必要性とを，専門的見地から意を尽くして説明し，介護を受けるように説得すべきであり，それでもなお利用者が真摯な介護拒絶の態度を示したというような場合でなければ，介護義務を免れることはできません。

(2)　転倒の裁判例7（前掲判決）は，次のように述べています。

　　「被告は，原告が本件トイレ入口において本件施設の職員に対し同トイレ内における介護を拒否したのであるから義務違反はないと主張する。

　　確かに，要介護者に対して介護義務を負う者であっても，意思能力に問題のない要介護者が介護拒絶の意思を示した場合，介護義務を免れる事態が考えられないではない。しかし，そのような介護拒絶の意思が示された場合であっても，介護の専門知識を有すべき介護義務者においては，要介護者に対し，介護を受けない場合の危険性とその危険を回避するための介護の必要性とを専門的見地から意を尽くして説明し，介護を受けるよう説得すべきであり，それでもなお要介護者が真摯な介護拒絶の態度を示したというような場合でなければ，介護義務を免れることにはならないというべきである。

　　本件施設は介護サービスを業として専門的に提供する施設であって，その職員は介護の専門知識を有すべきであるが，本件事故当時，原告が本件トイレに単独で入ろうとする際に，本件施設の職員は原告に対し，介護を受けない場合の危険性とその危険を回避するための介護の必要性を説明し

ておらず，介護を受けるように説得もしていないのであるから，被告が上記の歩行介護義務を免れる理由はないというべきであり，被告の主張は採用できない。」

4 過失相殺

利用者が歩行介助を拒否したとしても，直ちに施設の損害賠償責任が否定されるわけではありません。しかしながら，介助を必要とするにもかかわらず，職員の歩行介助の申し出を断った利用者には過失があるといえます。

転倒の裁判例7（前掲判決）では，「前記認定の事実によれば，本件事故当時，原告は，本件トイレを自ら選択し，同トイレ内部での歩行介護について，本件施設の職員に自らこれを求めることはせず，かえって，本件施設職員に対して『自分一人で大丈夫だから。』と言って，内側より自ら本件トイレの戸を閉め，単独で便器に向かって歩き，誤って転倒したのであるから，原告においても，本件事故発生について過失があるものというべきで，上記のような転倒に至る経緯や原告が高齢者である一方，被告は介護サービスを業として専門的に提供する社会福祉法人であることも斟酌すると，原告の過失割合は3割というべきである。」と述べています。

すなわち，裁判所は，介助を拒絶した利用者にも過失があることを認めました。ただし，施設は介護の専門家ですので，施設の過失の方が大きいとし，施設の過失を7割，利用者の過失を3割としました。

5 利用者が認知症である場合

利用者が認知症で常に事理弁識能力を欠く場合には，利用者が歩行介助を拒否したとしても，施設は歩行介助義務を免れません。

利用者が事理弁識能力を欠く場合は，利用者には過失相殺能力がないので，過失相殺は認められません。

6　誤嚥事故における利用者の介助拒否

　　Q36 の表にある裁判例には見当たりませんが，食事の際の介助を必要
とする利用者が施設の職員の食事介助の申出を拒絶し，その結果，利用者
に誤嚥事故が発生した場合には，利用者に事理弁識能力があれば，過失相
殺が認められることがあると考えられます。

　　すなわち，利用者が食事介助を拒絶する意思を示した場合でも，事業者
は，利用者に対し，食事介助を受けない場合の危険性とその危険を回避す
るための介助の必要性とを専門的見地から意を尽くして説明し，食事介助
を受けるよう説得すべきであり，それでもなお利用者が真摯な介助拒絶の
態度を示したというような場合でなければ，食事介助義務を免れることは
できないと考えられます。

Q 38 │ 誤嚥事故

特別養護老人ホームで，食事介助中に，利用者がこんにゃく・はんぺんを喉に詰まらせ窒息し，死亡するという誤嚥事故が発生しました。誤嚥事故の裁判例では，施設の過失が認定されずに請求が棄却されているケースも多いようですが，誤嚥事故における過失の判断はどのようになされていますか。

（誤嚥の裁判例4　名古屋地裁平成 16 年 7 月 30 日判決を題材）

A
　誤嚥事故の多くは，特別養護老人ホームや，介護老人保健施設において発生することが多いようです。これらの施設に入所されている方は比較的介護度が高い利用者が多く，嚥下能力が衰え嚥下障害[1] がある人が少なくないこと，大勢の利用者が食堂に集まって一斉に食事をする際に，職員が十分に監督できない場合も少なくないことが原因ではないかと考えられます。

　誤嚥事故における事業者の過失は，事業者に結果発生の予見可能性があったにもかかわらずそれを予見しなかった場合（予見義務違反）や，結果回避可能性があるにもかかわらず結果を回避することができなかった（結果回避義務違反）場合に認められます。

　誰を基準に過失の有無を判断するかという点については，一般的な介護従事者を基準に判断します。

1　誤嚥事故の発生施設

　Q36 の誤嚥事故の裁判例（①～⑲）を発生場所で分類してみると，特別養護老人ホーム，介護老人保健施設の順になっています。

---

[1]　飲食物がうまく飲み込めない，むせる，飲み込んだものが食道でつかえるといった障害。嚥下障害時には誤嚥による嚥下性肺炎に注意しなければならない。

(1)　特別養護老人ホーム　①，③，④，⑤，⑦，⑧，⑬

(2)　介護老人保健施設　②，⑩，⑭，⑲

(3)　介護付き有料老人ホーム　⑨，⑰

(4)　訪問介護　⑯，⑱

(5)　デイサービス　⑫

(6)　ショートステイ　⑮

(7)　病院　⑥

(8)　グループホーム　⑪

2　誤嚥事故の原因となった食物

　　前述の誤嚥事故の裁判例（①～⑲）を誤嚥が生じた食べ物別に分類してみます。絶対数は多くはありませんが，裁判例の中ではこんにゃく，はんぺん，かまぼこが一番多い結果となっています。

(1)　こんにゃく　②，④

(2)　はんぺん，かまぼこ　④，⑤

(3)　ロールパンを含む朝食　⑯，⑲

(4)　おにぎり　⑥

(5)　ミキサー食　⑦

(6)　ふきの煮物等　⑩

(7)　マグロの味噌焼き，揚げ物，青菜，漬け物　⑫

(8)　刺身　⑭

(9)　とろみ食　⑮

(10)　パン粥　③

(11)　さつま揚げ様の揚げ物　⑰

(12)　異食（紙おむつ，尿取りパッド）　⑬

3　予見義務違反

⑴　予見義務違反

　　利用者の嚥下能力に疑問を抱くような事情があったか，医師から嚥下障害の可能性を指摘されていたか，むせたり，咳き込んだりなどの異常その他の症状があったかという事情が着目されています。

　　前記の事情の有無から判断して，誤嚥の兆候があり，それを認識することができたにもかかわらず，認識しなかった場合には，誤嚥の予見義務違反があり，過失があるといえます。

⑵　予見義務違反を認めた裁判例

　ア　誤嚥の裁判例 14（水戸地裁平成 23 年 6 月 16 日判決・判時 2122 号 109 頁）

　　　本判決は，利用者の嚥下状態は良好とは到底評価し難い状態であったもので，利用者には誤嚥の危険性があったと認められるところ，刺身を常食として提供したことについて，介護老人保健施設に予見義務違反を認めました。

　イ　誤嚥の裁判例 15（京都地裁平成 25 年 4 月 25 日判決・判例集未登載）

　　　本判決は，利用者のような難病による嚥下障害がある入所者の場合，食事中に食べ物を口にしない状況があったとすれば，それは誤嚥による呼吸困難を疑う必要があったといわなければならないから，職員は，利用者の鼻や口からの吐息を注意深く観察するとか，利用者に問いかけるなどして，呼吸の有無と程度を確かめるべきであったし，これを確かめておれば，交代時の 20，30 分前には，利用者の呼吸状態が極めて悪いことに気付くことができたものと述べて，施設に予見義務違反を認めました。

⑶　予見可能性を否定した裁判例

　ア　誤嚥の裁判例 3（神戸地裁平成 16 年 4 月 15 日判決・賃金と社会保障 1427 号 45 頁）

　　　本判決は，要介護者の誤嚥類型を，①食塊が食道へ送り込まれず，気道に入ることにより生じるものと，②食塊が食道へ送り込まれた後，食

道括約筋の閉鎖が不完全であることにより食塊が逆流し，これが気管に流れ込んで生じるものの二つの類型があることを明らかにした上で，本件事故は②に当たるとしました。

そして，利用者は歯がほとんど揃っていて咀嚼能力が高いこと，職員は利用者に介助する前にはどのような物を介助するか説明していたこと，利用者は食べるとむせるという状況はあったものの波があり，食事を全量摂取することも多かったという事実を認定した上で，当日，パン粥を口に溜め込み，なかなか飲み込まないとしても，誤嚥の可能性を認識することは不可能で，予見可能性がないとしました。

イ　誤嚥の裁判例8（東京地裁平成20年3月27日判決・判例集未登載）

本判決は，「職員が利用者のそばを離れたときには，すでに利用者の食事は終了していたものと認められる。本件事故当時の朝食の食事介助の際，職員は利用者の嚥下能力が減退してため込みなどをおこすことを考慮し，利用者の喉仏の動きや口の中を目視して嚥下したのを確認しながら，次の1杯を口元に運ぶという繰り返しを1時間以上にわたって行い，最後の一口を食べさせた後も，3分間ほど，口や喉仏の動きを見ながら，利用者の様子を見守り，特に問題がなかった（食物をため込んだりせず嚥下した）ことを確認して，食事が終了したと判断してからそばを離れているので，職員の本件事故当時の食事の介助は，体調等に配慮した上で十分に注意を払って行われた」と認定し，予見可能性を否定しました。

ウ　誤嚥の裁判例9（東京地裁平成22年7月28日判決・判時2092号99頁）

本判決は，「①入居申込書には，利用者に誤嚥のおそれや兆候があるとの特段の記載はないこと，②利用者が本件施設に入居した後，利用者の家族らから，利用者に誤嚥のおそれや兆候がある旨の連絡がなされたことはないこと，③利用者は，本件施設において，常食を提供され，時折，食事介助を受けることがあったものの，通常は自力で食事をしていたこと，介護日誌や看護記録を見ても，むせやせきを始めとする，嚥下

機能の低下をうかがわせる具体的症状が観察されたとの記載は存在しないこと，④医師から，利用者は，誤嚥のおそれがある旨の指摘がされたり，誤嚥防止のため，食事内容の変更や食事の際の介助の方法について具体的な指示がされたことはない」ことから，施設に誤嚥についての予見可能性がなかったと判断し，その安全配慮義務違反を否定しました。

4　誤嚥事故発生に至るまでの事業者の対応に過失がある場合（結果回避義務違反）

(1)　結果回避義務違反

誤嚥の兆候があり，それを認識しており（予見可能性），結果を回避することができたにもかかわらず（結果回避可能性），結果を回避する方法をとらなかった場合には，結果回避義務違反があるといえます。

(2)　結果回避義務違反を認めた裁判例

ア　誤嚥の裁判例4（名古屋地裁平成16年7月30日判決・賃金と社会保障1427号54頁）

利用者にこんにゃくやはんぺんを食べさせた結果，利用者が誤嚥によって死亡した事案です。

本判決は，「口の中にこんにゃくが残っていることを見過ごして，あるいは利用者がこんにゃくを飲み込む前であったにもかかわらず，飲み込んだかどうか（嚥下動作）を確認しないではんぺんを食べさせたことは注意義務違反であり不法行為上の過失にあたる。」と述べています。

また，判決は，「こんにゃくは，食べにくく，喉に詰まらせやすい嚥下障害の患者や高齢者に向かない食物であると指摘され，はんぺんと同じ練り製品であるかまぼこも嚥下障害の患者に向かない食物であると指摘されている」と述べ，「こんにゃくやはんぺんを食べさせるに際しては，利用者に誤嚥を生じさせないように細心の注意を払う必要があった」と述べています。

こんにゃく等を食物として選択したことから直ちに過失が認められるわけではありません。こんにゃく等を食べさせたとしても，その際，口

の中を十分に確認し，嚥下動作を確認するなどしていた場合には過失は
なかったと判断されます。

　ただし，本判決では，介護職員が中腰でやや利用者を見下ろすような
姿勢で介助していたことについて，当該角度では嚥下を十分に確認でき
なかったはずであると判断して確認が不十分であったとしています。

　また，「次は何を食べますか？」との声かけをし，利用者が口を開け
たことから嚥下を完了したと判断したことについて，「利用者は会話が
やや困難で理解力および記憶力がやや低い等軽度の痴呆であったのだか
ら，口の中・嚥下動作を確認するという義務を果たしたことにはならな
い。」と述べています。

イ　誤嚥の裁判例 6（福岡地裁平成 19 年 6 月 26 日判決・判タ 1277 号 306 頁）

　病院において，利用者におにぎりを提供したところ，利用者がおにぎ
りを誤嚥して死亡した事案において，裁判所は，誤嚥の予見可能性を肯
定しました。利用者は看護師から義歯を装着することを勧められました
が，拒否しました。本判決は，義歯を装着しない場合には，装着した場
合と比較して誤嚥の危険性が増すのであるから，看護師において，誤嚥
の危険性が高いことを念頭において，より一層利用者が誤嚥しないよう
にその摂食状況を見守るべき注意義務があったと述べ，看護師に見守り
について過失があったと認定し，結果回避義務違反を認めました。

ウ　誤嚥の裁判例 7（松山地裁平成 20 年 2 月 18 日判決・判タ 1275 号 219 頁）

　特別養護老人ホーム（以下「特養」といいます。）の職員に対する教育，
指導について不備を認定した事案です。すなわち，特養において，朝食
介助時に，新人のヘルパーが利用者を水平状態から 30 度起こしたベッ
ドの中で，頭部を枕に付けた姿勢をとっている利用者の口にミキサー食
を入れたところ，むせ込み窒息死したという事案です。

　本判決は，「実際に食事の介助を行う職員が，①覚醒をきちんと確認
しているか，②頸部を前屈させているか，③手，口腔内を清潔にするこ
とを行っているか，④一口ずつ嚥下を確かめているかなどの点を確認

し，これらのことが実際に行なわれるように介護を担当する職員を教育，指導すべき注意義務があった（中略）。しかし，上記のような教育，指導をおこなっておらず（以下略）」と判示し，特養の過失を認め，損害賠償責任を認めました。

エ　誤嚥の裁判例16（大阪高裁平成25年5月22日判決・判タ1395号160頁）

　介護付き有料老人ホームにおける安全配慮義務違反を認定した事案です。

　本判決は，「被控訴人施設は，本件診療情報提供書，本件看護サマリー及び本件紹介状などから，利用者には『難治性逆流性食道炎，食道裂孔師ヘルニア（食道裂肛ヘルニア）』等の既往歴があり，入院中全粥食であったが食後嘔吐があったことを把握し，利用者の主治医からも『♯3（食道裂孔師ヘルニア）により，時折嘔吐を認めています。誤嚥を認めなければ経過観察でよいと思います。』との伝達を受けていたことが認められる。

　（中略）本件においては，利用者を居室において食事させ，入所者に異状が生じても気付きにくいという事情があったのであるから，このような状況下においては，食事中の見回りを頻回にし，ナースコールの手元配置等を講じるなどして誤嚥に対処すべき義務があるというべきである。しかるに，被控訴人においては，前記利用者の既往歴や本件紹介状の記載に顧慮することなく，居室で食事をさせるにもかかわらず，ナースコールを入所者の手元に置くことなく，見回りについても配膳後約20分も放置していたのであるから，誤嚥が起こっても発見できる状態ではなかったといえ，利用者の誤嚥防止に対する適切な措置が講じられたということはできず，利用者の身体に対する安全配慮を欠いた過失があるというべきである。」と判示し，介護付き有料老人ホームの過失を認め，損害賠償義務を認めました。

オ　誤嚥の裁判例17（松山地裁平成26年4月17日判決・判例集未登載）

　居宅介護支援事業等を営む社会福祉法人から訪問介護サービスを受けていた利用者が，居宅で食事中に，さつま揚げ様の揚げ物を誤嚥して，

翌日死亡した事案です。

　本判決は,「ヘルパーは,利用者に食事を提供するに際し,本件揚げ物を一口大程度の食べやすい大きさに切って提供するなど,本件事故のような重大な窒息事故が発生しないよう配慮すべき注意義務があったのに,これを怠り,本件揚げ物を切って提供することをせず,原型のままこれを提供した。

　利用者に提供された本件揚げ物は,円形で直径6cmないし7cm程度の大きさであり,『一口大』よりも相当に大きな食材であった。一方,利用者は,本件事故前,本件揚げ物ほどの大きさはないが,一口大よりも大きな状態の食材を自力で食していた。これらの事実に照らすならば,ヘルパーが,本件揚げ物を原型のまま提供することをせず,一口大程度の食べやすい大きさに切って提供していれば,本件事故のような重大な窒息事故は発生しなかったものと認めることができる。

　したがって,ヘルパーの過失（調理方法における過失）と本件事故を原因とする利用者の死亡との間には相当因果関係がある。」と判示し,社会福祉法人の過失を認め,損害賠償義務を認めました。

5　誤嚥事故発生後の事業者の対応に過失がある場合（結果回避義務違反）

(1)　結果回避義務違反

　誤嚥事故発生後の対応における過失については,誤嚥事故が死亡という極めて重大な結果に直結することから,迅速かつ適切な応急処置がとられたかという点や,事故後早急に救急車を呼んだかという点が問題とされます。

(2)　結果回避義務違反を認めた裁判例

　ア　誤嚥の裁判例1（横浜地裁川崎支部平成12年2月23日判決・賃金と社会保障1284号38頁）

　　本判決は,施設が救急車を呼ぶまでの間に,速やかに背中を叩くなどの方法を取ったり,吸引器を使用したりしていれば,気道内の食物を取

り除いて，利用者を救命できた可能性が大きいと述べています。

　　そして，利用者の異変を発見した際に誤飲を予想した措置を取ることなく，吸引器を取りに行くこともせず，15分間近く救急車を呼ぶこともしなかった点に過失を認めました。

　イ　誤嚥の裁判例5（東京地裁平成19年5月28日判決・判時1991号81頁）

　　本判決は，「当該施設には専門的な医療設備はなく，介護職員らは医師免許や看護師資格を有しておらず，医療に関する専門的な技術や知識を有していなかったことから，食物を誤嚥したと疑われるような場合，介護職員らが応急処置をしたとしても，必ずしも気道内の異物が完全に除去されたか否かを的確に判断することは困難であったこと，2回目の急変後，利用者には意識があり，高度脳障害には陥っておらず，1回目ないし2回目の急変時に救急隊員が到着していれば，利用者の意識障害の程度を軽減できた可能性が認められないわけではないこと等から，介護職員らは利用者が1回目の急変の際，口から泡を吹き出しており，食物の誤嚥が疑われるため吸引の措置を施した結果，容態が安定したように見えたとしても引き続き利用者の状態を観察し，再度容態が急変した場合には直ちに医療の専門家である嘱託医に連絡して適切な処置を施すよう求めたり，あるいは119番通報して救急車の出動を直ちに要請する義務を負っていた」と認定し，過失を認めました。

(3)　結果回避義務違反を否定した裁判例

　ア　誤嚥の裁判例2（横浜地裁平成12年6月13日判決・賃金と社会保障1303号60頁）

　　本判決は，「一刻を争う救急救命措置の現場において，複数存在する救命方法の選択は，患者の容体等を踏まえて，実施者が適切と思われる方法を適宜選択して実施されるべきものであって，その手段方法が，医学上通常行われる方法で行われていた以上，それをもって相当とすべきである。」と述べて，救急救命措置における過失を否定しました。

　イ　誤嚥の裁判例3（神戸地裁平成16年4月15日判決・賃金と社会保障1427号

45 頁）

　本判決は，救護措置として，「窒息開始後直ちに吸引措置を行うべき義務」については，「吸引の措置の有効性につき疑問であるうえ，事故経緯や食堂および医務室の位置関係からして，4 〜 5 分後に行われた吸引措置が遅きに失したとまではいえない。」と述べています。

ウ　誤嚥の裁判例 10（横浜地裁平成 22 年 8 月 26 日判決・判時 2105 号 59 頁）

　本判決は，「エアウェイ挿入及び吸引は，いずれも介護福祉士が行うことが法令上禁止されている医行為に該当する可能性が極めて高いものであるうえ，施設の救命救急マニュアルでは，吸引や気道確保は医師又は看護師のみが行いうる行為とされており，介護福祉士はこれらの器具の取扱いに習熟していなかったから，職員が直ちにエアウェイの挿入や吸引を行わなかったことをもって過失があるとはいえない。」と述べました。

Q 39 ｜ 徘徊事故

デイサービス施設でデイサービスを受けていた重度の認知症の利用者は，84 cm 程度の高さの施錠していない窓から脱出し，1か月後に死亡した状態で発見されました。施設は利用者の遺族に対して損害賠償責任を負うのでしょうか。

（徘徊・失踪の裁判例2　静岡地裁浜松支部平成13年9月25日判決を題材）

A　利用者は重度の認知症ですから，1人で施設から外出した場合には施設まで戻ってくることは困難だと考えられます。施設は，デイサービス利用契約の一環として，利用者に対し，施設利用のサービスを提供する義務のほか，施設利用のサービスを提供するにあたって，利用者の生命・身体・財産に損害を与えてはならないという信義則上の義務（安全配慮義務）を負っています。施設は，利用者が窓から脱出することについて予見可能であれば，利用者が窓から1人で脱出しないように，何らかの措置を講じる義務を負っていたといえます。

施設が有効な措置を講じていない場合には，施設には安全配慮義務違反があるといえるので，利用者に生じた損害を賠償する義務を負います。

ただし，利用者の死亡による損害についてまで損害賠償義務を負うかについては，因果関係を慎重に検討する必要があります。

1　利用者がデイサービス施設から脱出したことについて，施設に過失があるか

(1)　予見可能性

利用者は，重度の認知症ですから，単独で施設から外出すれば，自力で施設または自宅に戻ることは困難であり，他人の援助を受けることも困難であると考えられます。

　　裁判例（徘徊・失踪の裁判例 2　静岡地裁浜松支部平成 13 年 9 月 25 日判決・判例
集未登載）の事案では，利用者は，失踪直前に靴を取ってこようとし，廊
下をうろうろしているところを施設の職員に目撃されていました。このよ
うな事情のもとでは，職員は，利用者がデイサービス施設から脱出するこ
とを予見できたと認められます。

　　利用者失踪時，施設の玄関は内側からは容易に開かないようになってお
り，裏口は開けると大きなベルとブザーが鳴る仕組みになっていて，利用
者が出ることは困難でした。しかし，利用者のような身体的には健康な認
知症の老人が，84 cm 程度の高さの施錠していない窓（判決では，84 cm 程
度の高さの窓であればよじ登ることは可能であることは明らかであるとされています。）
から脱出することは予見できたと認められます。

　　以上より，施設は，利用者が 84 cm の窓から脱出する可能性があるこ
とを予見することができたと考えられます。

(2)　結果回避義務違反

　　徘徊・失踪の裁判例 2 の事案では，当日の被告施設におけるデイサービ
スを担当していたのは寮母 2 名のみであり，1 名は入浴サービスに従事し
ており，他の 1 名は要トイレ介助の女性 2 名をトイレに連れて行っていま
した。そのため，利用者の行動を注視する者はおらず，利用者は網戸の開
いた窓に登りそこから飛び降り，そのまま行方不明となりました。

　　入浴サービスに従事し，要トイレ介助の女性 2 名をトイレに連れて行き
ながら，利用者の行動を注視しなければならないというのは職員にとって
過大な負担ですが，そのことをもって結果回避可能性がないとはいえませ
ん。

　　よって，施設には，利用者の行動を注視して利用者がデイサービス施設
から脱出しないようにする義務があったと認められ，結果回避義務違反が
認められます。

(3)　本問の回答

　　施設には結果回避義務違反があるので，過失が認められます。

(4)　窓が高い場合

　　上記の裁判例の内容から考えると，客観的に見て，窓が高く利用者が窓から抜け出すことが困難と認められる場合（例えば，窓の高さが170 cm 程度）には，利用者が窓から脱出することについて，職員には予見可能性がないと考えられます。

　　ただし，窓の近くに椅子や脚立が置いてあり，それらを使用すれば170 cm 程度の窓とはいえ，抜け出すことができる場合には予見可能性があるといえます。

　　このような場合には，職員には，利用者の行動を注視して，利用者がデイサービス施設から脱出しないようにする義務があったと認められ，結果回避義務違反が認められます。

2　施設が負うべき責任

(1)　不法行為責任

　　前掲裁判例では，職員に不法行為（民法709条）が成立することを前提に，施設に対し使用者責任（同法715条）の成立を認めています。

(2)　債務不履行責任

　　施設は，デイサービス利用契約の一環として，利用者に対して安全配慮義務を負っており，利用者が1人で施設から外出しないように注意する義務を負っているといえます。

　　職員は，施設の履行補助者ですから，履行補助者の故意・過失を根拠に，遺族は施設に対し，安全配慮義務違反により債務不履行責任を問うことも可能です。

3　施設職員の過失と利用者の死亡との関係

(1)　徘徊・失踪の裁判例2（前掲判決）

　　この裁判例はやや特殊なケースです。施設職員の過失と利用者の死亡との間の相当因果関係について，判決は以下のように述べています。

　「証拠（略）によれば，平成9年5月28日，利用者Aと面識のあるB
が利用者Aが来店したのを目撃したが，とくに異常を認めなかったこ
と，上記以外に利用者Aと似た人を見たとの目撃情報がいくつかあった
が，本人であると確定はできず，なかには明らかに人違いと思われる情報
もあったことが認められるが，他に利用者Aの失踪後の行動を具体的に
示す証拠はない。以上によれば，利用者Aは，平成9年5月21日，被告
施設から失踪した後，同年同月28日まで，外見上とくに異常はなく生存
していたと認められ，その後，被告施設から遥か離れた砂浜に死体となっ
て打ち上げられるにいたった経緯は全く不明である。前記で認定したとこ
ろによれば，利用者Aは，事理弁識能力を喪失していたわけではなく，
知った道であれば，自力で帰宅することができていたのであり，身体的に
は健康で問題がなかったのであるから，自らの生命身体に及ぶ危険から身
を守る能力まで喪失していたとは認めがたい。利用者Aは，被告施設か
ら出た後，帰宅しようとしたが，バスで通所していたため，道がわから
ず，他人とコミュニケーションができないため，家族と連絡がとれないま
ま，放浪していたものと推認できる。そうすると，同人の失踪からただち
に同人の死を予見できるとは認めがたく，他に被告職員の過失と利用者
Aの死との間の相当因果関係を認めることができる証拠はない。した
がって，被告職員の過失と利用者Aの死との間の相当因果関係を認める
ことができない。」

(2)　死亡の予見可能性

　　裁判例は死亡の予見可能性を否定しているものの，利用者Aは失語症
を伴う重度の認知症ですから，1人で外出しているうちに，交通事故に
遭ったり，溝や川に転落する事故に遭ったりして死亡することについても
予見できたという考え方もあるかもしれません。

(3)　死亡との間の相当因果関係

　　裁判例は，死亡との間の相当因果関係を否定しましたが，例えば利用者
が施設から外出し，外出からそれほど時間が経過していない時点で交通事

故に遭って死亡したというような事案では，施設の過失と死亡との間の相
当因果関係が認められることがあるかもしれません。

(4)　家族が被った精神的苦痛

　　裁判例は，死亡との間の相当因果関係は否定しましたが，利用者が行方
不明になることにより，家族が被った精神的苦痛は，施設職員の過失と相
当因果関係があると認められると判断しました。すなわち，裁判所は，施
設の過失と利用者の死亡との間には相当因果関係は認めなかったのです
が，施設の過失により利用者が行方不明になったことと，それによって家
族が受けた精神的苦痛との間に相当因果関係があると認めて，慰謝料の支
払義務を認めたのです。

Q 40 　介護事故に対する事前のリスクマネジメント体制と発生後の対処方法

(1) 介護事故の発生を防止するために，どのようなリスクマネジメント体制をとればよいのでしょうか。

(2) 介護事故が発生した場合にどのように対処すればよいのでしょうか。

A

(1) リスクマネジメント体制は，介護事故予防マニュアルの作成，ヒヤリ・ハットの報告，研修，職員の健康状態の把握が挙げられます。

(2) 介護事故が発生した場合の対処方法は，①被害を拡大しないための対応，②本人・親族に対する事後的な対応（十分な説明）が必要です。例えば，事故発生直後には，発生結果に対して適切に対応し，医療機関への連絡や救急車の手配が必要です。本人・親族へは，事故が発生した原因の説明が必要です。

1　介護事故に対するリスクマネジメント

(1) リスクマネジメントとは，リスクを組織的に管理（マネジメント）し，損失などの回避または低減を図るプロセスをいいます。リスクマネジメントは，各種の危険による不測の損害を最小の費用で効果的に処理するための経営管理手法です。

(2) 施設利用契約書に介護事故が生じた場合の施設の責任免除について定めたとしても，その効力に疑義が生じることがあり得ます。消費者契約法においては，事業者の損害賠償責任の全部免除あるいは故意・重過失による損害賠償責任の一部免除を定める条項は無効とされています。この点は前述したとおりです（消費者契約法 8 条，Q34 参照）。

(3) 介護事故予防マニュアルの作成

　介護事故を予防するための注意事項，介護・介助の手法について，どの職員も均一なレベルの介護・介助ができるようにするため，また，何か問

題が発生した場合にも適切に対応することができる体制を作るため，介護
事故予防マニュアルを作成する必要があります。

(4)　ヒヤリ・ハット[1]報告

　　介護事故のリスク状態を把握するために，リスクデータを収集する方法
として，「ヒヤリ・ハット」報告があります。ヒヤリ・ハットは，結果と
して重大な災害や事故に至らなかったものですから，見過ごされたり，す
ぐに忘れられたりしてしまうことが多いものです。しかし，重大な災害や
事故が発生した際には，その前に多くのヒヤリ・ハットが潜んでいる可能
性があり，ヒヤリ・ハットの事例を集めることで重大な災害や事故を予防
することができます。そこで，職場や作業現場などでは各個人が経験した
ヒヤリ・ハットの情報を公開し，蓄積・共有することによって，重大な災
害や事故の発生を未然に防止する活動が行われています。

　　この報告は，ハインリッヒの法則[2]を参考にしています。ハインリッヒ
は，ある工場で発生した労働災害5000件余を統計学的に調べ，計算しま
した。災害について現れた数値は「1：29：300」でした。すなわち，「重
傷」以上の災害が1件あれば，その背後には29件の「軽傷」を伴う災害
が発生しており，300件もの「ヒヤリ・ハット」した（危うく大惨事になる）
傷害のない災害が発生していたというものです。

　　職員が全員で，ヒヤリ・ハットした経験を公開し，蓄積・共有し，介護
事故の原因を取り除いていくことが大切です。

1　ヒヤリ・ハットとは，重大な災害や事故には至らないものの，それに直結してもおか
　しくない一歩手前の事例の発見をいいます。文字どおり，「突発的な事象やミスにヒ
　ヤリとしたり，ハッとしたりするもの」です。
2　労働災害における経験則の一つです。一つの重大事故の背後には29の軽微な事故が
　あり，その背景には300の異常が存在するというものです。この法則を導き出した
　ハーバート・ウィリアム・ハインリッヒに由来しています。ハインリッヒがアメリカ
　の損害保険会社にて技術・調査部の副部長をしていた1929年11月19日に出版され
　た論文が法則の初出です。

(5)　研　修

　介護事故の種類，発生原因，発生した場合の対応について，職員に研修を受けてもらい，レベルアップを目指すことが必要です。外部から講師を呼ぶことも有益でしょう。

(6)　職員の健康状態のチェック

　職員の介護技術やスキルが向上したとしても，職員の健康状態が悪ければ，不注意により介護事故が発生することがあり得ます。職員に過度に残業を強いることは職員の健康状態を損なうことにつながります。また，介護の仕事は様々なストレスを受けるので，職員のストレスのチェック，精神状態の安定にも配慮するべきでしょう。

2　介護事故が発生したときの対応

(1)　日頃からの取組みの大切さ

　介護事故が発生した場合に，適切に対応できるか否かは，日頃からの取組みがしっかりと行われているかどうかにかかっています。

　日頃から，組織全体としてサービスの質の向上を基本的な視点に据えたリスクマネジメントの取り組みを実践している高齢者福祉サービス施設では，介護事故が発生した場合にも的確に対応することが可能となります。

　また，日頃から利用者や家族との円滑・良好なコミュニケーションが確保されていれば，事故が発生した場合でも，その後の解決に向けた相互のやり取りがスムーズに行われると考えられます。

　さらに，利用者一人一人について適切なアセスメント[3]がなされ，それに基づく個別・具体的な援助計画があり，十分な記録によってサービス提供過程で施設が行ったサービスの内容を説明し得るならば，事故発生の因果関係等を明らかにすることができ，施設と利用者やその家族等，双方に

3　アセスメントとは，ケアプランにおける課題分析のことをいいます。事前評価などと訳されます。ケアプラン作成では，要支援者・要介護者の生活上で解決すべき課題を明らかにし，解決のためのニーズを把握することが重要になります。

とって望ましい状況になります。

　日頃の実践がなされていないところで事故が発生してしまった場合，施設がいくら適切な対応をしようとしても，対応できないということになり得ます。損害賠償責任の問題は，事故対応の一部分にすぎないことを認識する必要があります。

(2)　事故に対応する際の基本姿勢

　事故発生後の対応としては，利用者本人や家族の気持ちを考え，相手の立場に立った発想で対応していく必要があります。事故発生の責任が施設に「ある」「ない」ということよりも，まずは誠意ある態度で臨むことが必要です。それにより，その後の話し合いが円滑に進むことにもつながります。事故によって大きな苦痛を受けるのは利用者やその家族であることを念頭におくべきです。

(3)　事故対応の原則

　ア　個人でなく組織として対応すること

　　施設は契約の当事者としての意識を持って一体的な対応をすることが求められます。

　イ　事実を踏まえて対応すること

　　事実を正確に調査・整理し，それらを踏まえた対応をすることが必要です。そのためには，日頃のサービス提供記録が重要です。職員に対し，日々の記録の作成を徹底しておく必要があります。

　ウ　連絡窓口を一本化して対応すること

　　利用者・その家族に対して連絡をする場合，窓口を一本化することが必要です。その上で，利用者・家族と十分なコミュニケーションを図ることが重要です。利用者・家族の要望が単なる苦情の場合もあれば，本当の金銭クレーム，訴訟につながるものもあります。利用者側の訴えの内容を十分に見極める必要があります。

　　事故発生時の対応責任者を決めておく必要もあります。

(4)　事故発生後の利用者側への対応の流れについて

　事故発生後の対応を「損害賠償問題」に矮小化してとらえてしまう傾向

が見受けられますが，損害賠償問題というのは事故対応の一部に過ぎないことを認識しておく必要があります。発生した事故を前にして，利用者及びその家族がどのようなことを考えるか，何を知りたいと思うのかを考える必要があります。

ア　事実の把握と家族等への十分な説明

　　事故の知らせを受けた家族等が最初に望むことは，「事実を知りたい」ということです。そのため，事故発生後には，できるだけ早いうちに関与した職員から事情を聴取し，事実を確認し，記録化する必要があります。施設にとって不利益な事実が発覚したとしても，その事実を隠匿したり，証拠を改ざんしたりすることは絶対に避けなければなりません。

　　調査した結果に基づいて，利用者及びその家族に対し，事故の発生状況，発生原因，発生後の対応について，十分に説明する必要があります。

イ　改善策の検討と実践

　　利用者及びその家族からは，今後の対応を知らせてほしいという要望が出てきます。今後も同様の事故が発生する可能性があるようでは安心して施設を利用することができないので，今後どう対応するのか，どのように改善するのかを知りたいということです。

　　したがって，できるだけ早いうちに，事故の発生原因を分析し，具体的な再発防止策を検討し，利用者及びその家族に対して説明をして，納得を得ることが必要です。きちんとした説明ができれば，利用者及び家族の被害者感情がおさまり，問題が解決することもあります。逆に，施設からの説明不足により利用者側に不満が残れば，法的な責任追及につながっていくことがあります。

ウ　誠意ある対応

　　利用者側から「謝罪をしてほしい」という要求も出てきますし，謝罪でも納得できない場合には施設に対する損害賠償の問題が出てくることがあります。

　　謝罪については，「謝罪すると，施設側に責任があったことを認めることにつながる」と言われることがあります。しかし，利用者側に迷惑

を掛け苦痛を与えた場合には誠意ある対応をし，謝罪すべき点は謝罪すべきです。重大な結果が発生したことに対して遺憾の意を示して謝罪することと，法的な責任を認めることとは別個の話です。

　加害者側が謝罪すらしない，謝罪さえしてくれたら裁判は起こさなかったという被害者も決して少なくはありません。また，損害賠償の話が出てきたとしても，誠意ある対応をしていれば訴訟に至らず話し合いで解決できる場合もあります。

(5)　事故の発生に備えて

　事故が発生した直後の対応としては，①利用者の救命や安全確保を最優先にして，速やかに医療機関に連絡したり，救急車を手配したりすること，②家族等に対して速やかに連絡をすることが必要であり，的確かつ迅速に行うことが求められます。そのためには，介護事故予防マニュアルとともに，事故発生後の対応マニュアルも作成し，事故発生直後の初期対応の手順を明確にし，必要となる連絡先リストの作成等の備えが必要となります。日頃から職員向けに研修を実施し，すべての職員に周知徹底することが望まれます。

(6)　まとめ

　福祉サービスにおけるリスクマネジメントの具体的な取り組みは，個々の事業の特性などを考慮の上，自主的に定めることが重要です。

　しかし，単なる事故防止や損害賠償問題に矮小化することなく，積極的に利用者の満足度を高め，提供するサービスの質の向上を図るなど，より良いサービス提供を目指すという視点で進めることが肝要です。その結果，有効な事故防止策が講じられるとともに，万が一事故が起きてしまった場合の適切な対応につながることにもなります。

(厚生労働省「福祉サービスにおける危機管理（リスクマネジメント）に関する取り組み指針〜利用者の笑顔と満足を求めて〜」平成14年3月28日を参考)

Q 41 | 介護事故における損害賠償額と 介護事故のための損害保険

(1)　介護事故が発生した場合の損害賠償額について教えてください。

(2)　介護事故に備えてどのような損害保険に加入しておけばよいのでしょうか。事業者用に，どのような損害保険がありますか。

(3)　JR 東海の線路に認知症の高齢者が侵入し事故を起こした事件（最高裁平成 28 年 3 月 1 日判決）がありますが，認知症の高齢者が引き起こした事故において家族が損害賠償責任を負う場合に損害を填補するような新しい損害保険はありますか。

A

(1)　介護事故の損害賠償額については，交通事故の損害賠償論が参考になります。交通事故では，治療費，交通費，諸雑費，休業損害，傷害慰謝料（入通院慰謝料），逸失利益，後遺症慰謝料が問題となります。

　介護事故では，利用者が高齢で無職の場合が少なくないので，休業損害が問題となるケースは多くはないでしょう。逸失利益は年金が問題となる場合があります。

(2)　介護事業者用の損害保険としては，事業者賠償責任保険と傷害保険があります。

　事業者賠償責任保険は，被保険者である事業者・事業者の役員・職員等が債務不履行ないし不法行為により，第三者（利用者を含む。）に対する法律上の賠償責任を負担した場合に，被保険者が被る損害を填補する損害保険です。誤って利用者を負傷させたり，利用者の私物を毀損し，利用者に損害を与えたりしたことによる賠償責任が発生した場合に補償をしてもらうものです。

　傷害保険は，利用者自身を被保険者とし，利用者が傷害を負った場合に，補償してもらうものです。

> **A** (3) 各損害保険会社は，認知症患者を対象にした新しい保険を販売しています。認知症患者が事故を起こすなどして患者の家族が損害賠償を求められたり，患者が行方不明になり捜索費用がかさんだりした場合に備えて，家族が契約する保険です。

1 介護事故が発生した場合の損害賠償額

(1) はじめに

　ア　積極損害と消極損害について

　　被害者が負った物的損害は，積極損害と消極損害に分けられます。積極損害とは，事故によって被害者が支払わなければならなくなった損害です。被害者の葬儀費用，介護費用，治療費，それらに伴って発生する交通費や雑費などがこれに当たります。

　　消極損害とは，事故が発生しなかった場合に被害者が得るはずだった利益です。被害者が自営業者であれば，事故によって営業ができなくなった場合，営業ができていたならば得られたと予想される収入額などが消極損害にあたります。

　イ　財産的損害と精神的損害について

　　財産的損害とは，財産について生じた損害で，金銭に換算することが可能な損害です。例えば，負傷した治療費など，事故が発生したことにより被害者が支出を余儀なくされた費用がこれにあたります。

　　精神的損害とは，被害者が精神的に受けた苦痛・悲嘆のことをいいます。例えば介護事故により負傷した場合に，これによる精神的なショックが精神的損害です。精神的な損害に対する賠償金は慰謝料として支払われます。

(2) 積極損害

　ア　治療費

　　必要かつ相当な実費全額が認められます。

イ　入院付添費

医師の指示または受傷の程度，被害者の年齢等により必要があれば，職業付添人の部分には必要かつ相当な実費全額，近親者付添人には1日につき一般的に6500円程度が被害者本人の損害として認められます。介護事故の場合，利用者が高齢であるケースが多いため，近親者付添人の入院付添費は認められるケースが多いと考えられます。

ウ　通院付添費

受傷の程度または幼児等必要と認められる場合には被害者本人の損害として肯定されます。1日につき3300円程度です。介護事故の場合，利用者が高齢であるケースが多いため，通院付添費は認められるケースが多いと考えられます。

エ　将来の介護費

医師の指示または症状の程度により，必要かつ相当であれば被害者本人の損害として認められます。職業付添人の場合は必要かつ相当な実費全額，近親者付添人の場合は1日につき8000円程度が認められます。

転倒事故の裁判例②では1170万円，転倒事故の裁判例④では210万円，転倒事故の裁判例⑯では258万円が認められています。

オ　入院雑費

1日あたり1500円程度が認められます。

カ　通院交通費・宿泊費等

原則として，電車，バス等の公共交通機関の料金が認められます。ただし，受傷の程度によりタクシーの利用が相当とされる場合には，タクシー料金が認められます。自家用車を利用した場合は，実費相当額（ガソリン代，高速料金）が認められます。

キ　介護装具・器具等購入費

必要があれば相当額が認められます。転倒事故の裁判例⑦では，器具リース料が約13万9000円認められています。転倒事故の裁判例⑧では，介護用品のレンタル用（約1年分）が1万5000円，自宅改造費とあ

わせて合計約 16 万 7000 円が認められています。

　ク　家屋・自動車等改造費

　　被害者の受傷の程度，後遺症の程度・内容を具体的に検討し，必要性が認められる場合には，相当額が認められます。

　　転倒事故の裁判例②では約 25 万円，⑦では約 6000 円，⑧でも介護用器具購入費とあわせて合計 16 万 7000 円が認められています。

　ケ　葬儀関係費用

　　葬儀費用は原則として 150 万円まで認められます。ただし，これを下回る場合は，実際に支出した金額が認められます。香典については損益相殺を行いません。香典返しは損害とは認められません。

　コ　損害賠償請求関係費

　　診断書料など必要かつ相当な範囲で認められます。

　サ　弁護士費用

　　不法行為による損害賠償請求の場合，認容額の 10％程度が事故と相当因果関係のある損害として認められます。

　　転倒事故の裁判例⑤は，債務不履行責任であることを理由に弁護士費用を否定しています。しかし，平成 24 年 2 月 24 日に，最高裁判所は，安全配慮義務違反による損害賠償請求において弁護士費用を損害として認めました。

　シ　遅延損害金

　　事故発生日から起算して，年 5％の割合とされていましたが，平成 29 年の民法の改正（平成 29 年法律第 44 号）では，年 5％から年 3％に引き下げられており，3 年ごとに見直すこととされています。改正後の民法は令和 2 年 4 月 1 日から施行されます。

(3)　消極損害

　ア　休業損害

　　事故前の収入（給与所得者であれば，概ね 3 か月分の平均）を基礎として，受傷によって休業したことによる現実の収入減とします。ただし，介護

事故の場合，利用者は無職であることが多いので，休業損害が認められることは多くありません。

イ　後遺症による逸失利益

原則として事故前の現実収入を基礎とします。労働能力喪失期間の終期は原則として 67 歳とされています。症状固定時の年齢が 67 歳を超える場合は，原則として簡易生命表の平均余命の 2 分の 1 が労働能力喪失期間とされています。

労働能力喪失期間の中間利息の控除はライプニッツ係数によります。

ただし，介護事故の場合は，利用者は無職の場合が多いので，後遺障害による逸失利益が認められることは多くはありません。

ウ　死亡による逸失利益

無職者の場合でも，年金収入があれば，死亡による逸失利益はあり得ます。生活費控除率は，概ね 50％とされていますが，年金部分の生活費控除は，通常よりも多くなる場合が多いです。

(4)　慰謝料

ア　傷害慰謝料（入通院慰謝料）

入院日数，通院日数に応じて，傷害慰謝料の金額は決まります。症状固定日までの期間について認められます。症状固定とは，治療を続けても大きな改善が認められず，回復・増悪がなくなった段階をいいます。

イ　後遺障害慰謝料

後遺障害の等級に応じて，後遺障害慰謝料の金額は決まります。

ウ　死亡慰謝料

交通事故の賠償においては，一般的には①一家の支柱の場合は 2800 万円，②その他の場合は 2000 万円〜2500 万円とされています。

ただし，高齢者の場合は，上記の死亡慰謝料よりも減額されるケースがみられます。

エ　裁判例にみる死亡慰謝料

(ア)　1000 万円～1500 万円

　　a　転倒の裁判例③（78 歳男性　傷害慰謝料とあわせて 1200 万円）

　　b　誤嚥の裁判例⑯（85 歳女性　死亡慰謝料 1000 万円，遺族固有の慰謝料 250 万円）

　　c　誤嚥の裁判例⑰（87 歳女性　死亡慰謝料 1300 万円）

(イ)　1500 万円～2000 万円

　　a　転落の裁判例⑨（84 歳男性，死亡慰謝料 2000 万円）

　　b　転落の裁判例⑩（100 歳女性，傷害慰謝料とあわせ 1500 万円）

　　c　誤嚥の裁判例⑥（80 歳　死亡慰謝料 1600 万円，遺族固有の慰謝料 100 万円）

　　d　誤嚥の裁判例⑦（死亡慰謝料 1800 万円，遺族固有の慰謝料 200 万円）

　　e　誤嚥の裁判例⑬（78 歳　死亡慰謝料 1500 万円，遺族固有の慰謝料 100 万円）

　　f　誤嚥の裁判例⑭（86 歳男性　死亡慰謝料 1500 万円）

　　g　転倒の裁判例⑥（72 歳女性　傷害慰謝料と死亡慰謝料あわせて 2000 万円）

　　h　徘徊の裁判例③（22 歳男性，死亡慰謝料 2000 万円）

　　i　徘徊の裁判例⑥（76 歳女性，死亡慰謝料 2000 万円）

(ウ)　2000 万円を超えるもの

　　a　誤嚥の裁判例④（75 歳男性　死亡慰謝料 2100 万円）

　　b　誤嚥の裁判例⑮（51 歳女性　死亡慰謝料 2100 万円，遺族固有の慰謝料 300 万円）

　　c　誤嚥の裁判例⑲（81 歳，男性，本人の傷害慰謝料 2800 万円，妻及び長男の固有の慰謝料 350 万円）

(5)　過失相殺，素因減額

ア　裁判例の分析

　　Q36 の裁判例では，転倒事故，転落事故に関しては過失相殺・素因減額がされた事例がありました。誤嚥事故に関しては過失相殺がされた事例はありませんでした。徘徊その他の事故に関しては，④の裁判例は利用者の速やかな引き取りに親族が協力しなかったことが被害者側の過失であるとして過失相殺をしています。

　イ　素因減額

　　利用者は何らかの疾病に罹患していることも少なくないので，若年者の交通事故と比較して，素因減額が認められやすいといえます。

2　介護事故に備えるための保険

(1)　事業者賠償責任保険

　ア　事業者賠償責任保険は，被保険者である事業者が，原因となる偶然の事故により，第三者に対する法律上の賠償責任を負担した場合に，事業者が被る損害（賠償金の支払いや負担する費用）を填補する保険です。

　　事業者賠償責任保険において，被保険者は，事業者・事業者の役員・職員等とされているのが一般的です。被保険者である事業者・役員・職員等が債務不履行ないしは不法行為によって損害賠償責任を負う場合に，その損害賠償額について約定された保険金の上限の範囲内で保険金が支払われます。

　　公的介護保険の指定事業者は，事業の提供により賠償すべき事故が発生した場合には，すみやかに損害賠償を行うことを義務付けられています[1]。そのため，各損害保険会社から，事業者向けの保険が発売されています。

　イ　自動車保険との違い

　　(ア)　被害者からの請求

　　　保険金を請求できるのは，被保険者である事業者・職員等です。自

1　指定居宅サービス等の事業の人員，設備及び運営に関する基準（平成11年3月31日厚生省令第37号）第37条3項　指定訪問介護事業者は，利用者に対する指定訪問介護の提供により賠償すべき事故が発生した場合は，損害賠償を速やかに行わなければならない。
　指定居宅介護支援等の事業の人員及び運営に関する基準（平成11年3月31日厚生省令第38号）第27条3項　指定居宅介護支援事業者は，利用者に対する指定居宅介護支援の提供により賠償すべき事故が発生した場合には，損害賠償を速やかに行わなければならない。

動車の自賠責保険のように，被害者からの請求（被害者請求）は認められていません。したがって，被害者が直接保険会社に保険金を請求することはできません。

(イ)　保険会社による示談代行

自動車保険のように，保険会社が施設に代わって被害者との損害賠償について交渉することはできません。いわゆる示談代行はできません。保険会社は，あくまでも，事業者と相談の上，責任の有無や内容について助言をし，保険金の支払いを検討するのであって，直接の話し合いは，事業者と被害者との間で行うことになります。

(2)　傷害保険

ア　傷害保険とは，損害保険の一種であり，被害者が事故などにより負傷して入院や通院が必要になった場合，後遺障害が残った場合，死亡した場合に，保険金が支払われる保険のことをいいます。

事業者向けの傷害保険としては，利用者を被保険者とし，被保険者の傷害・死亡について一定の保険給付を支払う保険があります。

イ　高齢者福祉サービス施設においては，利用者の精神的・肉体的機能の低下により，あらゆる場面で事故が発生し得ます。利用者が入院・通院等治療を要する場合，利用者の経済的負担も無視できません。利用者が死亡した場合は，遺族の被害感情にも対応する必要があります。

事業者賠償責任保険と異なり，傷害保険では，給付金額は少額ですが，施設の賠償責任の有無にかかわらず被保険者である利用者に対し早期に保険金が支払われます。これによりある程度の損害が填補されるため，利用者ないしは家族の被害感情が和らいで，紛争の解決につながることが期待できます。

傷害保険では，保険契約者は事業者である高齢者福祉サービス施設です。利用者は施設に入所すると同時に被保険者及び保険金受取人となります。ただし，利用者やその家族は，利用者が被保険者及び保険金受取人となることを知らない場合もあるので，入所時に説明しておく必要が

　あります。

3　認知症の高齢者の徘徊に備えての家族のための保険

(1)　現時点で認知症高齢者は全国に推計約 525 万人います。2025 年には 730
　万人に増えるとみられます。認知症の男性が徘徊中に電車にはねられて死
　亡した事故を巡り，JR 東海が遺族を相手取った損害賠償訴訟で最高裁は
　平成 28 年 3 月 1 日に，家族の賠償責任はないとする判決を言い渡しまし
　たが，家族が賠償責任を負う場合があることを示唆しています。この事故
　をきっかけに，大手の損害保険会社は重度の認知症患者が他人に怪我を負
　わせたり，他人の物を壊した場合，家族が賠償責任を負うリスクに備えた
　「個人賠償責任保険」の契約内容の見直しを始めました。

(2)　従来は同居する家族しか対象にしていなかったのですが，最近では認知
　症の高齢者と離れて暮らす家族や成年後見人を個人賠償責任保険の補償対
　象に加えた保険も発売されています。

(3)　認知症患者が起こした事故の損害賠償を地方自治体が保険でカバーする
　動きが出ています[2]。保険制度を導入する市区町村は 20 となり，費用を肩
　代わりする例も多くなってきています。被害者を救済するとともに患者や
　家族が過大な負担を負わないようにしています。ただし，一方で将来は制
　度のない地域との格差の一因となる可能性もあります。

　　上記の JR 東海の裁判の後，国による救済制度の創設も検討されました
　が，財源などの問題もあり見送られた経緯があります。政府が令和元年 6
　月 18 日に出した認知症対策の新大綱（認知症施策推進大綱）では，自治体に
　よる保険加入の取組みについて「事例を収集し政策効果の分析を行う」と
　するにとどめました。

2　令和元年 7 月 10 日　日本経済新聞電子版を参照。

第6章

その他のトラブル

第6章

その他のトンネル

Q 42 ｜ 高齢者虐待とは

高齢者虐待について教えてください。

A　平成18年に，高齢者虐待防止法が施行されました。同法は，高齢者虐待を「身体的虐待」「介護・世話の放棄・放任」「心理的虐待」「性的虐待」「経済的虐待」に分類し，虐待を防止するための行政，養護者，養介護施設従事者らの権限や義務を規定しています。

　　しかし，高齢者福祉サービス事業に勤務する従業員らによる高齢者の虐待は増加傾向にあり，高齢者の家族等による虐待も必ずしも減少していません。高齢者虐待は，高齢者の生活の質を著しく損なうものであると共に，事業所自体の信用を損なうものでもあり，高齢者福祉サービス事業者としては，同法の義務を踏まえて，適切に事業運営を行う必要があります。

1　高齢者虐待の実態について

　平成15年に厚生労働省の委託事業として実施された「家庭内における高齢者虐待に関する調査」では，高齢者虐待のうち10.9％が生命に関わる危険な状態であり，51.4％が心身の健康に悪影響がある状態であることが判明しました。この調査結果を踏まえて国会議員の中で高齢者虐待防止法の制定に向けた動きが活発化し，平成17年11月1日に，「高齢者虐待の防止，高齢者の養護者に対する支援等に関する法律」（高齢者虐待防止法）が議員立法で成立し，平成18年4月1日から施行されました。

　また，厚生労働省は毎年，高齢者虐待防止法に基づく対応状況等に関する調査の結果を発表しています。

　平成29年度の調査[1]によると，平成29年度に市町村等で受け付けた高齢者虐待に関する相談・通報件数のうち，家族など高齢者を現に養護して

いる養護者によるものは 30,040 件で，17,078 件は虐待判断がなされてお
り，この数字は増加傾向にあります。

　一方，養介護施設従事者等による虐待も大きく増加しています（図1）。
平成 29 年度に市町村等で受け付けた養介護施設従事者等による高齢者虐
待に関する相談・通報件数は 1,898 件でした。平成 29 年度に「事実確認
を行った事例」が 1,755 件，そのうち虐待の「事実が認められた事例」が
502 件（この他に都道府県が直接把握した事例が 7 件あります。），虐待の「事実が
認められなかった事例」が 747 件，虐待の「判断に至らなかった事例」が
506 件ありました。このことから，相談・通報のうち約 25.1 ％に虐待の事
実が認められたことが分かります。
　虐待の種類としては，「身体的虐待」が 59.8 ％で，次いで「心理的虐待」

図1　養介護施設従事者等による高齢者虐待の相談・通報件数と虐待判断件数の推移

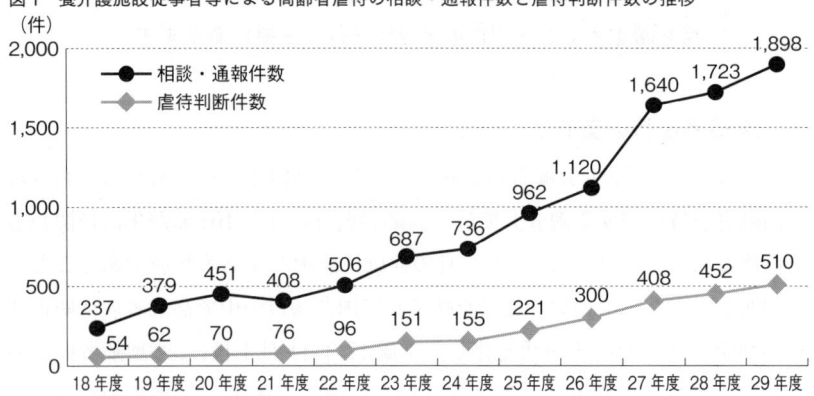

1　「平成 29 年度　高齢者虐待の防止，高齢者の養護者に対する支援等に関する法律に基
　づく対応状況等に関する調査結果」。
　http://www.mhlw.go.jp/content/12304250/000491671.pdf

が30.6％，介護等放棄が16.9％の順となっています（複数回答）。

　なお，虐待が認められた施設・事業所の種別としては，「特別養護老人ホーム（介護老人福祉施設）」が155件（30.4％），「有料老人ホーム」が110件（21.6％）「認知症対応型共同生活介護（グループホーム）」が73件（14.3％），「介護老人保健施設」が53件（10.4％）となっています。高齢者虐待に関する調査結果については，「平成29年度高齢者虐待の防止，高齢者の養護者に対する支援等に関する法律に基づく対応状況等に関する調査結果」を参照してください。

　養介護施設における高齢者虐待の数は，近時大幅に増加していると言えます。

2　高齢者虐待防止法について

　高齢者虐待防止法は，住民に最も身近な市町村や都道府県を，高齢者虐待に対する具体的な対策の担い手として明確に位置付け，高齢者虐待の早期発見・早期対応を図るとともに，養護者の支援を行いその負担の軽減を図ることを目的として成立しました。その具体的な内容は以下のとおりです。

(1)　「高齢者虐待」の捉え方について

　高齢者虐待防止法では，虐待の客体である「高齢者」を65歳以上の者と定義し（高齢者虐待防止法2条1項），虐待の主体を「養護者」（高齢者を現に養護する者であって養介護施設従事者等以外の者）と，「養介護施設従事者」（老人福祉施設，有料老人ホーム，在宅サービス事業など，老人福祉法及び介護保険法に基づく養介護施設及び養介護事業に従事する者）に分類しました（次頁参照）。

　また「虐待行為」とは高齢者に対する下記の行為と定義しています（同条4項）。

①　身体的虐待：高齢者の身体に外傷が生じ，又は生じるおそれのある暴行を加えること。

②　介護・世話の放棄・放任（ネグレクト）：高齢者を衰弱させるような著

高齢者虐待防止法に定める「養介護施設従事者等」の範囲

	養介護施設	養介護事業	養介護施設従事者等
老人福祉法による規定	・老人福祉施設 ・有料老人ホーム	・老人居宅生活支援事業	「養介護施設」又は「養介護事業」の業務に従事する者
介護保険法による規定	・介護老人福祉施設 ・介護老人保健施設 ・介護療養型医療施設 ・地域密着型介護老人福祉施設 ・地域包括支援センター	・居宅サービス事業 ・地域密着型サービス事業 ・居宅介護支援事業 ・介護予防サービス事業 ・地域密着型介護予防サービス事業 ・介護予防支援事業	

（高齢者虐待防止法第2条）
　　　　　　厚生労働省「市町村・都道府県における高齢者虐待への対応と養護者支援について」より

　　しい減食，又は，長時間の放置，養護者以外の同居人による身体的虐
　　待・心理的虐待・性的虐待行為と同様の行為の放置等，養護を著しく怠
　　ること[2]。
　③　心理的虐待：高齢者に対する著しい暴言，又は，著しく拒絶的な対
　　応，その他の高齢者に著しい心理的外傷を与える言動を行うこと。
　④　性的虐待：高齢者にわいせつな行為をすること，又は，高齢者をして
　　わいせつな行為をさせること。
　⑤　経済的虐待：養護者，高齢者の親族[3]又は養介護施設従事者等が，高
　　齢者の財産を不当に処分すること，その他当該高齢者から不当に財産上
　　の利益を得ること。
(2)　国及び地方公共団体の責務と国の役割
　　　高齢者虐待防止法は，国及び地方公共団体の責務として，高齢者虐待の
　　防止，高齢者の迅速かつ適切な保護，及び養護者に対する支援のため，①
　　老人介護支援センターや地域包括支援センターなど，関係省庁相互間その
　　他関係機関や民間団体との連携強化，民間団体の支援その他の必要な体制
　　の整備に努めること（同法3条1項，16条），②専門的な人材の確保と資質

　2　養介護施設従事者等によるネグレクトについては，「高齢者を養護すべき職務上の義
　　務を著しく怠ること」との規定になっています。
　3　経済的虐待については，虐待の主体が，養護者のみならず「高齢者の親族」にまで広げ
　　られています。経済的虐待は，高齢者と日々接する中で行われるとは限らないからです。

向上のための職員研修等を行うこと（同法3条2項，15条），③通報義務や
人権侵犯事件に係わる救済制度等について広報や啓発活動を行うことを定
めています（同法3条3項，18条）。

　　また，国の役割として，高齢者虐待の事例分析や調査・研究を行うこと
（同法26条），国及び地方公共団体の役割として，成年後見制度の利用促進
を行うこと（同法28条）を定めています。

(3)　市町村・都道府県の役割

　　養護者による高齢者虐待については，市町村としては高齢者及び養護者
に対する相談・指導・助言を行い（高齢者虐待防止法6条），虐待の通報を受
けた場合にはその通報事実をすみやかに確認し（同法9条1項），必要があ
れば警察署長から援助を受けて（同法12条1項），立入調査を行い（同法11
条），虐待現場から救出した高齢者の受入居室の確保（同法10条）等を行い
ます。また虐待した養護者による面会を制限することもできます（同法13
条）。都道府県は，市町村相互間の連絡調整や情報提供等の必要な援助や
助言を行うことになります（同法19条1項・2項）。

　　養介護施設従事者等による高齢者虐待についても，市町村は通報を受け
付け（同法21条1項），その通報事実を確認するとともに，都道府県に報告
し（同法22条），入所措置や成年後見申立等，老人福祉法上もしくは介護
保険法上の権限を適切に行使します（同法24条）。都道府県も同様に高齢
者の虐待防止及び保護を図るため，入院措置や成年後見申立等の老人福祉
法上及び介護福祉法上の権限を適切に行使します（同条）。

(4)　国民の責務

　　高齢者虐待防止法は，国民に対しても，高齢者虐待の防止，養護者に対
する支援等の重要性に関する理解を深めるとともに，国又は地方公共団体
が講ずる高齢者虐待の防止，養護者に対する支援等のための施策に協力す
るよう努める責務を定めています（同法4条）。

(5)　福祉関係者・法曹関係者の責務

　　高齢者虐待防止法は，養介護施設，病院，保健所その他の高齢者の福祉

に業務上関係のある団体，及び養介護施設従事者等，医師，保健師，弁護士その他高齢者の福祉に職務上関係のある者にも，高齢者虐待を発見しやすい立場にあることを自覚して，高齢者虐待の早期発見に努める責務と，国及び地方公共団体が講ずる高齢者虐待防止のための啓発活動及び高齢者虐待を受けた高齢者の保護のための施策に協力するよう努める責務を定めています（同法5条1項・2項）。

(6)　高齢者福祉サービス事業者の責務

　　高齢者福祉サービス事業者（高齢者虐待防止法上は，養介護施設の設置者及び養介護事業者）は，従事者に対する研修の実施のほか，利用者や家族からの苦情処理体制の整備，その他従事者等による高齢者虐待の防止のための措置を講じる責務を負っています（高齢者虐待防止法20条）。詳しくはQ32，Q43等を参照してください。

Q 43 | 事業者側による虐待

　従業員が高齢者虐待を行っていることが通報（内部告発）により発覚しました。高齢者福祉サービス事業者としてどのように対処すべきでしょうか。また，高齢者虐待防止のために，事業者はどのような義務を負いますか。

A

　高齢者福祉サービス事業に従事する者（経営者を含む。）は，高齢者福祉サービスに関して，同サービス関係者から虐待を受けていると思われる高齢者（利用者）を発見した場合には，市町村に通報しなければなりません。

　高齢者福祉サービス事業者（養介護施設の設置者，養介護事業を行う者）は，高齢者の安全を図ると共に，通報を受けた市町村の行う調査等に協力する必要があります。また，高齢者虐待を防止するために，研修を実施したり，苦情処理の体制を整備する必要があります。

1　通報義務

　高齢者虐待防止法は，下記の場合に市町村に通報する義務を定めています。

①　通報（内部告発）の義務付け

　養介護施設従事者等（老人福祉施設，有料老人ホーム，在宅サービス事業など，老人福祉法及び介護保険法に基づく養介護施設及び養介護事業に従事する者[1]。Q42参照）が，その職務先において養介護施設従事者等による高齢者虐待を受けたと思われる高齢者を発見した場合。

1　介護職員のみならず，経営者，管理職員等を含みます。

② 生命・身体に重大な危険が生じている場合の通報の義務付け

　　養介護施設従事者等以外の者でも，養介護施設従事者等から虐待を受けたと思われる高齢者を発見した場合で，当該高齢者の生命または身体に重大な危険が生じている場合。

③ 通報の努力義務

　　高齢者虐待防止法は，①②以外の場合でも，養介護施設従事者等による高齢者虐待を受けたと思われる高齢者を発見した者は誰でも，速やかに，これを市町村に通報するよう努力する義務（通報努力義務）を定めています。

　　なお，通報が誤報であったとしても，そのことをもって通報者は直ちに責任を問われるものではありません。通報に際しては，虐待がなされている確証は必要ではなく，「虐待を受けたと思われる」場合に通報すべきとされています。高齢者虐待防止法も，秘密漏示罪の規定その他の守秘義務に関する法律の規定が通報を妨げるものと解釈してはならない（ただし，虚偽通報の故意・過失によるものを除く。）と定めており（同法 21 条 6 項），積極的な通報を促しています[2]。

2　通報（内部告発）者に対する対応

　　養介護施設従事者等は，上記のように通報の義務を負い，また通報・届出を理由として解雇その他の不利益な取扱いを受けないとされています（高齢者虐待防止法 21 条 7 項）。また，通報・届出を受けた市町村等は，通報・届出をした者を特定させる情報の漏洩を禁止されています（同法 23 条）。なお，公益通報者保護法でも，不正の目的で行われた通報ではなく，通報内容が真実であると信じる相当の理由があるといった一定の要件

---

2 「過失」による虚偽通報（誤報）を除外している点については批判があり，この点について，通報者が虐待があると信じたことにつき一応の合理性があれば過失は存在しないと解されるとして，過失の存在を認めにくく解する見解もあります。

を充たす通報については，通報を理由とする解雇，降格，減給，派遣労働者の交代要求その他の不利益取扱いが禁止されています（同法3条〜5条参照）。

　事業者としては，従業員の通報などにより，高齢者虐待の可能性を認識したときは，これを真摯に受け止め，まずは高齢者の安全確保の上，事実を確認するとともに，再発防止の対策を講じる必要があります。通報者捜しや，解雇等不利益な処分を行わないことは当然のこと，通報者が判明している場合には，パワハラやいじめが起きないようにも注意を払うべきです。

3　虐待を受けた高齢者や家族に対する対応

　高齢者サービス事業者としては，まずは虐待を受けた高齢者やその家族に対して真摯に謝罪をすると共に，なぜ高齢者虐待が生じたのか，二度と起きないようにするためにどのような体制を整えるかなど，原因究明と再発防止をどのように実現するかについても説明をするべきでしょう。

　また，虐待の状況により，高齢者本人は，虐待した従業員とその使用者である高齢者サービス事業者に対して（不法行為等に基づく）損害賠償請求権を有します。被害高齢者側の意見を真摯に聞き，適正な範囲で示談等を行う必要もあります。もっとも，不当に高い損害賠償を要求された場合には，弁護士等と相談しながら裁判も視野に入れて交渉を進めることも必要です。

4　市町村，都道府県に対する対応

　市町村及び都道府県は，老人福祉法及び介護保険法に規定された権限を行使して高齢者虐待に対応することとなります（高齢者虐待防止法24条）[3]。

　まず，市町村や都道府県による事実確認のための調査がある旨の事前連

3　一例を挙げますと，老人福祉法関係では，老人デイサービスセンター，老人短期入所施設等の設置者等に対する報告徴収・立入検査等（老人福祉法18条），改善命令（同法18条の2）など。介護保険法関係では，介護保険指定事業者に対する報告徴収・立入検査（同法76条），指定取消（同法77条）などです。

絡がある場合には，施設は関係者から事実を聞くなどして正確に事態を把握し，調査に応じることが必要です。

　市町村や都道府県による指導や改善要求には，真摯に対応することが必要です。改善要求には，虐待防止改善計画の作成や第三者による虐待防止委員会の設置などが含まれる事もあります。指導に従わない場合には，老人福祉法及び介護保険法に基づく勧告・命令，指定の取消し処分などがなされる危険がありますので，注意が必要です。

　通報を受けた場合の市町村や都道府県の対応の詳細は Q45 を参照してください。

5　マスコミ対策

　高齢者虐待行為は傷害罪や脅迫罪などの刑法犯にも該当することがあります。また，養介護施設従事者等による虐待は社会的関心が高いこともあり，事案がマスコミに注目され広く報道される可能性もあります。マスコミが施設等に押しかけて，他の利用者に大変迷惑となる状況もあり得ますので，弁護士等の専門家に相談の上，取材の自粛要請とともに，積極的に記者会見に応じるなどして，間違った内容が報道されないよう情報を積極的に発信することも必要になるでしょう。

6　虐待発生防止のための義務

(1)　養介護施設従事者への研修義務

　厚労省による平成 29 年度の調査結果によると，虐待の発生要因のうち，もっとも多いものが「教育・知識・介護技術等に関する問題」で 60.1 ％あり，次いで「職員のストレスや感情コントロールの問題」が 26.4 ％，「倫理観や理念の欠如」が 11.5 ％，「虐待を行った職員の性格や資格の問題」が 5.6 ％，「人員不足や人員配置の問題及び関連する多忙さ」が 7.5 ％，「虐待を助長する組織風土や職員間の関係性の悪さ」が 7.3 ％となっています[4]。養介護施設従事者等の中には，今も「世話をしてあげて

いる」という意識が残っている者もおり，高齢者に対するどのような行為
が虐待となるのか，また高齢者の権利擁護の重要性について理解が不足し
ている従業員もいるようです。さらに，人手不足の状況の中，適切な人材
を確保することができず，多忙さも相まって虐待の件数が増えているとい
う状況もあります。

　高齢者虐待防止法においては，高齢者サービス事業者の一般的な義務と
して，養介護施設従事者等の研修の実施が挙げられています（同法20
条）。そこで，従業員の倫理観を高め高齢者虐待に関する研修やケア技術
に関する研修を継続的に行うことで，従業員の意識を高めていくことが重
要でしょう。

(2)　苦情解決体制の整備義務

　虐待が発生した場合でも，「この施設にお世話になる必要があるから」
という意識から，高齢者福祉サービス事業者に対して苦情を言うことが難
しい側面もあります。そこで，高齢者虐待防止法では，養介護施設等にお
ける苦情処理体制を整備することを義務付けています（同法20条）。詳し
くはQ32を参照してください。

4　「平成29年度　高齢者虐待の防止，高齢者の養護者に対する支援等に関する法律に基
　づく対応状況等に関する調査結果」添付資料4頁。

Q 44 ｜ 親族等による虐待

高齢者の家族が自宅で高齢者を虐待していることを発見した場合，高齢者福祉サービス事業の経営者や従業員としてはどのように対応すべきでしょうか。高齢者の家族が，高齢者の年金を頼りに生活をしており，高齢者が十分な福祉サービスを受けられない場合どうすればよいでしょうか。

A 高齢者虐待を発見した高齢者福祉サービス事業の経営者や従業員は，市町村に通報するとともに，高齢者虐待防止ネットワークの構成員として，市町村と情報を共有する必要があります。

1　養護者による高齢者虐待に関する通報義務

　高齢者が介護保険サービスを利用している場合には，その職員は高齢者や養護者・家族等と接する機会も多く，高齢者の身体面や行動面での変化，養護者・家族等の様子の変化などを，専門的知識に基づいて常に観察することができます。そこで，これら福祉に職務上関係のある者は，高齢者虐待を発見しやすい立場にあることを自覚し，高齢者虐待の早期発見を努力する義務が課せられています（高齢者虐待防止法5条1項）。

　その上で，養護者による高齢者虐待を受けたと思われる高齢者を発見した者には，①当該高齢者の生命又は身体に重大な危険が生じている場合は，速やかに，これを市町村に通報する義務があり（通報義務），②それ以外の場合には，速やかに，これを市町村に通報するよう努力する義務が定められています（通報努力義務）（同法7条1項・2項）。

2　高齢者虐待防止ネットワークにおける情報共有

　市町村は，虐待を受けた高齢者の保護や養護者支援を適切に実施してい

くため，老人介護支援センターや地域包括支援センター，その他関係機関との連携協力体制を整備する義務を負っています（高齢者虐待防止法16条）。

　ここで地域包括支援センターとは，介護保険法の規定により市町村が設置する，地域住民の心身の健康の保持及び生活の安定に必要な援助を行う機関で，その業務の一つとして高齢者虐待防止ネットワークの構築が定められています（介護保険法115条の46第1項）。

　このネットワークには，民生委員，地域住民，社会福祉協議会，自治体等により構成される「早期発見・見守りネットワーク」，居宅介護支援事業所，介護サービス事業者，医療機関等により構成される「保険・医療・福祉サービス介入ネットワーク」，医療機関，警察や消防署，弁護士，権利擁護団体，保健所から構成される「関係専門機関介入支援ネットワーク」と3つの段階が考えられます。高齢者福祉サービス事業者は「保険・医療・福祉サービス介入ネットワーク」の構成員となり，高齢者虐待防止ネットワークを構成する「高齢者虐待対応協力者」に位置づけられます。

　養護者による高齢者虐待に関する相談・通報・届出がなされた場合，市町村は，関係機関等からの情報収集を行って，高齢者の安全確認や事実確認を行います（高齢者虐待防止法9条1項）。そのため，市町村は，庁内各部局をはじめ民生委員や医療機関，そして介護保険サービスを利用している場合には担当介護保険専門員や養介護事業者などから，できるだけ情報収集を行うことになります。

　その後，訪問調査，介入拒否がある場合には立入調査を行い，個別ケース会議で虐待事例に対する援助方針，援助内容を判断することになります。虐待の程度が高く，生命の危機・重大な健康被害のおそれがある場合には，高齢者の保護（養護者との分離）等を行うことになります。

3　情報共有と個人情報保護法との関係

　ケアマネジャーや高齢者福祉サービス事業者等が，利用者や家族に関して取得した情報は，個人のプライバシーに関わる極めて繊細な性質のもの

です。個人情報保護法では，本人の同意を得ずに特定の利用目的以外で個人情報を取り扱うことを禁止しており（同法 16 条，利用目的の制限），本人の同意を得ずに個人情報を第三者に提供することも禁止しています（同法 23 条，第三者提供の制限）。

　しかし，虐待を受けているおそれのある高齢者に対する具体的な支援を検討する個別ケース会議等では，当該高齢者や養護者・家族の情報を支援者間で共有する必要があります。

　この点，個人情報保護法は，「人の生命，身体又は財産の保護のために必要がある場合であって，本人の同意を得ることが困難であるとき」（同法 16 条 3 項 2 号，23 条 1 項 2 号），また「国の機関若しくは地方公共団体又はその委託を受けた者が法令の定める事務を遂行することに対して協力する必要がある場合であって，本人の同意を得ることにより当該事務の遂行に支障を及ぼすおそれがあるとき」（同法 16 条 3 項 4 号，23 条 1 項 4 号）には，例外的に個人情報の目的外使用や第三者への提供を認めています。高齢者虐待の通報や，行政や他のネットワーク関係者との必要な範囲での情報共有も，この例外に該当して許容されるといえる場合があります[1]。

　ただし，より円滑な情報共有を行うためには，例えば訪問介護事業等の契約締結時に，高齢者虐待防止のための個人情報の利用と第三者提供に関する包括的同意書を取得するなど，事前に同意を得ておくことが適切です。

　なお，各地方自治体で，個人情報の取扱いに関するルールが定められていることもありますので，そちらも参照してください。

4　経済的虐待がある場合

　養護者・高齢者の親族，養介護施設従事者等が，高齢者の財産を不当に

1　厚生労働省「医療・介護関係事業者における個人情報の適切な取扱いのためのガイダンス」，『「医療・介護関係事業者における個人情報の適切な取扱いのためのガイダンス」に関するＱ＆Ａ（事例集）』も参照。

処分すること，高齢者から不当に財産上の利益を得ることは経済的虐待となります（高齢者虐待防止法2条4項2号）。設問のように，高齢者の家族が，高齢者の年金を頼りに生活をしており，高齢者が十分な福祉サービスを受けられない場合は，高齢者に対する経済的虐待が発生していると考えられます。

　この場合，本人に判断能力があったり，判断能力の減退の程度が限定的である場合には，本人が弁護士等の専門家と財産管理等委任契約を締結して専門家に財産を管理してもらったり，社会福祉協議会などが実施している日常生活自立支援事業を利用して金銭管理の支援を受けることにより，財産を保全することが考えられます。しかし，本人に判断能力がなかったり，著しく減退している場合には，成年後見制度を利用し，後見人によって財産の保全を図ることを検討することになります。後見開始の申立てに協力する親族がいない場合には，市町村長による成年後見の申立てにより，専門家が本人のために財産を確保することが必要となるでしょう。

　成年後見については第8章を参照してください。

Q 45 ｜ 虐待の発生と行政対応

養介護施設従事者等による高齢者虐待が生じた場合の行政の対応について教えてください。

A 　高齢者虐待の通報や届出があった場合には，市町村はまず事実確認を行い，調査に基づいて高齢者虐待の事実が認められた場合には，施設に対して改善計画の提出を求めることになります。施設がこれに応じない場合には，市町村は，老人福祉法及び介護保険法の規定に基づいて様々な命令や許可・指定の取消しなどの処分をすることが可能です。

1　高齢者虐待防止法の規定

　高齢者虐待防止法では，養介護施設従事者等[1]による高齢者虐待の通報等を受けた場合に，市町村若しくは都道府県は，「老人福祉法又は介護保険法の規定による権限を適切に行使する」と定められています（同法24条）。養護者による高齢者虐待の場合（同法9条～13条）と異なり，養介護施設従事者等による虐待については，特別な対応を規定していません。そこで，市町村若しくは都道府県は，老人福祉法及び介護保険法の規定による権限行使によって，施設の業務や事業の適正な運営を確保し，高齢者虐待に対応することとされています。

　なお，「市町村・都道府県における高齢者虐待への対応と養護者支援について」（厚生労働省老健局平成30年3月改訂）及び「市町村・都道府県のための養介護施設従事者等による高齢者虐待対応の手引き」（社団法人日本社会福祉士会）が参考となるため，本文の内容も，これらを参考に作成し，

1　老人福祉施設，有料老人ホーム，在宅サービス事業など，老人福祉法及び介護保険法に基づく養介護施設及び養介護事業（高齢者サービス事業）に従事する者。Q42参照。

一部その内容を引用しています。

2　通報・届出の受理

　　虐待の通報・届出を受けた市町村の職員は，まず通報者から詳細な説明を受けて情報を整理し，相談受付票に記録します。なお，通報の内容が，サービス内容に関する苦情等で他の窓口での対応が適切と判断できる場合には，苦情処理手続として適切な相談窓口につなぎます（苦情解決制度については Q32 参照）。

　　また，通報への対応は，通報者の住所地の市町村ではなく，養介護施設・事業所の所在地の市町村が行うので，事業者の所在地以外の市町村になされた通報は，事業者所在地の市町村に引き継がれます。

3　事実確認

(1)　事実確認の準備

　　通報・届出の受理後，担当職員は虐待を受ける高齢者に関する情報，当該高齢者サービス事業者に関する苦情相談や事故報告について，関係各部署等に照会をして事実確認の準備のための情報確認を行います。

(2)　事実確認の方法と事前の通知

　　その後，市町村は，通報対象となった養介護施設・事業所に対して事実確認を行います。事実確認を実施する方法としては，「協力依頼による調査」（高齢者虐待防止法の趣旨を踏まえた養介護施設・事業者の協力に基づく調査），「実地指導」（介護保険法 23 条，24 条に基づく文書提出，職員への質問等），「監査」（介護保険法 76 条等，老人福祉法 18 条等に基づくもので立入検査など[2]）があります。当該通報の内容や養介護施設・事業所の状況を踏まえ，はじめから監査（立入調査）がなされることもあれば，実地指導，任意調査から開始して，施設・事業者が協力をしなかったり，高齢者の生命や身体の安全に危害を及ぼす可能性があると判断される場合等に監査に切り替えられることもあります。

　なお，監査の場合には事前連絡がない場合もあります。実地指導や任意調査の場合には事前連絡がありますが，証拠隠滅の可能性がある場合などには事前連絡が直前になされる場合もあります。

(3)　事実確認の内容

　養介護施設・事業所に対する調査では，当該高齢者や他の利用者への面接調査，管理者・職員への面接調査，サービス契約や介護記録等，各種記録の確認がなされます。

　管理者に対する面接調査としては，一般的に，①通報等の内容の確認（通報等の内容の事実の有無，通報等の事実を把握している場合にはそれが発生した状況，高齢者や家族等に対する対処（医師の受診，謝罪等），高齢者本人や家族からの相談の有無と対応状況，虐待の通報をしていない場合にはその理由等）と，②虐待が疑われる事案の発生要因の確認（当該高齢者に対して行われていた介護・看護の内容・配慮事項等，事故やヒヤリハット等の報告体制・報告状況，施設・事業所としての虐待防止の取組み，研修等の実施状況，マニュアルに基づく取組状況，職員の勤務状況や負担感・ストレスマネジメントへの取組状況等）がなされます。

　また，一般職員に対しても，①通報等の内容の確認（通報等の内容の事実に関する認識，発生状況，他の利用者にも何らかの異常が生じていないか，施設・事業所内で虐待の権利侵害と思われる行為を見聞きしたことはあるか）や，②虐待が疑われる事案の発生要因の確認（当該高齢者への介護に関する負担感の有無やその内容・配慮事項，高齢者の権利擁護や虐待防止に関する意識・取組状況，職場環境・勤務態勢等に対する負担感等）がなされます。

2　介護保険法は，養介護事業者に対し，必要があるときには，報告若しくは帳簿書類の提出若しくは提示を命じ，出頭を求め，質問し，設備若しくは帳簿書類その他の物件の調査をすることができる（同法76条1項，78条の7，83条1項，90条1項，100条1項，115条の7，115条の17，115条の27）と規定し，老人福祉法は，養介護施設設置者に対して，必要と認める事項の説明を求め，当該職員や関係者に質問させ，若しくは事務所・施設に立ち入り，設備，帳簿書類その他の物件を検査させることができる（同法18条1項，2項，29条9項）と規定しています。

　さらに，虐待を行った疑いのある職員に対しては，虐待行為を認める場合には虐待等を行った状況や理由・原因，当該高齢者への介護に関する負担感の有無・内容，高齢者の権利擁護や虐待防止に対する意識・取組状況，職場環境・勤務態勢等に対する負担感などが聞き取られます。

　調査当日に虐待の有無が明らかな場合を除き，調査結果は後日，文書により当該養介護施設・事業所に通知されます。

　この調査結果（調査報告書）に基づいて，虐待対応のための個別ケース会議が開催され，調査結果の確認，虐待の有無の判断，緊急性の判断を行い，対応方針を協議・立案することになります。

4　虐待対応

(1)　一時保護

　通報内容や事前収集情報から，高齢者の保護が必要と考えられる場合には，あらかじめ施設や医療機関等に対して一時保護の調整が行われることがあります。

(2)　改善計画の提出

　養介護施設従事者等による高齢者虐待が認められた場合や，不適切なケアなど指定基準に違反する行為等が認められた場合には，改善指導の対象となります。

　注意・指導では十分ではない場合，養介護施設・事業所に対して，事実確認の結果とともに改善が必要と考えられる事項を整理して通知し，あわせて期限（1か月以内が望ましいとされています。）を定めて指導内容に準じた改善計画書の提出を求めます[3]。

　この改善計画の内容に問題がないと判断される場合には，改善計画を受理し，その後改善取組に対するモニタリング・評価が行われます。その結果，①虐待状況が解消し，高齢者が安心して生活することが可能となったと確認できること，②虐待の要因となった課題について，養介護施設・事業所が再発防止のための方策を講じ，効果を上げていると確認できた場合

には，虐待対応が終結することになります。

(3)　老人福祉法・介護保険法による権限行使

　施設の改善取組が不十分で，改善意識が職員に浸透していない場合，若しくは監査に協力しないような場合には，介護保険対象事業については，介護保険法に基づいて，運営基準を遵守すべきことを勧告し，一定期間内に勧告に従わなかった場合にはその旨を公表し，さらに期限を定めて勧告にかかる措置を採るべきことを命じることができ，命令は公示されることになります（介護保険法76条の2，78条の9，83条の2，91条の2，103条，115条の8，115条の18，115条の28）。

　また介護老人保健施設については，設備の使用制限（同法101条），変更命令（同法102条），業務停止命令（同法103条3項）も可能であり，また老人福祉法に基づいて，事業の制限命令（老人福祉法18条の2），事業の改善命令（同法19条）なども可能となっています。有料老人ホームについても同様に事業の改善命令が可能です（同法29条11項）。

　さらに，施設は，調査に協力しなかったり，虚偽報告をしたり，要介護者の人格を尊重しないような場合には，施設開設の許可や，事業の指定を取り消されることもあります（介護保険法77条，78条の10，84条，104条，114条，115条の9，老人福祉法18条の2，19条）。

3　改善計画のチェック事項として，下記の内容が考えられます。
　　①市町村が指摘した事項が改善取組として網羅されているか。
　　②改善取組の目標や達成時期が明確になっているか。
　　③改善取組の具体的方法が示されているか。
　　④改善取組のために適切な職員（役職者等）が割り振られているか。
　　⑤改善計画の作成には，経営者・管理者層や職員全員が関わっているか。
　　⑥改善計画は経営層の責任において作成されているか。
　　⑦改善取組を担保するための仕組みの実効性はあるか。
　「市町村・都道府県のための養介護施設従事者等による高齢者虐待対応の手引き」99頁参照。

5　公　表

　都道府県知事は，毎年度，養介護施設従事者等による高齢者虐待の状況，養介護施設従事者等による高齢者虐待があった場合に採った措置，その他厚生労働省令で定める事項を公表することとされています（高齢者虐待防止法25条，同法施行規則3条）。この公表は，各都道府県における，養介護施設従事者等による高齢者虐待の状況を定期的かつ的確に把握し，各都道府県・市町村における高齢者虐待の防止に向けた取組みに反映していくことを着実に進めることを目的とするものであり，高齢者虐待を行った養介護施設・養介護事業所名を公表することによりこれらの施設等に対して制裁を与えることを目的とするものではないとされます（厚生労働省「市町村・都道府県における高齢者虐待への対応と養護者支援について」109頁）。

　なお，悪質な虐待のケースでは，介護保険法や高齢者福祉法に基づいて，施設名の公表がなされることはあります。

6　行政対応の現状

　平成29年度で虐待の事実が認められた事例に対する対応としては，市町村または都道府県による指導等（複数回答）は，「施設等に対する指導」が292件，「改善計画提出依頼」が228件，「従事者への注意・指導」が116件となっています。また，介護保険法等の規定による権限の行使（複数回答）は，「報告徴収，質問，立入検査」が186件，人員，設備及び運営に関する基準等が順守されていないことに伴う「改善勧告」が37件，「改善命令」が0件，「改善勧告に従わない場合の公表」は2件，「指定の効力停止」が5件，「指定の取消し」が1件となっています。

Q 46 ｜ 利用者の暴力についての責任

(1)　高齢者福祉サービス施設において，利用者のＡさんが昼食時間中，介護職員のＢさんの目の前で突然，隣りにいた利用者のＣさんを殴りつけ，Ｃさんにけがを負わせました。施設を運営する事業者やＢさんには法的な責任があるのでしょうか。

(2)　Ａさんが，介護職員のＢさんを殴り，けがを負わせました。施設を運営する事業者には法的な責任があるのでしょうか。

A　高齢者福祉サービス施設利用者の他の利用者に対する傷害事件や，介護職員に対する傷害事件について，施設を運営する事業者は，利用者や職員に対し，その生命・身体の安全に配慮する義務を負っていますから，これを怠った場合には，債務不履行に基づく損害賠償義務を負う余地があります。また，代理監督者として不法行為に基づく損害賠償義務を負う可能性もあります。

1　小問(1)について

(1)　Ａさんの責任

　人を殴ってけがをさせる行為はもちろん，犯罪行為であり，まず，利用者のＡさんには，傷害罪が成立します（刑法204条）。

　また，民事上の責任として，Ａさんは，Ｃさんに対し，不法行為に基づいて，生じた損害を賠償する義務を負います（民法709条）。

　ただし，利用者のＡさんの認知症が進み，責任能力，つまり物事の善悪を区別し，自身をコントロールする能力が認められない場合，上記の刑事責任はもちろん，民事上の損害賠償責任を負うこともありません。

(2)　本件事業者の責任

　ア　それでは，高齢者福祉サービス施設を運営する事業者は，被害者であ

るＣさんに対し，責任を負うのでしょうか。

　まず，刑事責任に関しては，事業者は，入居者のＡさんに対し，殴ることを援助したわけでも，指示したわけでもありませんから，その共犯の罪に問われることはありません。

イ　これに対し，民事責任は負う余地があります。

　すなわち，施設を運営する事業者は，施設利用者に対し，利用契約に基づき，利用者の生命・身体の安全に配慮しつつサービスを提供するという安全配慮義務を負っていると考えられており，これを怠った場合には，債務不履行責任（契約違反に基づく責任）を負うことになるのです。

　たとえ，利用契約の文面に「事業者は利用者の生命・身体の安全に配慮しなければならない。」という文言が入っていなくても，高齢者福祉サービス施設の性質上，信義則上の付随義務として，多くの裁判例において，事業者側に，この義務が認められています。

　そして，事故の発生を予見することが可能であり（結果予見可能性），事故の発生を回避することができたのに，何ら防止策を講じることがなかったような場合（結果回避義務違反）には，安全配慮義務に違反したといえます。

　安全配慮義務に違反したか否かは，事故発生までの入居者の行動傾向や体格，性格など様々な具体的事情を考慮して判断されます。

　安全配慮義務違反というと，通常は，施設の職員の介護ミスにより利用者が転倒して負傷したとか，誤嚥事故が発生したというケースを想定します。しかし，施設の利用者同士のトラブルで，施設の利用者が他の利用者に対して暴力をふるったという場合においても，安全配慮義務の具体的な内容として，施設は，利用者が他の利用者によって身体・精神に損害を与えられないように配慮する義務を負っているといえます。

ウ　Q36の転倒の裁判例9（大阪高裁平成18年8月29日判決・賃金と社会保障1431号41頁）では，①介護職員の注意にもかかわらず，男性入居者が，二度三度と重ねて執拗に車椅子を使用している入居者の車椅子を自分の

ものであると主張していたこと，②当該主張に際し，車椅子を揺さぶ
り，車椅子に乗っている入居者の背中を押していたことから，その後も
車椅子を使用している入居者に対して同様の行為をすることは十分に予
測可能であったと認定されています。

　そして，男性入居者は日頃から暴力的で，若い頃に体力仕事をしてい
たことから腕力が強かったのに対し，車椅子を利用していた入居者は体
重も軽く小柄な体格であったことから，男性入居者が車椅子を揺さぶっ
たり，背中を押したりすれば，車椅子を利用していた入居者が，車椅子
から転落し，事故に至ることは容易に予見可能であったとしています。

　このように，事故の発生を容易に予見することができたにもかかわら
ず，介護事業者は，男性入居者を説得し自室に戻すことしかしませんで
した。

　そこで，同判決は，介護事業者が，車椅子利用の入居者を他の部屋や
階に移動させるなどして両者を接触できないようにし，車椅子利用の入
居者の安全を確保すべきであったと判断し，このような措置を講じな
かった点をもって，介護事業者の安全配慮義務違反を認定しました。

エ　本問において，けがを負ったＣさんも利用者ですから，事業者は，Ｃ
さんに対し，安全配慮義務を負っています。

　利用者のＣさんが，利用者のＡさんに殴られたことにより，直ち
に，事業者に安全配慮義務違反に基づく責任が認められるわけではあり
ませんが，例えば，日頃から，Ａさんが，Ｃさんに対し，攻撃的な言動
をとっているにもかかわらず，事業者がＢさんら職員に注意するよう
指示せず，漫然とその状況を放置して，Ｃさんに，Ａさんの隣りで昼食
を摂らせ，そのことが原因となって，ＡさんがＣさんを殴ったといえ
る場合には，事業者に，安全配慮義務違反の過失が認められ，債務不履
行に基づく損害賠償義務を負うことになります。

　また，Ａさんが日頃から攻撃的言動をとっていることにつき，事業
者は，Ｂさんら職員に注意するよう指示していたにもかかわらず，Ｂさ

んの過失で，Ｃさんに，Ａさんの隣りで昼食を摂らせたという場合でも，Ｂさんは，いわば契約主体である事業者の契約履行を補助する者（履行補助者）ですから，事業者は履行補助者の過失について責任を負い，Ｃさんに対し，債務不履行に基づく損害賠償義務を負うことになります。

　他方，いくらＡさんが認知症であっても，普段は攻撃的な言動が見られず，Ｃさんに対する暴行が突発的なものであれば，事業者にも，Ｂさんにも，安全配慮義務違反の過失は認められにくいということになります。

　なお，施設を運営する事業者は，債務不履行責任のほかにも，Ａさんが認知症等で，責任能力がない場合，民法714条の監督義務者または代理監督者として不法行為責任を負う余地もあります。この点は，Q47に詳細が述べてありますので，参照してください。

(3)　Ｂさんの責任

　職員のＢさんと利用者であるＣさんとの間には，直接の契約はありませんから，Ｂさんが，Ｃさんに対し，債務不履行に基づく損害賠償義務を負うことはありません。

　では，不法行為責任はどうでしょう。

　民法714条は，1項本文において，行為者自身に責任能力がない場合，その責任能力がない者を監督する法定の義務を負う者（一般に「法定監督義務者」といいます。）は，行為者が第三者に加えた損害を賠償する責任を負うと規定しており，2項において，監督義務者に代わって責任能力がない者を監督する者（一般に「代理監督者」といいます。）も同様の責任を負うと規定しています。

　つまり，本問の利用者Ａさんに責任能力がなかった場合，職員のＢさんが，法定監督義務者（民法714条1項）や代理監督者（同条2項）に該当するのであれば，責任能力がないＡさんに対する監督義務を怠らなかったこと，または，義務を怠らなくても，損害が生じたことを立証できない限

り，損害賠償義務を負うことになるので，職員のBさんが，法定監督義務者や代理監督者として，不法行為責任を負うのかが問題となります。

ここで，法定監督義務者は，まさに，法律上，その責任能力がない人に対し，監督義務を負う者をいいます。これに該当する典型例は，幼児の両親ですが，Bさんは，Cさんが利用する施設の一職員にすぎませんから，該当しません。

他方，代理監督者の外延は必ずしも明確ではありませんが，例えば，保育園内において，自由時間中に，園児が他の園児から板切れを投げつけられて受傷した事故につき，保育園の園長が代理監督者に当たるとされた裁判例があります[1]。しかし，契約によって，利用者の監督を引き受けたと解される事業者や事業者の長が代理監督者としての責任を負うことはあっても，一職員にすぎないBさんが代理監督者として，利用者のCさんに損害賠償義務を負うことは考えにくいです。

2　小問(2)について

(1)　Aさんの責任

小問 (1) と同様です。

(2)　本件事業者の責任

裁判例は一般に，使用者につき，従業員に対し，快適な職場環境の実現と労働条件の改善を通じて，職場における従業員の安全と健康を確保するという安全配慮義務の存在を認めており，高齢者福祉サービス事業者も，介護職員等に対し，安全配慮義務を負っています。

本問において，事業者は，Aさんが日頃から攻撃的な言動をとっているにもかかわらず，Bさんらに注意するよう周知せず，または，Aさんが日頃から特にBさんに対し，攻撃的な言動をとっているにもかかわらず，担当職員を交替せず，漫然とその状況を放置していたような場合に

1　和歌山地裁昭和48年8月10日判決・判時721号83頁。

は，事業者に，安全配慮義務違反の過失が認められ，Ｂさんに対し，債務不履行に基づく損害賠償義務を負うことになります。

3　損害賠償の内容

　けがを負った人は，損害賠償として，治療費，治療のための交通費，休業損害（仕事を休むことにより得られなかった給与等）をはじめとする逸失利益（暴行事件の被害にあわなければ得られたであろう将来の利益），慰謝料などを請求することができ，また，後遺症を負った場合には，後遺症を負ったことによって生じた逸失利益や慰謝料を別途請求することができます。

Q 47 ｜ 利用者の徘徊と第三者に生じた損害

> 認知症の入居者 A さんが高齢者福祉サービス施設から出て徘徊し，
> 近所の B さんの家に上がりこんで，B さんが所有する高価な壺を割って
> しまいました。施設を運営する事業者は何か責任を負いますか。

A 　入居者の A さんが以前にも同様の行為に及んだなど，特別な
事情がない限り，事業者に過失が認められる可能性は小さいの
ですが，A さんの認知症が進み，責任能力が認められない場合
には，事業者が，民法 714 条 2 項の代理監督者として，近所の
B さんに対し，損害賠償義務を負う可能性があります。

1　問題の所在

　他人の壺を割るという行為は，それが故意になされれば，刑法上の器物
損壊罪（刑法 261 条）に該当する行為です。

　しかし，入居者の A さん自身が，器物損壊罪に問われることがあって
も，事業者は，入居者の A さんに対し，壺を割ることを援助したわけで
も，指示したわけでもありませんから，その共犯の罪に問われることはあ
りません。

　問題は，むしろ，事業者が民事責任を追及されないかという点にありま
す。

　本件の場合，入居者 A は施設外に出て，近所の B さんの家に上がり込
み，B さんの壺を壊していますが，施設を運営する事業者は，無論 B さ
んと何らかの契約を取り交わしているわけではありませんから，B さんに
対し，債務不履行責任を負うことはなく（民法 415 条，Q46 参照），入居者 A
さんと共に，不法行為に基づく損害賠償責任を負わないかを検討すること
になります。

　また，入居者 A さんの認知症が進み，責任能力，つまり物事の善悪を

区別し，自身をコントロールする能力が認められない場合，入居者Aさんは，刑事責任はもちろん，民事上の損害賠償責任を負うこともありませんが（刑法39条1項，民法713条本文），代わりに，事業者が民事上，不法行為責任を負わないかということが問題になります。

2　不法行為責任

　不法行為に基づく損害賠償義務は，その人に，故意・過失がある場合に認められるのが原則です（民法709条）。

　まず，Aさんは，壺を割った行為につき，故意・過失がありますので，原則，Bさんに対し，不法行為に基づく損害賠償義務を負います。

　これに対し，本件で，施設を運営する事業者も損害賠償義務を負うのは，入居者Aさんが壺を割ったことにつき，施設を運営する事業者が過失を有しており，その事業者の過失と，被害の間に相当因果関係が認められる場合だけです。

　通常であれば，事業者は，Aさんが他人の家に上がりこみ，壺を割ることを具体的に予見できなかったとして，過失が認められず，損害賠償義務を負わないという結論になりますが，入居者Aさんが以前にも徘徊をして，他人の家に上がりこみ，物を壊しているにもかかわらず，施設が何の対策も取らなかったため，本件が起こったというような場合には，事業者は，Aさんが徘徊をして，第三者の身体や財産を侵害する可能性を具体的に予見でき，これを回避できたといえますから，過失が認められ，被害者に対し，損害賠償義務を負う可能性があります。

3　代理監督者の責任

(1)　法定監督義務を負っていないこと

　例外的に，事業者に，Aさんが壺を割ったことについての過失がなくても，不法行為責任を負う場合もあります。

　民法714条は，1項本文において，行為者自身に責任能力がない場合，

　その責任能力がない者を監督する法定の義務を負う者は，責任能力がない者が，第三者に加えた損害を賠償する責任を負うと規定しており，2項において，監督義務者に代わって責任能力がない者を監督する者（一般に「代理監督者」といいます。）も同様の責任を負うと規定しています。

　これらの規定における法定の監督義務を負う者や代理監督者は，その行為自体に，過失がなくても，責任能力がない者に対する監督義務を怠らなかったこと，または，義務を怠らなくても，損害が生じたことを逆に立証できない限り，責任能力がない者の行為につき，損害賠償義務を負うのです。

　ここで，責任能力がない者を監督する法定の義務を負う者（民法714条1項）に該当する典型例は，幼児の両親です。

　他方，代理監督者（同条2項）について，その範囲は必ずしも明確ではありませんが，保育園内において，自由時間中に，園児が他の園児から板切れを投げつけられて受傷した事故につき，保育園の園長が，代理監督者に該当するとされた裁判例があります[1]。

　高齢者福祉サービス事業者は，入居者につき，法令上も契約上も，監督をすべき法定の義務は負っていませんので，1項の監督義務を負う者として責任を負わされることは考えにくいのですが，2項の代理監督者に該当しないかが問題となります。

⑵　参考になる裁判例

　参考になる裁判例として，施設に関するものではないのですが，最高裁平成28年3月1日判決（判タ1425号126頁。控訴審：名古屋高裁平成26年4月24日判決・判時2223号25頁，一審：名古屋地裁平成25年8月9日判決・判時2202号68頁）があります。同判決は，施設入所者ではない認知症の91歳男性（当時要介護度4）が，家を出て徘徊して，鉄道の線路内に入り，列車にはねられて亡くなった件で，鉄道会社が，男性の遺族に対し，他の鉄道会社に

1　和歌山地裁昭和48年8月10日判決・判時721号83頁。

振替輸送を手配する費用などの損害賠償を請求した事案です。裁判所は，一審（地裁），控訴審（高裁），上告審（最高裁）で分かれました。一審は，近所に住んでいた男性の長男のみならず，男性と同居して男性を介護していた男性の妻に対する賠償請求を認め，控訴審は，男性の妻に対する賠償請求だけを認め，最終的に，上告審は，男性の長男，妻に対する賠償請求をともに認めませんでした。

　すなわち，控訴審は，男性の妻について，目を離せば，男性が，事務所の出入口から1人で外出して徘徊し，その所在が不明となることがあり得ることは，これを予見することができたが，男性が認知症を患った後においても，鉄道の線路に入り込んだり，無断で他人の土地や建物に入り込んだりしたことはなかったのだから，線路内に入り込むような行動をすることを具体的に予見することは困難であったものというほかないとして，過失に基づく責任（民法709条）こそ否定したものの，男性が重度の認知症であったことから，男性の妻は，精神保健福祉法5条の精神障害者に該当することが明らかであった者の配偶者として，同法の保護者の地位にあったなどの理由で，民法714条1項の監督義務者に当たるとして，同項による損害賠償義務を認めました[2]。

　これに対し，上告審は，男性の妻について，同居している配偶者というだけで，直ちに，精神保健福祉法の保護者として，民法714条1項の監督義務者に当たらないとしました。

　ただし，上告審は，同監督義務者に該当しない者であっても，「責任無能力者との身分関係や日常生活における接触状況に照らし，第三者に対する加害行為の防止に向けてその者が当該責任無能力者の監督を現に行いその態様が単なる事実上の監督を超えているなどその監督義務を引き受けた

2　精神障害者の保護者制度においては，配偶者は当然に保護者となり，精神障害者に治療を受けさせる義務等が課されていましたが，家族の高齢化等に伴い，保護者の負担が大きすぎるなどの理由で，精神保健福祉法の平成26年4月1日改正法施行開始により，保護者制度が廃止されました。

とみるべき特段の事情が認められる場合には，衡平の見地から法定の監督義務を負う者と同視して」損害賠償責任を問うことができるとするのが相当であり，「このような者については，法定の監督義務者に準ずべき者として，同条1項が類推適用されると解すべきである」と判示した上で，男性の妻は，自身も85歳と高齢で，要介護1の認定を受けており，長男の妻の補助を受けて，男性の介護をしており，第三者に対する加害行為を防止するために男性を監督することが現実に可能であったとはいえず，監督義務を引き受けていたとみるべき特段の事情がないので，民法714条1項類推適用による責任を負わないと判断しました。

その上で，高裁も責任を否定した男性の長男についても，男性の近隣に住んで，その妻が介護を補助していたものの，事故まで20年も同居せず，週末に，男性宅を訪問していたにすぎないという状況下では，やはり，加害行為を防止するために男性を監督することが可能であったとはいえず，監督義務を引き受けていたとみるべき特段の事情がないので，民法714条1項類推適用による責任を負わないと判断しました。

(3)　本件についての考察

本件で高齢者福祉サービス施設を運営する事業者は，上記の事例の男性の妻や長男とは異なり，有償で委託を受けて，利用者の介護につき，中心的役割を担っていることから，先に述べた裁判例における保育園と同様，責任無能力者の代理監督者に該当すると判断される可能性は十分にあると言わざるを得ません。

そして，本件において，過去に，利用者が同様の行為をしたことがなく，他人の家に上がりこんで，壺を割るという具体的な行為についてまでは，事業者に予見可能性がなくても，施設側が，認知症の利用者が容易に外に出られる状況を作っていれば，監督義務を怠ったとして，民法714条2項により，損害賠償義務を負う可能性を否定できませんので，注意を要します。

また，民法714条2項に基づく責任を負わない場合でも，(2)記載の最高

裁が立てた基準である，「第三者に対する加害行為の防止に向けて，責任無能力者の監督を現に行いその態様が単なる事実上の監督を超えているなどその監督義務を引き受けたとみるべき特段の事情が認められる場合」として，同条1項類推適用により，責任を負わされる可能性も十分にあります。

　なお，事業者が法人である場合，代理監督者としての責任は，法人自身が負うのか，法人の代表者など個人が負うのかについて，議論があるところです。

　事業者としては，利用者の行為によって損害賠償義務を負うリスクを考慮し，損害保険に入っておくことも検討した方がよいでしょう。

第**7**章

人事・労務管理

第1章

人事・労務管理

Q 48 | 労務管理

当社は訪問介護事業を行っていますが，従業員を雇用した場合にどのような労務管理が必要となりますか。

A 従業員を1名でも雇用した場合，法令の遵守義務が生じます。労働時間や休憩・休日，賃金などあらかじめ定められた内容を雇用契約書や就業規則に定めておくべきです（常時10人以上の従業員を使用する使用者は，就業規則で定める義務があります）。また，法定労働時間を超える時間外労働，法定休日労働を行う場合には，割増賃金を支払う必要があります。

1　労働関連法令について

介護事業にかかわらず，従業員を1名でも雇用した場合には，使用者には遵守するべき様々な法令上の義務が生じます。法令の一例としては，労働時間，休憩，休日，賃金，年次有給休暇，解雇など様々な労働に関するルールを定めた労働基準法，労働契約について定めた労働契約法，事業所における労働者の安全と健康について定めた労働安全衛生法，賃金についての最低基準を定めた最低賃金法，労働者が育児や介護により休業する場合のルールを定めた育児・介護休業法などがあります。事業所はこれらの法令に従い，適切な労務管理を行う必要があります。本設問では，労務管理上特に重要な労働時間，休憩，休日，賃金，就業規則，退職，解雇について解説します。

2　労働時間，休憩，休日

労働基準法32条では，原則として1週間の法定労働時間を40時間[1]，1

1　労働者数が10人未満の保健衛生業の使用者は，1週44時間までです。

日の法定労働時間を8時間と定めています。使用者は，やむを得ず法定労働時間を超えて労働者を働かせる場合には，事前に労働者との間で時間外労働・休日労働に関する労使協定（三六協定[2]）を締結し，所轄労働基準監督署長へ提出する必要があります。

　介護業界において，訪問介護時の事業所，集合場所，利用者宅の相互間の移動時間が賃金支払いの対象となる労働時間に該当するかよく問題となります。労働基準法32条の労働時間に関する判例では「労働者が使用者の指揮命令下に置かれている時間をいい，右の労働時間に該当するか否かは，労働者の行為が使用者の指揮命令下に置かれたものと評価することができるか否かにより客観的に定まるものであって，労働契約，就業規則，労働協約等の定めのいかんにより決定されるべきものではないと解するのが相当である」（三菱重工長崎造船所事件，最高裁平成12年3月9日判決・民集54巻3号801頁）とされています。つまり，使用者の指揮命令下に置かれている時間かどうかを客観的に判断することになります。訪問介護時において事業所から利用者宅や利用者宅から別の利用者宅への移動時間が通常の移動に要する時間程度であると認められる場合には，労働時間に該当するものと考えられます。また，自宅から利用者宅へ直行する場合の移動時間や自宅から事業所までの移動時間は，労働時間ではなく通勤時間に該当します。

　また，介護サービス時における空き時間については，その時間に労務に服する必要がなく，自由に外出ができるなど労働者に時間の自由利用が保障されている限り，労働時間として扱う必要はないとされています。

　一方，事務所内での待機時間（いわゆる手待時間）は，現実に作業に従事していないものの，使用者から就労の命令があればいつでも就労できる状態で待機している時間です。そのため，この時間は使用者から一定の拘束下に置かれており，労働者に時間の自由利用が保障されていません。その

2　労働基準法36条に定められていることから「三六協定」と呼ばれます。

ため，この手待時間は休憩時間ではなく，労働時間に含まれることになります。

　休憩については，「使用者は，労働時間が6時間を超える場合においては少くとも45分，8時間を超える場合においては少くとも1時間の休憩時間[3]を労働時間の途中に与えなければならない」（労働基準法34条）とされています。

　休日については，「使用者は，労働者に対して，毎週少くとも1回の休日を与えなければならない」（労働基準法35条1項）としています。また，業務の都合などで毎週1回の休日の付与ができない場合でも「前項の規定は，4週間を通じ4日以上の休日を与える使用者については適用しない」としており（同条2項），特定の4週間に4日の休日を与えていれば問題ありません（変形休日制）。この労働基準法で定められた休日を法定休日といいます。この休日は日曜日である必要はありません。事業所が法定休日に労働をさせる場合には，労働者との間に労使協定（三六協定）の締結が必要となります。

3　賃　金

　賃金とは，「賃金，給料，手当，賞与その他名称の如何を問わず，労働の対償として使用者が労働者に支払うすべてのものをいう」（労働基準法11条）とされています。また，「ノーワーク・ノーペイの原則」により，欠勤・遅刻・早退などの労務提供が行われない時間については，支払い義務は生じません。ただし，完全月給制を採用し，欠勤遅早控除などの規定を特に定めていない場合には支払い義務が生じる場合があります。

　法定労働時間を超える時間外労働，法定休日における休日労働に労働をさせた場合には，通常の労働時間または労働日における2割5分以上5割

3　休憩時間は「労働者が権利として労働から離れることを保障された時間」をいいます（昭和22年9月13日発基第17号）。

以下の範囲内で，政令で定める率以上の率で計算した割増賃金を支払う義務が生じます（同法 37 条 1 項）。この割増率は，時間外労働については 2 割 5 分以上，休日労働については 3 割 5 分以上とされています。また，同条 4 項において，午後 10 時から午前 5 時までの間に労働させた場合には，深夜割増として通常の労働時間の賃金の 2 割 5 分以上の率で計算した金額を支払わなければならないとされています。この場合に，時間外労働で深夜労働のケース，休日労働で深夜労働のケースでは，割増率が合算されますので，それぞれ 5 割以上，6 割以上の割増率での計算となります[4]。

　賃金債権の請求権の時効は 2 年間（退職手当の請求権の時効は 5 年間）とされています（同法 115 条）。労使間での賃金トラブルが生じた場合，この割増賃金が未払いとなっていることが多く，それらを請求されることが多いのですが，この場合には過去 2 年分を再計算する必要が生じます。このような事態に備えて，普段から各労働者の労働時間を使用者側が把握しておくのはもちろんのこと，未払い賃金が生じていないかを確認しておく必要があります。事前にある程度の時間外労働などが生じることが分かっている場合には，給与額自体の中に固定的な割増賃金を含んだ手当などを設定するような体系を構築することも有効な手段かと思います。ただし，定め方には注意を要します。

　また，令和 2 年 4 月 1 日（中小企業は令和 3 年 4 月 1 日）より働き方改革関連法により正規雇用労働者と非正規雇用労働者の間の不合理な待遇差をなくすための規定が整備されます。これにより，パートタイマーや契約社員，派遣社員に対する不合理な待遇差の判断基準が明確になります。また，いかなる待遇差が不合理であるかを示した「同一労働同一賃金ガイドライン（厚生労働省告示第 430 号）」[5] が平成 30 年 12 月 28 日に策定されました。

4　1 か月 60 時間を超える時間外労働に対しては，使用者は 5 割以上の率で計算した割増賃金を支払わなければなりません。ただし，中小企業については，現在猶予されており，令和 5 年 4 月 1 日より適用されます。（労働基準法 37 条 1 項ただし書，138 条）

5　https://www.mhlw.go.jp/content/11650000/000469932.pdf

4　就業規則

　就業規則とは，事業所における労働時間や賃金，休憩・休日・休暇，服務規律や懲戒処分など，事業経営に必要な職場規律や労働条件に関する規則類のことです。常時 10 人以上の従業員を使用する使用者は，就業規則を作成し，所轄労働基準監督署長に届け出なければならないとされています（労働基準法 89 条）。就業規則を変更する場合も同様に，所轄の労働基準監督署長に届け出なければなりません。就業規則に記載する内容もあらかじめ法定されています。

　また，就業規則の作成または変更に際して，使用者は，当該事業場に労働者の過半数で組織する労働組合がある場合においてはその労働組合，労働者の過半数で組織する労働組合がない場合においては労働者の過半数を代表する者の意見を聴かなければならないとされています（同法 90 条）。この意見聴取は，文字どおり労働者の団体意思の意見を求めることであって，労働者の同意を得ることや協議をすることまでは要求されていません。意見を聴いた後，最終的には使用者が最終決定することになります。ただし，就業規則の内容を不利益に変更する場合には，その内容が合理的なものである必要があります。この点判例は「就業規則の変更によって労働者が被る不利益の程度，使用者側の変更の必要性の内容・程度，変更後の就業規則の内容自体の相当性，代償措置その他関連する他の労働条件の改善状況，労働組合等との交渉の経緯，他の労働組合又は他の従業員の対応，同種事項に関する我が国社会における一般的状況等を総合考慮して判断すべきである」としています（第四銀行事件，最高裁平成 9 年 2 月 28 日判決・民集 51 巻 2 号 705 頁）。つまり，就業規則を一方的に不利益変更することは要件的にも手続的にも困難となるため，十分な注意が必要です。

5　退職，解雇

(1)　労働契約終了の類型について

　労働契約終了の類型は幾つかありますが，大きく分けると，①解雇以外

の事由によって労働契約を終了させる場合（退職），②使用者側から一方的な意思表示によって労働契約を解約する場合（解雇）があります。退職には，契約の期間が満了して労働契約が解消される場合（有期契約による労働契約期間の満了や定年）や労使間で合意して労働契約を解消する合意退職も含まれます。

(2)　退　職

　退職は，労働者による労働契約の解約ですが，期間の定めのない雇用契約の場合，2週間の予告期間をおけば可能です（民法627条1項）。ただ，遅刻・欠勤による賃金控除のない純然な完全月給制の場合，退職は翌月以降に対してのみ可能で，かつ当月の前半に予告が必要となります（同条2項）。また，例えば就業規則等で1か月前の予告期間を定めている場合，ただちに無効になる訳ではありません。現在の一般的な解釈では，予告期間があまりにも長くない限りは，就業規則が適用されると考えて問題ないとされています。

　一方，契約の定めのある雇用契約の場合，「やむを得ない事由」があるときに限り直ちに退職できるにとどまり，さらに当事者に過失がある場合は相手方に対して損害賠償義務も発生します（同法628条）。

(3)　解　雇

　解雇には大きく分けて「普通解雇」と「懲戒解雇」，「整理解雇」があります。

　普通解雇は，本人の能力不足や健康上の理由など，会社側が労働契約の継続が困難と判断した場合に一方的に労働契約を解消することをいいます。これに対し懲戒解雇は，従業員の重大な企業秩序違反行為に対する制裁（懲戒処分）として解雇するものです。すなわち，懲戒解雇は，就業規則等に定められた懲戒事由に該当した場合に，けん責や減給，出勤停止などの懲戒処分の最終的処分として下されます。普通解雇も懲戒解雇も労働者自身の働く場を奪い，今後のキャリアに支障をきたすおそれがあることから慎重に行われる必要があります。懲戒解雇の場合には，懲戒権濫用法

理が適用され，懲戒処分内容が，客観的に合理的な事由を欠き，社会通念上相当でない場合には，当該懲戒処分は無効となります（労働契約法 15条）。社内で懲罰委員会などを開き，本人に弁明の機会を与えるなどの配慮も必要です。普通解雇の場合には，解雇権濫用法理が適用され，解雇事由がある場合でも，客観的に合理的な事由を欠き，社会通念上相当でない場合には，当該普通解雇は無効となります（同法 16条）。懲戒解雇は普通解雇より厳しく，制裁として労働関係から排除することが正当化できる程度に達している必要があります。

　使用者が労働者を解雇しようとする場合には，少なくとも 30日前にその予告をする必要があり，30日前に予告をしない使用者は，30日分以上の平均賃金を支払わなければならないとされています（労働基準法 20条）。ただし，懲戒解雇を行う前に労働基準監督署長の認定（解雇予告除外認定）を受けることができれば，解雇予告や解雇予告手当の支払いをせずに即時に解雇することができます。この解雇予告手当の支払時期について，即時解雇しようとする場合には，解雇と同時に支払うことが必要です。また，解雇予告と解雇予告手当を併用する場合[6]は，遅くとも解雇の日までに支払うことが必要とされています。

　整理解雇とは，会社が経営上必要とされる人員削減のために行う解雇です。使用者の経営上の理由による解雇ですから，解雇権濫用法理の適用においても厳しく判断されます。

(4)　期間満了

　労働契約期間が満了により労働契約が終了となるのは，「有期契約による労働契約期間の満了」と「定年」があります。

　期間の定めがある労働契約で，契約の更新（更新の有無，判断の基準の明示

6　例えば 11月 30日付けの解雇日を 11月 10日に予告した場合，解雇予告日から解雇日までの日数が 20日間しかないため，30日前に達していない残り 10日分以上の解雇予告手当（平均賃金）を解雇日までに支払う必要があります。

が必要）がない場合には，労働契約期間の満了をもってその契約は終了します。

　ただし，①有期労働契約期間が 3 回以上更新されている，② 1 年以下の有期労働契約が更新または反復更新され，最初に労働契約を締結してから継続して通算 1 年を超えている，③ 1 年を越える契約期間の労働契約を締結している場合で，次回の労働契約を更新しないときは，少なくとも契約期間満了日の 30 日前までに，その予告をする必要があります[7]。

　また，平成 25 年 4 月 1 日に施行された労働契約法 18 条 1 項により，同一の使用者との間で締結された 2 以上の有期労働契約の契約期間を通算した期間が 5 年を超える労働者が，当該使用者に対し，現に締結している有期労働契約の契約期間満了までの間に，当該満了日の翌日から労務が提供される期間の定めのない労働契約（無期労働契約）の締結の申込みをしたときは，使用者は当該申込みを承諾したものとみなすこととなりました。

　期間の定めがない雇用契約の場合で，就業規則等に定年の定めがある場合には，原則として定年年齢が到来したときに労働契約は期間満了となります。現在多くの企業で 60 歳定年制が採用されていますが，平成 25 年 4 月 1 日より希望者を 65 歳まで継続雇用する制度の導入が義務化（経過措置あり。[8]）されました。この場合，定年時に嘱託契約などの再契約を結ぶ場合は，賃金額や労働時間，労働日などの労働条件の内容の変更が可能です。ただし，精勤手当や超過手当など賃金項目の趣旨を個別に考慮し，正規雇用労働者との賃金格差が不合理とされるものについては，定年後も同等に支給する必要があります（長澤運輸事件，最高裁平成 30 年 6 月 1 日判決）。また，雇用保険における高年齢雇用継続給付や厚生年金による在職老齢年

7　平成 15 年 10 月 22 日基発 1022001 号，平成 20 年 1 月 23 日基発 0123005 号
8　改正高年齢者雇用安定法が施行されるまで（平成 25 年 3 月 31 日）に労使協定により継続雇用制度の対象者を限定する基準を定めていた事業主については，経過措置として，老齢厚生年金の報酬比例部分の支給開始年齢以上の年齢の者について継続雇用制度の対象者を限定する基準を定めることが認められています。

金などとの調整もありますので，労使共に納得のいく条件での折り合いが大切です。

Q 49 │ 高齢者虐待と懲戒解雇

　私は，有料老人ホームを運営していますが，利用者に対して高齢者虐
待を行ったことが判明した従業員を解雇することはできますか。また，
利用者に対する言葉遣いも態度も悪く，利用者の家族から苦情が出てい
るような従業員の場合はどうでしょうか。

A　懲戒解雇も普通解雇も，客観的に合理的な事由を欠き，社会
通念上相当でない場合には無効となります。一口に従業員が高
齢者虐待を行ったといっても，虐待には様々な態様があるため，
解雇が認められるかどうかには慎重な判断が必要となります。

1　懲戒解雇と普通解雇

　使用者と従業員との間には労働契約が締結されています（労働契約法6
条）。使用者が，この契約を一方的に終了させるものが，解雇です。

　民法上は，期間の定めのない雇用契約の場合，使用者は，いつでも2週
間の予告期間をおいて，従業員を解雇することができます（民法627条1
項）。しかし，それでは労働者の地位が不安定になってしまうため，労働
契約法が自由な解雇に制限をかけています。

　普通解雇とは，本人の能力不足や健康上の理由など，会社側が労働契約
の継続が困難と判断した場合に一方的に労働契約を解消することをいいま
す。

　一方，懲戒解雇とは，従業員の重大な企業秩序違反行為に対する制裁と
して行われる解雇をいいます。使用者が一方的に労働契約を解約する点で
は普通解雇と一緒ですが，懲戒解雇は懲戒処分としての性格も有すること
から，様々な違いも生じます。

2　普通解雇

　普通解雇には，解雇権濫用法理が適用されます[1]。すなわち解雇に，客観的に合理的な理由を欠き，社会通念上相当でない場合には，当該普通解雇は無効となります（労働契約法16条）。合理的な理由には，①従業員の労務提供の不能や労働能力又は適格性の欠如・喪失，②従業員の規律違反行為，③経営上の必要性等が挙げられます。また社会通念上相当と認められるには，一般的に解雇の事由が重大な程度に達しており，他に解雇回避の手段がなく，かつ従業員に宥恕すべき事情がほとんどないことが判例上も必要とされています（高知放送事件，最高裁昭和52年1月31日判決・裁判集民120号23頁など）。

　なお，普通解雇については，就業規則で解雇事由を定めることが求められています（労働基準法89条3項）。ただ，懲戒解雇の場合と異なり，就業規則上に規定がなくとも，客観的に合理的な理由が存在すれば，普通解雇できるとする見解・裁判例（ナショナル・ウエストミンスター銀行事件，東京地裁平成12年1月21日判決・労判782号23頁）もあります。

3　懲戒解雇

　懲戒処分には，懲戒解雇のほかに，諭旨解雇，出勤停止，減給，戒告・けん責などがありますが，懲戒解雇は一番重い懲戒処分となります。懲戒解雇は，懲戒処分の性格と解雇の性格の双方を有しており，両者に関する法規制を受けます。まず，懲戒解雇を行う場合，就業規則に懲戒事由及び懲戒処分をあらかじめ明確に規定しておく必要があります。

　しかし，形式的に懲戒事由に該当するとしても（一般的に懲戒事由は広範に規定されていますので形式的に該当する行為は多いでしょう。），有効に懲戒処分を行うには，当該懲戒処分に，客観的に合理的な理由があり，社会通念上相

1　解雇権濫用法理は，判例で確立したものですが，平成15年に労働基準法において明文化され，平成19年に労働契約法に移されました（同法16条）。

当であることが必要です（労働契約法15条，懲戒権濫用の法理）。

　社会通念上相当かどうかの判断のポイントには，企業秩序と平等性，そして手続保証などがあります。すなわち行為の性質・態様（故意・過失）や過去の勤務歴（過去の処分歴等），企業秩序違反の程度（業務や他の従業員への影響），そして他の同様の事案に対する懲戒処分との均衡（平等の原則），さらに就業規則や労働協約などに定められた手続きを遵守したか，本人に弁明の機会を与えたかどうかなどが判断要素となります。

　懲戒解雇は，普通解雇よりも大きな不利益を従業員に与えるので，解雇権濫用法理の適用においても普通解雇より厳しい規制に服し，一般的には，単に普通解雇を正当化するだけの程度では足りず，制裁としての労働関係からの排除を正当化するほどの程度に達していることが必要と解されています。

4　解雇予告，予告手当，退職金の支払い

(1)　解雇予告・予告手当

　解雇を行う場合には，使用者は，30日前にその予告をする必要があり，30日前に予告をしない使用者は，30日分以上の平均賃金を支払わなければならないとされています（労働基準法20条参照）。

　即時に解雇されてもやむを得ないほど重大な服務規律違反または背信行為があった場合には，「労働者の責に帰すべき事由」があるとして（労働基準法20条1項ただし書），支払い義務はなくなります。しかし，労働基準監督署長による解雇予告除外認定申請の許可を事前に得る必要があることにご注意ください。

(2)　退職金

　退職金は，労働協約，就業規則，労働契約等によってあらかじめ支給が明確に定められている場合に，使用者に支給義務が生じます。懲戒解雇等を行う場合に，この支払い義務を免れるには，就業規則等に退職金の不支給について規定されている必要があります。

　また，退職金は賃金の後払い的要素があるため，退職金の不支給または減額には，労働者の永年の勤続に対する評価を抹消させてしまう程度の，重大な不信行為があった場合に限られると解されます（小田急退職金請求事件，東京高裁平成15年12月11日判決・判時1853号145頁など）。このように，退職金の不支給や減額の可否も，当該行為の具体的内容と労働者の勤続の功などの個別的事情に応じて個別に判断されることになります。

　なお，退職後に，従業員に懲戒解雇必至であった重大な背信行為が発覚した場合に退職金の支払いを免れるためには，就業規則等に，懲戒解雇が実際に行われた場合だけでなく，懲戒解雇に該当する事実が発覚した場合にも同様の措置をとる旨を規定しておく必要がありますのでご注意ください。

5　虐待があった場合

　従業員が，高齢者に対する虐待をしたとしても，すぐに懲戒解雇若しくは普通解雇ができるとは限りません。虐待の具体的内容にもよりますし，虐待の原因にもよります。研修不足などから，従業員が，当該行為が虐待に該当すると知らないままに，高齢者虐待を行っていることもありえます[2]。

　そこで，どのような態様の虐待行為があったのか，どれほどの期間続いたのか，虐待に該当すると知っていたのか知らなかったのか，過去にも同様の行為で処分されたことはあるのかなど，具体的な状況を把握して，弁護士などと相談の上，当該従業員の処分を決定する必要があります。

　具体的な状況の把握にあっては，録画など客観的証拠があればよいですが，無い場合には，関係者や本人への事情聴取を行って，事実の正確な把握に努めるようにします。また，後日の紛争に備え，関係者の説明を記録に残したり，本人から弁明書を受領することを含め，証拠を残しておくよ

2　高齢者虐待については，Q42〜45を参照してください。

うにすることが必要でしょう。

6　利用者に対する態度が悪い場合

　　高齢者に対する言葉遣いや態度が悪いという場合も，その内容によって
は心理的虐待に該当する可能性があります。

　　しかし，心理的虐待行為に該当しうることを原因に，いきなり解雇する
ことは困難でしょう。まずは当該従業員に注意して，研修を受けさせ，か
かる態度が高齢者の尊厳を損ない，生活の平穏を乱しかねない虐待行為と
なりうることを自覚させる必要があります。それでも態度が直らない場合
には戒告，けん責，減給，出勤停止といった懲戒処分を積み重ね，当該従
業員に，問題の重大性を認識させる必要があるでしょう。しかし，それで
も従業員の態度が改まらない場合には，退職勧奨を行ったり，弁護士や社
会保険労務士など専門家と相談の上，普通解雇若しくは懲戒解雇ができる
か検討することになります。

7　退職勧奨

　　なお，仮に解雇や懲戒解雇が認められる可能性が高い場合であっても，
裁判になると時間と費用が必要となります。そこで，まずは退職勧奨を
行って自主退職を促すことが考えられます。従業員がこれに応じない場合
に，解雇や懲戒解雇などを検討することになるでしょう。

　　なお，半強制的もしくは執拗な退職勧奨行為は不法行為となって損害賠
償責任も発生するので，注意が必要です。

Q 50 │ 資格詐称・刺青と懲戒解雇

介護職のリーダー候補として，介護福祉士の資格保有者の募集により採用した従業員が，採用後に介護福祉士の資格を持っていないことが発覚しました。当該従業員を懲戒解雇にすることはできますか。また，従業員の腕に刺青があることが判明して，利用者からクレームがあった場合に懲戒解雇は可能でしょうか。

A 　懲戒処分を行うには，就業規則に，懲戒事由及び懲戒処分の内容をあらかじめ規定しておく必要があります。経歴詐称は，それが「重大な経歴詐称」である場合には懲戒解雇も可能となりますので，介護福祉士の資格詐称は懲戒解雇ができる可能性は高いでしょう。刺青の場合は，模様や部位によって可能となる懲戒処分は異なるものと考えられます。

1　懲戒処分とその要件

　懲戒処分とは，従業員による企業の秩序違反行為に対する制裁罰のことをいいます。懲戒処分には，一般に懲戒解雇，諭旨解雇，出勤停止，減給，けん責・戒告などがあります。

　懲戒処分を行うには，就業規則に，懲戒事由及び懲戒処分の内容をあらかじめ規定しておく必要があります。多くの会社は，懲戒事由を非常に広範に定めた懲戒規定を就業規則に定めています。しかし，形式的には懲戒事由に該当したとしても，懲戒処分内容が，客観的に合理的な理由を欠き，社会通念上相当であると認められない場合には，当該懲戒処分は無効となりますので注意が必要です（労働契約法15条，懲戒権濫用の法理）。

2　資格詐称 (経歴詐称) と懲戒解雇
・・・

(1)　経歴の重要性

　　使用者が従業員の採用に当たって，履歴書や面接等で学歴や職歴，資格の有無に関する情報を求める理由は，当該従業員の労働力が使用者の求める条件に合致しているかどうかを判断し，採用後もその従業員の職務の決定，配置，賃金その他の労働条件を決定するための重要な資料となるからです。そこで，採用に当たって雇用予定者が経歴の申告を求めた場合，採用される者は原則としてこれに応じる義務を負っています。

(2)　経歴詐称の場合の懲戒解雇の条件

　　就業規則の多くは，経歴詐称を懲戒事由としています。裁判例も，一貫して経歴詐称が懲戒事由となることを肯定していますが，懲戒解雇が有効かどうかの判断は，それが「重大な経歴詐称」である必要があるとしています。

　　「重大な経歴詐称」かどうかは，詐称の内容や職種によって具体的に判断されますが，一般的には，社員の採否の決定や採用後の労働条件の決定に影響を及ぼすような経歴であり，当該詐称された経歴について，通常の使用者が正しい認識を有していれば雇用契約を締結しなかったであろう経歴を言うとされています。裁判例では，最終学歴や犯罪歴の詐称について懲戒解雇を認めているものがありますが (炭研精工事件，最高裁平成 3 年 9 月 19 日判決・労判 615 号 16 頁)，例えば就職時に「学歴不問」として会社が採用活動をしていた場合や，最終学歴が職務と必ずしも強い関連がない場合などには，懲戒解雇を認められない可能性もあります。

(3)　介護福祉士資格の詐称について

　　介護現場で働くに当たって介護福祉士の資格が必須ではありませんが，この資格は，取得するには長時間の介護福祉の勉強が必要となる国家資格であり，介護福祉に関する知識を有することの証明となります。また，本件の場合，介護職のリーダー候補として，介護福祉士の資格保有者を募集して採用したのですから，介護福祉士の資格がなければ，使用者が当該従

業員を採用していなかったことも明らかといえるでしょう。さらに介護保険法上の諸運営基準では，介護福祉士・初任者研修修了などの資格を持った従業員の配置義務も定められているところであり，介護福祉士の資格の有無は重要です。

　　よって，懲戒解雇が認められる可能性は高いといえます。

(4)　実務上の方針

　　懲戒解雇が認められる可能性が高い場合であっても，裁判になると裁判の費用が必要となります。まずは当該従業員に，就職時の介護福祉士資格に関する申告が事実と違っていたこと，この資格の有無が事業の遂行や雇用関係に重大な支障を来すことを説明した上で，どうして虚偽の申告をしたのか弁明の機会を与えて，懲戒処分となっても手続的に相当なものとすることが必要です。その上で，従業員から合理的な理由の説明がない場合には，円満解決のため，まずは自主退職を促すことが考えられます。自主退職の勧告をしたにもかかわらず従業員が応じない場合には，解雇や懲戒解雇を検討することになるでしょう。

　　普通解雇についてはQ49を参照してください。

3　服務規律違反（刺青を入れてきた場合）は懲戒解雇事由となるか

(1)　服務規律違反に基づく懲戒

　　多くの会社では，「服務規律」と称される従業員の行為規範が就業規則に定められています。従業員が服務規律を守る義務を負うのは，一般的には，使用者は労働契約関係に基づいて企業秩序維持のために必要な措置を講ずる権能を持ち，他方，従業員は企業秩序を遵守すべき義務を負っているからと言われています（JR東日本事件，最高裁平成8年3月28日判決・判時1565号139頁）。

　　一方，従業員の身だしなみは，個人の趣味，趣向に属する事柄であり，本来的には個人の自由となります。

　　そこで，この企業秩序維持と個人の自由の調整が問題となります。裁判

例は，労働者の髪の色・型，容姿，服装などといった人の人格や自由に関する事柄について，企業が企業秩序の維持を名目に労働者の自由を制限しようとする場合，その制限行為は無制限に許されるものではなく，企業の円滑な運営上必要かつ合理的な範囲内にとどまるべきとして，就業規則に取り決めがあることを前提に，①服務規程を設ける目的の必要性，合理性の有無（目的の合理性），②その制約が目的達成のための手段，方法として合理性を有するか（手段の合理性）を検討して，①②が認められる場合にはかかる服務規程違反には就業規則違反が認められ，懲戒処分が可能となるとしています（東谷山家事件，福岡地裁小倉支部平成9年12月25日決定・労判732号53頁）。

(2)　刺青の場合

　現在，一般的に刺青は，反社会的勢力との関わりをにおわせるものとして受け止められています。また，利用者も刺青の目立つ従業員に対しては恐怖心を覚える可能性も否定できません。そこで，「刺青禁止」の服務規程を設ける目的の必要性や合理性は認められると思われます。

　ただ，懲戒が手段として合理的かは検討が必要です。例えば，従業員の胸や腰など，服を脱がないと見えない部位の刺青は，通常の介護福祉業務では利用者に見えないので，一律に懲戒処分にすることは合理的ではないと判断される可能性が高いでしょう。一方，顔や腕など見える部位の刺青は，業務の遂行に支障がある場合もあるといえます。また，刺青のデザインによっても判断は大きく分かれるでしょう。

　よって，どのような模様の刺青なのか，部位はどこなのかなどを総合的に検討して，懲戒処分の可否を慎重に決定すべきといえます。

Q 51 ｜ パワーハラスメント

事業所内の従業員間にグループがあり，いじめやパワーハラスメント
にあった従業員が退職することがたびたびあります。被害にあった従業
員に対して事業者がなんらかの責任を負うことはあるのでしょうか。ま
た，いじめやパワーハラスメントをどのようにすれば止められるので
しょうか。

A　使用者は，安全配慮義務に基づきパワーハラスメントを防止
すべき義務を負っています。また，従業員の行為について使用
者責任を負う可能性がありますので，職場内のパワーハラスメ
ントにより，賠償義務を負うことがあります。パワーハラスメ
ントを防止するためには，まず，組織のトップがパワーハラス
メントを許さないことを明確に従業員に示し，必要諸規定を作
成し，相談窓口を設けて，研修等で従業員を教育することが必
要となります。

1　パワーハラスメントの現状と事業者の防止義務

(1)　パワーハラスメントの現状

　近年，職場におけるいじめやパワーハラスメント（以下「パワハラ」とい
います。）の問題が，労働相談や労使紛争解決手続きにおいても急増してい
ます。このような状況を背景に，平成24年3月15日，政府の「職場のい
じめ・嫌がらせ問題に関する円卓会議」が「職場のパワーハラスメントの
予防・解決に向けた提言」（以下「パワハラ提言」といいます。）をとりまとめ
ました。また，厚生労働省は「職場のパワーハラスメント対策の推進につ
いて」（平成24年9月10日。最終改正平成28年4月1日）という通達も出して
います。

(2)　事業者のパワハラ防止義務

　　そもそも使用者には，職場の環境配慮義務，すなわち従業員が適切な環境の中で職務に従事できるように職場環境を整えるべき安全配慮義務が，雇用契約の付随義務として認められており（川義事件，最高裁昭和 59 年 4 月 10 日判決・民集 38 巻 6 号 557 頁），また，労働契約法でも「使用者は，労働契約に伴い，労働者がその生命，身体等の安全を確保しつつ労働することができるよう，必要な配慮をするものとする」（労働契約法 5 条）とされ，立法上も安全配慮義務を負うことが明らかにされています。

　　また，職場内で人権侵害が生じないように配慮する義務（パワハラを防止する義務）が裁判例上も認められていますので（日本土建事件，津地裁平成 21 年 2 月 19 日判決・労判 982 号 66 頁），高齢者福祉サービス事業者も，労働者に対して，安全配慮義務に基づきパワハラを防止すべき義務を負っていることになります。

2　パワハラの定義と類型

　　パワハラ提言は，「どのような行為を，予防・解決すべきか」という観点から，職場のパワハラを「同じ職場で働く者に対して，職務上の地位や人間関係などの職場内の優位性を背景に，業務の適正な範囲を超えて，精神的・身体的苦痛を与える又は職場環境を悪化させる行為をいう。」と定義しています。この定義は，同僚間や，部下から上司に対する行為を含んでいます。また，パワハラは業務上の指導との区別が非常に難しいという特徴があることから，「業務の適正な範囲」を超えるものを対象としています。

　　パワハラの類型として，①暴行・傷害（身体的な攻撃），②脅迫・名誉毀損・侮辱・ひどい暴言（精神的な攻撃），③隔離・仲間外し・無視（人間関係からの切り離し），④業務上明らかに不要なことや遂行不可能なことの強制，仕事の妨害（過大な要求），⑤業務上の合理性なく，能力や経験とかけ離れた程度の低い仕事を命じることや仕事を与えないこと（過小な要求），

⑥私的なことに過度に立ち入ること（個の侵害）を挙げており，④～⑥については，業務上の適正な指導との線引きが必ずしも容易でない場合があるため，何が「業務の適正な範囲を超える」かについては，各企業・職場で認識をそろえ，その範囲を明確にする取組みを行うことが望ましいとされています。

3　使用者の法的責任

(1)　加害者個人の責任

　　職場のパワハラは，それが「業務の適正な範囲」を超えている場合，不法行為となり，加害者は被害者に対して損害賠償義務を負います（民法709条）。賠償義務の範囲には，通院費用や休業損害，退職時の逸失利益などの財産的損害だけでなく，精神的損害（慰謝料）も含まれます。

(2)　使用者の責任

　　パワハラが発生した場合，加害者本人だけでなく事業者も損害賠償責任を問われることがあります。この事業主の損害賠償責任の法的根拠には，債務不履行責任と不法行為（一般の不法行為・使用者責任）があります。

　ア　債務不履行責任

　　上述のように，使用者には労働契約上の付随義務として，職場環境配慮義務があります。よって，パワハラ防止策をとっていない場合など，使用者の行為（不作為を含む。）が，労働契約上の安全配慮義務に違反していると認められる場合には，職場環境配慮義務違反として損害賠償義務を負うことになります（川崎市水道局事件，東京高裁平成15年3月25日判決・労判849号87頁）。

　イ　不法行為責任

　　事業者は，従業員が「業務の執行について」他人に損害を与えた場合には，その加害者である従業員と連帯して，損害賠償責任を負います（民法715条1項）。使用者責任における「業務の執行」の範囲は広く，本来の職務執行だけでなく，外形上，職務との関連性が認められる行為も

含みます。この使用者責任は，事業主が，「従業員の選任およびその事業の監督について相当の注意をしたとき，または相当の注意をしても損害が生ずべきであったときは免責」されます（同項ただし書）。

　なお，使用者の行為態様自体が，その権限の範囲の逸脱，濫用と評価されて，不法行為に該当すると認められる場合もあります（関西電力事件，最高裁平成 7 年 9 月 5 日判決・判タ 891 号 77 頁）。

4　パワハラを防止するために

(1)　パワハラの予防体制

　職場のパワハラは，深刻なケースでは被害者が精神障害を罹患するなど被害が甚大となります。また職場の人間の士気にも影響し，職場の生産性が低下して，業績も悪化する可能性もあります。そこで，パワハラ提言では，パワハラを防止するために以下の方策を採るべきとしています。

　ア　職場のパワハラの予防

　　職場のパワハラを予防するためには，まず，①組織のトップが，職場のパワハラは組織の活力を削ぐものであることを意識し，こうした問題が生じない組織文化を育てていくため，職場のパワハラは職場からなくすべきであることを明確に示す必要があるとしています。

　　また，②就業規則に関係規定を設ける，労使協定を締結する，予防・解決についての方針やガイドラインを作成するなど，パワハラ防止に関するルールを作成し，③組織の方針や取組みについて周知・啓蒙すること，④従業員アンケートを実施するなどして，使用者がパワハラの実態を把握するよう努力すること，⑤研修を実施して従業員を教育することが重要であるとされています。

　イ　パワハラへの対応体制

　　さらに，事業者はパワハラが発生した場合の対応体制として，①職場の対応責任者を決めること，②相談窓口などを設けて，パワハラが発生すればすぐに発見できる体制を整えること，③全従業員に対してパワハ

ラは許さないという姿勢を明らかに示し，従業員を啓発する必要がある
としています。

(2)　パワハラが発生した場合の対応

　パワハラが発生した場合，まず使用者は，相談者と行為者の双方の人
格，プライバシーに配慮しながら，パワハラの事実があったかどうか，慎
重に事実関係を確認，調査することが必要です。また，使用者は，パワハ
ラの相談をした従業員が不利益な取扱いを受けないように配慮する必要が
あります。

　職場内におけるパワハラは，一般的に職務規律違反となり，就業規則上
懲戒事由となります。そこで，使用者は，当該従業員に指導を行うと共
に，懲戒処分をして，パワハラを許さないという態度を全従業員に示す必
要があります。この際の懲戒の手段には，戒告や始末書を提出させるけん
責，減給，降格，出勤停止，懲戒解雇がありますが，事案に応じて適切な
懲戒を行うべきでしょう。

　また，パワハラ防止体制を再度点検し，強化することも必要となります。

Q 52 | セクシャルハラスメント

管理業務をしている従業員が他の従業員にセクハラをしているようです。これを放置した場合，使用者にはどのような責任がありますか。また，どのように対応すべきでしょうか。

A
　使用者は，安全配慮義務に基づいてセクハラ防止義務を負い，また従業員の不法行為について，被害者に対して損害賠償義務を負うことがあります。使用者には，厚生労働省の出している指針に基づき，①使用者の方針の明確化及びその周知・啓発を行うこと，②苦情・相談に応じ適切に対応するために必要な体制を整備すること，③セクハラに対して迅速かつ適切な対応をすること，④当事者のプライバシーを保護すること，⑤被害者に対する不利益取扱いをしないこと，が求められます。

1　セクシャルハラスメントの内容と法律上の規定

　職場におけるセクシャルハラスメント（以下「セクハラ」といいます。）とは，職場における相手方の意に反する性的言動のことをいいます。セクハラは2つに分類され，①性的な関係を要求して断られたり抗議されたりしたため，解雇や不利益な配置転換，降格処分をするなど，職場において行われる性的な言動に対する女性労働者の対応により，当該女性労働者がその労働条件につき不利益を受けるもの（以下「対価型セクハラ」という。）と，②女性労働者の腰，胸等に度々触って女性労働者に苦痛を感じさせたり，事務所内にヌードポスターを掲示するなど，当該性的な言動により女性労働者の就業環境が害され，能力発揮に重大な悪影響が生じるなど看過できない支障が生じるもの（以下「環境型セクハラ」という。）に分類されます。

　また，男女雇用機会均等法11条1項は，使用者に対して，セクハラ防止のために必要な体制の整備，その他の雇用管理上必要な措置を講じる義

務を定めています[1]。

2　セクハラ防止義務

　　そもそも使用者には，Q51で説明したように，職場の環境配慮義務，すなわち職員が適切な環境の中で職務に従事できるように職場環境を整えるべき安全配慮義務が，雇用契約の付随義務として認められています（川義事件，最高裁昭和59年4月10日判決・民集38巻6号557頁）。

　　また，労働契約法でも「使用者は，労働契約に伴い，労働者がその生命，身体等の安全を確保しつつ労働することができるよう，必要な配慮をするものとする」（同法5条）とされ，立法上も安全配慮義務を負うことが明らかにされています。

　　よって，使用者はセクハラ防止義務を負っており，具体的には，厚生労働省から出されている「事業主が職場における性的な言動に起因する問題に関して雇用管理上講ずべき措置についての指針」（以下「指針」といいます。）に基づいて対応する必要があります。

3　企業の法的責任

(1)　加害者の責任

　　職場のセクハラは，それが業務の適正な範囲を超えている場合，不法行為となり，加害者は被害者に対して損害賠償義務を負います（民法709条）。

(2)　使用者の責任

　　セクハラが発生した場合，加害者本人だけでなく事業者も損害賠償責任を問われることがあります。使用者の損害賠償責任の法的根拠には，債務

1　男女雇用機会均等法11条1項は，「事業主は，職場において行われる性的な言動に対するその雇用する労働者の対応により当該労働者がその労働条件につき不利益を受け，又は当該性的な言動により当該労働者の就業環境が害されることのないよう，当該労働者からの相談に応じ，適切に対応するために必要な体制の整備その他の雇用管理上必要な措置を講じなければならない。」と定めています。

不履行責任と不法行為（一般の不法行為・使用者責任）があります。Q51 を参照してください。

4　セクハラへの対応

(1)　セクハラ防止のための具体的な方策

　　使用者のセクハラに対する対応としては，①セクハラに対する使用者の方針の明確化とその周知・啓発，②相談窓口，対応体制の整備，③事後の迅速かつ適切な対応，④相談や事後対応におけるプライバシー保護，⑤相談や事実確認への協力を理由とする不利益取扱い禁止の周知・啓発等がありますが，具体的には以下の対応が必要となります。

①　使用者の方針の明確化及びその周知・啓発

　　職場におけるセクハラの防止，及び違反者に対する厳正な処罰に関する方針を明確化して，就業規則その他の職場における服務規律等を定めた文書，社内報，パンフレット，社内ホームページ等を用いて，若しくは研修，講習によって，労働者に対するその方針の周知・啓発をすること。

②　苦情・相談に応じ，適切に対応するために必要な体制の整備

　　職場におけるセクハラが現実に生じている場合だけでなく，その発生のおそれがある場合や，職場におけるセクハラに該当するか否か微妙な場合であっても，広く相談に対応し，適切な対応を行う相談窓口をあらかじめ定めること。

③　職場におけるセクハラに係る事後の迅速かつ適切な対応

　　職場におけるセクハラに係る相談の申出があった場合において，双方から事実関係を確認し，必要な場合には第三者からも事実関係を聴取するなどして，その事案に係る事実関係の迅速かつ正確な確認を行い，セクハラが生じた事実が確認できた場合においては，行為者に対して必要な懲戒その他の措置を講ずること。

　　あわせて，事案の内容や状況に応じ，被害者と行為者の間の関係改善

に向けての援助，被害者と行為者を引き離すための配置転換，行為者の謝罪，被害者の労働条件上の不利益の回復等の措置を講ずること。

　なお，地方公共団体において，市の女性職員に対する上司の男性職員のセクハラ行為について，女性職員から相談の申出があったにもかかわらず，その申出に十分な対応をしなかったとして，上司の男性職員のセクハラ行為及びこのセクハラ被害に対する市の救済窓口の担当課長の不作為を違法として，市に対して求めた国賠償請求が認容された事例もあります（横浜地裁平成16年7月8日判決・判時1865号106頁）。

④　プライバシーの保護

　相談への対応，又は事後対応に当たっては，相談者・行為者等のプライバシーを保護するために必要な措置を講ずるとともに，その旨を労働者に対して周知すること。

⑤　不利益取扱いの禁止

　労働者が職場におけるセクハラに関し相談をしたことまたは事実関係の確認に協力したこと等を理由として，不利益な取扱いを行ってはならない旨を定め，労働者に周知・啓発すること。

(2)　事業所で発生したセクハラへの対応

　施設内でセクハラが発生した場合，まず施設として行うべきことは，相談者と行為者の双方の人格，プライバシーに配慮しながら，セクハラの事実があったかどうか，慎重に事実関係を確認，調査が必要となります。また，使用者としては，セクハラの相談をした従業員が不利益な取扱いを受けないように配慮する必要があります。

　職場内におけるセクハラは職務規律違反となり，就業規則上懲戒事由となります。そこで，事案に応じて適切な懲戒処分を行う必要があります。

　この点，添乗員に対する肉体的接触を含む観光バス運転手のセクハラについて，会社が厳しくセクハラに対応してきた状況下では懲戒解雇もやむを得ないとした裁判例がありますが（西日本鉄道事件，福岡地裁平成9年2月5日判決・労判713号57頁），他方で，宴会や日常のセクハラを行った支店長

について，他の懲戒処分もなくいきなり懲戒解雇をすることは権利の濫用で許されないとした裁判例があります（支店長宴会等セクハラ事件，東京地裁平成 21 年 4 月 24 日判決・労判 987 号 48 頁）。

　なお，処分に先立ち，行為者に弁明の機会を与えることが必要ですが，その際には，いつ，どこで，誰が，どのような被害を受けたかについて使用者の事実認定を説明する必要があるでしょう。

5　介護現場におけるセクハラ

　現在，介護現場における利用者から従業員に対するセクハラが大きな問題となっています。ある労働組合の調査では，約 30％の従業員が，利用者やその家族からのセクハラを受けた経験があったとされています。従業員が利用者からセクハラを受けた場合には，担当を変えたり，事業者として利用者に注意を与えるなど適切な対応を取ることが必要となります。

　詳しくは，顧問弁護士，社会保険労務士など専門家にお尋ねください。

Q53 | メンタル・ダウン

当事業所の従業員が精神的に参って休職するまでに至りました。精神的に参った理由が職場内のセクハラやパワハラにあった場合, 労災は認められますか。また, 使用者はどのような責任を負いますか。

A　メンタル・ダウンが業務に起因する場合には, 労災認定がなされ保険金が給付されます。また, 使用者は, 職員が適切な環境の中で職務に従事できるように職場環境を整えるべき義務を負いますので, 義務違反が認められると損害賠償義務を負うことになります。

労働安全衛生法では, 常時使用する労働者に対し, 医師または保健師による心理的な負担の程度を把握するための検査（ストレスチェック）を実施する義務が定められました。また不調を訴える従業員がいる場合, 医師の意見に基づいて, 就業場所の変更・作業の転換, 労働時間の短縮, 深夜業の回数減少等の処置を講じることが求められます。

1　メンタル・ヘルスに関する現状と労働安全衛生法の改正

　市場競争の激化と市場の不安定化, 雇用人事管理の厳格化, 少子化などの社会情勢の変化のもと, 職場でのストレスによりメンタル面での不調に陥る労働者が大幅に増加しています。また, メンタル面の症状が悪化した場合には自殺にまで至る場合もあります。

　そこで, 厚生労働省は, 「心の健康問題により休業した労働者の職場復帰支援の手引き」（以下「手引き」といいます。）を平成16年10月14日に発表し, 平成21年3月23日に手引きの改訂版を発表しました。また, 労働者の健康管理の一環として, 労働安全衛生法にメンタルヘルス対策が盛り込まれることになり, 労働安全衛生法の一部を改正する法律が, 平成26

年6月25日に公布され，平成27年12月1日から施行されています。また，過労死等防止対策推進法も平成26年5月27日に公布され，同年11月1日から施行されています。

改正労働安全衛生法により，①使用人は常時使用する労働者に対し，医師または保健師による心理的な負担の程度を把握するための検査（ストレスチェック）を実施すること（もっとも労働者数50人未満の事業所については当分の間努力義務），②検査の結果，一定の要件に該当する労働者から申し出があった場合，医師による面接指導を実施すること，そして③面接指導の結果に基づき，医師の意見を聴き，必要に応じて作業の転換，労働時間の短縮，深夜業の回数の減少等の就業上の措置を講じることが義務付けられました。なお，検査結果は，検査を実施した医師，保健師等から直接本人に通知され，本人の同意なく事業者に検査結果を提供することは禁止されます。また，医師による面接指導の申し出を理由とする不利益な取扱いは禁止されています（労働安全衛生法66条の10第1項～6項）。

2　精神障害の労災認定（メンタル・ダウンの業務起因性）

(1)　心理的負荷による精神障害に関する労災制度について

労災保険は，業務上の事由または通勤による労働者の負傷・疾病・障害・死亡等に対して迅速・公正な保護をするため必要な保険給付を行い，あわせて，それらの負傷・疾病にかかった労働者の社会復帰の促進，当該労働者およびその遺族の援護，労働者の安全および衛生の確保などを図る法制度です（労災保険法1条）。労働災害についてはQ56も参照してください。

事故による負傷・死亡事案については，労働者が使用者の支配ないし管理下にあるなかで（業務遂行性），労働者が労働契約に基づき事業主の支配下にあることに伴う危険が現実化したと経験則上認められる（業務起因性）場合に，この「業務上の事由」があるとされます。

一方，業務上の疾病については，労働基準法施行規則が有害因子ごとに類型を列挙しており，心理的負荷による精神障害については，平成22年

に「人の生命にかかわる事故への遭遇その他心理的に過度の負担を与える事象を伴う業務による精神及び行動の障害又はこれに付随する疾病」（労働基準法施行規則別表第1の2第9号）が加えられ，平成23年12月26日には「心理的負荷による精神障害の認定基準について」（以下「認定基準」といいます。）も公表されています。

　認定基準においては，精神障害は，外部からのストレスと，そのストレスへの個人の対応力の強さとの関係で発病に至ると考えられています（ストレス−脆弱性理論）。その上で，下記要件を満たす場合に，発病した精神障害が業務上の疾病として労災認定されるとしています。

①　認定基準の対象となる精神障害を発病していること

②　認定基準の対象となる精神障害の発病前おおむね6か月の間に，業務による強い心理的負荷が認められること

③　業務以外の心理的負荷や個体側要因により発病したとは認められないこと

　ここで，②業務による強い心理的負荷が認められるかどうかは，認定基準における「特別な出来事」に該当する出来事がある場合，若しくは特別な出来事以外の場合でも心理的負荷の総合評価が「強」の場合に認められることになります。

(2)　自殺の場合

　業務による心理的負荷によって精神障害を発病した人が自殺を図った場合は，精神障害によって，正常な認識や行為選択能力，自殺行為を思いとどまる精神的な抑制力が著しく阻害されている状態に陥ったもの（故意の欠如）と推定され，原則としてその死亡は労災認定されます。

(3)　既存の精神病の悪化の場合

　業務以外の心理的負荷による発病が既に存在し，業務による心理的負荷によってこの精神障害が悪化した場合，この業務による心理的負荷が悪化の原因であるとは直ちに判断できません。しかし，「特別な出来事」に該当する出来事があり，その後おおむね6か月以内に精神障害が自然経過を

超えて著しく悪化したと医学的に認められる場合には，当該「特別な出来事」による心理的負荷が悪化の原因と推認し，原則として，悪化した部分については労災認定がされます。

(4)　セクシャルハラスメントについて

　男女雇用機会均等法11条は，使用者に対して，セクハラ防止のために必要な体制の整備，その他の雇用管理上必要な措置を講じる義務を定めています。また，「事業主が職場における性的な言動に起因する問題に関して雇用管理上講ずべき措置についての指針」（以下「指針」といいます。）も公表されており，セクシャルハラスメントが起きないように，使用者としても体制の整備を行う必要があります。

　一方，セクシャルハラスメントに基づく精神障害の発病については，認定基準で，精神的負荷の強度が「中」から「強」に修正される事情が明記されました[1]。また，認定基準にはセクシャルハラスメント事案の留意事項も詳細に記載され[2]，労災認定がされやすい状況になりつつあるといえます。

　また，セクシャルハラスメントは反復継続して長期間にわたって行われるという傾向があるので，発病の6か月よりも前に開始され，発病前6か月以内の期間にも継続しているセクシャルハラスメントについては，評価期間の関係について，開始時から発病時までの行為を，一体の出来事として評価することが適当とされています。

1　精神的負荷が「強」に修正される事情として以下の事情が明記されました。
　・胸や腰等への身体接触を含むセクシュアルハラスメントの場合。
　　①継続して行われた場合。
　　②行為は継続していないが，会社に相談しても適切な対応がなく，改善されなかった，または会社への相談等の後に職場の人間関係が悪化した場合。
　・身体接触のない性的な発言のみのセクシュアルハラスメントであって，
　　①発言の中に人格を否定するようなものを含み，かつ継続してなされた場合。
　　②性的な発言が継続してなされ，かつ会社がセクシュアルハラスメントがあると把握していても適切な対応がなく，改善がなされなかった場合。

(5)　パワーハラスメントについて

　　パワーハラスメントに基づく精神障害の発病については，認定基準で，精神的負荷の強度が「強」となる事情として，下記の内容が明記されました。

①　部下に対する上司の言動が，業務指導の範囲を逸脱しており，その中に人格や人間性を否定するような言動が含まれ，かつ，これが執拗に行われた

②　同僚等による多人数が結託しての人格や人間性を否定するような言動が執拗に行われた

③　治療を要する程度の暴行を受けた

　　また，たとえ精神障害の業務起因性が認められない場合でも（労災保険が下りない場合でも），違法なパワーハラスメントと認められれば，加害従業員と会社は，被害者に対して慰謝料の損害賠償義務を負うことがあります。

2　「セクシュアルハラスメント事案の留意事項」として下記の内容が明記されました。
　セクシュアルハラスメントが原因で対象疾病を発病したとして労災請求がなされた事案の心理的負荷の評価に際しては，特に次の事項に留意する。
　　①セクシュアルハラスメントを受けた者（以下「被害者」という。）は，勤務を継続したいとか，セクシュアルハラスメントを行った者（以下「行為者」という。）からのセクシュアルハラスメントの被害をできるだけ軽くしたいとの心理などから，やむを得ず行為者に迎合するようなメール等を送ることや，行為者の誘いを受け入れることがあるが，これらの事実がセクシュアルハラスメントを受けたことを単純に否定する理由にはならないこと。
　　②被害者は，被害を受けてからすぐに相談行動をとらないことがあるが，この事実が心理的負荷が弱いと単純に判断する理由にはならないこと。
　　③被害者は，医療機関でもセクシュアルハラスメントを受けたということをすぐに話せないこともあるが，初診時にセクシュアルハラスメントの事実を申し立てていないことが心理的負荷が弱いと単純に判断する理由にはならないこと。
　　④行為者が上司であり被害者が部下である場合，行為者が正規職員であり被害者が非正規労働者である場合等，行為者が雇用関係上被害者に対して優越的な立場にある事実は心理的負荷を強める要素となり得ること。

3　使用者の職場環境配慮義務と労災認定の関係

(1)　使用者の職場環境配慮義務

　　使用者には，職場の環境配慮義務，すなわち職員が適切な環境の中で職務に従事できるように職場環境を整えるべき義務が，雇用契約の付随義務として認められています。また，施設の職員が，同僚や上司，利用者やその親族からセクシャルハラスメントや威圧的な態度を取られている場合，その対応を職員に任せきりにしてはならず，使用者として適切な対応をとる安全配慮義務（環境配慮義務）を負っています。そして，この安全配慮義務に違反した結果，従業員が精神病を発症した場合には，その損害を賠償する義務が生じることになります。

(2)　労災認定と損害賠償義務

　　労災手続と安全配慮義務に基づく損害賠償事件との関係は，制度の趣旨，目的は異なります。しかし，実際上は，労災手続きの中で業務起因性が認められると，民事の損害賠償事件においても因果関係が否定されることは少ないといわれています。すなわち，行政の労災認定または行政訴訟で労災が認められた場合，民事の損害賠償責任も肯定されるリスクは高くなります。この場合，使用者としては，①労災では認められない慰謝料，②労災で給付される傷害一時金等と逸失利益との差額，③労災で給付される休業損害の不足分等の支払いを命じられることになり，傷害の程度によっては多額の損害賠償が認められる可能性があります。

　　そこで，事前対策としては，従業員に対して精神的健康の状況を把握するための検査を行うなど，メンタル・ダウンを防ぐ処置も必要となってきています。また不調を訴える従業員がいる場合，医師の意見に基づいて，就業場所の変更・作業の転換，労働時間の短縮，深夜業の回数減少等の処置を講じることが求められます。

Q 54 ｜ 肝炎ウイルスについて

　健康診断で，従業員がＢ型肝炎ウイルスに感染していることがわかりました。この従業員を解雇することは可能でしょうか。また，この事実を利用者に知らせなかった場合，どのような問題となりますか。

A　肝炎ウイルスを持っていても，未発症の労働者には特に就業上の配慮は必要なく，処遇について他の労働者と異なる扱いをする理由はありません。肝炎が発症した場合には，他の病気を有する労働者と同様に，その病状等に応じ，必要に応じて産業医等と相談の上，合理的な就業上の配慮が必要となります。なお，肝炎ウイルス感染を理由に解雇することはできませんし，利用者への感染の可能性も極めて低いことから，その事実を利用者に知らせてもいけません。

1　肝炎ウイルスについて

(1)　Ｂ型肝炎ウイルス

　Ｂ型肝炎ウイルスは感染者から，血液や精液を介して感染する感染症の一種で，主に幼少時に感染すると，ウイルスが体内に留まって肝炎や肝がんを発症することがあります。Ｃ型肝炎ウイルスも同様に血液や精液を介して感染し，成人後にも持続感染します。肝炎ウイルスの中でＢ型肝炎ウイルスの感染力が一番強いとされています。

(2)　職場におけるウイルス性肝炎の従業員に対する対応

　平成17年2月に発表された「ウイルス性肝炎の正しい理解と適切な対応を～職場における肝炎ウイルス感染に関する留意事項～」（以下「留意事項」といいます。）では，職場におけるウイルス性肝炎の従業員に対する対応について，①採用，②就業禁止や解雇，③就業上の配慮，④肝炎ウイルス検査受診への配慮に分け，それぞれ留意事項を明らかにしています。

2　施設内感染の可能性と仕事上の制約

　　肝炎ウイルスは血液などを介して感染します。ですので，日常の介護活動による接触，食器の共用などにより感染することはありません。ただ，通常の介護の中で，鼻血，痔出血，外傷，吐血など，従業員が利用者の血液に直接接触する機会はないとはいえません。そこで，ウイルス性肝炎の利用者から感染しないように，介護中も素手で血液には触れず，触れた場合はすぐに手洗いをするなどして，普段から感染防止に気をつけるよう，従業員に指導することが必要です。

　　一方，従業員の血液が利用者に直接接触する機会はほとんどありません。よって，従業員から利用者に対する肝炎ウイルスの感染の可能性はほとんどないといってよいでしょう。なお，従業員がけがで出血する場合に備えて，利用者や他の従業員に感染の危険が生じないよう，感染防止策をあらかじめ定めておく必要があります。

　　また，肝炎が発症した場合には核酸アナログ製剤やインターフェロンといった治療法があり，治療中も，肝硬変・肝がんに進行した場合や，インターフェロン治療の初期数週間を除いて，仕事上の制約はあまり大きくはありません。

　　この点，留意事項では，「ウイルス性肝炎は，多くの場合肝炎ウイルスが体内に持続的に存在していながら，数十年間，特に自覚症状もなく，肝機能も正常である状態が続きます。そのような労働者のための就業上の配慮は特に必要なく，また処遇について他の労働者と異なる扱いをする理由はありません。」「肝炎ウイルスによる症状が見られる労働者については，他の病気を有する労働者と同様に，その病状等に応じ，必要に応じて産業医等と相談の上，合理的な就業上の配慮が必要です。」と定めています。

3　採用前の健康診断と採用拒否

　　まず，採用にあたって，肝炎検査を行って採用の可否を決定することは可能でしょうか。

　この点，使用者には，どのような労働者を雇用するかという採用の自由があり，その判断資料の取得に必要な調査を行う権利が認められます。一方，肝炎ウイルスへの感染は，他人にみだりに知られたくない情報ですから，本人の同意なくその情報を取得されない権利（プライバシー権）があります。

　そこで，裁判例では，採用前の肝炎ウイルス検査について「特段の事情がない限り，企業が，採用にあたり応募者の能力や適正を判断する目的で，B型肝炎ウイルス感染について調査する必要性は，認められないというべきである。」「調査の必要性が認められる場合であっても，休職や就労の機会に感染者に対する誤った対応が行われてきたこと，医療者が患者，妊婦の健康状態を把握する目的で検査を行う場合等とは異なり，感染や増悪を防止するための高度の必要性があるとはいえないことに照らすと，企業が採用選考において前記調査を行うことができるのは，応募者本人に対し，その目的や必要性について事前に告知し，同意を得た場合に限られるべきである」（B金融公庫事件，東京地裁平成15年6月20日判決・労判854号5頁）と判示し，本人の同意なく肝炎検査が行えないとして，本人に同意なくウイルス検査を行った会社に対し150万円の慰謝料請求を認めました。

　また，留意事項でも「事業者は，労働者の採用選考を行うに当たって，応募者の適性・能力を判断する上で真に合理的かつ客観的必要性がある場合を除き，肝炎ウイルス検査を行ってはいけません。」「真に必要な場合であっても，応募者に対して検査内容とその必要性について，あらかじめ十分な説明を行ったうえで実施することが必要です。」と定めています。

　よって，本人の同意なく肝炎ウイルス検査を行うことはできず，さらに同意なく得た検査結果を採用選考に用いることはできません。また，本人の同意を得たとしても採用選考にあたって肝炎ウイルス検査を行うことは原則，妥当ではないといえます。

4 採用後の健康診断と解雇

　採用後に肝炎検査を行うことはできるでしょうか，また，感染が判明した場合に解雇することはできるでしょうか。

　この点，使用者は，「常時使用する労働者を雇い入れるとき」は健康診断を実施し（労働安全衛生法 66 条 1 項，同法施行規則 43 条），その結果を通知する義務があり（同法 66 条の 6），これに反すると罰則を受けます（同法 120条 1 項）。この義務は労働者を雇い入れた際における適正配置や健康管理に役立てるために実施される健康診断です。一方，上述のように肝炎ウイルスへの感染情報は，本人の同意なく取得されない権利（プライバシー権）があります。

　この点，C 型肝炎に関する裁判例は，「C 型肝炎ウイルスは，主として感染者の血液が他人の血液内に入ることによって感染するものであり，通常の日常生活において感染することはなく，原告の健康状態としても，定期的な通院は必要であるものの，就業に関しては，運動強度の高い野外での肉体労働は別として一般的な労働に従事するのは支障ないと診断されていることからすれば，原告が C 型肝炎に罹患していることのみを根拠として『就業に適しない』と解することは到底できない。」，（作業中のカッターの利用について）「それによって出血する可能性は必ずしも大きいものとはいえないし，出血した場合でも，……C 型肝炎ウイルスの感染力の弱さからすれば，血液に触れないように適切な対処をすれば感染は防げるのであり，原告を当該業務から排除しなければならないほどの危険性があったとは認められない。」として，C 型肝炎感染に基づく解雇が違法であることを認めています（神戸地裁平成 17 年 3 月 25 日判決・判例集未登載）。

　加えて留意事項では，「事業者が労働安全衛生法に基づく健康診断の機会をとらえて肝炎ウイルス検査を実施する場合は，・実施に当たっては，労働者の個別の同意を取ること，・検査結果については，検査を実施した医療機関から直接本人に通知すること，・本人の同意なく本人以外の者が不用意に受診の有無や結果などを知ることがないよう十分配慮することが

必要」とし，「肝炎ウイルスに感染していることそれ自体は就業禁止や解雇の理由にはなりません。」と定めています。

　よって，肝炎ウイルスへの感染を原因に解雇をすることはできません。

5　利用者に対する開示

　従業員の肝炎ウイルス感染の事実は，非常にセンシティブな個人情報であり，本人の同意のない限り第三者へ開示することはできません。

　上述のように，従業員から利用者に対して，介護福祉サービスを介して肝炎を感染させる危険性は極めて低いことから，利用者に対して従業員が肝炎ウイルスに感染していることを伝える必要性はなく，利用者に対する開示行為は違法行為となります。

Q 55 ｜ 休　職

正社員として雇い入れた従業員が，ある日体調不良を訴え長期の欠勤の申し入れをしてきました。これではシフトが全く回りません。この従業員に対し，どのような対応をするべきでしょうか。

A 　会社の規定を確認し，休職制度を設けている場合には，休職期間を定め休職発令を行ってください。休職の取扱いについては，休職前に対象従業員に十分説明を行います。復職の可否については，医師の意見をもとに慎重に判断してください。復職できない場合には，規定に基づき退職等の処理を行います。また，休職期間中あるいは退職後の所得保障として健康保険制度の傷病手当金がありますので，要件に該当する場合には速やかに申請してください。

1　休職とは

　休職とは，労働者が，労働契約を維持したまま長期間の労働義務が免除される若しくは禁止されることをいいます。休職は，法律上の制度ではなく，就業規則や労働協約の定めにより，使用者の一方的な意思表示によってなされるのが通常です。例えば，労働者の私傷病など，何らかの理由により就業が不可能になった場合に適用され，いわゆる解雇猶予措置といえます。

　休職の期間は会社によって異なります。そもそも法律上要求される制度ではありませんので，どの程度の期間の休職を認めるかは会社が自由に決めることができます。一般的には半年から1年程度に設定する場合が多いですが，企業規模が大きくなるにつれ，長期間の休職を認める傾向があるようです。

　休職と類似した制度として休業がありますが，法律上，使用者の責に帰

すべき事由による休業の場合においては，使用者は，休業期間中当該労働者に，その平均賃金の100分の60以上の手当を支払わなければならないとされています（労働基準法26条）。休職の場合には，ノーワーク・ノーペイの原則により賃金が支払われないのが一般的ですが，急な利用者からのキャンセルなど，使用者の都合により労働者を休業させた場合には，平均賃金の60％以上を休業手当として支払う必要があります。

　近年では，パワハラや長時間労働によってうつ病などの精神障害を発症し，従業員が休職を申し出るケースが増加しています。うつ病の発症原因がQ53で触れたように，使用者が職場環境配慮義務に違反した結果，従業員が精神障害を発症した場合には休業となります。業務外の原因で発症した場合には，就業規則等[1]に従い，使用者の休職命令に基づいて労働者自身が仕事から離れ療養に専念できる環境を整えることになります。休職期間中に，従来どおり労働を提供できる状態に戻った場合には復職します。しかし，休職期間が満了しても復職できない場合には，休職期間満了による自然退職または解雇となります。使用者も，代替要員の確保や社会保険料の事業主分負担などがありますので，どこかで休職に対する期限を設ける必要があるかと思われます。

2　従業員が休職を申し出た場合の対応

　従業員が休職を申し出た場合には，休職規定に基づいた休職期間を定めて対象従業員に対して休職命令を発令します。この際，対象従業員には休職制度の内容，休職期間，休職中の所得保障制度，休職期間中の社会保険料・住民税について金額・支払方法，休職期間中の連絡方法，復職の際の手続き，休職期間満了時の取扱いなどを説明しておく必要があります。この場合，書面あるいはメールなど，なるべく記録が残る方法で伝えたほう

1　常時10人以上の労働者を使用する使用者以外で，就業規則を作成していない場合における雇用契約書や社内規定を指します。

が賢明です。

　また上記にある休職中の所得保障制度については，健康保険制度の中に
「傷病手当金」という制度があります。傷病手当金は，病気休業中に被保
険者とその家族の生活を保障するために設けられた制度で，被保険者が病
気やけがのために会社を休み，事業主から十分な報酬が受けられない場合
に支給されます。ただし，あくまで健康保険[2] に加入している被保険者に
限られますので，国民健康保険制度に加入している従業員に原則適用はあ
りません。

　傷病手当金の支給要件は以下の四つをすべて満たしていることが必要で
す。

(1)　業務外の事由による病気やけがの療養のための休業であること

(2)　労務に服することができないこと

(3)　連続する3日間を含み4日以上仕事に就けなかったこと

　　※連続する3日間を「待機期間」といい，待機期間中は支給されませ
　　　ん。待機期間には，欠勤日はもちろん，公休日や有給休暇取得日も
　　　含まれます。

(4)　休業した期間について給与の支払いがないこと

　　※休職期間中に給与の支払いがある場合，その給与額が傷病手当金の
　　　額より少ない場合には，傷病手当金と給与額の差額のみが支給され
　　　ます。

　傷病手当金の支給額は，1日につき被保険者の標準報酬日額の3分の2
に相当する額が支給されます。標準報酬日額は，標準報酬月額[3] の30分
の1に相当する額です。

2　健康保険の加入要件は正社員，パート等雇用形態のいかんを問わず，所定労働日数及
　び所定労働時間が，一般社員のおおむね4分の3以上である場合で，臨時的な雇用で
　ないことです。

　また，傷病手当金が支給される期間については，支給が開始した日から最長1年6か月間となっています。仮に，1年6か月の間に仕事に復帰した期間があり，その後再び同じ病気やけがにより仕事に就けなくなった場合でも，復帰していた期間も1年6か月の中に通算し計算されます。支給開始後1年6か月を超えた場合には，仕事に就くことができない状態であっても，それ以後の傷病手当金は支給されません。

　傷病手当金は，退職等による健康保険の資格喪失後も一定の要件を満たす場合には引き続き支給されます。一定の要件とは，①資格喪失の日の前日まで被保険者期間が継続して1年以上あること，②被保険者資格喪失日の前日に，現に傷病手当金を受けているか，受けられる状態にあることです。

　従業員が休職に入った場合で，上記の傷病手当金の要件に該当する場合には，速やかに書類を作成する必要があります。申請後は，傷病の状態や障害年金との関係もありますが，およそ1か月程度は審査に時間がかかります。

3　休職期間が満了した際の対応

　休職期間が満了しても，病気などが治らず復職できない場合には，就業規則等に基づいて処理をすることになります。退職させる場合には「休職期間が満了してもなお傷病が治癒せず就業が困難な場合には，休職期間の満了をもって退職とする」等の規定が就業規則等に必要となります。また，復職ができる状態かの可否については，使用者側が一方的に決めることはトラブルの原因になります。対象労働者の診断書を作成した医師に意見を求めたり，あるいは会社が指定する医師の検診を受けてもらうなど，医学的見地からの慎重な判断も必要です。

3　標準報酬月額とは，基本給のほか各種手当を加えた報酬月額（臨時に支払われるものや3か月を超える期間ごとに受ける賞与等を除いたもの）を1等級から47等級（厚生年金保険は30等級）までに分け，その等級に該当する金額のことをいいます。

　復職できる状態に戻った場合も，上記取扱いと同様に慎重に判断する必要があります。休職前と同じ仕事ができる状態でない場合には，職種変更や労働時間の短縮などの変更もせざるを得ません。その場合には，職種あるいは労働時間短縮に応じた労働条件に変更する場合があります。また，リハビリ期間として数か月間の期間を定めた労働契約への変更や給与体系を時間給にするなどの変更も場合によっては必要となります。ただし，労働条件の変更には，労働者の同意が必要となりますので注意してください。その際，労働者の生活などには十分配慮しつつ，会社の事情も説明し説得するようにしてください。完全に労務が提供できない場合には，退職勧奨を行うのも一つです。「雇用契約」は契約の一種であり，労務提供の対価として賃金支払い義務が生じています。十分な労務の提供を受けられない以上，雇用契約の不履行となり，解除事由となります。また，こうした状態が続く場合，職場環境自体が労働者の精神的負担になっている場合も考えられるため，転職したほうが本人にとっていい場合もあります。このような休職のケースは近年増えてきていますので，十分な知識をもって適切に対応するようにしてください。

Q 56 ｜ 労働災害

　当事業所で利用している登録ヘルパーが，事業所から自宅への帰宅途中に車と接触し，左腕を骨折して休業を余儀なくされました。労災保険は適用になりますか。

A　事業所から自宅への帰宅経路及び方法が合理的なものであれば，通勤災害となり労災保険の適用となります。給付内容は，治療代などの療養給付及び休業時の所得補償として休業給付及び休業特別支給金の請求が可能となります。車と接触（第三者行為災害）した場合は，労災給付の申請と合わせて第三者行為災害届の提出も必要となります。

1　労働者災害補償保険とは

　労働者災害補償保険（以下「労災保険」といいます。）とは，業務上の事由又は通勤による労働者の負傷，疾病，障害，死亡等に対して迅速かつ公正な保護をするため，必要な保険給付を行い，あわせて，業務上の事由又は通勤により負傷し，又は疾病にかかった労働者の社会復帰の促進，当該労働者及びその遺族の援護，労働者の安全及び衛生の確保等を図り，もって労働者の福祉の増進に寄与することを目的とする制度です（労災保険法1条）。

　業務上の災害とは，労働者の業務上の負傷，疾病，障害又は死亡をいい（同法7条1項1号），労働者が就業を行う時間中（業務遂行性）に，業務が原因（業務起因性）で発生した災害のことをいいます。業務上の災害に対しては，使用者が従業員に対して，療養補償や休業補償その他の補償をしなければなりません（労働基準法第8章）。しかし，使用者に補償能力がないと労働者が補償を受けられない場合があることから，補償担保や使用者の補償の際の負担軽減のための保険制度として労災保険制度が設けられました。なお，被災した労働者が労災保険による補償給付を受けた場合には，

その範囲で使用者は労働者に対する補償義務が免除されます（同法84条1項）。

　労災保険は労働者を1人でも使用する事業（個人経営の農業，水産業で労働者数5人未満の場合，個人経営の林業で労働者を常時には使用しない場合を除きます。）を営む場合に，適用事業として事業所ごとに労災保険法の適用を受けることになります。適用事業所に使用されている労働者であれば，パート，アルバイト等を問わず全員が対象となります。また，派遣労働者については労働契約関係が成立している派遣元での適用となります。

　労災保険料は，その事業所で使用するすべての労働者に支払う賃金総額に労災保険率を乗じて得た額となり，労災保険率は，事業の種類あるいは過去の災害率により決定されます。労災保険料は，保険年度（4月1日から翌年3月31日まで）ごとに労働保険の申告書を作成し，次の保険年度の6月1日から40日以内に雇用保険料と合わせて申告及び納付（年度更新）することとなっています。労災保険料は全額事業主負担となっています。

2　労災保険の種類

　労災保険による保険給付の種類には，療養補償給付（通勤災害にあっては療養給付）（かっこ内以下同じ），休業補償給付（休業給付），障害補償給付（障害給付），遺族補償給付（遺族給付），葬祭料（葬祭給付），傷病補償年金（傷病年金），介護補償給付（介護給付）及び二次健康診断等給付があります。また，社会復帰促進等事業として特別支給金があります。以下では，労災申請時に特に利用頻度の高い2種類の給付について解説します。

(1)　療養補償給付（療養給付）

　業務上の災害または通勤災害による傷病により療養を必要とするときに，かかった治療費，入院料，移送費などの給付が受けられます。労災指定病院の場合には，無料で給付を受けられます（療養の給付）が，それ以外の場合には，一旦全額を窓口負担し後日労働基準監督署へ請求（療養の費用の支給）をします。給付期間は，傷病が治ゆ（症状固定）するまで行われ

ます。

(2)　休業補償給付（休業給付）

　業務上の災害または通勤災害による傷病の療養のため労働することができず，賃金を受けられないときに，休業4日目から休業1日につき給付基礎日額の60％相当額及び特別支給金として20％相当額の合計80％相当額が支給されます。給付基礎日額は，労働基準法12条の平均賃金相当額になります。

3　労災保険と健康保険との関係

(1)　制度の概要

　労災保険と健康保険の違いについては，傷病の事由が仕事による業務上あるいは通勤による災害と業務外による災害とで区別されています。労災保険では，業務上の災害及び通勤による災害を，健康保険では業務外による災害をそれぞれ給付範囲としています。

(2)　労災保険（業務上の災害）

　業務上の災害について，事業主の支配・管理下で業務に従事している場合には，特段の事情がない限り，業務上の災害として認められます。ただし，労働者個人が個人的恨み等により第三者から暴行を受けて被災した場合などは対象外になることがあります。また，休憩中など実際に業務をしていない時間中に発生した場合にも，事業場の施設や設備等が原因で発生したものでない限り，業務上の災害とは認められません。出張など，事業主の支配下にはあるが，管理下を離れて業務に従事している場合には，積極的な私的行為を行うなど特段の事情がない限りは，一般的には業務上の災害として認められます。

　近年問題となっているうつ病などの精神障害については，その発症原因が業務によるストレスである場合には労災認定される場合があります。このような場合，業務による心理的負荷，業務以外の心理的負荷，個体側要因の3つの視点で慎重に判断されます。業務による心理的負荷は，仕事の

失敗や過重な責任，達成困難なノルマやいじめなどが挙げられます。業務以外の心理的負荷は，私生活における失恋や離婚，金銭トラブルなどが挙げられます。個体側要因は精神障害の既往歴やアルコール依存などが挙げられます。それらを総合的に勘案し，特に業務による心理的負荷が発症原因であると判断された場合には労災認定されます。現在，心理的負荷による精神障害の労災認定の基準については，「心理的負荷による精神障害の認定基準について」（平成 23 年 12 月 26 日基発 1226 第 1 号）により業務による心理的負荷評価表が作成されています。

(3)　労災保険（通勤災害）

　通勤による災害について，この場合の通勤とは，就業に関し，①住居と就業の場所との間の往復，②就業の場所から他の就業の場所への移動，③単身赴任先住居と帰省先住居との間の移動を，合理的な経路及び方法で行うことをいい，業務の性質を有するものは除くとされています。帰宅途中に飲食店に立ち寄るなど，移動の経路を逸脱し，または中断した場合には，逸脱または中断の間及びその後の移動は通勤とはなりません。ただし，日用品の購入や病院で診察を受けるなどの場合には，合理的経路に再び復した場合には，その後の移動は例外的に通勤となります。ただし，長時間にわたるような場合には否定されることもあります。

　また，会社に事前申請している電車通勤などの経路とは異なり，実際には自転車通勤をしていた場合の通勤途上の事故については，定期券購入費用の返金問題は生じるにしても，通勤災害における労災認定では，自転車通勤での経路が合理的な経路である限りは認められます。

(4)　健康保険

　労働者の負傷，疾病等に対する保険制度として，労災保険のほかに健康保険制度があります。健康保険法 1 条では，「労働者又はその被扶養者の業務災害（労働者災害補償保険法（昭和 22 年法律第 50 号）第 7 条第 1 項第 1 号に規定する業務災害をいう。）以外の疾病，負傷若しくは死亡又は出産に関して保険給付を行う」と定めています。そのため，業務災害について健康保険被

保険者証を提示して健康保険による給付を受けることはできません。健康保険の給付の種類については，労災保険同様に療養費（治療代など）や傷病手当金（休業補償）などがあります。また，業務以外の心理的負荷による精神障害の場合には，労災保険ではなく健康保険の適用範囲となります。どちらの保険が適用になるか不明の場合には，全国健康保険協会やお近くの労働基準監督署または社会保険労務士までお尋ねください。

4　労災事故が生じた場合

　本設問のような労災事故が事業所で生じた場合には，まず被災した労働者を病院へ連れていくことが先決です。病院の窓口で，傷病の原因が業務災害である旨を伝えてください。その後，事故状況をまとめ各給付の申請書類を準備し，作成をします。治療代などにかかる部分については療養補償給付（療養給付）の請求（様式5号・16号の3）が必要となります。書類作成後は医療機関に提出し，医療機関を経由して労働基準監督署へ請求する仕組みとなっています。その為，窓口での負担は原則無料となるのですが，医療機関が労災指定を受けていない場合には，一旦全額を窓口で負担し，その後に療養の費用請求（様式7号・16号の5）を直接労働基準監督署へ行うことになります。また，4日以上の休業を余儀なくされ，労働することができずに賃金を受けられない場合には，休業補償給付（休業給付）の請求（様式8号・16号の6）が可能となります。事業主と医療機関にそれぞれ賃金及び労務不能の証明を受け，直接労働基準監督署へ請求します。なお，休業特別支給金の支給申請も原則として休業補償給付（休業給付）と同時に行うこととなっており，様式も同一です。休業が4日以上の場合には労働安全衛生規則97条による「労働者死傷病報告」（様式23号）の提出が必要となります。ただし，提出は「労働者が労働災害その他就業中又は事業場内若しくはその附属建設物内における負傷，窒息又は急性中毒により死亡し，又は休業したとき」となっているため，通勤災害の場合には必要ありません。

　また，設問のような第三者の行為により生じた災害である場合には，労災保険給付の請求書とともに「第三者行為災害届」の提出が必要となります。これは，第三者行為災害に該当した場合，被災した労働者等は第三者に対し損害賠償請求権を取得すると同時に，労災保険に対しても給付請求権を取得することになります。同一事由について両者から重複して損害のてん補を受けることになれば，実際の損害額よりも多くの支払いを受けることとなり不合理な結果となります。また，本来被災した労働者等にてん補されるべき損失は，災害の原因となる加害行為を行った第三者が負担するべきです。そのため，労災保険では，第三者行為災害に関する労災保険の給付と民事損害賠償との支給調整を定めており，先に政府が労災保険の給付をしたときは，政府は，被災した労働者等が当該第三者に対して有する損害賠償請求権を労災保険の給付の価額の限度で取得するもの（求償）とし，被災した労働者等が第三者から先に損害賠償を受けたときは，政府は，その価額の限度で労災保険の給付をしないこと（控除）ができることとされています。自動車事故などの場合には，事故内容を交通事故証明書にて確認するため，事故発生の際には，管轄の警察に交通事故の発生を必ず届け出ておいてください。

（厚生労働省「労災保険給付の概要」,「精神障害の労災認定」を参考）

Q 57 | 年次有給休暇

当事業所では，登録ヘルパーとして多くのヘルパーを雇用していま
す。このような登録ヘルパーにも年次有給休暇は発生するのでしょう
か。

A　　年次有給休暇は，事業場で働くすべての労働者に適用される
ため，登録ヘルパーであっても，適用対象となり，雇入れ日か
ら6か月後に一定の要件を満たす場合には当然に発生します。
ただし，付与日数については労働者ごとの所定労働日数や所定
労働時間数で決められます。また，年次有給休暇は発生（基準
日）から2年間で時効となります。

1　年次有給休暇とは

年次有給休暇とは，一定期間勤続した労働者に対して，心身の疲労を回
復し，ゆとりある生活を保障するために付与される休暇のことで，有給の
休暇すなわち取得しても賃金が減額されない休暇のことです。ここでいう
労働者とは，事業場の業種，規模に関係なく，すべての労働者が該当しま
す。ただし，派遣労働者については，派遣元より付与されます。

2　年次有給休暇の付与日数

労働基準法39条1項では「使用者は，その雇入れの日から起算して6
箇月間継続勤務し全労働日の8割以上出勤した労働者に対して，継続し，
又は分割した10労働日の有給休暇を与えなければならない」とされてい
ます。

また同条2項では，1年6箇月以上継続勤務した労働者（前年の出勤率が8
割以上の者に限る。）に対しては，以下の有給休暇を与えなければならない旨
を規定しています。なお，年次有給休暇の発生日を「基準日」といいます。

継続勤務年数	6 か月	1 年 6 か月	2 年 6 か月	3 年 6 か月	4 年 6 か月	5 年 6 か月	6 年 6 か月 以上
付与日数	10 日	11 日	12 日	14 日	16 日	18 日	20 日

　同条に定める継続勤務とは，労働契約が存続している期間をいいます。つまり，事業場に在籍している期間をいいますので，休職期間なども通算されます。また，会社の合併等で従来どおりの事業が実質的に継続する場合には，合併等の前後の期間も通算されることになります。6 か月未満の短期間労働契約をしている労働者に関しても，契約を反復更新することにより，実質的に引き続き使用されていると認められる場合には継続勤務に該当します。また，定年退職後に再雇用された場合については，退職と再採用との間に相当期間が存し，客観的に労働関係が断続していると認められる場合を除いて，実質的に労働関係が継続している限り勤続年数を通算するとしています（昭和 63 年 3 月 14 日基発[1] 第 150 号）。

　「全労働日」とは労働契約上の労働義務が課されている日数をいい，就業規則その他によって定められた所定休日を除いた日をいいます。したがって，所定休日に労働させた場合には，その日は，全労働日には含まれません。また，①不可抗力による休業日，②使用者側に起因する経営，管理上の障害による休業日，③正当な同盟罷業その他正当な争議行為により労務の提供が全くなされなかった日も全労働日に含まれないとされています（平成 25 年 7 月 10 日基発 0710 第 3 号）。

　8 割以上の出勤率の計算にあたっては，労働基準法 39 条 8 項で，①業務上負傷しまたは疾病にかかり療養のために休業した期間，②育児・介護休業法の定めにより，育児・介護休業をした期間，③産前産後の女性が，法の定めにより休業した期間については，出勤したものとみなすことにしています。また年次有給休暇を取得した期間も，出勤したものとして取り扱うこととしています（昭和 22 年 9 月 13 日発基[2] 第 17 号）。

1　基発とは厚生労働省労働基局長通達（局長による通達）をいいます。

3　登録ヘルパー等の短時間労働者の年次有給休暇について

　　所定労働日数や所定労働時間数が少ない登録ヘルパーに対しても，それらの日数あるいは時間に応じて年次有給休暇が付与されることとなっています。これを「比例付与」といいます。比例付与の対象となるのは，①週の所定労働日数が4日以下の者，②週以外の期間で所定労働日数が定められている場合には，1年間の所定労働日数が216日以下の者とされており，付与日数は以下のとおりです。なお，週の所定労働時間が30時間以上の者に関しては比例付与の対象ではなく，通常の労働者に対する日数が付与されることになります。

週所定労働日数	1年間の所定労働日数	継続勤務年数						
		6か月	1年6か月	2年6か月	3年6か月	4年6か月	5年6か月	6年6か月以上
4日	169〜216日	7日	8日	9日	10日	12日	13日	15日
3日	121〜168日	5日	6日	6日	8日	9日	10日	11日
2日	73〜120日	3日	4日	4日	5日	6日	6日	7日
1日	48〜72日	1日	2日	2日	2日	3日	3日	3日

　　なお，社員からパートやパートから社員などの転換及び所定労働日数が変更される場合があります。このような場合の年次有給休暇の付与日数は，基準日における所定労働日数に応じた日数の年次有給休暇が付与されることになります（昭和63年3月14日基発第150号）。例えば，週2日の労働であった登録ヘルパーが，次期の基準日においてフルタイムの正社員に転換され週5日の労働に変更された場合には，週5日労働の者として年次有給休暇が付与されます。

　　また，登録ヘルパーなど予定されている所定労働日数が算出し難い場合がありますが，この場合には，基準日直前の実績を考慮して所定労働日数

2　発基とは事務次官通達で厚生労働省労働基局関係のもの（事務次官による通達）をいいます。

を算出します。したがって，雇入れ日から起算して6か月経過後に付与される年次有給休暇の日数は，過去6か月の労働日数の実績を2倍したものを1年間の所定労働日数とみなして算出をします。

4　年次有給休暇取得時の賃金について

　　年次有給休暇中の賃金については，労働基準法39条7項で就業規則その他これに準ずるもので定めるところにより，①平均賃金，②所定労働時間労働した場合に支払われる通常の賃金，③健康保険法99条1項に定める標準報酬日額（労使の書面による協定がある場合に限ります。）のいずれかを支払わなければなりません。上記のうち，いずれのものを支払うかは就業規則その他において明確に規定あるいは協定し，必ずその選択された方法に従う必要があります。労働者各人について，その都度使用者の恣意的選択は認められません。

　　②でいう通常の賃金について，時間給の場合には，その金額にその日の所定労働時間を乗じた金額となります。日給の場合にはその金額，週給あるいは月給の場合には，その金額をその週あるいはその月の所定労働日数で除した金額となります。また，年次有給休暇の賃金支払時期については，有給休暇を与えた直後の賃金支払日に支払わなければならないとされています（昭和29年6月29日基発第355号，平成22年5月18日基発0518第1号）。

　　上記により通常の賃金を計算する際，登録ヘルパーなどは日によって1日の所定労働時間が異なる場合があります。この場合は，各日の所定労働時間に応じて算定すればよいとされています（昭和63年3月14日基発第150号）。

5　年次有給休暇の付与時期

(1)　時季指定権と時季変更権

　　年次有給休暇の取得は，「労働者の請求する時季に与えなければならない」とされています（労働基準法39条5項，労働者の時季指定権）。この場合，

有給休暇の分割や継続は原則として労働者が自由に決定できます。ただ，年休取得者の代替者を確保するために，就業規則などで年次有給休暇の請求は事前に行うべき旨を定めることは問題ありません。この場合，労働者から欠勤などの振替として事後に年次有給休暇を請求されたときは，原則使用者の判断に委ねられていますが，労使双方が年休処理することで合意すれば特に問題はありません。

　一方で，労働者から指定された時季に年休を与えることで，事業の正常な運営を妨げる場合には，使用者は同条５項により，その時季を変更することができます（使用者の時季変更権）。例えば，年末のような繁忙期や同一時期に多数の労働者から年次有給休暇の請求があった場合などには，時季変更権の行使が許されることになります。

　また，年次有給休暇のうち５日を超える部分については，労使協定により年次有給休暇を与える時季に関して，あらかじめ定めることができます（同法同条６項，年次有給休暇の計画的付与）。その方式は，①事業場全体の休業による一斉付与方式，②グループ別付与方式，③年次有給休暇付与計画表による個人別付与方式等があります。

　労働基準法改正により平成31年４月１日から，全ての企業において，年10日以上の年次有給休暇が付与される労働者（管理監督者を含む）に対して，年次有給休暇の日数のうち年５日については，使用者が時季を指定して取得させることが必要となりました。ただし，労働者が自ら取得した日数や，労使協定で取得時季を定めて与えた日数（計画的付与）については，５日から控除することができます。

(2)　退職時の年次有給休暇

　退職予定者の年次有給休暇はよく問題となります。例えば30日後に退職を控えた従業員が，「退職日まで残っている年次有給休暇をすべて請求するので退職日まで出勤しない」と申し出た場合，退職まで他に変更日がない以上，使用者側は時季変更権を行使する余地がなく，すべての有給休暇を認める必要があります。しかし，退職時には引継ぎ等の問題が生じる

おそれがあります。ですから，あらかじめ就業規則等に，退職時の引継ぎに関する規定を定めておくことが望まれます。

　なお，年次有給休暇の買上げの予約をし，これに基づいて年次有給休暇の日数を減じたり請求された日数を与えないことは，労働基準法39条違反となります（昭和30年11月30日基収第4718号）。しかし，退職や解雇により退職する者の年次有給休暇が，退職日時点で未消化のまま残っている場合には，使用者は，義務ではありませんが，その残りの日数を買い上げてもいいとされています。本来，年次有給休暇は労働すべき日に労働義務を免除するものですので，退職後はその権利行使をする余地がなくなるためです。

6　その他の取り扱い

　年次有給休暇の請求権は，2年間で時効によって消滅します（労働基準法115条）。時効の起算日は取得可能となった時点ですので，基準日から起算して2年間となります。

　また，使用者には，有給休暇を取得した労働者に対して，賃金の減額その他不利益な取扱いをすることが禁止されています（同法136条）。ここでいう不利益取扱いの例として，精皆勤手当や賞与の額の算定に考慮することなどがあります。なぜなら，年次有給休暇を取得した日を欠勤として，又は欠勤に準じて取り扱うことは，本来の労働者の権利行使を抑制することになるので禁止されているからです（昭和63年1月1日基発第1号）。

Q 58 ｜ 行政指導

　退職した従業員からの申告により労働基準監督署が事業所に来た際，未払い残業の是正勧告を受けました。どのように対応したらよいでしょうか。

A　まずは是正勧告内容を確認してください。未払い残業代については，労使間で時間外労働に対する認識が異なっている場合もあります。労働時間については，あくまで現場の実態で判断されるべきものですが，この時点では是正勧告されている対象労働者及び対象期間について，事業所側が認識している未払い残業分のみを再計算し，是正期日までに支払うようにしてください。争いのある未払い残業代については，法違反というより労働時間に対する労使間の認識の相違ですので，行政機関ではなく，司法機関等での決着を図ることとなります。

1　是正勧告とは

　事業所は，労働基準法や労働安全衛生法などの労働者に関する法律に違反している場合，労働基準監督官から是正の指導を受ける場合があります。これを「是正勧告」といいます。是正勧告を受けた事業所は指定された期日までに，法違反を改善し，是正報告書として報告をする義務があります。この時点では，あくまで行政処分ではなく行政指導とされていますが，是正勧告を受けた以上は法違反の事実が確認されたわけですので，無視や非協力的な態度，虚偽の報告などは後日大変な結果になりかねません。労働基準監督官は労働基準法102条により司法警察官の職務も担っています。そのため，場合によっては書類送検の対象となります。平成24年4月より指定権者である都道府県や市区町村は，介護保険法70条2項5号の2に基づき，労働基準法などの労働法規に違反して罰金刑を受け，

罰金を納めるまでの間，介護事業所について指定を取り消すことができるようになりました。是正勧告を受けた際は，誠実な対応をとるようにしてください。

2　臨検の種類について

　労働基準監督官が是正指導するための立入調査を「臨検」といいます。臨検は大きく分けて2種類あります。一つは定期監督，もう一つは申告監督です。定期監督は，労働基準監督署がその年度の行政方針を策定し，それに基づき重点業種や重点ポイントを定めて行われる監督のことをいいます。原則として立入調査は行われず，事業所が必要書類を持参の上で労働基準監督署へ出向き調査が行われます。申告監督は，労働基準法104条1項に基づき，労働者が事業所の法令違反等を労働基準監督署に申告した場合に行われる監督のことをいいます。申告を受けた労働基準監督署は，労働者からの情報に基づき，事業所に立入調査を行います。この際，事前に日時を通知した上で調査を行う場合と非通知で突然事業所へ立入調査を行う場合とがあります。あらかじめ，未払賃金などの法違反の申告を行った労働者から事情を聞いているため，そのあたりは重点的に調査されます。

3　臨検時の対応について

　臨検は先に述べた2種類の調査があります。担当する労働基準監督官にもよりますが，原則はどちらの調査かを教えてくれません。もちろん申告監督の際に，誰が申告したかなどは一切教えてくれません。臨検による立入調査が行われた際には，法律上事業所に備え付けておく義務のある帳票類を中心に調査されます。具体的には就業規則や労働者名簿，賃金台帳やタイムカードなどです。また各種の労使協定書や健康診断記録なども対象となります。書類のみならず，コンピュータ内のファイルデータを調査される場合もあります。この際，整備できていないあるいは整備自体していない場合には，是正勧告の対象となります。

　申告内容が未払い賃金などの場合には，未払い賃金の有無を確認されます。時間外労働や休日労働については，計算方法や考え方などを誤っている場合も多いので，数名を抽出し確認する場合があります。事前に通知の上での立入調査であれば，前もって顧問の社会保険労務士などに相談ができるのですが，通知なく調査が行われた場合には，ずさんに作成されている書類を提出し，そのまま指導の対象とされる場合もあるため，実際以上の支払いをする結果になることもあります。そのため，備え付けている帳票類が事実と相違する場合には，一旦その旨を労働基準監督官に相談し指示を仰ぐなど，誠実に対応することが賢明です。

　臨検後に法違反が認められた場合には，是正勧告書が交付されます。また法違反までとは言えないが，改善するべき事項がある場合には指導票という是正勧告書とは別の書類が交付されます。ともに報告期限が記載されていますので，期日までに是正し報告するようにしてください。

　是正指導の具体例として，平成29年に北海道労働局（管下17の労働基準監督署）が，160の介護事業場に対して監督指導をした結果，126事業場（78.8%）で労働基準法等の労働基準関係法令に何らかの違反が認められ，是正勧告等の行政指導を行っています[1]。法令違反の内訳として，割増賃金の支払いに関する事項（労働基準法37条）が70件と最も多く，次いで労働時間に関する事項（労働基準法32条・40条）が57件，健康診断実施に関する事項（労働安全衛生法66条・66条の4）が47件，賃金台帳の調製・記入に関する事項（労働基準法108条）が27件，就業規則の作成・届出に関する事項（労働基準法89条）が19件，労働条件明示に関する事項（労働基準法15条）が15件となっています。

　割増賃金の支払いに関する事項の是正指導の具体例として，例えば割増賃金の時間単価を算定する際に算入するべき手当を除外し，基本給のみで計算した結果，法定の割増率を下回る金額で支払うなどの行為が該当しま

1　https://jsite.mhlw.go.jp/hokkaido-roudoukyoku/content/contents/000233284.pdf

す。

4　是正勧告を受けた後の実務処理

　是正勧告を受けた後は，是正勧告書の内容をまずは確認する必要があります。各違反項目には，是正期日が記載されていますので，原則はその期日までに改善し報告する必要があります。ただし，健康診断の実施など，場合によっては期日までに是正が難しい場合もありますので，そういった場合には担当の労働基準監督官に相談し，期日の変更を申し出てください。

　各種協定書や雇用契約書の不備などは，是正指導後すぐに改善をすればいいのですが，未払い残業代など計算処理が必要となる場合には，ある程度の時間と労力を要します。担当する監督官あるいは臨検の種類によっても是正内容は多少異なりますが，最大で賃金債権の時効2年間分の未払い賃金を再計算する必要があります。この際，労使間で時間外労働についての認識に相違が生じる場合があります。事業所側が残業を指示したわけではなく，残業申請書制度などを導入しているにもかかわらず，労働者自身が自己の判断で勝手に残業を行っていた場合などが該当します。これらの時間を労働時間と認めるかは実態で判断されるべきものですが，行政指導による是正の時点では，不明確なところもあります。そのため，事業所側としては，この時点では時間外労働として認識していた争いのない労働時間分のみを未払い賃金として計算し是正期日までに支払うことが必要です。

　また，是正指導内容に就業規則の作成を指摘された場合には，費用はかかりますが社会保険労務士などの専門家に作成を依頼されることをお勧めします。労働基準法89条にて常時10人以上の労働者を使用する使用者は，就業規則を作成し，行政官庁に届け出なければならないとされています。労働時間の管理や賃金制度，定年制度や福利厚生の内容を見直すいい機会にもなります。また，介護事業所特有の服務規律や懲戒事由，車両の管理規程なども併せて作成されておいたほうがよいかと思います。あまり短時間で作成できるものではないので，是正期日については担当監督官と

相談する必要があります。監督官も事業所側の積極的な改善姿勢には，ある程度前向きに協力をしてもらえるかと思います。

　是正勧告書及び指導票の内容が改善された後は，是正報告書及び改善報告書に是正及び改善した内容を記載し，それらの証拠書類を一緒に添付して担当監督官へ提出します。その内容に特段問題がなければ，これで完了となります。ただし，後日対象労働者から是正内容に納得がいかないなどの相談があったような場合には，再監督の対象になることがあります。

Q 59 ｜ 競業避止義務

介護事業所で働く従業員が数名のヘルパーを従え，弊社の利用者情報をもって独立し，利用者を奪っていった場合，どのような請求が可能でしょうか。また事前にどのような対策が可能でしょうか。

A 　就業規則等で，退職後の秘密保持義務や競業避止義務が定められていても，差し止めや損害賠償請求が認められるとは限りません。ただし，元従業員の行為態様が悪質な場合には，差し止めや損害賠償が認められる可能性もあるでしょう。

1　従業員の引き抜きと競業避止義務

(1)　在職中の行為について

　従業員は，在職中は，一般的に使用者の利益に著しく反する競業行為を差し控える義務を負います。もっとも，従業員には職業選択の自由（憲法22条1項）があるため，この両者の調整が問題となります。

　この点裁判例は，在職中の従業員による他の従業員の引き抜き行為について，これが単なる転職の勧誘に止まる場合は違法ではないものの，「企業の正当な利益を考慮することなく，企業に移籍計画を秘して，大量に従業員を引き抜くなど，引き抜き行為が単なる勧誘の範囲を超え，著しく背信的な方法で行われ，社会的相当性を逸脱した場合には，このような引き抜き行為を行った従業員は，雇用契約上の義務に違反したものとして，債務不履行責任ないし不法行為責任を免れない」（フレックスジャパン・アドバンテック事件，大阪地裁平成14年9月11日判決・労判840号62頁）としています。

　すなわち，引き抜き行為が単なる勧誘の範囲に止まるものであれば違法ではなく，引き抜きが社会的相当性を逸脱し，極めて背信的な方法で行われた場合に限り，債務不履行（誠実義務違反）ないし不法行為として，当該行為を行った従業員は使用者に対して損害賠償義務を負うことになります。

(2)　退職後の行為について

　　従業員は，就業規則に退職後の競業避止規定を定めているか，退職後の競業避止契約を締結しない限り，退職後に使用者に対して競業避止義務は負いません。また，仮に競業避止義務を負う場合でも，使用者の利益を守る必要性に比べて，従業員の職業選択の自由（憲法 22 条 1 項）を制約する程度が大きい場合には，公序良俗に反し無効（民法 90 条）となります。

　　この点，多くの裁判例は，競業避止規定があることを前提に，①競業避止義務を課す期間・地域が限定されているか，②競業避止対象業務が限定されているか，③使用者の正当な利益の保護を目的としているか，④当該従業員が，競業避止義務を課す必要性のある地位・業務に就いていたか，⑤使用者が給与等で代償措置を講じているか，などの要素を検討した上で，競業避止規定の有効性の判断をしています（キヨウシステム事件，大阪地裁平成 12 年 6 月 19 日判決・労判 791 号 8 頁，新日本科学事件，大阪地裁平成 15 年 1 月 22 日判決・労判 846 号 39 頁など）。

　　例えば，在宅介護サービスに関する裁判例では「退職後は，会社の許可無く競業行為を行いません，会社の事業所から半径 10 キロメートル以内に同類業種の独立開業はしません。」といった内容は過度の制限で従業員の職業選択の自由を害するので無効と判断されています（すずらん介護サービス事件，東京地裁平成 18 年 9 月 4 日判決・労判 933 号 84 頁）。

　　このように，退職後の行為を制限するには競業避止規定が必須ですし，その内容も職業選択の自由を過度に制限しないか検討されることになります。

(3)　競業避止特約がない場合の退職後の行為について

　　競業避止特約がない場合，元従業員は使用者に対して競業避止義務違反に基づく損害賠償義務を負うことはありません。しかし，元従業員の行為が，「社会通念上自由競争の範囲を逸脱した違法な態様」である場合には，当該行為は不法行為となり，元従業員に対して損害賠償義務が認められる場合があります（三佳テック事件，最高裁平成 22 年 3 月 25 日判決・民集 64

巻2号562頁）。

　例えば，競業避止行為について，使用者に気づかれないように隠蔽工作をしながら，元従業員としての関係を利用して最終的には使用者の取引先の大部分を奪うなどした場合には，社会通念上自由競争の範囲を逸脱した違法な対応で使用者の顧客を奪取したものとして，不法行為に該当することもあるでしょう。

　本件の場合も，引き抜いたヘルパーの数が使用者が雇用するヘルパーの大半であり，奪取した顧客が使用者の顧客の大半を占め，使用者の経済的損害が甚大な場合であれば，社会通念上の自由競争の範囲外といえる可能性があり，たとえ競業避止の規定がなかったとしても，元従業員に対して損害賠償請求が認められる可能性はあると思われます。（否定された例として大阪高裁平成29年7月20日判決・裁判所ウェブサイト）

2　顧客情報の持ち出しと秘密保持義務

(1)　秘密保持契約等がある場合

　退職した元従業員が，在職中に得た営業上あるいは技術上の秘密を，再就職先に漏らしたり，自分で流用して事業を始める場合，元使用者は多大な損害を被ります。そこで，従業員との間で，秘密保持契約を締結していたり，就業規則に定めている場合も多いですが，その有効性は，元従業員の職業選択の自由や営業の自由との関係で検討が必要となります。

　この点，裁判例は，労働契約終了後も一定の範囲で秘密保持義務を負担させる旨の合意は，その秘密の性質・範囲，価値，当事者（労働者）の退職前の地位に照らし，合理性が認められるときは，公序良俗に反せず無効とはいえないと解するのが相当であるとし，営業職の重要な地位にいた元従業員の顧客名簿に関する秘密保持義務は合理性を有するとして，秘密保持義務違反に基づく損害賠償請求を認めています（ダイオーズサービシーズ事件，東京地裁平成14年8月30日判決・労判838号32頁）。

　よって，就業規則に退職後の守秘義務を定めている場合などでは，従業

員の地位や行為の態様によっては，その履行請求（差し止め請求）や不履行
に基づく損害賠償請求ができる可能性もあるといえます。

(2)　不正競争防止法の適用

　　秘密保持の規定がない場合にも，不正競争防止法に基づいて請求が可能
となる場合があります。

　　不正競争防止法では「営業秘密」を取締役や従業員が自らのために利用
し，または第三者に提供することは不正競争に該当し，差止めや損害賠償
の請求ができることを定めています（不正競争防止法2条1項4号～9号，2条
6項）。

　　ここで，不正競争防止法で保護される「営業秘密」と認められるために
は，①秘密として管理されていること（秘密管理性），②非公知であること
（非公知性），③事業活動に有用な技術上・営業上の情報であること（有用
性）の3要件を満たす必要があります。

　　特に問題となるのがこの「秘密管理性」で，秘密管理性が認められるた
めには，情報にアクセスできる者を制限すること（アクセス制限）と，情報
にアクセスした者にそれが秘密であると認識できること（客観的認識可能
性）が必要です。アクセス制限については，鍵のかかるロッカーに保管さ
れている，ファイルがパスワードで保護されている，情報にアクセスでき
る者が限定されている，複製や持出しを制限しているなどが必要となりま
す。また営業秘密であることの客観的認識可能性については，当該情報に
「極秘」「部外秘」などと表示されていることなどが必要となります。

　　よって，顧客名簿が，誰でも取り出せるキャビネットに入っていたり，
パスワードなどが掛かっていない，どのパソコンからでもアクセスできる
ファイルとなっている場合には，顧客名簿は秘密として管理されていると
はいえず，不正競争防止法上の営業秘密として保護を受けることは困難と
なります。裁判例の多くも，この秘密管理性の要件を充たさないとして使
用者の請求を認めていません。

3　退職金の不支給の可能性

　　退職金の支払いについては，労働協約，就業規則，労働契約等によって
あらかじめ支給条件が明確に定められていれば使用者には退職金の支給義
務が生じます（小倉電話局事件，最高裁昭和 43 年 3 月 12 日判決・民集 22 巻 3 号
562 頁）。そこで，退職金を不支給とする場合には，就業規則等に退職金の
不支給事由について明記されている必要があります。

　　この点，多くの裁判例は，退職金不支給規定自体については有効としな
がら，退職金の全額不支給は，労働者の過去の労働に対する評価をすべて
抹消させてしまう程度の著しい背信行為があった場合に限られるとしてい
ます。一方，退職後に同業他社へ転職したときは一般の自己都合退職の 2
分の 1 のみ退職金を支給するという規程について，これを有効とした最高
裁判例もあります（最高裁昭和 52 年 8 月 9 日判決・裁判集民 121 号 225 頁）。

　　そこで，現実に退職金不支給規定を適用する場合には，退職金不支給条
項の必要性，退職従業員の退職に至る経緯，退職の目的，退職従業員が競
業関係に立つ業務に従事したことによって使用者が被った損害などの諸般
の事情を総合的に考慮して，実際に退職金を減額するかどうかを判断する
必要があるでしょう。詳しくは弁護士若しくは社会保険労務士にご相談く
ださい。

4　使用者の予防策

　　まず，就業規則により，退職後も含めた秘密保持義務及びそれを競業避
止義務を明確に規定し，この違反に対しては退職金を支払わないことや，
退職後一定期間内にライバル会社への転職が判明した場合には，退職金の
返還義務があることを定めておく必要があります。また，在職中にも，特
定の利用者との深い個人的信頼関係の発生を防止すべく，適当な期間での
配置転換等の人事ローテーションも工夫すべきでしょう。また，不正競争
防止法に基づく保護も受けられるように，秘密情報として顧客リスト等の
重要情報については，管理体制を整えることも検討すべきでしょう。

　この1年間で，高齢男性の一人暮らしのゴミ屋敷を掃除したことが4回あります。つまり大変なゴミの中で生活している高齢者4人と出会ったわけですが，それぞれその状態に至った経緯は全く異なります。

　ある方については，おそらく直近までは不自由なく生活していたと思われ，転倒と急な病気により，身体的に掃除をすることができなくなり，またその助けを求めることもできず，こちらが関わり始めたときには，すでにゴミの中で生活することになっていました。この場合は，セルフネグレクトとは言いません。

　一方，足が埋もれてしまうほど積み上げられた数年分のゴミの中で生活している方もいらっしゃいました。その方はこちらが関わり始めた当初は，一切の支援を希望されず，私は訪問する度に，近所の方が驚いて様子を見に来るほどの大声で「帰れ！」と怒鳴られ続けました。その後1年近くに及ぶ関わりの中で，掃除だけではなく，洗濯，入浴，受診等についても何年もされていないことがわかり，ようやく医療機関を受診できた際には，中等度の認知症と診断されました。

　高齢者の方が，自分の不利益になる決定をすることは珍しいことではありませんが，中でも，必要な介護や医療サービスを拒否すること等により，自己の健康や安全が維持できなくなっている状態をセルフネグレクトと言います。

　このセルフネグレクトは，高齢者虐待防止法の対象外ですが，認知症や精神疾患等を有する場合は，生命や身体に危険が生じる恐れがあり，また周囲から孤立し，孤独死につながるリスクも考えられるため，高齢者虐待に準じた対応が求められるとされています。ただ，セルフネグレクト状態の方に対して支援を行うことは決して簡単ではなく，短期間で解決することはほとんどありません。一定のソーシャルワーク技術が必要となり，何より自分自身が燃え尽きないよう支援することがとても重要になります。

主任介護支援専門員　髙野秀紀

第 8 章

判断能力の低下と
成年後見制度

第8章

Q 60 ｜ 高齢者の財産管理

　判断能力の低下した高齢者の預金通帳を預かって，収入や支出を管理することは可能なのでしょうか。

　そのほか，高齢者の財産管理としては，どのような方法があるのでしょうか。

A　既に判断能力が低下していることから，法定後見制度の利用を検討することとなります。法定後見制度には，判断能力低下の程度に応じ，成年後見，保佐，補助の三つの制度があります。また，状況によっては，社会福祉協議会の実施する日常生活自立支援事業などの利用も考えられます。未だ判断能力に問題がない状態の場合であれば，将来判断能力が低下する場合に備えて，任意後見制度の利用を検討するとよいでしょう。

1　法定後見制度の利用

　認知症等により，判断能力を失った，あるいは大きく減退させた高齢者については，自ら財産を管理することが困難な場合があります。そのような高齢者の財産管理に当たっては，法定後見制度の利用を検討することができます（法定後見制度は Q61 参照）。

　この法定後見制度を利用せずに，高齢者の預金通帳を預かったり，収入や支出を管理したりなど，事実上財産の管理を行った場合，その高齢者の判断能力が全くない（意思無能力である）場合には，無権限での管理となってしまいます。そのため，場合によっては，推定相続人や本人死亡後には相続人から，その財産管理が不法行為だなどとして損害賠償を求められるリスクがあります。また，判断能力があっても不十分であれば，のちにあらぬ問題を指摘されることがありますので，注意が必要です。このようなリスクを回避するためにも，既に判断能力が低下した高齢者の財産管理に

ついては，法定後見制度を利用すべきです。

　ところで，高齢者の判断能力が低下したと一口に言っても，どの程度低下しているかによって，利用する後見制度は異なります。

　まず，事理弁識能力（つまり，判断能力）が全くない状態の場合には，成年後見制度を利用することとなります。

　次に，判断能力が全くない状態ではないが，著しく不十分である場合には，保佐制度を利用することとなります。そして，著しく不十分とまではいかない場合には補助制度を利用することとなります。

　もっとも，判断能力がどの程度であるかを上記のように明確に分類することは困難な場合も多く，また，最終的には医師による診断に基づいて裁判所が判断することになりますので，高齢者の財産管理については，その者の判断能力に疑義があると考えた時点で専門家に相談することが適切です。

2　日常生活自立支援事業（旧地域福祉権利擁護事業）

　成年後見制度以外にも，日常生活自立支援事業を利用することも考えられます。

　この日常生活自立支援事業（旧地域福祉権利擁護事業）は，認知症の高齢者などの判断能力が低下した者の福祉サービスの利用を支援するため，成年後見制度を補完する仕組みとして制度化された事業であり，都道府県社会福祉協議会等において実施されています（社会福祉法81条参照）。

　この事業は，判断能力が不十分であるため，日常生活を営むのに支障のある認知症の高齢者，知的障害者または精神障害者等のうち，社会福祉協議会との契約内容について判断することができる能力を有する者が利用することができるとされています。

　この事業の具体的な援助として，福祉サービスの利用に関する相談，助言及び情報提供，福祉サービスに関する選択や契約の支援のほか，住宅改造，居住家屋の貸借，日常生活上の消費契約及び住民票の届出等の行政手

続に関する援助なども含まれます。そして，これらの援助に伴い，預金の払戻しや預金の解約，預金の預入れなどの日常生活費の管理（日常的金銭管理）などの支援も受けられます。

　ところで，この事業は，判断能力が不十分で，かつ，本事業の契約内容について判断し得る能力を有していると認められる者を対象にしたものですが，そのような能力を有しているかどうかの判断は容易ではありません。もっとも，この事業は，社会福祉法に根拠を有する制度であるとともに，その適正な運営を確保するとともに福祉サービスに関する利用者等からの苦情を適切に解決するため都道府県社会福祉協議会に運営適正化委員会が設置されるなどの措置も講じられているため（同法83条，84条参照），推定相続人から後日苦情を言われるようなリスクは低いものと考えられます。

　ただし，この事業は，在宅で生活している高齢者の自立を支援する制度であるため，原則として施設入所者は利用できないという問題があります。

3　将来に備えて〜任意後見制度を中心に

　未だ判断能力が低下していない高齢者の財産管理については，その高齢者との間で財産管理に関する契約をすることで，その者の財産を管理することができます。

　ただ，この契約による場合，その後に本人の判断能力が低下した時には，その時点以降の契約の有効性に疑義が生じてきます。判断能力が低下した時点で，前述の成年後見制度などを利用する方法がありますが，その場合，高齢者本人の希望する者が後見人等に就任し，本人の希望するような管理がなされるとは限りません。

　そこで，将来判断能力が低下する場合に備えて，任意後見制度を利用することが考えられます。また，併せていわゆる見守り契約を締結しておくことも考えられます。

　以下，順に解説します。

(1)　財産管理契約

　　判断能力の低下が認められない高齢者であっても，例えば，身体上の障害があるなどのために，契約等の法律行為をすることに不安がある高齢者については，信頼できる第三者（任意後見契約を締結している場合にはその任意後見受任者）に自己の財産の管理のために必要な代理権を付与し，自己の財産の管理に関する事務を委託することができます。

　　これはあくまでも契約であるため，契約内容を自由に設定できますが，委任する第三者との間の高度な信頼関係が求められるといえます。そのため，このような高度の信頼関係がない場合には，委任する第三者が適切に財産管理するように，その第三者を監督する者を同時に選ぶなどの方法も考えられます。また，このような方法により，委任を受ける側としても後日委任者やその相続人から財産管理についての問題を指摘することを予防することが可能です。

(2)　任意後見制度

　　任意後見制度は，公的機関の監督を伴う任意代理の制度であり，具体的には，自己の判断能力が不十分な状況（判断能力が減退した後または判断能力を喪失した後）における「後見事務の内容」と「後見する人（任意後見人）」を，自ら，事前の契約によって決めておく制度です（Q62参照）。

　　この任意後見制度は，現在は十分な判断能力を有している者が，将来の判断能力の低下に備えて，任意後見契約を締結するという場合が典型例です。

　　しかし，現に判断能力の不十分な状況にある者，例えば，軽度の認知症の高齢者なども，契約の締結に必要な意思能力があれば，自ら任意後見契約を締結することができるとされています。ただし，既に認知症などの診断を受けている場合には，やはり意思能力に疑問が呈されることも少なくなく，後日に，そもそも任意後見契約が意思無能力により無効と主張されるなど紛争を招くおそれもあります。したがって，このような場合にはできるだけ法定後見制度の利用が望ましいですが，それでもなお任意後見契

約を締結する場合には，医師の診断書や本人の様子を録画しておくなど，契約締結能力があったことを証明できる資料を収集しておくべきといえます。

(3)　見守り契約

　任意後見契約を締結した場合，その契約とは別に，定期的に本人の安否，心身の状態及び生活の状況の確認をする旨の契約を締結することが考えられます。このような契約は見守り契約と呼ばれることがありますが，この見守り契約によって，いつ任意後見を開始させるか判断可能となるとともに，任意後見契約締結後，実際に任意後見が開始するまでの間も，本人と任意後見受任者との間に一定の関係を構築しておくことが期待できます。

Q 61 │ 成年後見制度の概要

成年後見制度とはどのような制度なのでしょうか。成年後見人はどのような事務を行うのでしょうか。

A　成年後見制度とは，判断能力の不十分な成年者（認知症の高齢者等）を支援し，保護するための制度であり，このような人に代わり契約等をしてくれる人を選任するものです。大きく分けると，法定後見制度と任意後見制度があり，法定後見制度には，その成年者本人の判断能力の程度によって，後見，保佐，補助の 3 種類があります。家庭裁判所が選任した後見人，保佐人，補助人が，本人のために，財産管理や身上監護をしますが，権限を濫用しないよう，裁判所には監督権限があり，また，場合によっては，監督人がつきます。

1　成年後見制度

　成年後見制度とは，判断能力が不十分で，自己の財産を適切に管理することや，契約行為を行うことが困難な成年者（認知症の高齢者，知的障害者，精神障害者等）を支援し，保護するための制度です。

　成年後見制度には，大きく二つに分けて，支援する者を家庭裁判所が選任する法定後見制度と，成年者本人が十分な判断能力を有するうちに，将来に備えて自ら後見人を選任する任意後見制度があります。

　任意後見制度は，Q62 で詳述しますので，本問では，法定後見制度について説明します。

　法定後見制度には，①後見，②保佐，③補助の三類型があります。

　従前は，禁治産・準禁治産制度がありましたが，これらの制度は判断能力が不十分な人が，家の財産を散逸させることを防止することに主眼をおいていたのに対し，平成 12 年 4 月（介護保険の導入時）施行の改正民法にお

ける新しい成年後見制度は，判断能力が不十分な人の自己決定を尊重しな
がら，その援助を図っていくことに重点がおかれることとなりました[1]。

　さらに，平成26年1月に批准した障害者権利条約に基づき，障がいの
ある人と他の人を行為能力の面で平等に扱うことが求められる結果，制限
行為能力制度たる成年後見制度において，本人の意思決定を尊重すること
に重点をおいた意思決定支援という考え方が広まっています[2]。

2　法定後見制度の種類

　①後見は，判断能力が欠けているのが通常の状態の人，②保佐は，判断
能力が著しく不十分な人，③補助は，判断能力が不十分な人を，それぞれ
対象としています[3]。

　①後見については，成年後見人，②保佐については，保佐人，③補助に
ついては，補助人の選任を，それぞれ，家庭裁判所に申し立てるところか
ら始まります。そして，これらの者（以下，まとめて「成年後見人等」といいま
す。）が選任された場合，認知症の高齢者等本人のことを，①では成年被
後見人，②では被保佐人，③では被補助人といいます。

　成年後見人等が選任されると，成年後見人等は取消権（ただし，保佐の場
合は，同意権が付与されている特定の行為に限られ，補助の場合は同意権が付与された
場合に限ります。）や代理権（ただし，保佐・補助の場合は代理権を付与された場合
に限ります。）を有することとなります。

　例えば，認知症の高齢者が，相手方から言われるがままに，不動産を低
額で売却した場合でも，成年後見人が選任されていれば，成年後見人が，
その売買契約を取り消すことができ，これにより，認知症の高齢者の権

1　民法858条は，「成年後見人は，成年被後見人の生活，療養看護及び財産の管理に関
　する事務を行うに当たっては，成年被後見人の意思を尊重し，かつ，その心身の状態
　及び生活の状況に配慮しなければならない。」と規定しています。

2　後見人等が行う意思決定支援ガイドライン（大阪意思決定支援研究会，平成30年3月）

3　法務省の成年後見制度を解説するウェブサイトの説明の仕方によります。

利，財産を保護することができるわけです。

　また，保佐や補助のうち，不動産の売買に関して同意権が付与されている場合には，保佐人・補助人の同意なく行われた売買契約について，取消しが可能となります。

　成年後見人等には，親族が選任されることもあり，家庭裁判所への申立ての際に，親族が選任されるよう意見を述べることもできます。ただし，家庭裁判所は，推定相続人等利害関係のある人に対し，その人が成年後見人等としてふさわしいかを照会しますので，利害関係者間で利害対立などがある場合は，親族は選任されず，弁護士，司法書士などの専門職後見人が選任されることもあります。

　成年後見人等の権限は，以下の表のとおりです。

	同意権※1	取消権※2	代理権
後見人	×	○ （日常生活に関する行為以外，民法9条）	○
保佐人	○ （民法13条1項の行為につき有）4	○ （民法13条1項の行為につき有）	△ （家庭裁判所が付与した事項のみ有，民法876条の4第1項）
補助人	△ （民法13条1項中，家庭裁判所が付与した事項のみ有，同17条）	△ （民法13条1項中，家庭裁判所が付与した事項のみ有，同17条）	△ （家庭裁判所が付与した事項のみ有，民法876条の9第1項）

　表において，○は選任されれば当然に認められる権限，△は選任だけでは認められず，家庭裁判所が審判で認めた場合にのみ認められる権限であることを意味します。

※1，※2　同意権とは，本人が契約締結等の行為をする場合に，保佐人・補助人の同意を要することを意味します。取消権とは，保佐人・補助人の同意なくして本人が契約締結等の行為をしても，保佐人・補助人がその行為を取り消すことができるという意味です。取り消された行為は原則，初めから無効だったことになります。よって，同意権と取消権は対をなします。
　なお，成年後見人には同意権がありませんから，本人が行った日常生活に関する行為以外についてはすべて取消権の対象となります。

3　成年後見人等の役割

　　成年後見人等の主な役割は，認知症の高齢者等，本人のために付与され
た同意権，取消権，代理権を行使して，本人の財産を適切に管理すること
ですが，成年後見人等の役割は，これにとどまるものではありません。

(1)　財産目録の作成

　　成年後見人は選任された後，遅滞なく本人の財産の調査に着手し，1か
月以内に，その調査を終わり，その財産目録（資産と負債の明細）を作成し
なければなりません（民法853条1項）。

　　また，保佐人，補助人についても，家庭裁判所が一定の代理権を付与し
た場合など，成年後見人の例にならって，選任後1か月以内に，財産目録
を作成するよう求められることも多いようです。

(2)　財産管理に関する各種手続

　　成年後見人や，財産管理権限が認められた保佐人や補助人は，財産管理
の一環として，金融機関に成年後見人等の就任を届け出て，成年後見人等
が以後，本人の口座から出金できるようにします。

　　また，あわせて年金事務所や，健康保険，介護保険などの関係窓口に
も，成年後見人等の就任を届け出ておきます。

(3)　自宅不動産の処分

　　成年後見人等は，付与されている代理権の範囲内では，本人のために必
要に応じて，本人の財産を処分できるわけですが，本人の居住の用に供す
る建物又はその敷地を処分や賃貸するときに限っては，家庭裁判所の許可
を得なければなりません（民法859条の3）。

　　ここで「居住の用に供する」とは，現に自宅として利用している場合の

4　民法13条1項には，金銭の借入や保証，不動産の処分，相続の承認・放棄など，財
　産に関する重要な行為が列挙されています。また，民法13条2項は，事案によっ
　て，家庭裁判所が，同条1項以外でも，保佐人の同意を要する事項を定めることがで
　きる旨規定しています。

みならず，今後，居住の用に供する見込みがある場合も含みます。したがって，本人が現在は，介護老人保健施設などの介護施設で生活していても，将来的に自宅に戻る可能性がある場合には「居住の用に供する」ものとなります。しかし，他方で，自宅以外に資産が乏しく，施設利用料を捻出するためには，自宅を売却する必要があるといった場合には，家庭裁判所の許可を得た上で，この自宅を売却，賃貸することを検討することになります。

(4)　身上配慮義務

　　先に述べたとおり，成年後見人等は，本人の意思を尊重し，かつ，その心身の状態及び生活の状況に配慮する義務（身上配慮義務）を負います（民法 858 条，876 条の 5，876 条の 10）。

　　その義務は，本人と同居をして，自らケアをする義務まで意味しないのですが，本人の生活状況に鑑みて，在宅福祉サービスの利用を検討したり，入居施設の変更を検討したり，生活に必要な高齢者福祉サービスに関する契約を締結するなどの必要があります。

(5)　平成 28 年改正により付加された役割

　ア　「成年後見の事務の円滑化を図るための民法及び家事事件手続法の一部を改正する法律」（成年後見円滑化法）が，平成 28 年 4 月に成立し，同年 10 月から施行されました。これにより，従前，成年後見人が，後見事務を行うに当たって財産状況の把握が困難な場合や，事務の範囲が不明確であったため遂行が困難な場合の手当てが行われたことになります。具体的には，成年後見人が，①家庭裁判所の審判を得て成年被後見人宛郵便物の転送を受けることができるようになり，②成年被後見人の死亡後にも行うことができる事務（死後事務）の内容及びその手続が明確化されました。

　　なお，成年後見円滑化法の規定は，成年後見のみを対象としており，保佐，補助，任意後見及び未成年後見には適用されません。

　イ　郵便物等の転送

成年後見人は，家庭裁判所に請求し，郵便物を成年後見人に配達すべき旨を，郵便事業者に嘱託することができるようになりました（民法860条の2）。成年被後見人宛に送られた郵便物を開いて，内容を見ることもできます（民法860条の3）。

これは，郵便物を成年後見人に転送することが，成年被後見人の従前の財産状況等を把握するために有効であることから認められたものです。

しかし，成年被後見人の信書の秘密に対する侵害の側面もあるため，転送の嘱託を行うことができる期間は6か月を超えることができない等の制約も設けられています。

ウ　死後事務に関する権限

成年後見は，成年被後見人の死亡により代理権が消滅し，終了します（民法111条1項1号）。

しかし，死亡する直前まで入院していた病院の費用や，入所していた施設の費用の支払債務は発生しており，相続の対象となります。相続人に引継ぎができるまで支払えないとすれば，病院や施設は困ってしまいますし，他方で，相続財産から支払いを済ませた上で，その残りを相続人に引継げば，問題はありません。

これまでは，応急義務（民法874条・654条）や事務管理（民法697条，法的な義務はなくても，他人のためにその事務を管理することをいいます。）の規定を根拠として，成年後見人であった者が，支払い等を行っていました。

この点，平成28年改正により，①個々の相続財産の保存に必要な行為（民法873条の2第1号），②弁済期が到来した債務の支払（同条第2号），③その死体の火葬又は埋葬に関する契約の締結その他相続財産全体の保存に必要な行為（①②に該当するものを除く。同条第3号）を行うことができるようになりました。

これらを行うためには，成年後見人が当該事務を行う必要があること，成年被後見人の相続人が相続財産を管理することができる状態に至っていないこと，成年後見人が当該事務を行うことにつき成年被後見

人の相続人の意思に反することが明らかな場合でないこと，③について
は家庭裁判所の許可，が必要となります。

　①は，例えば，消滅時効の完成が間近に迫っている債権の時効中断
（債権者への請求）や，家屋の雨漏り修繕などが考えられます。また，②
の例としては，入院費や施設利用料，公共料金の支払などが考えられま
す。③の例としては，遺体の火葬に関する契約の締結のほか，債務を弁
済するための預貯金の払戻しなどがあります。なお，納骨に関する契約
につき，火葬，埋葬に関する契約に準ずるものとして認められることが
あるのに対し，宗教的祭祀としての葬儀の契約は，ここに含まれません。

4　成年後見人等の監督

　これまでに述べたとおり，成年後見人等は，本人の財産等につき，一定
の権限を有することから，成年後見人等がその権限を濫用するおそれも否
定できません。

　そこで，法は，家庭裁判所に一定の監督権限を認めており，成年後見人
等は，定期的に，家庭裁判所に，事務報告書を提出しなければなりません
（民法863条1項等）。

　また，申立てや家庭裁判所の職権によって，成年後見人等に監督人が付
されることもあり，この場合，監督人が，後見人などの職務執行が適切か
を監督することになります。

　さらに，親族が成年後見人に選任される場合に，その権限濫用による本
人財産の散逸を防止するため，後見制度支援信託が利用される場合もあり
ます（詳細はQ67参照）。

　なお，成年後見人は，その職務遂行に当たり，善管注意義務を負ってい
ますから（同法869条，644条），これを怠り，本人に損害を負わせた場合に
は，損害賠償義務を負うことがあります。保佐人や補助人もこれに準じて
責任を負うことがありますので，注意が必要です。

Q 62 ｜ 任意後見制度の概要

任意後見制度とはどのような制度なのでしょうか。本人との契約はどのように行うのですか。また，契約するといつから任意後見人として事務を行うことになるのでしょうか。

A　任意後見制度とは，成年後見制度の類型のひとつです。契約書は公正証書により作成する必要があります。
　契約締結後に実際に委任者の判断能力が低下したことを受けて，申立てにより，家庭裁判所が任意後見監督人を選任した時から，任意後見契約の効力が発生します。

1　任意後見制度とは

　任意後見制度は，任意後見契約に関する法律（以下「任意後見契約法」といいます。）に基づくものであって，判断能力の低下前に本人（委任者）が自らの意思に基づいて任意後見人になる予定の者（受任者）との間で「任意後見契約」を締結することによって利用できる，成年後見制度の類型のひとつです。

　具体的には，委任者が，任意後見の受任者との間で，将来自己が精神上の障害により判断能力が不十分な状況になった場合に備えて，自己の生活，療養看護及び財産管理に関する事務の全部または一部について代理権を付与する委任契約を締結し，その後，実際に判断能力が不十分になったことを受けて，申立てにより，家庭裁判所が任意後見監督人を選任した時から契約の効力が発生する旨の特約を付すものとされています。

　そして，家庭裁判所により任意後見監督人が選任され，受任者が任意後見人として就任した後に，任意後見人が執り行う事務は，実際上はほぼ法定後見制度における成年後見人と同じといえます。

　もっとも，法定後見制度における成年後見人とは異なり，委任者は任意

後見人に管理を任せる財産の範囲を限定することができます。また，委任者が契約の締結に必要な判断能力を有している状態，つまり，判断能力が低下する前に契約を行うため，療養看護や財産管理の事務を誰に任せるかを自己の意思で決定できるというのが大きな特徴です。

2　契約の締結について

　任意後見契約は，要式契約（一定の方式に従って行わないと不成立または無効とされる法律行為をいいます。）であり，公正証書によって行う必要があります（任意後見契約法3条）。委任者が，任意後見受任者との間で，将来自己が精神上の障害により判断能力が不十分な状況になった場合に，自己の生活，療養看護及び財産管理に関する事務について代理権を付与する委任契約を締結することとなります。また，同時に，将来，委任者の判断能力が低下した場合に，申立てにより，家庭裁判所が任意後見監督人を選任した時から契約の効力が発生する旨の特約を付すことになります。

3　任意後見契約の効力発生時期

　契約締結後に委任者が実際に判断能力が低下したことを受けて，申立てにより家庭裁判所が任意後見監督人を選任した時から，任意後見契約の効力が発生します。

　本人，配偶者，四親等以内の親族または任意後見受任者は，精神上の障害により本人の判断能力が不十分な状況にあると判断したときは，速やかに家庭裁判所に任意後見監督人の選任の申立てをすることを要します。

　また，任意後見契約を締結してから効力が発生するまで，つまり，判断能力が低下するまでの期間はケースによって様々だと思われます。中には，それが長期間となることも想定されます。そこで，実務上は，任意後見受任者は，定期的に委任者と面会するなどして，判断能力が低下していないかを見守ることが求められています。

　この点，この見守りの期間について，面会等をどの程度の頻度で行うか

などについても，任意後見契約とは別に契約によって定めることが実務上多く，このような契約のことを「見守り契約」などと呼ばれることがあります。

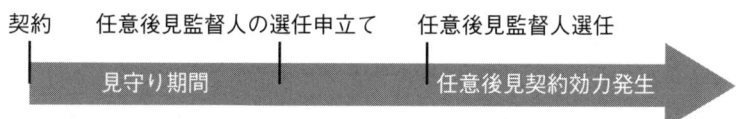

4　契約にあたっての注意点

(1)　本人の判断能力や親族関係の調査

　ところで，本人とは親族関係にない第三者が任意後見受任者となって任意後見契約を締結するにあたっては，本人の判断能力はもちろんのこと，その親族関係には十分に注意する必要があるといえます。なぜなら，親族がいる場合には，親族が任意後見受任者となる場合が一般的といえますが，それにもかかわらず，あえて第三者と任意後見契約を締結するということは，その背景に，例えば，遺産争いといった将来のトラブルの種となるような事情を抱えている場合も多いためです。したがって，あらかじめそのようなトラブルの種がないかなど，その背景事情を把握しておくことが望まれます。また，そのようなトラブルの種がないケースでも，親族のうち，本人と関係が良好な親族を把握しておけば，任意後見契約の効力発生後の事務遂行がスムーズに行える場合も少なくないため，親族関係の調査は是非とも実施しておきたいところです。

　また，任意後見契約を検討される方は，その多くは高齢者であるでしょうから，契約を締結した後になって，その当時判断能力があったかどうかについて争いとならないよう，本人の判断能力には十分注意を払い，判断能力に疑問を感じるような場合には，医師の意見を聞くなりした上で，特に問題はないということであれば診断書を取得しておくというのも一つの方法でしょう。

(2)　代理権の範囲について

　　次に，重要なのが「代理権の範囲」の確認です。

　　法定後見制度，特に法定後見人[1]には本人の財産に関する法律行為について包括的な代理権や取消権が付与されています。しかしながら，任意後見契約における任意後見人の代理権は，包括的なものではありません。

　　すなわち，代理権の範囲については，すべて任意後見契約における取り決めによることになるということです。したがって，任意後見契約発効後に，万が一重要な代理権の範囲が契約書に記載が漏れているというときには，任意後見人としての事務の遂行に支障を来すことが予想されます。

　　そのため，委任者が将来の任意後見人に与える代理権の範囲については本人と相談して慎重に決定する必要があります。

(3)　取消権について

　　任意後見人には取消権がありません。法定後見制度と異なり，同意権・取消権について法律で定められていないためです。

　　ただし，契約の解除や紛争の処理に関する事項について代理権がある場合には，任意後見人が本人の代理人としてクーリングオフ等による解除や詐欺取消し，消費者契約法などによる取消しを主張することは可能です。

　　このような対応のみでは本人を擁護することが難しくなってきた場合には，後記6の通り，法定後見への移行を検討せざるを得ないと思われます。

5　介護サービス提供者等の見守りについて

　　利用者と，任意後見契約を締結している受任者たる者がいる場合には，本当に任意後見契約を締結しているのかどうかを登記事項証明書で確認するなりした上で（任意後見契約を締結すると，その旨が登記されます。），当受任者と連携して利用者の見守りを行うことが望ましいでしょう。

1　本設問においては，任意後見人との対比で，家庭裁判所の選任する成年後見人を法定後見人としています。

6　法定後見制度への移行の可否

　　任意後見契約が登記されている場合には，本人の自己決定権を尊重する
という観点から，原則として任意後見は法定後見に優先することになって
います。

　　しかし，家庭裁判所は，本人のために特に必要があると認めるときに限
り，法定後見開始の審判等をすることができます（任意後見契約法10条1項）。

　　本人の利益のため特に必要があるときの例として，任意後見人には付与
されていない取消権による本人の保護が必要な場合や，任意後見契約にお
ける代理権の内容では十分な本人保護が図れない場合などが想定されます。

　　このような場合には，家庭裁判所は，民法上の法定後見開始の審判の申
立権者のほか，任意後見受任者，任意後見人，任意後見監督人の申立てに
より，成年後見開始の審判をすることができます。

7　任意後見契約の解除について

(1)　任意後見契約の効力発生前の解除

　　任意後見監督人が選任される前においては，本人又は任意後見受任者
は，いつでも，公証人の認証を受けた書面によって，任意後見契約を解除
することができます（任意後見契約法9条1項）。具体的には，次のような手
続きにより解除を行います。

①　本人又は任意後見受任者の一方からの解除による場合

　　解除通知書に公証人の認証を受けた後，配達証明付内容証明郵便で相
　手方に送付します。差出人保管分の内容証明郵便の謄本及び配達証明を
　添付して，任意後見終了の登記の申請を行います。

②　合意解除の場合

　　契約解除の合意書を作成して公証人の認証を受けます。その後，認証
　を受けた合意書の原本又は認証ある謄本を添付して，任意後見終了の登
　記の申請を行います。

(2)　任意後見契約の効力発生後の解除

　　任意後見監督人が選任された後においては，本人又は任意後見人は，正当な事由がある場合に限り，家庭裁判所の許可を得て，任意後見契約を解除することができます（任意後見契約法9条2項）。その他，6で記載したように法定後見制度への移行を検討せざるを得ないでしょう。

Q63 │ 成年被後見人が受ける権利の制限

成年被後見人は，何か権利の制限を受けますか。

A　成年後見開始の審判を受け，成年被後見人となると，行為能力が制限され，単独では有効な法律行為を行えなくなります。被保佐人については，一定の重要な財産行為について，被補助人については，補助開始の審判において同意権が与えられた範囲で，一定の行為能力制限が行われます。これらは，成年被後見人等を不当な契約被害などから保護するための制度です。

　一方，従前は，各種法律で，成年被後見人や被保佐人が，就任し得ない法律上の地位や取得できない資格等（欠格条項）が定められていましたが，これらは原則として廃止されることが，令和元年に決定しました。

1　取引に関する能力の制限

(1)　法定後見制度による取消権

　成年被後見人（法定後見制度による狭義の成年被後見人）が行った財産行為（ただし，日用品の購入その他日常生活に関する行為は除かれます。）については，常に理由なく取り消せるものとして[1]，その保護が図られています。

　被保佐人については，法律に定める一定の重要な財産行為について，保佐人の同意を得ずに行った場合にはこれを取り消すことができるとされ，被補助人については補助開始の審判において補助人の同意権の対象とされた財産行為について，補助人の同意を得ずに行った場合にはこれを取り消すことができるものとされています。

1　被保佐人や被補助人と異なり，成年後見人が同意した行為についても取り消すことができます。ただし，成年後見人が追認をすれば取消しはできません。

(2)　行為能力の制限

　　以上のように，成年被後見人等の財産行為は，一定の場合を除き意思表示を取り消しうるという点から，成年被後見人等は，行為能力を制限されているという言い方がされます。

　　取引の相手方としては，行為能力の制限を受けている者と契約をしても，行為能力を補う者（成年後見人等）の追認や同意がなければ，後に契約を取り消されてしまいますから，成年被後見人等と契約をすることを敬遠するようになり，結果，成年被後見人としては，自ら自由に経済活動を行うことが制約されてしまうという状況があります。

(3)　任意後見契約における本人

　　任意後見契約における本人については，法定後見の場合と異なり，行為能力の制限はありません。

2　各法律が定める制限

(1)　従前の制限

　　従前，成年被後見人・被保佐人については，各種法律で，就任できない地位が定められていたり，資格の制限がされていたりする例が多数ありました（欠格条項）。例えば，公務員等への就任資格，弁護士・司法書士等の士業への就任資格，会社その他法人役員への就任資格，営業許可等を受ける資格などについての制限です。

(2)　公職選挙法の見直し

　　しかし，成年被後見人・被保佐人だからといって，一律に権利の制限を受けることには合理性が無く，不当な人権侵害であるという認識が進み，欠格条項は大幅に見直されることとなりました。

　　まず，従前，公職選挙法においても，成年被後見人の選挙権を否定していましたが，東京地裁平成25年3月14日判決（判タ1388号62頁）は，この規定を違憲とする判断を示し，この判決を受けて公職選挙法が改正され，平成25年7月1日以降に実施される選挙については，成年被後見人

についても選挙権が認められることになりました。

　その他の欠格条項についても，平成28年に成立した成年後見制度利用促進法において，「成年被後見人等の人権が尊重され，成年被後見人等であることを理由に不当に差別されないよう，成年被後見人等の権利に係る制限が設けられている制度について検討を加え，必要な見直しを行うこと」が基本方針として盛り込まれるなどし（11条2号），成年後見制度利用促進委員会での議論も経て，令和元年開催の通常国会において，原則としてこれらを廃止することを決定する法律が成立しました。今後は，個別的に就任の可否等が判断されることになる方向です。

3　戸籍への記載

　成年後見制度の前身である禁治産・準禁治産制度の時代には，これらの宣告が戸籍に掲載されることになっていました。しかし，成年後見や保佐，補助開始の審判は，戸籍に掲載されないことになっています。

　もっとも，成年後見や保佐，補助開始は，登記がなされることになりますが，この登記に関する証明書は，本人や一定の親族しか請求することができないものとされており，本人のプライバシーが保護されています。

Q 64 | 成年後見人の候補者について

誰が成年後見人になるかというのは，どのように決められますか。

成年後見人候補者がいない場合には，成年後見開始の審判の申立ては
できないのでしょうか。また，申立人において成年後見人候補者を決め
た上で申立てを行えば，必ずその候補者が成年後見人に選ばれるもので
しょうか。

A　　誰が成年後見人となるかは，裁判所の裁量的な判断事項で
す。裁判所は，成年被後見人の心身・生活の状況，財産の状
況，成年後見人候補者の職業・経歴，本人との利害関係など，
様々な事情を考慮し，成年後見人を決定します。

裁判所の用意している後見開始の審判の申立書雛形には，成
年後見人候補者がいる場合には候補者を記載する欄があります
が，身近で世話をできる候補者がいない場合には，親族でない
第三者を選任してもらうことが可能です。

ただ，候補者の記載をしても，必ずしもその者が成年後見人
に選任されるとは限りません。事案の内容や，候補者と被後見
人の利害関係などから，第三者[1]が選任されることもあります。

1　成年後見人候補者がいない場合

成年後見人となる候補者がいない場合でも，成年後見開始の審判申立て
を行うことは可能です。

その場合，申立書の中で，「成年後見人は第三者の選任を希望する」旨
記載しておけば（家庭裁判所の申立書雛形を利用する場合，チェックを入れる欄が

1　専門職後見人（弁護士，司法書士，社会福祉士）のほか，近時では一定の研修を受け
た市民後見人が選任される場合もあります。

設けられています。），家庭裁判所が事案の内容により，適当な第三者を選任することになります。

2　成年後見人候補者がいる場合

　　成年後見人候補者がいる場合には，その旨を申立書の中で記載することになります（家庭裁判所の申立書雛形を利用する場合には，候補者欄が設けられています。）。

　　しかし，家庭裁判所がその候補者を成年後見人として選任するか，それとも候補者以外の者を成年後見人に選任するかは，家庭裁判所の裁量による判断となります。したがって，申立人があらかじめ成年後見人候補者を決めて申立てを行ったとしても，裁判所が相当ではないと判断した場合，第三者が成年後見人として選任されてしまうことは少なくありません。

　　また，次の(1)で示す成年後見人の欠格事由に該当する場合には，当然，その候補者は成年後見人となることはできません。

　　次に，(2)～(4)で示すような場合には，財産管理による紛争を防止するなどのために，専門職後見人[2] が選任される可能性が高いといえます。なお，(3)～(4)で示すような場合には，候補者とされた親族を成年後見人として選任しながら，職権で成年後見監督人を選任することも増加しています。さらに，後見制度支援信託の利用が相当な事案である場合には後見制度支援信託（Q67参照）を利用するように指示される場合もあります。

(1)　成年後見人の欠格事由に該当する場合

　　民法847条で挙げられている成年後見人の欠格事由は次のとおりです。

①未成年者

②家庭裁判所で免ぜられた法定代理人，保佐人又は補助人

③破産者

④被後見人に対して訴訟をし，又はした者並びにその配偶者及び直系血族

2　専門職後見人とは，一般的に弁護士・司法書士・社会福祉士を指しています。

　⑤行方の知れない者

(2)　推定相続人間での紛争がある場合

　　成年後見開始の審判の申立てを行う場合，可能な限り申立ての際に親族（推定相続人）からの同意書を添付する必要があります。同意の内容は，本人について成年後見開始の審判申立てを行うこと自体への同意のほか，申立人が候補者を決めて申立てをしている場合には候補者が成年後見人に就任することについての同意を含みます。

　　これに対し，親族の同意書の添付がない場合には，場合によっては家庭裁判所から親族に対して調査が実施されることもあります。

　　仮に，本人の親族間で申立ての内容に争いがある場合には，家庭裁判所の職権で専門職後見人が選任される可能性があります。

(3)　管理対象財産の範囲ないし管理の困難性

　　本人が現金や有価証券，居住用不動産のほかに，収益用不動産などを所有しており，収益等を管理する必要がある場合には，候補者の管理能力を判断の上，その能力が不十分な場合には家庭裁判所の職権で専門職後見人が選任される可能性があります。

(4)　対処するべき問題の複雑性や利害関係

　　例えば，本人の配偶者が既に死亡しているのに遺産分割が未了であったり，今後不動産の売却予定があるなど，審判後に成年後見人が対応すべき事柄が複雑であったり，また，候補者と本人との間に利害関係がある場合には，事案によって，家庭裁判所の職権で専門職後見人が選任される可能性があります。

　　平成31年3月18日，厚生労働省において，成年後見制度利用促進専門家会議が開催され，その中で，最高裁家庭局より「身上監護の観点も重視した本人の利益保護の観点からは，後見人となるにふさわしい親族等の身近な支援者がいる場合は，これらの身近な支援者を後見人に選任することが望ましいと考えられるが，本人が抱えている課題の解決に専門的な知見を要する場合や，候補者の能力・適性が不足している場合については，専

門職を後見人等に選任する必要があると考えられる。中核機関による親族等後見人への支援機能が充実していない場合においては，専門職後見監督人を選任し，監督を通じて親族等後見人の支援を行うという運用上の工夫を行うことも考えられる。」こと等について，家庭局と専門職団体との間で共通の認識に至り，同年1月に各家庭裁判所に情報提供をしたとの報告がなされました（第2回成年後見制度利用促進専門家会議議事録[3]より）。

　以上のように，必ずしも申立人が希望する候補者が成年後見人に選任されるわけではありません。ゆえに，成年後見人になることを希望している者に対し，安易に成年後見開始の審判申立てを勧めた結果，第三者が成年後見人に選任され，申立人の希望に反する結果になることも少なくありません。

　一旦申立てを行うと，審判がなされる前であっても，申立てを取り下げるためには裁判所の許可が必要であり（家事事件手続法 121 条），取下げが容易でないことも少なくないため，事案の内容によっては第三者が選任される可能性も十分に念頭においた上で手続を行うべきでしょう。

3　https://www.mhlw.go.jp/content/12201000/000507635.pdf

Q 65 ｜ 成年後見開始の審判の申立権者

高齢者について，成年後見人による財産管理が必要だと思われるのですが，成年後見開始の審判申立てができるのは，基本的には配偶者や四親等内の親族だと聞いています。

申立人となるべき親族がいない場合や親族の協力が得られない場合には，誰が申立人となって，成年後見開始の審判申立てを行えばよいのでしょうか。

A
成年後見開始の審判申立てをすることができる者には，本人のほかに配偶者，四親等内の親族，未成年後見人，未成年後見監督人，保佐人，保佐監督人，補助人，補助監督人または検察官が挙げられます（民法7条）。このほか，老人福祉法32条，知的障害者福祉法28条及び精神保健及び精神障害者福祉に関する法律51条の11の2によれば，本人の福祉を図るため特に必要があると認めるときは，市町村長も申立人となることができます。

1　一般的な申立て

民法7条では，成年後見開始の審判の申立権者として，本人，配偶者，四親等内の親族，未成年後見人，未成年後見監督人，保佐人，保佐監督人，補助人，補助監督人又は検察官が挙げられていますが，本人の配偶者，四親等内の親族が成年後見開始の審判申立てを行っているのが非常に多いのが実情だと思われます。

しかし，申立人となるべき親族がいない場合や親族の協力が得られない場合には次の2，3の方法により申立てを行うことになります。

2　市町村長による申立て

(1)　市町村長による申立て

　　老人福祉法 32 条によれば，市町村長は，65 歳以上の者につき，その福祉を図るため特に必要があると認めるときは，成年後見等の開始の審判申立てができるとされています。知的障害者福祉法 28 条は知的障害者について，精神保健及び精神障害者福祉に関する法律 51 条の 11 の 2 は精神障害者についても，同趣旨の規定がおかれています。

　　これらの規定による市町村長申立ての件数は，平成 29 年度の司法統計[1]によれば終局事件全体の約 19.8% となっています。

　　ただ，市町村長申立ての場合，市町村による本人の状況把握に時間がかかるという問題があります。成年後見人を選任することに急迫の必要性があるような場合には市町村長申立ては得策ではない場合が多いといえます。

(2)　申立ての端緒

　　市町村長による申立ては，多くの場合，支援者や支援機関，関係者などからの発見・要請・相談が端緒となります。

　　老人福祉法 32 条等に定める「その福祉を図るため特に必要があると認めるとき」とは，本人に四親等内の親族，つまり身寄りがいない場合や，そのような親族がいても音信不通の状況にあるなどの事情によりこれらの審判の請求を期待できない場合をいいます[2]。

　　もっとも，四親等内の親族の有無を確認することの煩雑さ等が，市町村長申立ての妨げとならないように，市町村長は，あらかじめ二親等内の親族の有無を確認し，二親等内の親族がない又は親族があっても申立てを行おうとする三親等内又は四親等内の親族の存在が明らかでない限りは，申立ての対象となるとされています[3]。

1　「成年後見関係事件の概況－平成 29 年 1 月～12 月－」最高裁判所事務総局家庭局。
2　平成 12 年 7 月 3 日付け厚生労働省老健局計画課長名事務連絡。
3　平成 17 年 7 月 29 日付け厚生労働省老健局計画課長等通知。

(3)　虐待の防止と事業者としての役割

　成年後見制度は，高齢者虐待事案への一つの対応方法という側面も持ちます。

　高齢者虐待防止法では，高齢者福祉に関係する団体や職員について，高齢者虐待を発見しやすい立場にあることの自覚と，高齢者虐待の早期発見に努める義務を定めています（同法5条）。また，同法は，養護者[4]による虐待を発見した者に対して，高齢者の生命又は身体に重大な危険が生じている場合は速やかに市町村に通報する義務を，そうでない場合であっても市町村に速やかに通報する努力義務を規定しています（同法7条1項・2項）。

　さらに，同法27条2項では，虐待以外の事案についても，高齢者が，財産上の不当取引の被害を受け，又は受けるおそれのある場合には（消費者被害等が想定されます。），市町村長は，適切に老人福祉法32条の規定により，成年後見等開始の審判申立てを行うことを要請しています。

　このような規定からして，高齢者サービス事業者においては，認知症高齢者が虐待を受け，または経済的な被害を受けているような状況がある場合には，市町村に対して情報を提供するとともに，場合によっては成年後見等開始の審判申立てを促し，その申立てに協力すべきでしょう。

3　本人による申立て

　民法7条によれば，本人も成年後見開始の審判の申立てをすることができます。

　既に判断能力が低下し，成年被後見人となることが予定されている者に，果たして申立てを行うだけの手続行為能力[5]が認められるのかという疑問はありますが，この点，家事事件手続法118条は，手続行為能力を認めると明記しています。

4　現に高齢者を養護する者で養介護施設従事者等以外の者をいいます。
5　行為能力とは，民法上，単独で有効に法律行為をすることができる能力をいいます。

　これは，成年後見に関する審判事件は，成年被後見人となるべき者の利益の観点から処理されるものですから，成年被後見人となるべき者が意思能力[6] を有する限り，自ら審理手続きに関与し，有効に手続行為をすることができるものとするのが相当であるとの考えによるものといえるでしょう。もっとも，あくまでも意思能力は必要ですので，その意思能力すらない場合には，本条によっても自ら有効に手続行為をすることができないということになりますので，注意を要します[7]。

　前述のとおり，本来，市町村長による申立てがされるべき事案であっても，成年後見人の選任に急迫の必要性がある場合などには，周囲の助力等により，本人による申立てを行うことも検討するべきでしょう。

6　意思能力とは，民法上，自然人が有効に意思表示をすることができる能力のことをいい，行為能力とは区別されます。
7　金子修編著『逐条解説　家事事件手続法』377頁（商事法務，2013年）。

Q 66 │ 医療行為の同意

　身寄りのない高齢者に手術が必要となりました。

　ところが，本人は意識がはっきりせず，医療に関する意思決定ができない状態です。手術を受けるか受けないかによって，予後が大きく変わるようなのですが，この場合，本人が意思決定しなければ手術が受けられないものなのでしょうか。家族や成年後見人がいる場合にはどうでしょうか。

A

　医師が患者に対して身体に対する侵害を伴う医療行為を実施するにあたっては，原則として，患者本人の同意が必要となります。

　そして，同意能力の内容や程度について，一般的には，その医療行為の意味・内容及び将来の予後について理解できる能力があればよいとされています[1]。

　ただ，実際に患者において全く意思表示ができない状態にある場合，医療実務においては，本人の推定的意思を代行したものという理解の下で，患者本人の意向をよく知る者からの同意をもって本人の同意に代えるという取扱いをしていることもあるでしょう。成年後見人が親族以外の第三者である場合には，成年後見人は医療行為についての同意権は有しないとされていますので，医療行為の同意権はありません。

1　問題の所在

　患者の権利に関するWMA[2]リスボン宣言[3]では，身体に対する侵害を

1　大谷實著『精神保健福祉法講義』67頁（成文堂，1997年）。
2　世界医師会（World Medical Association）。

伴う医療行為が違法性を阻却し，業務行為として適法になされるための要件として，「①医学的適応のもとに医師が治療目的を有していること，②医療行為の方法が現代医療の見地から見て妥当と解されること，③患者本人の同意があること。」を定めています[4]。

　したがって，医師が患者に対して身体に対する侵害を伴う医療行為を実施するにあたって，少なくとも患者本人の同意が必要となります。しかしながら，患者において意思表示ができない状態にある場合，医師は患者本人から医療行為に対する同意を得ることができません。とはいえ，医療行為を施さないとなると，意思表示のできない者は医療を受けることができなくなり，患者の権利のために設けられた前記リスボン宣言が逆に患者の権利を害する結果を招くこととなり，本末転倒であることはいうまでもありません。

　そこで，このような場合にどのように対処すべきかが問題となっています。

2　家族の同意

　本人が医療行為における同意ができない状態にある場合に，本人の医療を受ける権利はどのように保障されているのでしょうか[5]。

　医療の現場では，本人による同意が得られない場合には，家族の同意により医療の決定が行われている実情があります。

　同意の代行について，刑法上は，本人に承諾能力がないときは配偶者，保護者の承諾を得て医学上一般に承認されている方法により医療行為がなされれば，違法性は阻却されると論じられていますし，民法上も医療行為

3　1981 年，世界医師会総会において，医師をはじめとする医療従事者が保障すべき患者の権利の宣言として採択されました。

4　手嶋豊著『医事法入門（第 3 版）』36 頁（有斐閣，2011 年）。

5　第 2 項の記載にあたり，日本弁護士連合会「医療同意能力がない者の医療同意代行に関する法律大綱」（2011 年 12 月 15 日）を参考にし，一部内容を引用しました。

については，本人又はそれに代わるべき者の同意があれば違法性が阻却されると論じられています。

　また，日本医師会生命倫理懇談会「説明と同意についての報告」は，説明を受けて同意するだけの判断能力がない場合は「患者に代わって同意するのに最も適当な最近親者，たとえば配偶者，父母，同居の子などに説明をして，本人に代わっての同意を求めることになる」としています。

　しかし，家族の同意自体には今のところ，法的な根拠はありません。

　この点については，今後の法整備に期待されるところです。

3　成年後見人の同意

　家族がいない場合で，患者本人に成年後見人が就任している場合は，どうでしょうか。

　成年後見人は必ずしも患者本人の意向をよく知る者であるとは限りませんが，ほかに同意を求める者がいないことから，現実には成年後見人に同意を要請する医療機関は多いと思われます。

　現在の成年後見制度が導入された平成11年の民法改正の立法担当者は，①財産管理行為としての「診療契約の締結代理権」と，②身上監護行為としての「身体処分の代行決定権」とを明確に区分した上で，成年後見人等の権限は，①のみを対象とするものであり，②は一切含まれないとして，成年後見人は本人の医療行為について同意権を有しないとの立場を明確にしています[6]。

　しかしながら，患者本人が同意する能力がない場合には，第三者が何らかの形で医療行為実施の最終意思決定を行わない限り，患者本人は医療行為を受けられません。

　そのため，成年後見人の同意権を肯定する学説も有力に主張されていま

6　法務省民事局参事官室「成年後見制度の改正に関する要綱試案補足説明」1998年（39頁〜43頁）参照。

す。しかし，現在の家庭裁判所における実務では，やはり前記の立法担当者の見解に依っており，現状ではなお，成年後見人には医療行為の同意権はないということを前提に対応する必要があるといえます。

　そして，患者に医療行為が必要な場面において，親族がいないまたはそれらの協力が得られない場合には，患者の生命・身体に直接かかわる重要な問題ですから，同意権はないという立場に立ちつつも，成年後見人の正当な権限の範囲内でできる限りの対応を行うことが求められるといえます。具体的には，身上配慮義務の履行として，適切な診療契約を結ぶなど，適正な医療サービスを受給できる可能性を確保しておくことが必要といえるでしょう。

　しかし，現実に，やむを得ず医療行為の意思決定を誰かが行わなければならないという状況に陥った場合には，とりあえず必要と思われる治療を行った上で，その法的な評価については，社会通念のほか，緊急避難，緊急事務管理，本人の推定的同意を援用するなどによって，当該行為の正当化を図るといった手当が現実的ではないかと思われます[7]。

7　上山泰「身上監護をめぐる諸問題について」ジュリスト 1211 号 49 頁以下（2001 年）参照。

Q 67 ｜ 後見制度支援信託の運用

後見制度支援信託が各家庭裁判所で運用されていると聞きました。これはどのような制度で，通常の成年後見人が行う財産管理とはどのような違いがあるのでしょうか。

A　「後見制度支援信託」とは，主に親族が成年後見人として職務を行う事案での利用が想定されており，まずは専門職後見人[1]が選任され，その管理する被後見人財産のうち，日常的に必要な金銭を預金口座に残して，その他の日常的に使用しない金銭は信託銀行に信託し，その後特段の必要性がなければ専門職後見人は辞任して，親族後見人に事務を引き継ぐという方法で行われるものです。本人の財産の大部分が信託銀行に預けられるという点が大きな特徴です。

1　「後見制度支援信託」とは

　「後見制度支援信託」とは，近年，親族後見人が本人の財産を横領するなどの不正行為が多発していることから，適切な財産管理・不正行為の防止を目的として，最高裁判所が導入する方針を示したものです。平成 24 年から各地の家庭裁判所で，運用が始まりました。

　具体的には，成年後見開始の審判申立てがあった場合に，家庭裁判所が「後見制度支援信託」の利用が相当であると判断した事案について，専門職後見人が選任され，その管理する被後見人財産のうち，日常的に必要な金銭を預金口座に残して，その他の日常的に使用しない金銭は信託銀行に信託をします。日常の収支が赤字であることが見込まれる場合は，信託財

1　専門職後見人とは，一般的には弁護士，司法書士，社会福祉士等が挙げられますが，ここでは弁護士，司法書士を指します。

産の中から定期的に赤字相当額を補うため，信託財産から必要な金銭を成年後見人が管理する口座に定期的に送金されるように設定することもできます（定期交付金）。

　その後，特段の必要性がなければ，専門職後見人は辞任して，親族後見人に事務を引き継ぐことになります。

　施設入所等で臨時に金銭が必要となった場合には，成年後見人から家庭裁判所に報告し，家庭裁判所がその報告に問題がないと判断すれば，指示書（家事事件手続規則81条）が発行されるので，それを添付して信託銀行から払い戻しを受けることができます。

　これらの方法により，親族後見人の管理下に置かれる金銭が少額となるため，不正行為の防止や，万一不正行為がなされてもその被害額が相当限定されることが期待されることになります。

2　利用される事案

　この「後見制度支援信託」の利用が相当とされる事案は，信託を不相当とする以下のような事情が見当たらない事案とされているようです。また，保佐，補助及び任意後見においては利用されていません[2]。

(1)　管理財産が多岐にわたるなど財産管理が複雑な場合や紛争性のある事案など，専門職後見人が関与して後見人の職務を遂行する必要性がある場合

(2)　本人の財産に関する遺言の存在が明らかな場合

(3)　財産管理に専門的な知見を要せず，後見事務を任せられる親族がいる場合

(4)　本人の生活状況等から，収支予定を立てることが困難な場合

2　浅香竜太・内田哲也「後見制度支援信託の目的と運用」金融法務事情1939号30頁～40頁（2012年）参照。

3　専門職後見人の関与

　　後見制度支援信託を利用する場合には，最初に専門職後見人が選任され，専門職後見人が信託条件を整えた上で信託契約を締結し，親族後見人に引き継ぐことになります。

　　そして，専門職後見人の関与の仕方には，今のところ，以下のような二つの方法が想定されています。後見制度支援信託の利用が相当であると判断された場合において，事案の内容や親族の意向を考慮して，家庭裁判所がいずれの方法を採るか選択することになります[3]。

(1)　複数選任方式

　　専門職後見人と親族後見人が同時に複数選任され，専門職後見人が信託契約締結後に辞任し，既に選任されている親族後見人が以後の事務を引き継ぐという方法。

(2)　リレー方式

　　最初に専門職後見人が単独で選任され，専門職後見人が信託契約締結後に，成年後見人の辞任の申立てと同時に成年後見人の追加選任の申立てを行い，新たに選任される親族後見人に以後の事務を引き継ぐという方法。

4　遺言との関係

　　仮に，成年被後見人が遺言を残していたことが後に分かった場合において，成年後見人が信託契約によって成年被後見人の財産の処分をしたこととなり，遺言が事実上無効となってしまうおそれがあります。

　　この点についての現実的な対応としては，遺言の中で，将来，後見制度支援信託が利用されることによってなされた財産の処分は無効とする旨の特約条項を定めるなどが考えられますが，この特約条項の有効性は，現在のところ保証がありませんので，早急に何らかの立法による手当が望まれます。

3　片岡武ほか著『第2版　家庭裁判所における成年後見・財産管理の実務』19頁〜23頁（日本加除出版，2014年）。

5　高齢者福祉サービスの利用者が後見制度支援信託を利用している場合

前述のとおり，後見制度支援信託が利用されている場合には，成年後見人の手元にある現金・預貯金は日常的に使用する金銭の範囲内にとどまると考えられます。

また，この場合において，引っ越しや施設入所等で臨時に金銭が必要となった場合には，成年後見人が家庭裁判所に報告して，家庭裁判所から指示書の発行をうけ，この指示書をもって信託銀行から払い戻しをうけることとなります。

このように，成年後見人が上記指示書の発行を受けるにあたって，必要となる費用やその根拠等を裁判所に詳細に報告する必要がありますので，高齢者福祉サービス事業の関係者としては，成年後見人が迅速かつ適切な報告ができるよう，介護事業者の利用料の詳細などを記載した書面を交付するなどして，成年後見人の報告に協力することが期待されるでしょう。

6　「後見制度支援預金」とは

「後見制度支援預金」とは，金融機関の商品で，後見制度支援信託に加えて平成30年から運用が始まりました。すべての取引は家庭裁判所の「指示書」に基づく取扱いとなるため，成年後見人の財産管理に係る不正行為の防止となります。前述の「後見制度支援信託」では，裁判所の運用により専門職後見人の選任が前提とされておりますが，「後見制度支援預金」では専門職後見人の選任が前提とされていないため，専門職後見人に支払う費用が必要ないということや，預入預金額に下限がないということと，また，「後見制度支援信託」を取り扱う信託銀行の支店が近くにない場合でも利用することができるなど，そのメリットが挙げられます。

第 9 章

利用者の死亡と
死後事務

Q 68 | 身寄りのない方が死亡した場合

　高齢者福祉サービスの契約者（利用者）が死亡した場合において，身寄りがない場合には，未払利用料の支払いや遺体の引き取り，遺留品の処分について，どのように対応すればよいでしょうか。また，生前に成年後見人等[1]がいた場合には，死後の諸事務を執り行ってくれることが期待できるのでしょうか。

A

　身寄りがなく相続人も判然としない方が死亡した場合には，遺体の埋葬や火葬については墓地，埋葬等に関する法律9条に基づき，死亡地の市町村長が行うことになります。しかし，未払い利用料の問題や遺留品の処分は，このような行政による特別の対応規定がないことから，相続人を探して処理を行うか，相続人がいないときは相続財産管理人を選任するなどの処理を行わざるを得ないことになります。

　なお，成年後見人は，平成28年に行われた民法改正[2]によって成年被後見人の死亡後にも個々の相続財産の保存に必要な行為，弁済期が到来した債務の弁済，火葬又は埋葬に関する契約の締結等といった一定の範囲の事務を行うことができるとされたため，身寄りがない場合には成年後見人にこれらの事務を依頼することが考えられます。ただし，改正法の規定は成年後見のみを対象としており，保佐，補助，任意後見には適用されませんので，保佐人らについては従来通り死後事務を行うことについて代理権を有しません。また，改正法の規定は成年後見人であった者に対して死後の事務を行う義務を課すものはないことから，成年後見人等がいた場合でも，当然に死後事務を行ってくれるとの期待はできないことに注意が必要です。

1　遺体の引き取りと火葬，埋葬

　　遺体・遺骨の引き取りについては，法令上明確な規定はありませんが，一般的には，遺族（相続人等）の権利であり，義務であるとされています。

　　しかし，身寄りのない方が死亡し，相続人が判然としない，存在しないというような場合はどう考えればよいでしょうか。

　　墓地，埋葬等に関する法律では，「死体の埋葬又は火葬を行う者がないとき又は判明しないとき」には，死亡地の市町村長が遺体を引き取り，火葬・埋葬することとしています。また，費用については，原則として死亡者の遺留の金品等をもってこれに充て，それでも足りない場合は市町村の負担とすることになっています（同法9条）。

　　なお，「死体の埋葬又は火葬を行う者がないとき又は判明しないとき」とは，相続人や身寄りがあったとしても，事実上引き取りを拒んでいるような場合も含むと考えられます。

　　実際の事務の執行にあたっては，市町村が直接行う場合もありますが，施設や業者に事務の執行を委託する場合もあります。

　　死者が墓地を有している場合には，その墓地へ埋葬することとなりますが，墓地を有していない場合や，その所在が明らかでないときには，各都道府県や市町村が管理する共同墓地に納骨することになります。

2　施設の利用料の支払い

　　本人の死亡後，施設の利用に関する未払いの利用料がある場合には，その債務は相続人が承継することになるため，本来は相続人に請求すべきことになります。しかし，相続人がいない場合や相続人がいるかどうかが不明な場合も少なくありません。

　　このように相続人が不存在または不明な場合には，被相続人の最後の住

1　成年後見人の他，保佐人，補助人，任意後見人などが例として挙げられます。
2　成年後見の事務の円滑化を図るための民法及び家事事件手続法の一部を改正する法律

所地を管轄する家庭裁判所に相続財産管理人選任の申立てを行うこととなります。そして，選任された相続財産管理人に対して未払い利用料を相続債権として申し出て，回収することが考えられます。

　ただ，相続財産管理人を選任するにあたっては，原則として，申立人は裁判所に予納金を納める必要があります。この予納金の金額は事案の内容により様々であるため，本人の財産や未払い利用料の金額との兼ね合いで相続財産管理人を選任すべきかどうか検討すべきであると考えます。

　未払いの問題を予防するためには，利用料の請求回数を月に2回にして未払額を小さくしたり，入居時に一時預り金を受領し，万が一本人が死亡した場合には残りの利用料と相殺できるように契約書に記載しておくなど，なるべく容易に未払い利用料を回収できるような措置を予め講じておくことが望まれます。

3　遺留品の処分

　利用者本人の遺留品は相続人に相続されますので，原則として相続人に引き継ぐ必要があります。施設側が相続人に無断で処分することはできません。

　そこで，まずは，相続人の調査をすることが必要となります。相続人には，遺留物を引き取る権利がある反面，これを引き取る義務もあります。

　しかし，調査の結果，相続人が判明しても，相続人が生前に利用者本人との関わりが薄かった場合などは，相続人が引き取りに応じてくれないことも考えられます。このような相続人においては，施設からの遺留品の引き取りの連絡をしたとしても，何か金銭的な負担を要求されていると誤解される場合もあり，丁寧な連絡を心がけることが大切です。また，遺留品の引き取り方法についても，相続人にとって負担の少ない方法を提案することが望ましいでしょう。例えば，遺留品がそれほど価値のない物である場合には，相続人から同意書をもらった上で，施設側で処分するなどです。なお，相続人が複数いる場合には，相続人の全員と連絡を取ることが

必要です。

　相続人調査の結果，利用者本人に相続人がいない場合（相続人全員が相続放棄をした場合を含みます。）でも，施設側が相続財産を勝手に処分することはできません。家庭裁判所が選任する相続財産管理人に対し，遺留品を引き継ぐということになります。

　相続人や相続財産管理人に引き継ぐまでの間，遺留品は，善良な管理者の注意義務をもって管理する必要がありますので，紛失や毀損することがないよう注意が必要です。

　なお，相続財産管理人が選任され，相続人調査が実施されても相続人が存在しなかった場合には，利用者本人と特別縁故者の関係にあった者が，利用者の財産の分与を受けることができる制度があります。なかには，報酬をもらって本人の療養看護を行っていた看護師に財産分与が認められた判例（神戸家裁昭和 51 年 4 月 24 日審判・判時 822 号 17 頁）もありますので，状況に応じて専門家に相談してみてもよいかもしれません。

4　生前に成年後見人等がいた場合

　成年後見人等だった者が死後事務や遺品の引き取りを行うことについて，成年後見人に，支払いや遺品の引き取りを求めることはできるのでしょうか。

　本人の死亡により成年後見人等は本人の法定代理人ではなくなります。成年後見人等は後見事務の計算を行う必要があるので，本人の死後の一定期間は相続財産を事実上保管することになりますが，相続財産を処分する権限も義務もありません。

　しかし，平成 28 年民法改正により，成年後見人は成年被後見人の死後，①個々の相続財産の保存に必要な行為（民法 873 条の 2 第 1 号），②弁済期が到来した債務の弁済（同条第 2 号），③その死体の火葬又は埋葬に関する契約の締結その他相続財産全体の保存に必要な行為（①②に該当するものを除く。同条第 3 号）を行うことができるようになりました。

　これらを行うためには，成年後見人が当該事務を行う必要があること，成年被後見人の相続人が相続財産を管理することができる状態に至っていないこと，成年後見人が当該事務を行うことにつき成年被後見人の相続人の意思に反することが明らかな場合でないことが必要であり，③については家庭裁判所の許可が必要となります（Q61 参照）。

　ただし，改正法の規定は成年後見のみを対象としており，保佐，補助，任意後見には適用されません。また，改正法の規定は成年後見人であった者に対して死後の事務を行う義務を課すものはありません。したがって，成年後見人等がいた場合でも，当然には死後の事務を行わないことを前提に，本人が亡くなった場合の対応について事前に成年後見人等と打ち合わせしておくと良いでしょう。

Q 69 ｜ 死後事務委任契約の有効性と問題点

高齢者が，自分の死後の事務について，あらかじめ誰かに委任してお
くということが増えていると聞きますが，死後の事務を委任する契約を
することは可能なのでしょうか。契約の際はどのような点に注意するべ
きでしょうか。

A　死後事務委任契約とは，葬儀など自らの死後に予想される事
務処理について，生前にあらかじめ第三者に委任する契約をい
います。判例上，死後の事務を委任する契約も有効とされます
が，死後の財産処分を定める遺言制度との関係や，相続人によ
る委任契約の解除の可否などの問題が発生することもあり，契
約内容には十分に注意する必要があります。

1　死後事務委任契約とは

高齢者が，自らの死後に，生前に発生していた医療費などの債務の支払
いや葬儀，遺品の引継ぎなど，近しい人物に依頼するようなことが想定さ
れます。そこで，自らの死後のこのような事務について，生前にあらかじ
め特定の者に委任する契約のことを死後事務委任契約といいます。死後事
務委任契約は，委任者の死亡によっても，その効力が失効しない旨の特約
を付して行います。

2　死後事務委任契約と民法653条1項の関係

死後事務委任契約は，委任者が生存している間に代理権を付与して自分
の死後の事務について委託する委任契約の一種とされています。

ところで，委任契約について定める民法653条1項では，委任者の死亡
により委任契約は，当然に終了するとしています。この条項が強行法規で
あるならば，死後事務委任契約というのは成立しないことになります。こ

の点，一般には，ドイツ民法では委任者の死亡を委任契約の終了事由とし
ていないこととの比較法的観点から，日本の民法653条1項も強行法規で
はなく，当事者間の合意によって委任者の死亡を委任契約の終了事由とし
ないことを定めることもできると考えられています。そして，判例[1]も，
たとえ明示の特約がなくても，委任契約の内容や性質・契約締結時の諸事
情から委任を終了させないとする当事者の意思（合意）を推認して，当事
者の黙示の合意の存在を認定し，委任者の死亡によっても委任契約は終了
せず，契約は有効であると判断しました。

　委任者の死亡によっても契約が終了しない趣旨がはっきりする限り，死
後事務の委任契約は有効であると考えられます。紛争を避けるため，この
趣旨は特約などで明記しておくことが望ましいと考えます。

3　死後事務委任契約と遺言との関係

　仮に委任の内容が委任者の死亡により終了されないとされても，委任の
内容が葬式代の支払いや施設への寄付，不動産の売却のほか，お世話に
なった知人等へのお礼のような場合には，委任者が自分の死後に自らの財
産の処分を行っていることと同じといえます。この点，同じく死後の財産
処分制度である遺言との関係が問題となります。

　民法では，死後の財産を相続によらずに処分するには，遺言が必要であ
り，その処分を他人に依頼するためには，遺言執行者を選任する必要があ
るとされています。これに対し，死後事務の委任という方法によって，死
後の財産の処分が可能となるのであれば，遺言及び遺言執行者制度は空洞
化されることになってしまうおそれがあります。したがって，このような
遺言及び遺言執行者制度を無視した内容の死後事務委任契約を結ぶことは
原則としてできないと考えられます[2]。

　また，遺言は，その内容によっては相続人の権利を制限することにもな

1　最高裁平成4年9月22日判決・金融法務事情1358号55頁。

るため，遺言の方式は厳格なものとなっており，一旦した遺言の内容の全部または一部を撤回する場合には新たな遺言による必要があります。したがって，死後事務委任契約が遺言の作成より後に締結されたとしても，これに抵触する遺言が撤回されたという解釈もできないと考えられます。

　もっとも，葬儀を執り行うには葬儀費用の支払いが必要ですし，実務上，遺言と死後事務委任契約の内容が抵触してしまうことは避けられないのが実情です。

　したがって，死後事務委任契約の受任者は，委任者が遺言を作成している場合には，あくまでも遺言が優先するという意識を持ち，その事務処理が遺言に抵触することがないように注意すべきといえます。

4　契約における注意点

(1)　契約の締結

　ア　公正証書での契約

　　死後事務委任契約はなるべく公正証書で契約を行うべきです。なぜなら，通常の委任契約と異なり，委任者の死亡後に事務を執行する以上，本人が生前に自らの意思で契約を行ったという真実性を担保できる形式で契約書を残すことが望ましいからです。

　イ　推定相続人・親族の同席の下での契約内容の確定

　　委任者に推定相続人や親族がいる場合には，これらの者の同席の下で，契約内容を確定することが望ましいと考えられます。なぜなら，死後事務委任契約は，委任する事務の内容によっては推定相続人や親族の利益と相反する場合も考えられるため，推定相続人や親族が契約の存在や，委任内容を全く知らなかった場合には，トラブルになりやすいためです。

2　河内宏「死後のことについての委任の効力」菊池高志ほか編『高齢者の法』194頁以下（有斐閣，1997年）。

　　トラブルを避ける方法としては，死後事務委任契約書の作成の段階
で，推定相続人や親族の同席の下で，委任者の希望を確認しておくこと
が考えられます。

(2)　契約の解除条項

　　前述のとおり，死後事務委任契約は，契約内容によっては推定相続人の
利益と衝突する場合があります。そのような場合，相続人が委任者の地位
を承継したとして，死後事務委任契約の解除を主張する可能性も考えられ
ますが，相続人による死後事務委任契約の解除は有効なのでしょうか。

　　この点，判例[3]として，死後事務委任契約の内容に不明確性や実現困難
性があり，履行負担が加重であるなど契約の履行が不合理と認められる特
段の事情のない限り，委任者の地位の承継者（相続人）が死後事務委任契
約を解除して終了させることはできないと判断したものがあります。

　　この裁判例からすれば，原則的に，相続人による死後事務委任契約の解
除はできないということになりますが，相続人との争いを避けるために
は，死後事務委任契約を締結する段階で，その内容を明確かつ実現可能な
ものとし，履行の負担が加重でないこととするよう留意すべきです。ま
た，上記の様に，契約の際には推定相続人にも同席してもらうことが望ま
しく，さらに，慎重を期すには，委任者の死後，相続人間でトラブルが生
じた場合には，受任者側から契約を解除できる旨の解除条項を盛り込むこ
とも検討すべきです。

　　死後事務委任契約には，このような問題点もありますので，財産の処分
に関しては，後々のトラブルを避けるためにも，可能な限り遺言制度を利
用するべきだといえます。

(3)　死亡届の提出にあたっての問題点

　　死亡の届出は，届出義務者が，死亡の事実を知った日から7日以内（国
外で死亡があったときは，その事実を知った日から3箇月以内）に，これをしなけ

3　東京高裁平成21年12月21日判決・判時2073号32頁。

ればなりません（戸籍法 86 条）。届出義務者とは第一に同居の親族，第二に
その他の同居者，第三に家主，地主又は家屋若しくは土地の管理人がこれ
にあたります。また，届出をすることができる者として同居の親族以外の
親族，後見人，保佐人，補助人，任意後見人及び任意後見人受任者もこれ
に該当します（戸籍法 87 条）。さらに，船長，病院，刑事施設その他の公設
所の長も届出義務がある場合があります。(戸籍法 93 条，55 条，56 条)

　死後事務委任契約で死亡届を行うことを委任していたとしても，受任者
が届出人となって死亡届を提出することはできないため，実際の運用とし
ては届出人となってもらう親族の協力が事前に得られるように手配してお
くなどの用意が必要です。

　まったく協力してくれる親族がおらず（又は本人が親族への連絡を拒否する
場合），その他の届出人も存在しない状態で死亡した場合には，届出先の
役所の担当課で届出処理をしてもらうことが可能ですので，担当課に相談
してみるのも一つの方法でしょう。

　私が以前，NPO法人として任意後見契約を締結し，支援していた高齢者の方が，終末期の事前意思表示の「リビング・ウィル」を申し込み，いつも会員証を携帯されていました。その方は，ガンで亡くなられたのですが，元気なときに申し込んだ意思のまま，最後の最後まで一切の延命治療を拒否し，穏やかに天寿を全うされました。最後の数ヶ月は私も頻繁にお会いし，いろいろな支援をしました。そして，最後に頼まれたことが，「世話になった隣の人に，百貨店で最高のお茶を買って届けて欲しい。」というものでした。

　「隣の人はいろんな病気があって，お菓子などは食べられないからお茶がいいの。」ということでした。自分も一切の治療を拒否し，とても大変な状況の中で，なお他人のことを思いやれるその心に，強く感銘を受けたことを今でもはっきり覚えています。

　そして，その数日後にその方は亡くなられました。死後は死後事務委任契約に基づき，火葬のあと納骨しました。

　その方だけに限らず，末期ガンの方を担当する機会が増えてきています。最近では，自宅で最後を迎えたいと望む人が多くなっており，それが可能な医療・介護体制が整備されつつあります。

　ただ，私が以前受けたある研修で，こんな事例が紹介されました。

　本人は，最後まで自宅で過ごすことを望んでいたのに，あとから現れた家族の，「自宅で死なれたら，家を売るときに価値が下がる。」という理由で，希望が叶えられなかったというものです。

　なんとも悲しい話ではないでしょうか。ただ，やはり今の日本では，まだそのような考え方が多数を占めているのだと感じます。自宅で最期を迎えるということは，本人の強い意志に加え，本当に良い周りの支援者に恵まれなければ実現しません。

　実は，とても温かいことなのですが，まだまだその感覚が浸透するのに時間がかかるのかもしれません。

主任介護支援専門員　髙野秀紀

第**10**章

高齢者を取り巻く
問題

第 10 章

高齢者を取り巻く問題

Q 70 ｜ 高齢者の消費者問題

私は，ホームヘルパーですが，利用者の方の中に，明らかに不要で高額な健康食品を幾つも購入して山積みになっている方がおられます。そのために利用者さんの生活費が圧迫されているようにも思うのですが，なにか打つべき手立てはありますでしょうか。

A　高齢者が，悪質商法被害にあったり，詐欺被害にあったりする例が，依然として多発しています。高齢者が，これらの被害に遭うとその回復は容易でなく，生活に困窮することもあります。高齢者の周囲にいる人々としては，高齢者がこれらの被害に遭わないよう見守りをすると共に，仮に被害や被害に遭いそうな状況を発見した場合には，高齢者へ注意を促したり，消費生活センターへの速やかな相談を勧めたりすることが適切です。

1　高齢消費者被害の実情

(1)　高齢消費者被害の増加

消費者白書（令和元年版）によりますと[1]，全国各地の消費生活センターによせられた，契約当事者が 65 歳以上である相談の件数は，平成 22 年に 17 万 9496 件であったものが，平成 30 年には 35 万 5616 件にまで増加しています。平成 25 年をピークに，相談数は若干減少する傾向にありましたが，平成 29 年は相談数が増加，さらに平成 30 年は相談数が大幅に増加しました。

(2)　高齢消費者被害の内容・手口

高齢消費者被害の内容は様々です。古典的な悪質リフォーム，不要な健康食品の販売などもありますし，価値に乏しい権利や投資商品を売りつけ

1　http://www.caa.go.jp/policies/policy/consumer_research/white_paper/

るようなものもあります。近年では，インターネット関連の被害が非常に
大きな割合を占めるようになっています。

　また，オレオレ詐欺や架空請求など「特殊詐欺」といわれる，悪質商法
ともいえない犯罪行為も横行しています。平成 30 年の認知件数は 1 万
6496 件で前年比 - 9.47%，被害額は 363.9 億円で前年比 - 7.8% であったも
のの，依然として高水準です[2]。

(3)　高齢消費者被害の原因

　高齢者は，「孤独」「健康」「お金」に対して不安をもっており，そこに
つけ込まれることが多いと言われます。また，判断能力が低下する高齢者
が少なくないことや，社会との接点が希薄化している，情報に疎いことな
ども高齢消費者被害の原因として挙げられます。

　ただ，判断能力がしっかりしていたり，被害の手口を知っていたりして
も，被害に遭う例はたくさんあります。悪質業者や詐欺集団は，若者より
も資産をもっていることが多い，家にいることが多い，被害が通報されに
くい（後述），などの特徴のある高齢者を狙っており，この点が高齢者の消
費者被害や特殊詐欺被害が多発している原因であるようにも思われます。

(4)　高齢者消費者被害のその他の特徴

　上に述べましたが，高齢者消費者被害の一つの大きな特徴が，被害に
遭っても通報・相談されにくいという点です。様々な原因がありますが，
高齢者自身が，被害に遭っているという認識を持てない場合や，被害に気
付いても加害者との人間関係を大事にしてしまったり，被害を恥じたりす
ることなどが原因です。

　一方で，高齢者は，被害によって経済状況が悪化するとその回復が困難
であるという特徴もあります。若者であれば就労によって回復することが
考えられますが，高齢者の場合，失った金銭が老後の生活資金であること
が多いでしょう。経済的な被害に遭ったことから，精神的に大きな傷を負

2　警察庁ホームページ　https://www.npa.go.jp/safetylife/seianki31/1_hurikome.htm

う高齢者も少なくありません。経済的な被害にとどまらず，高齢者の生活に大きな影響を与えます。

(5)　見守り・気づき

　悪質商法や詐欺について，訴訟等によって被害を回復することは容易ではなく，高齢消費者被害は，未然に防止することが最も重要です。また，仮に被害に遭ったとしても，速やかに被害回復につなげること，再発を防ぐことが必要です。

　そのために高齢者の周囲にいる人々による「見守り」活動が重要な鍵を握ります。地域包括支援センターは，権利擁護事業の一つとして，高齢者の消費者被害への対応を業務として担っていますが，ケアマネジャーをはじめとする介護事業関係者へ，高齢消費者被害防止の取組みへの協力が求められるようになっています。

　特に，平成28年4月から，消費者安全法の改正によって，各地の消費生活センター等において「消費者安全確保地域協議会」を設置することができるようになりました。同協議会は，自治体内外の関係部門や機関が横断的に連携をとりあい，特に高齢者や障害者など立場の弱い人々の消費者被害の予防や早期救済を行うことを目的とすることとなっており，各地でその設置が進んでいるところです。

2　高齢者の消費者被害の予防

(1)　被害の発見

　高齢者の消費者被害を予防するための「見守り」を行うには，高齢者が消費者被害に遭う兆候に気づかなければなりません。高齢者宅に来た封書，高齢者との会話，高齢者宅に置かれた商品などからその兆候を掴むことになりますが，そのためには，見守りを行う者自身が，高齢消費者被害の傾向を知ることが重要です。

　消費者被害には，その時々の「流行」があります。例えば，平成24年には「押し買い」といって「不要な着物を買い取る」などと言って訪問し

ながら，家に入ると貴金属を売り渡すように迫るなどの被害が急増しました。平成 25 年には，健康食品を一方的に送りつけ，代金を請求するやり口が急増しました。

　このような高齢消費者被害の傾向などは，国民生活センター発行のメールマガジン「見守り新鮮情報」に分かりやすくまとめられています。また，地域によっては，消費生活センターから地域包括支援センター経由で被害に関する情報が提供されることもありますし，地域の消費生活センター等が「出前講座」を実施していることもあります。

(2)　高齢者への働きかけ

　被害の兆候を発見しても，頭ごなしに利用者の行動を否定することは，利用者の自尊心を傷つけ，利用者との信頼関係を損なうおそれがあります。利用者自身が自ら問題に気づくように，同種被害の情報を伝えたり，問題を相談できる窓口があることを伝えたりして，状況を改善する気持ちにさせるなどの工夫が重要です。

(3)　相談先

　高齢消費者被害の兆候を発見した場合の相談先として，最もアクセスしやすいのが，各地の消費生活センターです。地域包括支援センターと消費生活センターの連携がとれている地域では，地域包括支援センターに一度相談をすることも考えられます。

　発見した兆候が，本当に悪質商法によるものなのか，迷う場合もあります。もちろん，高齢者の自由な経済活動を尊重することも重要ですが，仮に悪質商法だったとすれば，早期の対処が非常に重要になります。少しでも疑問を持った場合には，高齢者との関係にも配慮しつつ，これらの機関に相談を行うことが重要です。

3　高齢消費者被害への対処

(1)　被害救済に関連する法制度等

　①　特定商取引法

　　　特定商取引法は，訪問販売等，トラブルの多い業態による商取引を規制する法律です。訪問販売のほか，通信販売，電話勧誘販売，連鎖販売取引（マルチ商法），特定継続的役務提供，業務提供誘引販売取引（内職商法等），訪問購入（押し買い），ネガティブオプション（送りつけ商法）を規制しています。

　　　高齢者の消費者被害は，訪問販売と電話勧誘販売によるものが多数ありますが，これらの商法については，クーリング・オフ，過量販売による取消権（訪問販売のみ）など，民事的効果を持つ規定があります。特に，クーリング・オフは，無条件に契約を解消でき，違約金を取られることもありません。この権利は，一定の行使可能期間が定められていますが[3]，事業者には，法律に定められた書面（法定書面）の交付義務が定められており，この書面に不備があれば，ある程度の日数が経っていても行使期間を経過したといえずにクーリング・オフが可能な場合があります[4]。

　②　消費者契約法

　　　消費者契約法は，全ての消費者取引[5]に適用される法律です。

　　　消費者契約法では，一定の不当な勧誘があった場合における契約の取消し，不当な条項が契約書に定められていた場合の条項の無効等が規定

3　訪問販売，電話勧誘販売は 8 日間。

4　高齢による判断能力の低下等から，クーリング・オフ期間の進行を否定した裁判例（東京地裁平成 7 年 8 月 31 日判決・判タ 911 号 214 頁）もあります。

5　消費者と事業者との間の契約が消費者取引とされます。なお，「消費者」とは，個人（事業として又は事業のために契約の当事者となる場合におけるものを除く。）をいい，「事業者」とは，法人その他の団体及び事業として又は事業のために契約の当事者となる場合における個人をいいます。この「事業」は営利目的の有無は問いません。

されています[6]。

　なお，近時，社会の高齢化に伴う法改正がなされ，平成28年改正によって過量な契約をさせられた場合の取消権が，平成30年改正によって，不安をあおる告知がなされた場合，人間関係が濫用された場合，加齢等による判断能力の著しい低下を利用した場合，霊感等による知見を用いた告知をした場合等について，新たに契約の取消権が規定されました[7]。

③　振り込め詐欺救済法

　振り込め詐欺等の特殊詐欺は，犯人の特定すら困難であることが多く，特定できてもその時点では財産の所在が不明となっているなどの理由から，被害回復が非常に困難です。この法律により，警察や弁護士からの情報提供を行うことで，犯人が口座から出金をする前に迅速にこれを凍結し，その後一定の手続の上で返還を受けられる可能性があります。

　なお，通称は，振り込め詐欺救済法といいますが，口座を利用した犯罪であれば広く対象になり，ヤミ金（出資法違反）等の事件でも利用することが可能です。

④　条例・業界ルール等

　その他，各地の消費者条例や業界ルールに，高齢者の特性に配慮した定めがあることがあります。例えば，日本証券業協会「協会員の投資勧誘，顧客管理等に関する規則」には，「協会員は，高齢顧客に有価証券等の勧誘による販売を行う場合には，当該協会員の業態，規模，顧客分布及び顧客属性並びに社会情勢その他の条件を勘案し，高齢顧客の定義，販売対象となる有価証券等，説明方法，受注方法等に関する社内規則を定め，適正な投資勧誘に努めなければならない」（同規則5条の3）などの定めがあります。こういった規定には，通常，直接的な民事効果は

6　詳細については，Q20参照。

7　詳細については，Q20参照。

ありませんが，公序良俗違反や不法行為における違法性を基礎づける事情，ADR（裁判外紛争解決手続）や調停等における交渉材料になるので，適宜調査することが必要です。

(2)　被害救済の流れ

　訪問介護等で消費者被害の兆候を発見した場合には，速やかに消費生活センターへの相談を検討します。直接の相談を迷う場合には地域包括支援センター経由で相談することも考えられます。

　消費生活センターでは，消費者問題についての相談，業者との和解あっせんを受けることができます。ただ，消費生活センターであっせんを受けるには，高齢者自身が相談を行う気持ちになることが必要であり，この点は工夫が必要です。

　消費生活センターのあっせんで協議がつかなければ，訴訟による解決のほか，ADR の利用も検討できます。

(3)　成年後見制度の利用

　消費者被害を予防するには，成年後見制度（後見・保佐・補助）の利用も有効です。取消権の活用，後見人等が通帳を管理することによる予防効果が期待できます。特に，一度，被害に遭った場合には，だましやすい人物として「カモリスト」に登録される可能性がありますから，今後の予防のために活用を検討すべきです。

Q 71 | 身元保証サービスについて

身元保証サービスとはどういうものでしょうか。また，どのような問題があるのでしょうか。

A　身元保証サービスは，一般に，病院への入院や高齢者施設への入所などの際に身元保証人などに就任し，緊急時の連絡先や入院・入所費用の債務保証などの本来の身元保証業務のほかに，入院計画やケアプラン等についての同意や医療行為の同意なども含められていることが多く，生前の財産管理業務や死後の事務に関する業務などもサービスの内容とする契約もあります。しかし，これに対して特段の法規制がないため，日本ライフ協会事件のような保証金が利用者に返還されないといった事態も生じているため，この身元保証サービスに対する規制の在り方が現在議論されているところです。

また，施設サービスを含む指定介護サービスについては，正当な理由なく介護サービスの提供を拒んではならないとされていることから，事業者としては，この身元保証サービスの利用を安易に入居者に求めることがないように留意する必要があります。

1　身元保証サービスとは

一口に身元保証サービスといっても，そのサービスの内容は様々です。

少子高齢化が進み超高齢社会といわれる中で，いわゆる核家族化などの影響もあって，高齢者の中には身寄りのいない方が少なくありません。そして，病院への入院や高齢者施設への入所などの際に，「身元保証人」や「身元引受人」などを求められることがありますが，身寄りのいない高齢者にはそのような身元保証や身元引受けを依頼することができる者がいないとなると，結局，入院等ができない事態を招きかねません。

　そのような中，身寄りのいない高齢者のために，自ら身元保証人や身元引受人などに就任するということを一つのビジネスとして役務提供をすることを目的とした事業者が現れるようになりました。そして，このビジネスは，身寄りのいない高齢者が増加する中，そのニーズの高まりもあって，今や，高齢者介護サービスとして一つの大きな業務領域を形成するに至っています。

　そして，このような身元保証等を事業とする業務領域においては，特段，これを直接に規制する法令上の根拠もないため，その事業者数は増加の一途をたどっており，また，その提供するサービスの内容も多岐にわたっているのが実情です。

　一般に，このような身元保証サービスは，病院への入院や高齢者施設への入所などの際に身元保証人などに就任し，緊急時の連絡先や入院・入所費用の債務保証といった，本来の身元保証業務のほかに，入院計画やケアプラン等についての同意や医療行為の同意なども含められていることが多いです。さらには，生前の財産管理業務や死後の事務に関する業務などもサービスの内容とする契約も見受けられます。

2　身元保証サービスの法的性質と問題点

　ところで，このような身元保証サービスに関する契約の法的性質は，一般に，民法上の委任契約であるといわれており，どのような内容とするかについては，これを直接規制する法令もないことから，公序良俗に反しない限り，基本的には契約当事者，つまり，高齢者と事業者との間で自由に取り決めることができるとされています。

　また，前述のとおり，身寄りのいない高齢者が増加する中，将来の入院等に備えたいとする高齢者側のニーズも高く，このような身元保証サービス契約を締結する高齢者も増加しています。

　しかしながら，身元保証サービス契約は，当然無償ではなく，一定の対価が発生する内容となっており，その対価の支払いを担保するという意味

で，身元保証サービス契約の締結時，つまり，未だ身元保証など具体的な事務の履行を必要とする前の段階で，保証金等の名目で相当額の金銭を事業者に支払う内容となっているのが大半です。そして，このような保証金名目での金銭の事業者における管理体制についても，事業者は，民法上の善管注意義務を負うものの，これを直接担保するような法規制はなく，各事業者の自主的な管理に委ねられているのが実情です。また，身元保証サービスは，高齢者と事業者との契約に基づくものであるところ，その契約内容も多岐にわたっており，かつ，複雑であることも否めず，契約内容に対する理解が十分でないままで契約締結に至るといった懸念も想定されるところです。

　このように身元保証サービスは，保証金の管理体制が必ずしも十分とはいえず，また，高齢者による理解が不十分なままに契約を締結してしまうおそれなどがあり，このような問題点があることはかねてより指摘されていました。

　そのような中，平成 22 年 7 月に公益財団法人の認定を受けた公益財団法人日本ライフ協会が，公益認定からわずか 6 年足らずで，破綻に至り（平成 28 年 2 月に民事再生の申立てがなされ，その中で事業譲渡が計画されていましたが，譲渡先が見つからず，結局，同年 4 月に破産手続に移行しています。），多数の高齢者が保証金名目等の金銭の返還が受けられないという大きな被害を受けるという事件も発生しています。

3　高齢者施設事業者において留意すべき事項

　上記のように，身元保証サービスやその事業者には，保証金の保全措置制度が欠如していたり，その管理体制が不透明，つまり，事業者側の管理状況についての情報開示が十分でなかったりすること，契約内容が複雑で高齢者にとっては理解が困難であること，また，それ故に必ずしも必要のないサービスも，いわゆるパッケージと称した商品説明によって契約締結を余儀なくされることなどの問題点があります。そのほか，身元保証サー

ビスは，その契約時から相当期間経過した後，つまり，将来において事業者側の義務の履行が予定されていることから，前述の日本ライフ協会事件のように，将来のサービスの提供が必ずしも保証されないというリスクも想定されます。

　そのため，高齢者施設事業者においては，利用者がこのような身元保証サービスを利用するというような場合には，そのサービス事業者の業務内容やその実態を十分に踏まえ，場合によっては，利用者に助言等をすることも求められるといえます。

　もっとも，施設サービスを含む指定介護サービスについては，正当な理由なく介護サービスの提供を拒んではならないとされているところ[1]，ここでいう正当な理由には，身元保証人がいないといった事情は含まれないとされています[2]。特に，前述の日本ライフ協会事件の後，内閣府消費者委員会が身元保証サービスの実態調査を実施するとともに，厚生労働省に対して病院や介護施設への身元保証人等の適切な取扱いの周知などを建議し，それを受けた厚生労働省は，病院や介護施設に対して身元保証人がいないことのみを理由に入院等を拒否することがないように適切な指導を求めることとしています[3]。

　したがって，これらの介護保険法上の基準が適用される介護施設の事業者はもちろんのこと，そうではないものの高齢者施設を運営する事業者においても，単に身元保証人がいないという理由だけで漫然と入所を拒否することがないように注意すべきといえます。確かに，介護施設事業者にとっては，入所者の財産管理や医療行為，死後の事務や原状回復などについて対処するために身元保証人を必要とする現実的な必要性は否定できな

1　例えば「指定介護老人福祉施設の人員，設備及び運営に関する基準4条の2」。

2　平成28年3月7日開催全国介護保険・高齢者保健福祉担当課長会議資料「介護施設等の設備及び運営について」参照。

3　内閣府消費者委員会平成30年9月12日「『身元保証等高齢者サポート事業に関する消費者問題についての建議』に係る実施状況について」参照。

いところですが，仮に身元保証人を求めるにしても，なぜ身元保証を求めるのか，身元保証人に具体的に何を求めるのかという点を個別具体的に見極めることが必要です。

　この点，令和元年 6 月 3 日，厚生労働省より「身寄りがない人の入院及び医療に係る意思決定が困難な人への支援に関するガイドライン」[4] が発出されました。ここでは，身元保証に求める機能や役割について，主に次のような事項であると考えられるとされています。

①　緊急の連絡先に関すること
②　入院計画書に関すること
③　入院中に必要な物品の準備に関すること
④　入院費等に関すること
⑤　退院支援に関すること
⑥　（死亡後の）遺体・遺品の引き取り・葬儀等に関すること

　また，同ガイドラインでは，身寄りのない者の判断能力の有無や成年後見制度の有無など，ケースごとに類型化し，それぞれにおける具体的な対応方法が示されています。

　そして，同ガイドラインは，医療分野が念頭に置かれていますが，介護分野でも十分に参考になると思われ，介護施設事業者としては，身寄りのない利用者に対し，同ガイドラインで示された事項を踏まえて対応することが考えられます。

　そのほか，身元保証サービスは，民間のみならず，社会福祉協議会などの公的機関においても，生活支援事業の一環として提供されているところですので，そのような支援事業も含めて利用者に情報提供することも考えられます。

4　平成 30 年度厚生労働省行政推進調査事業費補助金（地域医療基盤開発推進研究事業）「医療現場における成年後見制度への理解及び病院が身元保証人に求める役割等の実態把握に関する研究」班。

Q 72 高齢者の多重債務問題

利用者が，消費者金融から，多額の債務を抱えて，生活に困っておられるようです。どのような対処が考えられますか。

A 　高齢者が多重債務に苦しんでいる場合には，任意整理・破産・民事再生（個人再生手続）などで，債務を整理して，生活の改善を検討すべきです。債務整理を厭う高齢者もおられるかもしれませんが，高利の借入は返済することが極めて困難であり，債務整理による不利益は限定的なものにとどまることなどを説明し，生活を改善しようという気持ちを持ってもらうことが重要です。なお，債務を整理しても，高齢者の収入が不足していて，生活を送ることができない場合には，生活保護の申請を検討する必要があります。

1　高齢者の貧困問題

(1)　高齢者の多重債務問題

　住宅ローン，消費者金融等からの借入を多数抱え，債務の返済額が，返済能力を上回るようになってしまった状態を，多重債務（状態）といいます。

　利息制限法を超える金利による貸付について，消費者に有利な最高裁判決が出たこと（最高裁平成18年1月13日判決・民集60巻1号1頁）や，貸金業法・割賦販売法が改正されて，返済能力を超える貸付等を禁止する規制（総量規制）がされるようになったことなどから，自己破産の件数は，平成15年をピークに減少傾向にありました。しかし，その後，平成28年からは，微増傾向に転じています。

　いずれにせよ，多重債務問題が生活の基盤を損なわせる大きな社会問題であることに変わりはありません。現在の社会は，債務を軽減したり，公

的な支給を受けたりする制度が整えられていますが，高齢者の中にはこの
ような制度を知らず，生活の質を最低限まで落として生活をされている方
がおられます。

　また，高齢者自身の債務でなく，子供の負った借金の返済が高齢者の年
金からなされるなどのケースもあります。子供が無理に高齢者の年金を使
い込んでいる場合には経済的虐待とも考えられますが，高齢者自身が「や
むを得ないもの」と考えて年金を拠出している場合には，その家庭の状況
を見据えて，どのような対処が適当か考える必要があります。

(2)　高齢者の貧困問題

　債務を抱えていなくとも，受給年金額自体が少なく，蓄えも乏しいとい
う高齢者は少なくありません。必要な介護サービスが利用できず，また介
護サービスどころか，居住場所の契約自体にも困るという事態が生じてい
る場合などには，やむを得ず，セイフティーネットとしての生活保護申請
を行うことも検討せざるを得ません。なお，生活保護については Q75 を
参照ください。

2　高齢者の債務問題の処理

(1)　高齢者の債務整理についての考え方

　① 　特徴

　　多重債務の整理は，高齢者であっても若年者であっても基本的には同
様です。まず，利率が，利息制限法に違反する貸付[1]があれば，正しい
利率による引き直し計算を行い，その上で債務が残れば，その収入や資
産の状況，本人の希望から，手続を選択します。

　　高齢者の債務整理にあたっては，年金受給権については差押えが禁止

1　利息制限法が定める上限金利は，元本の額が 10 万円未満の場合は年 20%，元本の額
　が 10 万円以上 100 万円未満の場合は年 18%，元本の額が 100 万円以上の場合は年
　15%です。

されており（国民年金法24条，厚生年金保険法41条1項等），仮に債務名
義[2]を取られても，年金の受給権を差し押さえられることはないという
点は認識しておくべきと思われます。ただ，年金が口座に振り込まれる
と，その口座にある預金額（金融機関に対する預金請求権）は差押え可能と
なりますので，注意が必要です。

② 年金担保貸付

　上記のとおり，年金受給権については，差押禁止財産になっており，
担保に供することも，法律に定める場合を除いてはできません（国民年
金法24条，厚生年金保険法41条1項等）。

　それにもかかわらず，年金振込口座の通帳やキャッシュカードを取り
上げてその口座から回収を図ろうとするとか，年金が振り込まれるタイ
ミングに自動引落しの設定をして，実質的に年金を担保に取ろうとする
違法な業者がいますが，このような行為は公序良俗に反して無効です。
年金振込口座を速やかに変更して，年金から回収されない対処を行うこ
とは当然ですが，このような貸付は，高齢者の弱みにつけ込み，生活を
脅かすものであることから，その利率等によっては，貸金自体が公序良
俗に反して無効（民法90条），元金の返金も不法原因給付（同法708条）だ
として拒みうる場合があります。さらに高利のケースでは，既に支払っ
た金銭等の損害賠償請求も検討できます。

　一方，上記の法律が定める年金担保貸付ですが，独立行政法人福祉医
療機構が運営するものです。この融資は，毎回の支給年金から，貸金の
回収を図ることを前提としていますが，一度利用すると，高齢者が破産
しても，貸金を完済するまで年金からの返済は終了しないという特徴が

2　確定判決や執行認諾文言付公正証書など，法律上差押えを可能にするものです。
3　安易な年金担保貸付による生活の困窮等の問題から，平成22年12月の閣議決定によ
　り，同融資制度を廃止する方向が決められ，年金担保貸付の申し込みは令和4年3月
　末で打ち切られる予定です。なお，代替的な措置として，一定の要件を満たせば，社
　会福祉協議会が実施する「生活福祉資金貸付制度」が利用できるとされています。

あります[3]。

(2)　各種債務整理の方法

①　任意整理

　　任意整理は，裁判外で，債権者らと協議をし，現実に支払い可能な額に毎月の支払額を調整して返済を行います。任意の話し合いであるので相手次第ですが，弁護士等が債務整理を行う場合には，利息制限法に基づく引き直し計算後の元金を，5年程度で返済する内容の合意を求めることが多いように思います。

　　なお，利息制限法所定の利率を超える取引が長期化している場合には，元金が完済されているどころか，払いすぎた利息の返還を受けられることもあります。払いすぎた利息を過払金といいますが，過払金は，別の借金を整理する原資になりますから，できる限り回収することが必要です。なお，過払金の返還請求は，現在，取引中の貸金業者に対するものだけでなく，既に約定利息に基づくと完済扱いになっている貸金についても，請求可能ですから（取引終了から10年を経過している場合には消滅時効の主張をされる可能性もあります。），諦めずに回収を図りましょう。

②　自己破産・免責

　　破産手続は，債務を正常に弁済できない状態になっている債務者について，その時点で所有している財産をすべて換価して債権者に平等に配当する裁判所の手続です。この配当の結果，残った債務は，個人の破産については，免責決定が出てこれが確定すれば，支払い義務がなくなります。

　　免責決定は，免責不許可事由がなければ受けることができます。免責不許可事由には，①債権者を害する目的で，財産の隠匿や損壊をしたこと，②債務が浪費・賭博等によるものであること，③破産申立をした日の1年前の日から破産開始決定のあった日までの間に返済ができないことを認識しながら，虚偽を述べて借財などをしたこと，④一度免責決定を受け7年が経過していないこと，などがあります（破産法252条1項参

照）。ただ，免責不許可事由があっても，事情によっては免責決定を受けられる旨の規定があり（同法252条2項），柔軟な運用がされています。

③　民事再生手続（小規模個人再生・給与所得者等再生）

　民事再生手続は，債務を正常に弁済できない状態になっている債務者について，その一部を弁済させ，残りを免除することを認める裁判所の手続です。

　個人向けには，小規模個人再生手続，給与所得者等再生手続が用意されており，住宅ローンがあるが住宅を手放したくない場合には，「住宅資金特別条項付き」の民事再生を行うことができます。

　小規模個人再生手続は，債務額が5000万円以下（住宅資金特別条項を利用する場合には住宅ローンの債務額を除く）の場合に利用できる手続です。次の区分に応じて計算される債務額を，原則として3年（最長5年）で返済します。再生計画が認可されるには，反復継続して収入を得る見込みがあること，「再生計画に同意しない」という債権者が債権者総数の半数に満たず，かつ，その議決権の額が総額の2分の1を超えないこと等が必要です。

〔法律上の最低弁済額〕

一般債務額	返済額
100万円未満のとき	現在の債務額
100万円以上500万円以下のとき	100万円
500万円を超え1500万円以下のとき	債務額の2割
1500万円を超え3000万円以下のとき	300万円
3000万円を超え5000万円以下のとき	債務額の1割

　また，民事再生手続では，破産手続による場合より，多くの金額を債権者に返済しなければならないという原則（清算価値保障の原則）があります。再生債務者に最低弁済額以上の財産がある場合には，その評価額の総額が最低弁済額になります。

　給与所得者等再生手続は，小規模個人再生手続が利用できる債務者の

うち,「給与またはこれに類する定期的な収入を得る見込みがあり, そ
の額の変動の幅が小さいと見込まれる場合」に利用できる手続であり,
年金収入を返済原資にする高齢者も利用できます。ただし, 弁済額が収
入から計算される「可処分所得の 2 年分」以上でなければならないとい
う制約があり, 収入が多い場合には弁済額が多くなってしまうという問
題があります。一方で, 債権者の決議を得る必要はないので, 法律上の
要件を満たせば確実に再生計画案の認可を得ることができるという利点
があります。

④　特定調停

　特定調停手続は, 簡易裁判所において, 調停委員による調整の下, 債
権者と債務の弁済方法を協議する手続です。ただし, あくまで話し合い
による手続ですから, 債権者と折り合いがつかなければ問題が解決しま
せん。

(3)　手続の選択

　負債の額, 現在の収入, 資産等様々な条件から手続を選択することにな
りますが, まずは利息制限法に基づく利率で債務を計算し直し, 正確にい
くら返済義務があるのか把握することが必要です。

　その上で, 相当額の債務が残りそうだが, 資産がないというのならば破産
を選択するのが合理的でしょうし, 自宅を資産として残したいのであれば,
住宅資金特別条項付きの民事再生手続（小規模個人再生等）を利用すべきです。

　高齢者の中には, 借りた以上きちんと返さねばならないという考えをも
たれる方も多数おられます。最終的にはご本人の意向を尊重すべきでしょ
うが, 高齢者の生活再建を第一に考え, 適切な対処方法を協議することが
必要です。

3　高齢者の年金が家族の債務返済に充てられている場合

　高齢者自身には債務がなく, また生活するに足る年金を受給していて
も, 子供など家族の負った債務を返済するために年金が使われ, 結果, 高

齢者が十分な介護サービスを受けられなくなっていることがあります。

　家族が無理に高齢者の年金を取り上げているようなケースは経済的虐待であり，場合によっては高齢者虐待防止法に基づく対処が必要になりますが[4]，他方で，高齢者の年金の使途についての意思は尊重されるべきであり，保護の必要性を慎重に見極めて対処を行う必要があるでしょう。

4　高齢者虐待防止法2条4項2号参照。

Q 73 ｜ 遺産争いの防止

高齢者施設の利用者に多額の財産があるようですが，相続人間の折り合いが悪く，利用者が亡くなれば，遺産争いが生じるおそれがあります。利用者から，遺産争いにならないようにするにはどうすればよいかとの相談を受けました。どういう方法が考えられるでしょうか。

A　遺産争いを防止する第一の方法は，遺言書を作成しておくことです。平成 30 年民法改正により，自筆証書遺言の使い勝手もよくなりました[1]。ただ，相続人には，遺留分があり（ただし，兄弟姉妹には遺留分はありません。），これを侵害する遺言をすると，遺留分についての争いが生じる可能性があります。遺留分を意識して遺言書を作成したり，遺留分放棄許可制度の利用を検討したりする必要があります。

1　遺言書の作成

(1)　遺産分割協議

　遺産を巡る紛争の防止に最も有効なのが，遺言書の作成です。

　利用者が遺言書を作成しなければ，利用者の死後，相続人間で協議を行い，遺産の分割をすることになります（民法 907 条）。

　遺産分割協議では，遺産を構成する個々の財産（例えば，不動産，預貯金，株式など）を，それぞれどの相続人が取得するかを決め，後日の紛争を防止するため，その合意内容を書面（遺産分割協議書）として残します。

1　平成 30 年 7 月 13 日に公布された，いわゆる相続法の改正であり，本設問では以下，同改正のことを，「平成 30 年民法改正」といいます。施行時期は自筆証書遺言の自書範囲の改正が平成 31 年 1 月 13 日で，その他の本書記載の改正項目は基本的に，令和元年 7 月 1 日です。

(2)　遺産分割協議には困難なケースがあること

　しかし，亡くなった方（被相続人）との関係から，法定相続分よりも多めに権利主張をする相続人がいたり，同じ財産を複数の相続人が欲しがったりする場合には，相続人間でもめることになります。

　各相続人の取得割合は原則的に法定相続分によるものの，①被相続人を療養看護するなどして，被相続人の財産の維持または増加について特別の寄与をしていた相続人には寄与分が認められ（民法904条の2），②生前に特別の贈与を受けた場合などは，特別受益として，相続で受け取ることができる財産が減少するなどの制度があり（同法903条1項），これらが主張されると，簡単に遺産分割が成立しないことがあります[2]。

　また，平成30年民法改正では，相続人ではない親族（例えば，被相続人の子の妻）でも，被相続人に対し，無償で療養看護等をして，被相続人の財産維持・増加に寄与した場合には，相続人に対し，特別寄与料の支払を求められるようになりましたから（民法1050条），このような人にも配慮しないと，相続財産の円満な分割はできないことになります。

(3)　遺言書を作成するメリット

　そこで，施設利用者に予め，どの相続人に何を分けるか（「遺産分割の方法の指定」であることが多い。民法908条），あるいは，相続人以外の誰に何を与えるのか（「遺贈」，同法964条）を，遺言書で決めておいてもらうことによって，もめ事が生じやすい遺産分割協議を不要にすることができる場合があります。

　2　特別受益の制度がある以上，ある相続人に多額の生前贈与をすれば，遺産分割協議の際に，その相続人が損をするのではないかと懸念される方もいます。そのようなときには，生前贈与の際に，「持ち戻し免除の意思表示」，つまり，その贈与額を特別受益にして，その相続人の取り分を減らすことをやめてほしいという意思表示をしておくと，一定の範囲で，有効に機能します（民法903条3項）。また，平成30年民法改正では，婚姻期間20年以上の配偶者に対し，その居住のための建物や敷地を贈与した場合には，持ち戻し免除の意思表示があったものと推定し，配偶者の居住権を保護しています（同条4項）。

　また，遺言書を作成する場合，その中で，「遺言執行者」，つまり，遺言の内容を実現する職責を負う人を定めておいた方が，スムーズに遺産を分けられる場合があります（同法 1012 条）。

2　遺留分に対する配慮

(1)　遺留分

　遺言書の作成は，施設利用者が亡くなった後の相続人間の紛争防止のため，大きな効果を発揮しますが，万全ではありません。

　なぜなら，相続人（兄弟姉妹を除く。）には，遺留分という，遺言によっても，侵害されない最低限の遺産を受領できる権利が認められているからです。仮に，A と B という 2 人の相続人がいる施設利用者が，A だけにすべての遺産を相続させるという遺言書を作成すると，B は，施設利用者が亡くなった後，遺言の内容が，自分の遺留分を侵害するとして，侵害している分の返還（平成 30 年民法改正以降は，侵害分の金銭支払い）を，A に請求することができます（遺留分減殺請求，民法 1042 条，1046 条 1 項）。

　遺留分の割合は，被相続人の配偶者や子が主張をする場合は，法定相続分の 2 分の 1 です。例えば，B が配偶者であれば，法定相続分が 2 分の 1ですから，遺言書に名前が挙がっていなくても，法定相続分の 2 分の 1，つまり，4 分の 1 の権利を主張できることになります。

(2)　遺留分に配慮した遺言書の作成

　遺言書を作成していても，遺留分減殺請求がなされると，結局，遺言書で権利をもらった人と，遺留分を主張する人の間で，遺産に関する協議をしなければならなくなり，紛争が生じるおそれがあります。

　もし施設利用者が亡くなった後の紛争を防止したいならば，相続人の遺留分に配慮した内容の遺言書を作成すべきです。例えば，前記の例では，相続人 A に相続させる財産を，遺産のすべてではなく，4 分の 3 以下にし，配偶者 B に，遺産の 4 分の 1 以上を相続させる旨の遺言書にしておけば，B の遺留分を侵害しないので，遺留分減殺請求をされることがなく

なるのです。

　このように，遺言書をただ作成すればよいのではなく，紛争を予防する観点から，その内容を検討しなければなりません。必要に応じて，弁護士に相談をすることが望ましいです。

3　遺留分を理由とする遺産争いを予防する方法

(1)　遺留分放棄の許可

　施設利用者が亡くなった後，一部の相続人が遺留分を主張して，遺産争いが生じるのを予防するため，亡くなる前に予め，一部の相続人に，遺留分を放棄しておいてもらうという方法もあります。

　もっとも，放棄は，その相続人が放棄書を作成すればよいというものではなく，家庭裁判所に申請して，放棄の許可を得なければなりません（民法1049条1項）。

　なお，家庭裁判所は一般に，施設利用者から，その相続人に対し，遺留分に代わる一定の財産を，予め生前贈与している場合などしか，許可を出しません。

(2)　事業承継に関する特則

　施設利用者が非上場企業のオーナーである場合，その企業の株式は，その企業を継いでくれる相続人Cにすべて相続させ，事業承継をスムーズに行うため，他の相続人が，Cが株式を取得することにつき，遺留分減殺を請求できないようにしたいというニーズがあります。

　このようなニーズに応えるべく，平成20年5月，「中小企業における経営の承継の円滑化に関する法律」（経営承継円滑化法）が公布され，遺留分制度について次の例外が設けられました。

　すなわち，一定の非上場企業株式については，オーナーが亡くなる前に，相続人全員で，同株式に対し遺留分減殺請求できなくなることの合意をし，経済産業大臣の確認を得た上で，家庭裁判所の許可を得れば，後継者が，株式の相続等につき，遺留分減殺請求を受けなくて済むというもの

です。この制度の活用により，相続人間の紛争を予防し，円滑に事業承継をすることが期待できます。

4　遺言書作成の方法

⑴　公正証書遺言

通常の遺言書としては，その作成方法によって，自筆証書遺言，公正証書遺言，秘密証書遺言の3種類があります（民法967条）。

後の遺産争いを避ける観点からは，公正証書遺言がお勧めです。

公正証書遺言とは，公証人に，公式の遺言を作成してもらうものです（同法969条）。

公証人が本人確認をして，遺言者の精神的な状況を見極めながら，作成するので，遺言者が自分で作成する他の二つの方法に比べると，後に，遺言書を作成した時点で，施設利用者の判断能力は十分ではなかったので，その遺言書は無効であると主張されたり，偽造された遺言書であると主張されたりして，紛争に発展することを予防できます。

公正証書遺言は，原則，公証人が所属する公証人役場に足を運んで作成してもらうのですが，施設利用者の身体の調子が悪いなど，公証人役場に足を運ぶことが困難な場合には（ただし，判断能力は必要です。），公証人に施設に出張してきてもらい，作成することも可能です[3]。

なお，公正証書遺言の内容は当然，プライバシーを含みますが，作成の際には，公証人がその内容を，遺言者や証人の前で読み聞かせるなどします。施設側としては，なるべく，他の施設利用者の耳に入らないよう，ミーティングルームなど，個室を用意する配慮をしたいものです。

3　公正証書遺言の作成手数料は，相続財産の価額によって決まるのですが，日本公証人連合会のウェブサイト（http://www.koshonin.gr.jp/hi.html）によれば，公証人が出張する場合の手数料は，遺言加算を除いた価額により決まる手数料額の1.5倍が基本手数料となり，これに，遺言加算をし，さらに，旅費（実費），日当（1日2万円，4時間まで1万円）が必要になるとのことです。

(2)　自筆証書遺言

　　自筆証書遺言は，これまで全文を自書しなければならないとされていました
が，平成30年民法改正では，遺言に相続財産の目録を添付する場
合，その目録は自書しなくても，パソコン等を利用したり，他人に頼んだ
りして，作成してもよいことになりました。ただ，目録の全頁に，署名と
押印が必要です（民法968条2項）。

　　また，同改正と同時に公布された「法務局における遺言書の保管等に関
する法律」により，法務局の遺言書保管所に自筆証書遺言を預けることが
できるようになり，預けた場合には，死後，検認の手続（民法1004条1項）
が不要となり，自筆証書遺言の使い勝手がよくなりました。

(3)　死亡危急者遺言

　　疾病その他の事由（老衰や負傷など）によって死亡の危急が迫った人につ
いては，「死亡危急者遺言」という特別な遺言作成方法があります。

　　「死亡危急者遺言」は，証人3人が立ち会い，本人が，そのうちの1人
に，遺言の趣旨を口授し（述べ），口授を受けた者がこれを筆記し，遺言者
及びほかの証人に読み聞かせ，または，閲覧させ，各証人がその筆記が正
確なことを承認した後，署名押印することで作成するものです（民法976
条1項）。もし本人が口をきけない場合には，証人の前で，通訳人の通訳に
より申述することで，口授に代えることも可能です（同法976条2項）。

　　「死亡危急者遺言」は，遺言の日から20日以内に，証人の1人または利
害関係人が家庭裁判所に請求し，その確認を得なければ，効力が生じない
ことに注意を要します（同法976条4項）。

5　遺言書の他の活用方法

　　本設問では，主として，相続人間の遺産争いを予防する観点から，遺言
書の効用を説明してきましたが，遺言書の効用は他にもあります。

　　例えば，相続人がいない施設利用者で，施設に感謝の意思を表し，施設
に，残った財産を寄附して，他の施設利用者の役にも立ちたいと考えてい

る方がおられれば，施設への遺贈を内容とする遺言を作成してもらうことも考えられます（もちろん自発的意思であることが重要です。）。

　また例えば，施設利用者に，障がいを持つ子がいて，その生計維持を心配している場合に，遺言書により，信託銀行などを受託者として，財産を移転し，利用者が亡くなった後，受託者をして，定期的に，子に生活費を支払ってもらうということも考えられます（遺言信託）[4]。

　施設利用者の実情に応じた遺言書の作成をアドバイスしたいものです。

4　遺言とは離れますが，受取人が保険金を年金方式で受領できる生命保険を組む方法によって，受取人の生計を維持することも考えられます。

Q 74 ｜ 公正証書遺言の無効原因

公正証書遺言が無効となる場合について教えてください。

A 公正証書遺言が無効になる場合には，遺言者に遺言能力が欠ける場合と方式違背の場合とがあります。最近は遺言能力が欠けるという理由で無効になる場合が増えてきています。

1　はじめに

　　公正証書遺言は，公証人が作成するもので，立会証人の欠格事由など無効原因が明白な場合を除き，無効と判断されることが少ないといえます。しかし，最近の裁判例では，遺言能力が欠けるという理由で無効になるケース，次いで方式違背により無効になるケースが増えてきています。

2　遺言能力

(1)　遺言能力とは，遺言作成当時，遺言内容を理解し遺言に基づく法的結果を弁識，判断するに足りる能力をいい，概ね意思能力や事理弁識能力と同じものであるとされています。

　　遺言能力の有無の認定について，「公証人は遺言能力がない場合には遺言を作成するはずがないから，遺言を作成した以上，遺言能力はある。」と受遺者側から主張されることがあります。

　　しかし，公証人は医学的知見をもって遺言者の遺言能力を判断しているわけではありません。したがって，公正証書遺言が作成されたこと自体によって遺言能力があったと判断されるわけではありません。

(2)　遺言能力の判断のための諸事情

　　遺言能力の有無を判断する諸事情として，①遺言者の年齢，②病状，心身の状況，健康状態とその推移，③精神的疾患の発病時と遺言作成時との

時間的関係，④遺言作成時とその前後の言動，⑤遺言作成について普段の言動，⑥受遺者との関係，⑦遺言の内容が挙げられます。

　また，①遺言の内容を理解し，法的効果を認識していること，②対象財産が多額になる場合には，自己の財産の状態と範囲を認識していること，③対象財産が多額になる場合には，遺言をすることによって，相続人から不平・不満が生じる可能性を認識していること，④なぜ特定の者に多額の財産を与えるかの理由，動機に納得し得るものがあること，ないし不自然でないこと，⑤遺言者の真意性（自発的な意思によるものであること）を挙げる見解もあります[1]。

　さらに，以下のような，より具体的な遺言書作成時の状況や遺言書作成に至る経過が遺言能力の有無についての重要な間接事実となります。

ア　遺言者自身が事前の打合せを公証人と行ったこと

イ　遺言者自身が遺言書を作成すると言い出したこと

ウ　遺言者自身が立会証人への立会いの依頼をしたこと

エ　遺言者自身が遺言書作成に至る動機を公証人や立会証人に伝え，または，動機が付言として公正証書遺言に記載されていること

などが，遺言能力のあったことの間接事実となります。

　いずれにしても，遺言能力の有無の判断は，医学的な要素だけでなく，上記のような事情を組み合わせて，法的に判断されています。

(3)　認知症の各種評価スケール[2]

　認知症かどうかの医学的判断については，改訂長谷川式簡易知能評価スケール（以下「長谷川式」といいます。）が最も一般的なスクリーニング検査です。長谷川式は主に記憶力を中心とした認知機能障害を大まかに知ることを目的としたテストで，機材を必要とせず短時間でできること，客観的

1　二宮周平「認知症高齢者の遺言能力」棚村＝小川編『中川淳先生傘寿記念論集　家族法の理論と実務』（日本加除出版，2011 年）785 頁

2　土井文美「遺言能力（遺言能力の理論的検討及びその判断・審理方法)」判タ 1423 号 15 頁以下を参考にした。

に判断できる質問事項であることから簡易なスクリーニング法として定着しています。

しかし，長谷川式が普及している主な理由は，誰でも特別な機材なしで約15分の時間でテストができることであって，最も正確であるからということではありません。

長谷川式は30点満点で20点以下の場合に認知症の疑いがあるとされ，これによってかなりの精度で認知症と非認知症を分けることができます。長谷川式の結果は，スクリーニング検査である以上，20点を下回るか否かが重要であって，それ以上に点数如何によって認知症の重症度を正確に測りうるものではありません。

(4) 裁判例の分析の結果[3]

ア 医学的に見た意思能力・事理弁識能力がかなり低くても遺言を有効としている場合は，例えば面倒をみている者に多く遺贈する場合（とりわけ同居中の不動産を遺贈する場合）や，法定相続人が害されているわけではない等，遺言内容の合理性が考慮されています。

イ 意思能力・事理弁識能力が比較的高いのに遺言が無効としている場合は，遺言作成過程に受遺者側の何らかの不当な関与が窺われる場合が多いです。不当な関与をして利益を得た者が利得する結果とならないように配慮されていると考えられます。

ウ 最近の傾向としては，長谷川式の点数を認知症の重症度を推認する材料としてはあまり重視せず，点数が相当低い事案でも，遺言内容にそれなりの動機が窺われ，受遺者側からの不当な関与もない場合には自己決定権を尊重し，遺言能力を肯定する傾向があるように思われます。

エ 遺言内容の合理性については，①遺言者の従前の言動と遺言内容の整合性，②従前の遺言内容との整合性，③遺言者と受遺者との関係などを

---

3 土井文美「遺言能力（遺言能力の理論的検討及びその判断・審理方法）」判タ1423号15頁以下を参考にした。

考慮して判断されています。

3　公正証書遺言を無効としないための対策

(1)　公証人が関与する公正証書遺言を作成したこと自体が遺言者に遺言能力があることを担保するものではありません。そこで，遺言作成の前に，医師の検査結果や診断結果を残しておくことが重要です。

(2)　遺言無効確認訴訟を提起され，遺言が無効と判断されたケースを見ると，遺言者に遺言能力があるように思えても，当時通院していた病院のカルテや介護施設の介護記録に，意思能力や事理弁識能力がないことを推認させる記載がある場合があります。遺言者が認知症であっても，精神状態に波がある場合があると考えられるので，このようなことが発生します。

訴訟になって遺言能力がなかったことを推認させるようなカルテ等の書面が書証として提出された場合は，非常に不利になります。

公正証書を作成する場合にビデオカメラで公証人とのやりとりを録画して証拠化しておくことができればよいのですが，録画につき，公証人の承諾を得ることは困難な場合も多いかもしれません。

そこで，公正証書を作成する前に，遺言内容，そのような遺言の内容にした理由を遺言者自らに語ってもらい，それをビデオカメラで撮影して証拠化しておくことが有効だと考えます。

4　遺言の方式違背について

(1)　口　授

公正証書遺言をするためには，①遺言者が遺言の趣旨を公証人に口授すること（民法969条2号），②公証人が遺言者の口述を筆記し，これを遺言者及び証人に読み聞かせ又は閲覧させること（同条3号）が必要とされています。

しかし，実務では，口授の前に既に遺言書の原稿ができあがっていることが少なくありません。すなわち，遺言を作成したいと考えている者が事

前に公証人と打合せをし，予め公証人が作成した原稿（公正証書用紙にすべて記載され，遺言者が署名押印さえすれば完成する状態のもの）を用意していることが少なくありません。

　公証人との事前打ち合わせも，①遺言者自らが公証役場を訪れ，公証人と相談をした上で，公証人に遺言書の原稿を作成してもらう場合，②受遺者側から依頼された弁護士等の専門職が遺言書の案を作成して公証役場を訪れて公証人に伝え，公証人が遺言書の原稿を作成する場合などがあります。この②の場合などは，遺言作成の当日に公証人が初めて遺言者と顔を合わせるということもあるかもしれません。公証人が遺言者に遺言の原稿の内容を伝え，遺言者から口授を受けるという場合や，公証人がこの内容でいいかですかと問いかけ，遺言者が「はい」と答えるだけの場合もあるようです。しかし，近年，遺言無効確認訴訟において公正証書遺言が無効とされる場合が増加していることから，公証人の意識も高まり，民法の規定どおり厳格に口授を求める場合が多くなっていると思われます。

(2)　裁判例

　ア　口授を肯定した裁判例

　　①　遺言者がほとんどの部分を作成した書面を予め交付された公証人がそれに基づき遺言の原稿を作成しておき，遺言者が遺言の趣旨は前に交付した書面のとおりであると陳述しただけの場合（大審院昭和9年7月10日判決・民集13巻16号1341頁）。

　　②　公証人が予め他人から聴取した遺言の内容を筆記し，公正証書用紙に清書した上，その内容を遺言者本人に読み聞かせ，遺言者が証人たちの面前で同趣旨の口授をした場合（最高裁昭和43年12月20日判決・民集22巻13号3017頁，口授についての裁判例1）。

　イ　口授を否定した裁判例

　　①　遺言者が，公証人の質問に対し言語をもって陳述することなく単に肯定又は否定の挙動を示したにすぎない場合（最高裁昭和51年1月16日判決・民集117号1頁，口授についての裁判例2）。

②　遺言者は公証人と手を握り，公証人による遺言公正証書の案文の読み聞かせに対し手を握り返したにすぎず，言語をもって陳述していない場合（東京地裁平成 20 年 11 月 13 日判決・判時 2032 号 87 頁，口授についての裁判例 8）。

③　遺言者は事前に遺言の内容を公証人に説明したことはなく，公正証書作成時も，公証人の問いかけに対して声を出してうなずいたのみであった場合（宇都宮地裁平成 22 年 3 月 1 日判決・金法 1904 号 136 頁，口授についての裁判例 9）。

(3)　裁判例の分析の結果

公証人が事前の打合せを遺言者自身と行っている場合には，口授が簡易に行われても遺言は有効とされる傾向があります。

これに対し，遺言者以外の者が公証人と面談し，その面談内容に基づき予め公正証書の原稿が作成され，公正証書遺言作成の当日に公証人が遺言者に初めて会うというような場合には，口授が簡易であれば遺言は無効とされる傾向があります。

遺言能力についての裁判例

	裁判所	判決日	遺言の有効,無効	公正証書遺言か自筆証書遺言か	遺言時の年齢	遺言作成日	性別	病名	長谷川式テストの点数
1	名古屋高裁	H5.6.29	無効	公正証書遺言	78 歳	S62.8.4	男性	中程度ないし高度の老人性痴呆	不明
2	東京地裁	H9.10.24	無効	公正証書遺言	94 歳	H4.8.28	女性	脳血管障害（脳梗塞）	不明
3	東京地裁	H11.9.16	無効	公正証書遺言	75 歳	H7.7.5	男性	パーキンソン病	不明
4	東京地裁	H11.11.26	無効	公正証書遺言	① 86 歳 ② 87 歳	① H6.6.10 ② H7.4.6	男性	アルツハイマー型痴呆に血管性痴呆が加わった混合型	不明
5	東京高裁	H12.3.16	無効	公正証書遺言	89 歳	H5.2.25	男性	H3 頃から精神変調，遺言時は痴呆の症状	30 点満点中の 4 点（遺言作成後の H5.3.13 の時点）
6	東京地裁	H18.7.25	無効	自筆証書遺言	90 歳	H11.4.26	男性	認知症	2 点（遺言作成の 2 か月後，H11.6.14），8 点（遺言作成の 8 か月後，H11.12.18 時点）
7	横浜地裁	H18.9.15	無効	公正証書遺言	85 歳	H11.11.11	女性	アルツハイマー型認知症	9 点（H11.6.14）
8	東京高裁	H21.8.6	無効	自筆証書遺言	87 歳	H13.3.1	男性	アルツハイマーと脳梗塞の合併した混合型痴呆症	8 点（遺言作成の 1 年前，H12.4 頃）

	掲載誌
全財産を遠縁の者に包括遺贈する旨の公正証書遺言が遺言者の意思能力の欠如を理由に無効であるとされた事例。 遺言者には記銘・記憶力の障害があり，簡単な日常広話は一応可能であっても，表面的な受け答えの域を出ないものであり，園長が本件遺言作成の翌日，遺言者に対して昨日の出来事を尋ねても，本件遺言をしたことを思い出せない状況であったこと，施設入所に際し，職員が出発を促しても反応がなく，うつろな状態であったこと，遺言者は受贈者とそれまでほとんど深い付き合いがなかったので，全財産を受贈者に包括遺贈する動機に乏しいし，全財産を遺贈し，遺言者の姉弟の扶養看護から葬儀まで任せることは重大な行為であるのに，姉には何らの相談をしていないのみならず，控訴人から話が出てわずか五日の間に慌しく改印届をしてまで本件遺言を作成する差迫った事情は全くなかったこと等を総合して考えると，遺言者は，本件遺言当時，遺言行為の重大な結果を弁識するに足るだけの精神能力を有しておらず，意思能力を欠いていたものと認めるのが相当であるとして，本件遺言を無効とした。	判例タイムズ840号186頁，判例時報1473号62頁
遺言者は，94歳という高齢で，脳血管障害（脳梗塞）の他覚的所見が認められており，遺言者の主治医が，遺言書を作成することは不可能であったとの意見を述べていることから，遺言能力がないと判断した。 また，公正証書の原案が遺言者以外の人物の依頼によって作成されたことや遺言者の意思確認に要した時間が短いことに照らし，公証人は，遺言能力の有無について十分に意を用いて確認した上で，本件遺言書を作成したものとは認め難いとも指摘している。	判例タイムズ979号202頁
①遺言者が遺言の当時パーキンソン病による認知症の影響などから遺言能力を欠き，公正証書遺言を無効とし，②仮に遺言能力があったとしても，遺言者は具体的な遺言内容について一言も言葉を発することなく，「ハー」とか「ハイ」とかいう単なる返事の言葉を発したにすぎず，口授の要件を欠くとして，公正証書遺言が無効であるとした。	判例時報1718号73頁
重度の認知症の高齢者が作成した公正証書遺言につき，遺言能力を欠き無効とした。	判例時報1720号157頁
満89歳で死亡した遺言者の公正証書による遺言について，遺言公正証書作成時点において重度の認知症にあり，同公正証書は本文一四頁，物件目録一二頁，図面一枚という大部のものであるうえ，極めて複雑かつ多岐にわたるものであったから，遺言の内容を理解し，判断することができなかったとして，遺言が無効であるとした。	判例タイムズ1039号214頁 判例時報1715号34頁
遺言者は記憶障害などの認知症の症状が現れ，本件遺言の2か月後にされた長谷川式テストの結果は2点であり，記憶障害に加え失見当識や徘徊も顕著に認められたこと，本件遺言の8ヶ月後には，長谷川式テスト8点高度異常，阪大式11点重度痴呆，脳波異常を認める旨診断され，重度の認知症状が認められた。本件遺言の内容は，Aに遺言者の財産すべてを相続させるという単純なものではあるが，本件遺言当時，遺言者がその遺言内容を理解した上で，自己の判断により本件遺言書を作成したものと認めることはできず，遺言能力を有していたとは認められないとして遺言は無効とした。	判例タイムズ1249号63頁
遺言当時85歳の老人の公正証書遺言につき，アルツハイマー型老年痴呆にり患しており遺言能力を欠いていたものとして無効とした。	判例タイムズ1236号301頁
判決は，遺言作成の1年前には長谷川式テストで8点とされており，認知症の症状が徐々に重症化していたこと等の事情により，遺言能力が欠けていたと判断した。	判例タイムズ1320号228頁

	裁判所	判決日	遺言の有効,無効	公正証書遺言か自筆証書遺言か	遺言時の年齢	遺言作成日	性別	病名	長谷川式テストの点数
9	東京高裁	H22.7.15	無効	公正証書遺言	87 歳	H17.12.16	女性	認知症	① 20 点 (H17.5.14) ② 11 点 (H18.8.31 の時点)
10	東京地裁	H29.6.6	無効	公正証書遺言	84 歳	H23.6	男性	アルツハイマー型痴呆症	H16.6 までは 20 点以上, H18.11.14 以降は 16 点ないし 18 点で推移
11	東京高裁	H29.6.26	有効	公正証書遺言	88 歳	H13.12.28	女性	ある一時期に (H13.11.24〜11.30) 比較的重傷なせん妄が存在した（低ナトリウム血が増悪したことが主たる原因）	不明
12	東京地裁	H29.9.1	有効	公正証書遺言	91 歳	H23.7.14	男性	特になし	遺言作成の約 3 か月前の介護認定の調査時に特段認知機能に問題があるとはされていない
13	東京地裁	H29.10.17	有効	公正証書遺言	不明	H22.10.26	女性	特になし	遺言直前の H22.10.22 時点で，認知症の疑いと診断されているにとどまる。長谷川式 21 点。

	掲載誌
司法書士の立会いの下に作成された公正証書による遺言が認知症により遺言能力を欠き無効であるとされた事例。 判決は、「入院入所を続けた認知症の高齢者に遺言能力がなく公正証書遺言が無効であるとの認定は、立会いの司法書士が作成当日初対面で、医師等の意見を聴取せず、会話から遺言能力があると感じたとしても妨げられるものではない。」と判示した。	判例タイムズ1336号241頁
遺言者が本件遺言を行った当時、アルツハイマー型認知症により、短期記憶障害が相当程度進んでおり、自己の話した内容や人が話した内容等、新たな情報を理解して記憶に留めておくことが困難になっていたほか、季節の理解やこれに応じた適切な服装の選択をすることができず、徘徊行動及び感情の混乱等も見られるようになっていたということができるから、その認知症の症状は少なくとも初期から中期程度には進行しており、自己の遺言内容自体も理解及び記憶できる状態でなかった蓋然性が高いと認定した。 その上で、遺言の内容が以前の遺言の内容に比べて複雑になっていることを指摘。以上の事情を踏まえて、遺言者の遺言能力を否定し、遺言を無効とした。	判例時報2370号68頁
原審において原告は、遺言者が公正証書遺言作成当時遺言作成能力を有しておらず、方式違背があったと主張し、原審はこれを認め、遺言を無効とした。その控訴審である。 控訴審は、遺言者が遺言作成時に遺言能力を欠いていたとは認められず、方式違背があるとはいえないなどとして、原判決を取消し、遺言を有効とした。	判例集未登載
遺言者は、公証人や知人の証人との正常なやり取りができており、介護認定の調査時にも特段認知機能に問題があるとされていないことから、遺言者が本件遺言当時その内容を理解できない状態にあったとは認められないなどとし、遺言を有効とした。	判例集未登載
原告らが、遺言者の遺言は、錯誤により作成されたとして、遺言無効確認を求めた事案。 遺言作成直前の診断で、遺言者の見当識、記憶等は正常で異常所見は認められないとされ、遺言能力に問題があったとはいえないとした上、遺言者作成の念書の内容等から、遺言が被告の強い影響で被相続人の意思とは異なる内容となったとはいえず、むしろ遺言者自身の意思の表れであり、また原告らによる否定的と取られる内容の葉書を遺言者に送る等の態度から、遺言者が原告らから面倒をみてもらえないかもしれないとの認識を有していたとしても錯誤とはいえないとして、遺言を有効とした。	判例集未登載

口授についての裁判例

	裁判所	判決日	遺言の有効，無効	公正証書遺言か自筆証書遺言か	遺言時の年齢	遺言作成日	性別	病名	長谷川式テストの点数
1	最高裁	S43.12.20	有効	公正証書遺言	不明	S37.10.5	男性	動脈硬化症等	なし
2	最高裁	S51.1.16	無効	公正証書遺言	遺言作成の翌日に死亡	S46.6.16	男性	肝臓障害	なし
3	最高裁	S54.7.5	有効	公正証書遺言	不明	S47.12.5	男性	不明	なし
4	大阪高裁	S57.3.31	有効	公正証書遺言	不明	S39.5.21	男性	失調性言語障害	なし
5	千葉地裁	S61.11.10	有効	公正証書遺言	69 歳	S54.9.13（死亡S54.9.25）	男性	言語障害	なし
6	東京地裁	H20.1.11	有効	公正証書遺言	96 歳	H15.5.20	男性	原告らは，白内障の手術後，失明に近い状態であり，高度の難聴であったから，口授手続きができるはずがなかったと主張したが，認められなかった。	なし

	掲載誌
公証人が，あらかじめ他人から聴取した遺言の内容を筆記し，公正証書用紙に清書したうえ，その内容を遺言者に読み聞かせたところ，遺言者が右遺言の内容と同趣旨を口授し，これを承認して右書面にみずから署名押印したときは，公正証書による遺言の方式に違反しない。	最高裁判所裁判集民事93号731頁，判時546号66頁，判例タイムズ230号165頁
遺言者が，公正証書によって遺言するにあたり，公証人の質問に対し言語をもって陳述することなく単に肯定または否定の挙動を示したにすぎないときには，民法969条2号にいう口授があったものとはいえない。	最高裁判所裁判集民事117号1頁，金融法務事情781号28頁
公証人が予め他人作成のメモにより公正証書作成の準備として筆記したものに基づいて遺言者の陳述を聞き，右筆記を原本として公正証書を作成した場合であっても，原審認定の事実関係（下記参照）のもとにおいては，右公正証書による遺言は口授の要件を欠くものということはできない。 「（原審認定事実：遺言者が第三者（＝本家の跡取りとその妻）に対して公証人の依頼方を頼み，第三者が遺言者の意向に添って遺産分配のメモを作成して公証人を訪れてメモを渡し公証人がメモに基づき筆記を作成した。一方，遺言者が自ら友人・親戚に立会人を依頼した，作成当日に公証人が筆記を持参し公証人が右筆記を項目毎に区切って読み聞かせたのに対し，遺言者はそのとおりである旨述べ，時にうなずくだけで声に出さない場合には，その都度公証人に注意されて，声に出して前記のように応答した。その間公証人といろいろ問答し金員を遺贈する者の名を挙げ，「A子を頼むよ」と述べ，数字の部分については公証人に促されて声に出して述べる等し，最後に公証人が前記筆記を通読したのに対し大きくうなずいて承認し，前記筆記に捺印した。	最高裁判所裁判集民事127号161頁，判タ399号140頁，判時942号44頁
脳軟化症による言語障害のある者が公正証書遺言をするに当たり，公証人に遺言の趣旨を口授する際に言語の不明瞭な部分を第三者（平生から遺言者の発言を理解しうる者）が介添的に通訳した事実があっても，遺言者の意思の伝達が阻害されたような特段の状況が存しない以上，有効な口授があったものとするのが相当であると，遺言を有効とした。	判例時報1056号188頁
言語障害のある遺言者による遺言内容の公証人への口授の方法が遺言の方式に違背すると解することができないとされた事例。 遺言者からA（実妹）に対する遺言内容の指示があり，それをAが筆記した書面に基づいて，B（長男）が公証人に遺言内容を伝え，公証人は遺言者に対し右遺言内容に相違ないか確認したという経緯であって，右経緯のなかでは，遺言者の真意は一応確保されているものということができるので，遺言作成の口授の点において遺言の方式に違背するとはいえない。	判例時報1227号127頁
公証人は，本件遺言公正証書の作成に当たり，予め遺言者の意向を踏まえて用意した原稿の内容に沿って遺言者に質問をし，遺言者は，これによりその内容を確認した上で，公正証書に署名したのであるから，遺言公正証書作成の経緯を全体としてみれば，遺言者の真意を確保し，その正確を期するため，遺言の方式を定めた民法第969条の法意に反するものではなく，公証人が口述筆記した内容を遺言者及び証人に読み聞かせた場合と同様の遺言者の真意確認の手順が踏まれたものと評価することができるとして，遺言公正証書は，本人の嘱託に基づいたものであり，方式違背の事実も認められず，かつ，当時，遺言者には遺言をする意思能力があったものと認め，遺言を有効とした。	判例集未登載

	裁判所	判決日	遺言の有効, 無効	公正証書遺言か自筆証書遺言か	遺言時の年齢	遺言作成日	性別	病名	長谷川式テストの点数
7	東京地裁	H20.7.30	有効	公正証書遺言	80 歳	H18.6.14（死亡の 2 日前）	男性	肝硬変，肝細胞癌	なし
8	東京地裁	H20.11.13	無効	公正証書遺言	H18.12.21 死亡	H18.11.28（死亡の約 1 ヶ月前）	男性	肺癌等	なし
9	宇都宮地裁	H22.3.1	無効	公正証書遺言	H20.10.23 死亡	H20.10.22（死亡の前日）	男性	肝細胞癌	なし

	掲載誌
公証人の各項目の確認に対してうなずくか，呼吸音に近い声で「はい。」もしくは「はえ。」との発語をするか，またはその両方の反応をした例で公証人が署名の練習をするよう促したところ遺言者がメモ用紙に署名をし，その後，公正証言に遺言者が独力で署名したという事案で，口授の要件を欠くとはいえないとされた。	判例集未登載
遺言者が公正証書によって遺言をするに当たり，公証人の質問に対し，言語をもって陳述することなく，単に肯定又は否定の挙動を示したにすぎないときは，民法969条2号にいう口授があったものとはいえないと解するのが相当である（最高裁昭和51年1月16日）。 本件遺言作成の際に，遺言者は公証人と手を握り，公証人による遺言公正証書の案文の読み聞かせに対し手を握り返したにすぎず，言語をもって陳述していないから，口授があったものとは認められないとした。	判例時報 2032号87頁
遺言者は事前に遺言の内容を公証人に説明したことはなく，公正証書作成時も遺言者は入院していて，酸素マスクを外して会話を続けるとナースステーションの警報が鳴る状況であったのに遺言書作成時にはナースステーションの警報は鳴らなかったから酸素マスクを外して会話を続けたことはありえない，公証人の問いかけに対して声を出してうなずいたのみであったから，遺言者が公証人に対し遺言の趣旨を口授したとは認められないとした。	金融法務事情 1904号136頁

Q 75 | リバースモーゲージ・生活保護

　Aさんは，自宅を所有していますが，預貯金はなく，年金などの収入もごく僅かなようです。Aさんは自宅で訪問介護を受けることを希望されていますが，どのような方法で，サービス利用料金を支払ってもらえばよいでしょうか。

A　不動産を所有していても，居住用に用いている場合には，生活保護を受けられる場合があります。ただし，生活保護は「最後の砦」であって，他に手段がある場合には，原則それを利用しなければなりません。自宅を担保に入れて，公的機関によるリバースモーゲージ等の貸付を受けて，サービス利用料金を調達することが考えられます。

1　生活保護を受給できるか

(1)　生活保護における補足性の原理

　預貯金や収入が足りなければ，生活保護に頼るということが頭に浮かびますが，生活保護は「最後の砦」であって，補足性の原理が働きます。すなわち，生活保護法4条1項は，「保護は，生活に困窮する者が，その利用し得る資産，能力その他あらゆるものを，その最低限度の生活の維持のために活用することを要件として行われる。」と規定しています。

(2)　資産調査

　本問において，Aさんには，預貯金や収入はほとんどないのですが，自宅があります。

　生活保護の実施機関は，生活保護を必要とする状態にある者（以下「要保護者」といいます。生活保護法6条2項）の資産及び収入の状況を把握するため，要保護者に対し，報告を求め，金融機関に照会するなどの調査ができます（同法28条，29条）。

(3)　自宅を有していても生活保護を受けられる場合

　では，その資産調査において，Ａさんは，自宅物件を所有しているので，「利用し得る資産」があると評価され，生活保護を受けることができないのでしょうか。

　実は，Ａさんが自宅に居住していても，その処分価値が利用価値に比して，著しく大きいものと評価されない限り，その不動産は，「最低限度の生活の維持のために活用」されていると評価され（生活保護法４条１項），これを保有したまま，生活保護を受けることが認められます[1]。

　ただし，住宅ローンが残っている不動産については，生活保護を実施しても，結果的に，生活に充てるべき保護費からローンの返済を行うことになりかねませんので，原則，生活保護は受けられません[2]。

　処分価値が利用価値に比して著しく大きいと認められるか否かの判断は，各実施機関が実施する処遇検討会等において，総合的に検討を行うことになっていますが，処分価値が著しく大きいか否かの判断の目安としては，およそ，当該実施機関における最上位級地の標準３人世帯の生活扶助基準額に，同住宅扶助特別基準額を加えた金額の10年分ということになっています[3]。

　さらに，この基準によって，自宅を保有したまま生活保護を受けられる場合でも，生活保護の補足性の原理から，以下４で述べる公的機関のリバースモーゲージを利用できる場合には，これを利用しなければならず，生活保護を受けられません。

1　昭和38年４月１日社発第246号厚生省社会局長通知「生活保護法による保護の実施要領について」。

2　昭和38年４月１日社保第34号厚生省社会局保護課長通知「生活保護法による保護の実施要領の取扱いについて」。

3　上記第34号通知。他にも，地域の実情を勘案して算出される金額とされています。全国平均で概ね2300万円だということです（平成20年４月厚生労働省社会・援護局「生活保護行政の動向について」）。

2　生活保護の手続

(1)　本人や親族でなくても申請ができる場合があること

　　生活保護を受けるには原則，要保護者本人，その扶養義務者，又はその他の同居の親族による申請が必要です（生活保護法 7 条本文）。ただし，要保護者が急迫した状況にあるときは，これらの者による保護の申請がなくても，必要な保護を行うことができると規定されています（同条ただし書）。A さん本人の判断能力が十分ではなく，親族の居場所も不明な場合でも，生活保護を受けられる可能性がありますので，福祉事務所に連絡しましょう。

(2)　福祉事務所の所管区域

　　そして，①当該福祉事務所の所管区域内に居住地を有する要保護者，のみならず，②居住地がないか，または，明らかではない要保護者であって，当該福祉事務所の所管区域内に現在地を有するものに対しても，生活保護を実施することになっています（生活保護法 19 条）。

　　この点，A さんが自宅での生活を続けるのであれば，①で，その自宅所在地を所管する福祉事務所が保護を実施することになるので，同福祉事務所に，保護の申請をすればよいことになります。

　　仮に，本問と離れて，A さんがそれまで生活保護を受けていなかったけれども，介護老人保健施設への入所に伴い保護を申請する場合で，入所と同時，あるいは 3 か月以内に，それまでの自宅を手放す状況であれば，入所前の居住地を所管する福祉事務所が保護を実施するので，同福祉事務所に，保護を申請することになります。これに対し，入所後 3 か月を経過した後に申請した場合に，申請時点で，居住地がなければ，現在地，つまり，介護老人保健施設の所在地を所管する福祉事務所が保護を実施するので，同福祉事務所に，保護を申請することになります[4]。

　　なお，既に生活保護を受けていた者が特別養護老人ホームに入所した場

4　前掲第 246 号通知第 2 の 1 (3)。

合には，入所期間中，入所前から保護を実施していた福祉事務所がそのま
ま保護を実施します[5]。

(3)　生活保護の決定

　　生活保護の決定通知は，申請があった日から14日以内になされること
になっており，特別な事情がある場合には30日まで延長されますが，30
日以内に決定通知がなされない場合には，申請は却下されたものと考える
ことになります（生活保護法24条5項，7項）。

　　却下決定通知または30日以内に保護決定通知がなされない場合には，
審査請求を行い，それでも認められなければ行政訴訟を提起して，保護の
実施を求めることもできます。

3　リバースモーゲージの活用

(1)　抵当権設定による融資

　　もちろん，Aさんは生活保護を利用せずに，自宅不動産を処分して，
現金に換えて，サービス利用料金を確保することも考えられます。しか
し，Aさんが高齢で，亡くなるまで自宅に住みたいと考えている場合
や，先祖代々伝わる土地ゆえに，自ら手放したくないと考えている場合
に，他に，サービス利用料金を調達する方法がないでしょうか。

　　このような場合，自宅に抵当権（民法369条）を設定して，金融機関から
融資を受けて，金銭を調達することも考えられます。

　　しかし，通常の融資であれば，定期的に返済をしなければ，結局は，自
宅を競売にかけられ，失うことになります。

(2)　リバースモーゲージ

　　そこで，考えられた制度が，リバースモーゲージです。

　　「リバース」，つまり「逆」という意味の言葉が付いていますが，通常，
住宅ローンは，融資を受けて，それを原資に自宅を購入するのに対し，リ

5　前掲第246号通知第2の6。

　バースモーゲージは，既に保有している自宅を担保に，毎月一定額の融資を受け，利用者が亡くなった際に，その自宅を処分して返済に回すので，それまでは返済をしなくてよいという制度です。

　リバースモーゲージは，大きく分けて，公的機関が実施しているものと，信託銀行などの民間企業が実施しているものがあります。前者は，福祉的な意味合いが強く，主として低中所得者向けであるのに対し，後者は，中高所得者向けに，豊かなライフスタイルを提案する性質のものが多いのが特徴です。

4　公的機関によるリバースモーゲージ

(1)　長期生活支援資金貸付制度

　公的機関によるリバースモーゲージは元々，東京都武蔵野市や世田谷区など，一部の地方公共団体が取扱いを始めましたが，平成 14 年に，全国の都道府県社会福祉協議会が実施主体（窓口は市区町村社会福祉協議会）となる長期生活支援資金貸付制度が始まりました。同制度では，65 歳以上の市町村民税非課税程度の低所得世帯を対象としており，担保となる不動産評価額の基準を 1500 万円，下限を 1000 万円程度として，それまでの民間企業や地方公共団体が実施するリバースモーゲージよりも大幅に引き下げたのが特徴です。ただし，担保の対象は土地に限られており，マンションは対象となりません。また，①借入申込者の単独所有か，同居配偶者との共有，②不動産に，賃借権，抵当権が設定されていないこと，③配偶者または親以外の同居人がいないこと，④推定相続人の中から連帯保証人を立てること等が貸付の条件となっています。貸付額は月額 30 万円以内と定められています[6]。

6　平成 14 年 12 月 24 日社援発第 1224001 号厚生労働事務次官通知別紙「生活福祉資金（長期生活支援資金）運営要領」。

(2)　要保護世帯向け長期生活支援資金貸付制度

　さらに，平成19年には，同じく社会福祉協議会を実施主体とする要保護世帯向け長期生活支援資金貸付制度が誕生しました。担保となる不動産の対象が広がり，評価額が500万円以上あればよく，マンションも対象となっています。また，連帯保証人を立てる必要はありません。貸付額は，生活扶助基準額の1.5倍から収入充当額を差し引いた額です。

(3)　条件

　これらの長期生活支援資金貸付制度の貸付限度額は，いずれも，担保不動産の評価額の7割程度（マンションの場合は5割程度）とされています。また，利用者が亡くなった後の償還を円滑に進められるよう，貸付申込に当たっては，推定相続人全員の同意書を提出するのが原則です[7]。

(4)　本問の考察

　本問のAさんには，訪問介護により，自宅での居住を続けると共に，これらのリバースモーゲージを活用して，自宅を担保に入れ，融資により，サービス利用料金を賄ってもらうことが考えられます。

7　平成19年3月30日社援発第0330025号厚生労働省社会・援護局長通知別紙「生活福祉資金（要保護世帯向け長期生活支援資金）運営要領」。

第11章

M & A
倒産

Q 76 ｜ 事業の譲渡等

　私が代表者を務める法人甲はＡ市で訪問介護事業（Ａ事業所）を営んでいますが，Ｂ市にも進出しようと考えております。知り合いからちょうどＢ市に訪問介護事業（Ｂ事業所）を売却したがっている法人乙がいると聞きました。どのような手続でその事業を獲得できますか。

A
　事業を獲得する方法としては，法人の合併，事業譲渡，会社分割を活用することが考えられます。合併では，法人を丸ごと承継することになりますが，事業譲渡や会社分割では，必要な事業だけを承継することができます。それぞれメリット，デメリットがあるので，事業獲得の手法を慎重に選択する必要があります。いずれの手法でも，事業主体等の変更について，利用者が動揺しないよう，手続や効果を十分に利用者に説明する必要があります。

1　事業獲得の手法

　Ｂ事業所を獲得する方法としては，法人乙のうち，Ｂ事業所だけを獲得する手法と，法人乙を丸々獲得する手法とが考えられます。

　前者については，Ｂ事業所の事業譲渡によることが考えられ，甲も乙もともに会社形態であれば，会社分割によることも考えられます[1]。また，後者については，法人乙を吸収合併することが考えられ，甲も乙もともに会社形態であれば，法人乙の株式や持分を買い取る手法も考えられます[2]。

　前者の事業譲渡や会社分割は，欲しい事業だけを取得したり，不要な事

1　社会福祉法48条は，「社会福祉法人は，他の社会福祉法人と合併することができる。」と規定していますが，法人分割については，同様の条文がありません。この点，厚生労働省のウェブサイトに掲載されている「平成25年12月16日第4回社会福祉法人の在り方等に関する検討会議事録」でも，社会福祉法人につき，法人分割が認められないことを前提に議論されています。

業だけを切り出したりできるので，いわゆる「事業の選択と集中」に利用しやすいスキームです。

　例えば，法人乙はこれまで有料老人ホーム事業と訪問介護事業をやっていたけれども，経営方針の転換により，有料老人ホーム事業に特化したいと考えており，他方で，法人甲はこれまで訪問介護事業だけしか運営していないので，有料老人ホームを始めるノウハウはないが，訪問介護事業の地域を広めて，事業の効率化，大規模化を図りたいと考えていた場合，事業譲渡や会社分割であれば，法人乙の訪問介護事業だけを切り出し，これを取得することが可能なのです。

　そして，いずれの手法を利用するにせよ，譲渡を受ける法人としては，譲渡にかかる事業が抱える問題や収益性など，譲渡前に調査をして，リスクを減らすことが必須です。

　そこで，通常は，まず譲渡する法人と譲り受ける法人の間で，秘密保持契約等の覚書を締結した上で，譲り受ける法人が，譲渡にかかる事業についてのリスク調査，いわゆるデュー・ディリジェンス（DD）を実施します。

　また，リスクについて付け加えると，合併など後者の方法は，資産のみならず，債務も付いてくるいわゆる包括承継となりますので，簿外債務などの予期しない債務を負担してしまうリスクを否定できません。このようなリスクを負わないことを重視する場合にも，事業譲渡等による方法を検討することになります。

　そこで，まず前者，特に，事業譲渡の手続から述べます[3]。

2　本設問では，NPO 法人については省略します。

3　事業譲渡の定義については，最高裁昭和 40 年 9 月 22 日判決・民集 19 巻 6 号 1600 頁参照。

2　事業譲渡

(1)　株式会社間の事業譲渡

　法人甲も法人乙も株式会社である場合には，会社法の手続に従って，事業譲渡をすることになります。

　単に会社の資産の譲渡だけであれば，その価値が大きいときに，甲乙双方で，取締役会決議を要する程度ですが（会社法362条4項1号），本問のように，訪問介護事業を丸々，譲渡するということでしたら，事業を譲渡する乙において，原則として，事業譲渡について，株主総会において，特別決議による承認を経なければなりません（同法467条1項2号）[4,5]。

(2)　社会福祉法人間の事業譲渡

　社会福祉法においては，会社法と異なり，社会福祉法人の事業譲渡の手続に関する規定はおかれていませんが，事業譲渡が可能です。ただ，社会福祉法人では，事業譲渡に際し，定款変更を要します。

　すなわち，厚生労働省が定める社会福祉法人審査基準では，法人資産のうち，社会福祉事業を行うために直接必要な基本財産（施設として利用する所有不動産等）を，社会福祉法人の定款に明記することが求められています[6]。また，同じく厚生労働省が定めた社会福祉法人定款例では，定款に，「老人デイサービス事業（○○園）」「老人居宅介護等事業」等と事業の種別を明記することになっています[7]。

4　株式会社乙のすべての事業ではなく，その一部である訪問介護事業だけを切り出して，譲渡を受ける前提での記載です。

5　特別決議ですから，原則，議決権を行使することができる株主の議決権の過半数が出席し，出席した当該株主の3分の2以上の賛成を要します（会社法309条2項）。

6　社会福祉法人審査基準とは，「社会福祉法人の認可について」（平成12年12月1日障第890号・社援第2618号・老発第794号・児発第908号厚生省大臣官房障害保健福祉部長，社会・援護局長，老人保健福祉局長，児童家庭局長連名通知）別紙1のことです。

7　社会福祉法人定款例とは，上記通知「社会福祉法人の認可について」別紙2のことです。

　したがって，社会福祉法人が訪問介護事業を譲渡するに当たって，基本財産を譲渡し，また，同事業の廃止・新設を伴うので，定款を変更する必要があるのです。

　社会福祉法人の定款変更は，社会福祉法人定款例によれば，原則，評議員会の決議を得て，所轄庁の認可を受けなければなりません[8]。

　また，基本財産を処分し，又は担保に供することも，同定款例において，評議員会の決議を得て，所轄庁の承認を得なければならないとされています[9]。

　さらに，国庫補助により取得した財産は，補助金等の交付目的に反して使用することが禁止されていますので，補助金により取得した財産を譲渡するには，原則，事前に，厚生労働大臣に，財産処分承認申請をしなければなりません[10]。もっとも，社会福祉施設等施設整備費及び設備整備費の交付を受けて整備された社会福祉施設等を無償により他の社会福祉法人に譲渡し，引き続き同一事業を継続して実施しようとする場合には，譲渡側は，厚生労働大臣に対し，財産処分報告書を作成し，提出するだけで，承認を受けたものと扱われます[11]。

(3)　事業譲渡の特徴

　事業譲渡は，結局のところ，個々の資産や権利義務の譲渡の集合体です。したがって，原則として，一つ一つの契約につき，契約相手の同意を

8　所轄庁は，社会福祉法30条により，原則，都道府県知事です（例外あり）。

9　平成29年4月1日施行の社会福祉法改正により，評議員会の位置づけが諮問機関から，重要事項の議決機関に変わりましたので，これに伴い，改正後の社会福祉法人定款例では，定款変更や基本財産の処分等につき，評議員会の決議を得なければならないとされています。

10　添付書類については，社会福祉法人経営研究会編「社会福祉法人における合併・事業譲渡・法人間連携の手引き」平成20年3月に詳細な記載があります。

11　社会福祉施設等施設整備費及び社会福祉施設等設備整備費国庫負担（補助）金に係る財産処分承認手続の簡素化について（平成12年3月13日社援第530号4部局長連名通知）。

もらう必要があります。また，資産や権利の移転については対抗要件を備える必要があり，例えば，取得した不動産については，移転登記手続をしなければなりません。

さらに，甲乙双方共に，老人福祉法や介護保険法上の設置届や廃止届等，必要な届け出をしなければなりません。

なお，事業の対価が実勢価値よりも不当に安価ですと，法人乙の債権者が利益を害されたとして，民法424条に基づき，訴訟を提起し，事業譲渡の取消しを求めてくるおそれもありますので，対価算定に当たっては，専門家の指導も受けるべきです。

3　会社分割

(1)　手　続

株式会社間では，会社分割の手法により，乙がB事業所を切り出し，甲がこれを取得することも可能です[12]。

切り出したB事業所を新たな会社とする場合を新設分割といい，切り出したB事業所を甲が吸収する場合を吸収分割といいます。

新設分割の場合は，乙が新設分割計画を作成して，乙の株主総会の特別決議による承認を経なければなりません（会社法804条1項）。他方，吸収分割の場合は，甲乙間で吸収分割契約を締結し，甲乙双方の株主総会の特別決議による承認を経なければなりません（同法783条1項，795条1項）。

さらに，会社分割においては，事業譲渡と異なり，一定の債権者に対し，原則，異議があれば一定の期間内に述べるべき旨を公告し，かつ，判明している債権者に対しては，各別にこれを催告し，異議の機会を与えなければなりません（以下「債権者保護手続」といいます。）。

(2)　会社分割の特徴

会社分割による権利義務の承継は，事業譲渡のように個別的なものでは

12　社会福祉法人では，法人の分割が予定されていません。

なく，分割にかかる事業については包括的なものです。よって，原則として，一つ一つの契約につき，契約相手の同意をもらう必要がないというメリットがあります。

　もっとも，事業譲渡同様，権利の取得につき，対抗要件を備える必要があると一般に言われていますし，老人福祉法や介護保険法上の設置届や廃止届などの届け出を要します。

　なお，会社分割に債権者保護手続があるとはいえ，例えば，新設分割において新たに設立される会社に債務が承継されない場合，元の会社の債権者は，会社法810条により，異議を述べられません。このように，異議が述べられない債権者は，新設分割が債権者を害する内容で行われたとして，事業譲渡の場合と同様，これを取り消す請求をしてくる余地があることに注意を要します[13]。

4　吸収合併

(1)　株式会社間の吸収合併

　法人甲も法人乙も株式会社である場合には，会社法の手続に従って，甲が乙を吸収合併することになります。

　この場合，甲と乙が合併契約を締結し，甲乙共に，吸収合併について，株主総会において，特別決議による承認を経なければなりません（会社法783条1項，795条1項）[14,15]。

13　最高裁平成24年10月12日判決・判タ1388号109頁は，民法424条による詐害行為取消しを認めました。また，平成26年会社法改正では，詐害的な会社分割をされた，既存会社に対する債権者が，新設（承継）会社に対しても，新設（承継）会社が承継した財産の価額を限度として，債務を履行するよう請求できる制度が新設されました（会社法759条4項等）。

14　株式会社乙の全ての事業ではなく，その一部である訪問介護事業だけを切り出して，譲渡を受ける前提での記載です。

15　特別決議ですから，原則，議決権を行使することができる株主の議決権の過半数が出席し，出席した当該株主の3分の2以上の賛成を要します（会社法309条2項）。

(2)　社会福祉法人間の合併

　社会福祉法人が合併するには，存続法人において評議員会の承認決議を得ることが必要です（社会福祉法54条の2第1項）。

　合併後も存続する社会福祉法人は，合併によって消滅した社会福祉法人の一切の権利義務を継承することから，消滅法人の解散及び清算手続きを経る必要はありません（ただし，解散登記は必要です。）。

　合併により事業を追加する場合など，法人の定款を変更する場合は，存続法人の評議員会で議決します。

　合併についても，所轄庁に対し，認可申請をしなければなりませんが（社会福祉法50条3項，同法施行規則6条），合併認可申請書に変更後の定款を添付して，所轄庁へ提出することで，定款変更申請も同時に行うことができます。

　なお，社会福祉法人は，他の社会福祉法人との合併は可能ですが，社会福祉法人以外の組織形態の法人（例えば株式会社）と合併することは認められていません（社会福祉法第48条）。

(3)　合併の特徴

　合併においては，株式会社でも，社会福祉法人でも，原則，入居一時金の返還請求権を有する利用者を含む債権者の保護手続を採ることを要します（会社法789条等，社会福祉法53条，54条の3）。

　吸収合併した法人は，合併により消滅する法人の権利義務を包括的に承継しますので，原則として，一つ一つの契約につき，契約相手の同意をもらう必要がないというメリットがあります。

　また，介護保険法等に基づく事業所指定，施設の設置等の許認可等の手続も不要ですし，社会福祉法人の合併では，事業譲渡と異なり，基本財産の処分承認，補助金財産の財産処分手続も不要です[16]。

　なお，本書では，吸収合併についてのみ触れましたが，会社間でも，社会福祉法人間でも，新設合併をすることも可能です。

5　その他

　　社会福祉法人には出資という概念がないため，重要事項の議決機関である評議員会の構成員たる評議員と業務執行の決定機関である理事会の構成員たる理事のメンバーを変更することで，事業主体が変わりますので，メンバーの変更により，実質的に，事業を獲得する手法も見受けられるところです。

6　まとめ

　　以上に挙げたいずれの手法を採るにしても，メリット，デメリットがあり，事業主体等の変更について，利用者が動揺しないよう，手続や効果を十分に利用者に説明する必要があります。

16　社会福祉法 50 条 2 項は，「吸収合併存続社会福祉法人は，吸収合併の登記の日に，吸収合併消滅社会福祉法人の一切の権利義務（当該吸収合併消滅社会福祉法人がその行う事業に関し行政庁の認可その他の処分に基づいて有する権利義務を含む。）を承継する。」と定めています。

Q77｜倒　産

高齢者入居施設を運営していますが，入居数が予定数に達さず，運転資金がショートしそうです。このような場合，どうすればよいでしょうか。

A 　運転資金がショートしそうな場合，当然，金融機関に融資を求めることになりますが，融資を受けられず，資金繰りに苦しむ場合には，事業継続を断念し，破産など倒産手続を採るほかありません。しかし，高齢者入居施設という性質上，突然の事業停止を回避する必要性は高く，入居者の今後の生活場所を確保する努力をしなければなりません。

1　入居者の生活場所確保の重要性

　運転資金がショートしそうな場合，当然，金融機関に融資を求めることになりますが，融資を受けられず，資金繰りに苦しむ場合には，事業継続を断念することを検討しなければなりません。

　この点，通常の事業会社であれば，もちろん取引先などへの影響を最小限に食い止める必要はあるものの，最悪，事業を停止して，破産することも考えられますが，有料老人ホームやサービス付き高齢者向け住宅など高齢者入居施設の場合，現実に，入居者がそこで生活しており，事業停止はすなわち，入居者の生活場所がなくなることを意味します。入居者の中には，身寄りがない方もおり，突然その施設が閉鎖されると，全く行き先がない場合もありますから，入居者の今後の生活場所を確保せずして，事業を停止するわけにはいかないということを肝に銘じておく必要があります。

　よって，日頃から資金繰り計画を立てることは当然のことですが，資金がショートするかもしれないというリスクはいち早く把握し，万が一，事業継続を断念することになるとしても，事業停止の前に，入居者の今後の生活場所を確保するために一定の時間を要することを意識しなければなり

ません。

2　秘密保持

　では，どのように入居者の生活場所を確保すればよいのでしょうか。

　この点，Q76 で検討した事業譲渡，会社分割，合併を活用して，閉鎖する事業を，他の法人，会社に承継してもらうことが最も現実的です。

　多くの場合，近隣にある同業種の社会福祉法人や株式会社などへの事業承継になりますが，その具体的な手続については，Q76 の記載を参照してください。

　もし事業を承継してもらう先が見つからない場合には，承継先を探すサポートをしてくれるコンサルタント会社や金融機関の活用も考えられます。

　なお，事業を承継してもらうまで，運転資金がショートするかもしれないことについては，秘密を厳守し，大部分のスタッフにも知られないようにしなければなりません。Q76 でも述べていますが，承継先候補によるデュー・ディリジェンス調査を受けたり，承継先候補と契約交渉をしたりする前に，必ず秘密保持契約を締結しましょう。

　ひとたび資金繰りが厳しそうだという評判が広まれば，利用者からは，契約解除の申し出が相次ぎ，資金繰りが一層厳しくなって，事業承継までの時間確保すら困難になりますし，スタッフも退職者が増加し，退職までしなくても，士気が下がるので，事業を承継するまでの事業維持が困難になりかねません。また，本来一定の対価を得られるような事業の承継であっても，承継までに，事業が停止してしまえば，承継の対価を得ることもできなくなります。したがって，秘密の厳守は大変重要なのです。

3　破産申立て

　他の事業者に事業を承継させた後，事業を売り渡した法人や会社は，通常，支払不能か債務超過の状態に陥っているので，裁判所に，破産手続開始の申立てをすることになります。

　高齢者入居施設を運営していた法人が，株式会社の場合のみならず，社会福祉法人やNPO法人の場合でも，破産をすることは可能です。

　株式会社の場合，取締役が破産を申し立てることができますが，取締役全員の同意が得られない場合は，裁判所に対し，破産手続開始の原因となる事実を疎明しなければなりません（準自己破産，破産法19条3項）。

　社会福祉法人やNPO法人が支払不能に陥っている場合，理事は，破産を申し立てる義務を負います（社会福祉法46条の2第2項，特定非営利活動促進法31条の3第2項）。

4　否認権行使のリスク

　法人や会社が破産を申し立てた後，破産管財人が選任されますが，破産管財人は，事業譲渡や会社分割の対価が相当であるか調査をします。もし他の債権者を害するような不相当に安い対価であれば，事業譲渡先に対し，否認権等を行使して，その事業譲渡や会社分割を取り消してくる可能性も否定できません。

　そこで，事業承継の際には，税理士など専門家の意見を得て，事業譲渡や会社分割の対価等を含めたスキームを決めた方がよいのですが，それでも否認権を行使されるリスクは残ります。特に，事業に不動産が含まれる場合，不動産の譲渡の対価が適切であったとしても，不動産の譲渡というだけで，他の債権者を害する行為であると評価した裁判例があるためです。

　このようなリスクを極力減らすために，高齢者入居施設を運営していた事業者が株式会社の場合には，裁判所に対し，破産ではなく，民事再生手続開始を申し立て，再生計画の中で事業譲渡をするか，あるいは，裁判所の許可に基づいて，事業譲渡をする方式も考えられます。特に後者は，株主総会決議で事業譲渡の承認決議を得られない場合にも，利用することができます（民事再生法43条）。

5　入居者や家族への説明

　　事業譲渡の場合，前問で述べましたが，結局，一つ一つの契約につき，契約相手の同意をもらう必要があり，入居に関する契約上の地位や賃貸借契約の賃貸人たる地位を，承継先に承継するためには，契約相手である入居者あるいはその家族の同意を得ることが必須です。

　　また，会社分割や合併では，一つ一つの契約につき，契約相手の同意を得る必要性はないのですが，入居者や賃借人は，法人にとっての債権者ですから，原則，会社分割や合併につき，異議があれば一定の期間内に述べるべき旨を公告し，かつ，判明している債権者に対しては，各別にこれを催告し，異議の機会を与えなければなりません（債権者保護手続，会社法789条，810条，社会福祉法50条2項）。

　　ですから，前記のとおり秘密保持に気を配りながら準備を進めるにせよ，事業譲渡契約締結直前や，合併や会社分割の完了前には，入居者や家族に対し，説明会を実施するなどして，事業の承継に関する十分な説明を尽くし，その同意を得る努力をする必要があります。

6　入居保証金・敷金

　　入居者や賃借人の同意を得るためには，承継後の入居条件や賃借条件が従前のそれより悪くならないように配慮をする必要があります。

　　入居一時金などの前受金（家賃6か月分を上限とする敷金を除く。）について，有料老人ホームでは，老人福祉法29条7項により，保全措置が採られ，銀行等金融機関がその返還義務を連帯保証したり，損害保険会社と保証保険契約を締結したりしているはずなので，倒産時には，上限額500万円までは，銀行や保険会社に返還してもらうことが考えられます[1,2]。

　　しかし，有料老人ホームが保全措置を採っていない範囲や，その他の施設が破産した場合，入居者に，入居一時金等を返還できないおそれがあります。

　　そこで，できれば，破産する法人に代わり，入居保証金や敷金を従前の

条件どおり返還してくれる事業承継先を探すことができれば一番よいのですが，なかなかそれも難しいので，少なくとも，承継先に対し，入居者や賃借人に二重の負担とならないよう新たな入居保証金や敷金を支出させないことを承継の条件とする交渉をすべきでしょう。

7　入居者の生活場所の確保

　事業譲渡などで事業を承継してくれる先があればまだよいのですが，いくら対価を下げても，事業を承継してくれる先が見つからない場合もあります。

　そのようなときでも，もちろん入居者の今後の生活場所を確保する努力をしなければなりません。よって，他の高齢者入居施設が，事業譲渡等による承継は無理でも，それらの入居者を個別に受け入れてくれるというのであれば，もちろん，入居者や契約者の同意が前提にはなりますが，受け入れてもらうのが先決です。事業停止，破産はそれらの受け入れを終えた後にすべきでしょう。もちろん，この場合もできるだけ，入居者や賃借人が新たに入居保証金や敷金を支出しないで済むよう，受け入れ先と交渉することが求められます。

1　有料老人ホームが採らなければならない保全措置の具体的内容は，平成 18 年 3 月 31 日厚生労働省告示第 266 号「厚生労働大臣が定める有料老人ホームの設置者が講ずべき措置」に定められています。
2　平成 18 年 3 月 31 日までに設置届出済みの有料老人ホームは，保全措置につき，努力義務しかありませんでしたが，令和 3 年度からは，これらのホームにも法的義務が課されます。

とある大きな分譲マンションでの話です。

そのマンションでもかなり高齢化が進んでおり，また一人暮らしの高齢者が特に目立ち始めていました。管理組合は，そのような高齢者の心配事に対応するため，「見守り隊」という有志のボランティアグループを立ち上げました。本人からの相談にはもちろんのこと，近隣の方からの心配の声にも迅速に対応していこうというものです。

私は，そのマンションに住む90代の軽度の認知症の女性を担当していました。介護や医療の従事者が見る限り，適切な介護サービスや医療サービスを受けることにより，まだまだ在宅生活が十分可能な方でした。ただ，その女性の近隣の方から，見守り隊にある相談が寄せられました。

「最近，認知症が進んでいるように感じるので，火の不始末が心配。」というものです。そこで見守り隊が素早く対応しました。本人と面談後，息子の連絡先を聞き取り，その息子に連絡し，こう言ったのです。

「お母さんは，最近認知症が進んでいるので，このまま一人暮らしをさせておくのは危ないと思うのです。施設などを考えてはどうですか？」

なんと，「見守り隊」という名の「追い出し隊」だったのです。もちろん，火事のリスクを抑えるため，こちらも予防のための対策は講じていましたが，そのようなことには一切聞く耳を持たず，すぐに追い出そうとする姿勢に，驚きを隠せませんでした。

ただ，実はこのような話は珍しいことではありません。認知症の高齢者が近くに住んでいる場合に，その方を地域から排除しようという動きはよく見られます。正しく認知症を理解していないと，漠然と大きな不安を感じるようです。「共生社会」の実現に向けて，地域で高齢者の方を支えていくためにも，認知症という病気や，支援体制がどのようになっているかなど，正しい情報を伝えていくことも我々の大きな役割の一つと言えるでしょう。

主任介護支援専門員　高野秀紀

事 項 索 引

改訂版

Q&A　高齢者施設・事業所の法律相談
―介護現場の 77 問―

2015 年 6 月 24 日　初版発行
2019 年 10 月 17 日　改訂版発行

編　　者　　介護事業法務研究会
発 行 者　　和　田　　　裕

発行所　　日本加除出版株式会社

本　　　社　　郵便番号 171-8516
　　　　　　　東京都豊島区南長崎 3 丁目 16 番 6 号
　　　　　　　　　T E L　(03) 3953 - 5757 (代表)
　　　　　　　　　　　　(03) 3952 - 5759 (編集)
　　　　　　　　　F A X　(03) 3953 - 5772
　　　　　　　　　U R L　http://www.kajo.co.jp/
営 業 部　　郵便番号 171-8516
　　　　　　　東京都豊島区南長崎 3 丁目 16 番 6 号
　　　　　　　　　T E L　(03) 3953 - 5642
　　　　　　　　　F A X　(03) 3953 - 2061

組版・印刷・製本　㈱アイワード

事例詳解
介護現場における
虐待・事故の
予防と対応

松宮良典 著

2019年10月刊 A5判 336頁 本体3,400円＋税 978-4-8178-4591-7

● 弁護士でありながら介護支援専門員の資格を有する著者が、現場職員の使い勝手を意識し、虐待・事故発覚後の対応方法について、裁判例ベースではなく著者が独自に項目を整理した上で、参考となる裁判例を交えながら具体的な手順に沿って詳説。対応に悩む現場、サポートする実務家必携の書。

実例 弁護士が悩む
高齢者に関する
法律相談
専門弁護士による実践的解決のノウハウ

第一東京弁護士会法律相談運営委員会 編著

2017年11月刊 A5判 384頁 本体3,600円＋税 978-4-8178-4432-3

● 「難しい問題」に直面したときに、「採るべき方策」は何か？、「専門弁護士」は何を考え、どのように事件を解決するのか？高齢者に関する弁護士実務の「実践的」手引書。
● 事件の概要図とともに「本相談のポイント」を明示した26事例を収録。

日本加除出版

〒171-8516 東京都豊島区南長崎3丁目16番6号
TEL (03)3953-5642 FAX (03)3953-2061 (営業部)
www.kajo.co.jp